Skagway

Bay

Juneau

Ketchikan

Vancouver

San Juan Islands/
Friday Harbor

Anacortes

Seattle

Depoe Bay

Newport

Albany

N

U S A

Monterey

Los Angeles

Palos Verdes

San Diego

MEXIKO

Guerrero Negro

Ojo de Liebre/
Scammon's Lagoon

BAJA CALIFORNIA

SEA OF CORTÉS

DOREEN
CUNNINGHAM

DER
GESANG
IN DEN
MEEREN

Meine Reise mit den Walen

Aus dem Englischen von
Karen Witthuhn

Rowohlt Hundert Augen

Die Originalausgabe erschien 2022 unter dem Titel
«Soundings. Journeys in the Company of Whales»
bei Virago Press, an imprint of
Little, Brown Book Group, London.

Die deutsche Übersetzung verwendet wechselweise
die weibliche und männliche Form; gelegentlich werden
auch beide Geschlechter benannt.

Die Übersetzung wurde gefördert im Rahmen von
NEUSTART KULTUR der VG Wort.

Für meine Kinder, alle Kinder,
menschliche und andere.

INHALT

DER
GESANG
IN DEN
MEEREN

PROLOG

Der Wind weht mir Gischt ins Gesicht. Wellen schwappen gegen die Seitenwände unseres kleinen Fischerboots, als es aus dem Hafen hinaus in die aufgehende Morgensonne fährt, die den Horizont in Flammen aufgehen lässt. Vorne «hilft» mein zweijähriger Sohn Max, das Boot zu steuern. Ich kenne Chris, den Skipper, erst seit zwölf Stunden. Wir borgen uns einen Vater, einen, der das Meer kennt und uns seine Geheimnisse zeigen kann. Heute ist die letzte Chance, dass doch noch alles gut wird. Es bleibt mir nichts anderes übrig, als diesem freundlichen Fremden zu vertrauen, mich dem Wind und dem Wasser hinzugeben, den Blick auf die Wellen zu richten und jede Woge, jede Strömung, jeden Strudel, jedes Kräuseln genau zu beobachten.

«Guck, alter Rosteimer», ruft Max aus der Kabine mit ausgestrecktem Arm, als wir langsam an dem blau-weißen, mit rotem Rost gestriften Rumpf eines kommerziellen Fischerboots vorbeischippern. Max spielt *Peppa Wutz* nach, wenn Opa Wutz sich mit Opa Kläff streitet. Auf dem Bug des Fischerboots steht in großen weißen Buchstaben der Name: Faith – Vertrauen. Ich wende mich ab. Ich habe jegliches Vertrauen verloren, sowohl in meine Idee, dem Zug der Grauwale zu folgen, als auch in die Wale und vor allem in mich selbst. Ich wollte Max Walmütter und ihre Kälber zeigen, die von den Lagunen in Baja California bis zum Arktischen Ozean Tausende von Meilen zurücklegen, um ihm damit zu beweisen, dass auch wir beide alles schaffen, alle Hindernisse überwinden können. Aber eigentlich wollte ich es mir selbst beweisen, und nichts ist nach Plan verlaufen.

Kodiak Island, die letzte Station auf unserer Reise, ist ein wichtiger Zwischenstopp der Grauwale und für uns die letzte Möglichkeit, sie vor unserem Heimflug vielleicht doch noch zu sehen. Auf der Karte sieht die Insel aus wie zufällig vor der Küste Alaskas ins Meer geworfen, versenkt, so wie ich den Zehntausend-Pfund-Kredit zur Finanzierung der Reise versenkt habe. Unsere Visa sind ebenfalls abgelaufen. Die Reise sollte ein Neuanfang sein. Sie hat mich eine Zeit lang von meinen Problemen abgelenkt, aber jetzt türmt sich alles, wovor ich weggelaufen bin, wieder vor mir auf, die ganze lange Liste meines Versagens: Ich habe es weder geschafft, Max und mir ein erträgliches Leben zu ermöglichen, noch unseren Lebensunterhalt zu verdienen oder auch nur einfach weiterzumachen wie alle anderen. Ich habe wiederholt und spektakulär in der Liebe versagt und nicht kapiert, was für eine dämliche Idee diese Reise im Grunde genommen ist. Mein Versagen überwältigt mich derart, dass mir schwindelig wird. Ich kralle die Finger in das Holz der Reling, sie hinterlassen keine Spuren. Wir gleiten an der Arctic Hunter, an der Resolution, an der Provider und an der Lady Kodiak vorbei, die an der letzten Anlegestelle liegen. Das Boot nimmt Fahrt auf. Als wir den Schutz der Landspitze verlassen, werden die Wellen größer, rauer, grauer. Im Gegensatz zu mir verurteilt das Meer nicht. Es könnte mich ertränken und bliebe dabei völlig unpersönlich. Das Desinteresse ist tröstlich. Der eisige Wind betäubt den Schmerz in meiner Brust. Die Wassermassen, die sich in der Ferne donnernd gegen die Klippen werfen, übertönen mein Gedankenchaos.

Max sitzt auf Chris' Knien, ein kleines Händepaar und ein großes Händepaar nebeneinander am Steuer halten uns auf Kurs. Max hat so viel Spaß, dass er nicht ein einziges Mal nach mir gerufen hat. Ich sehe einen breit lächelnden Mundwinkel, eine Pausbacke hinter blonden Zausellocken und den Kragen seines Hoodies. Er dreht sich um und sieht mich mit seinen großen, leicht länglichen und normalerweise blauen Augen an, die im Licht, das durch die Wolken fällt, weich und grau aussehen.

Kodiak Island verschwindet hinter uns im Meer. Wir befinden uns im Golf von Alaska, wo das Beringmeer sich an den Aleuten bricht, die sich westlich in Richtung Russland erstrecken. Das Volk der Unangan oder Aleuten nennt eine dieser Inseln den Geburtsort der Winde. Chris, ein ehemaliger Fischer, der zum Elektriker und Landei umgeschult hat, gönnt sich zum Vatertag einen Angelausflug. Während wir über die Wellen flitzen, werden seine Frau und die beiden kleinen Töchter auf den Bänken in der Kabine in die Luft geworfen. Max und ich haben uns ihnen angeschlossen, weil Chris die Futterplätze der Grauwale kennt.

Kodiak Island ist der Lebensraum von gruseligen Ungeheuern wie den Kodiak-Bären, aber auch diese wunderbare, freundliche Familie ist dort zu Hause. Außerdem ist die Insel für benthischen Schlick bekannt. Im Moment ist der Nebel zu dicht, um irgendeine Form von Leben auf dem Meer oder darin entdecken zu können, und in meiner Niedergeschlagenheit erscheint mir der kalte Schlamm am Meeresgrund geradezu verlockend. Ich halte mich am Schandeck fest, schließe die Augen und stelle mir vor, ich würde durch die Wasserschichten nach unten sinken.

Ich tauche mit den Walen. Über mir zieht sich das Licht zu einem glänzenden Kreis zusammen. Mein Blut fließt langsamer, die Lunge schließt sich, der Körper schaltet ab. Farben lösen sich auf. Ich bin in dunklem Dunst verloren. Ich höre den Meeresboden, er wellt sich, zerfließt. Wasser gluckert, Lebewesen wuseln, Krabben schnappen zu. Ich horche in der Dunkelheit nach Stimmen, rufe, versuche, die Grauen herbeizurufen.

Jetzt bin ich Wissenschaftlerin, untersuche den Schlick, das Gewimmel der Formenvielfalt. Muscheln surfen in der Strömung oder graben ihre Füße in den Grund, Bandwürmer krümmen und winden sich. Kommagarnelen mit gegabelten Schwänzen, Diastylidae aus der Ordnung Cumacea, wirbeln umher und laichen. Diese winzigen Garnelen sind der Grund für die weite Reise der Wale. Kaum zu glauben, dass solche Giganten sich von einer nur millimetergroßen Beute ernähren. Wenn die Wale den Meeresboden abgrasen und den Silt durch ihren Bartenvorhang filtern, wirbeln Schlammwolken auf wie Lavaflüsse. Aufgrund der klimawandelbedingten Veränderungen im Meer können Grauwale bei der Nahrungssuche nicht länger wählerisch sein. Hier um Kodiak Island herum müssen sie sich inzwischen mit einer kalorienärmeren und hartschaligen Garnelenart zufriedengeben.[1] Glücklicherweise sind sie im Grunde nichts anderes als Staubsauger.

Ich habe auf dieser Reise viel über Grauwale gelernt. Immer wenn Max schlief, habe ich gelesen.

Ihr seid einzigartige und eindrucksvolle Wesen, Wächter der Meere, Ökosystemexperten, Vorboten des Klimawandels, der uns alle betreffen wird. Aber wo zum Teufel steckt ihr? Wieso lasst ihr mich im Stich?

Vor der Geburt meines Sohnes hatte ich in London eine Eigentumswohnung, ein funktionierendes Sozialleben und eine erfolgreiche Karriere als Journalistin. Dann wurde mein Leben auf den Kopf gestellt. 2012, als Max ein Jahr alt war, lebte ich in einem Wohnheim für alleinerziehende Mütter auf der Insel Jersey, auf der ich aufgewachsen bin. Meine Ersparnisse waren dafür draufgegangen, mich vor Gericht mit Pavel, meinem Ex, um das Sorgerecht für Max zu streiten.

Im Wohnheim verhielt ich mich möglichst unauffällig und schirmte mich von der Außenwelt ab. So vieles war mir in so kurzer Zeit aus den Händen geglitten. Regelmäßige, bezahlte Arbeit, Schlaf, Freunde und Freundinnen, die ich aus Geldmangel nicht mehr anrufen konnte, meine Wohnung im Osten von London. Die gehörte mir zwar, aber ich konnte sie weder verkaufen, weil sie als negatives Kapital galt, noch die Hypothek bezahlen und selber darin wohnen. Und es gab noch andere Gründe, London zu meiden.

Es fühlte sich an, als würde ich von Neuem laufen und sprechen lernen. Die Welt schien mich nicht mehr zu erkennen, also konzentrierte ich mich auf das, was für mich ihren Mittelpunkt bildete, nämlich meinen einjährigen Sohn.

An einem Wintertag ging ich durch eine Seitenstraße von St. Helier, Jerseys Hauptstadt. Ich war auf dem Weg zu einer Food Bank, einer Lebensmittelausgabe, die sich über einem Laden der Heilsarmee befand. Ein Mann führte uns lächelnd an Kleiderständern vorbei zu einer Reihe von Vorratskammern im ersten Stock.

«Nehmen Sie, was immer Sie brauchen», sagte er. «So viel Sie tragen können.» Ich griff mit beiden Händen zu. Eine Tasche drohte schon zu reißen. Die Türklingel bimmelte, als ich den Laden mit drei Tüten voller Konservendosen in der einen und Max an der anderen Hand verließ.

Plötzlich eine bekannte Stimme: «Doreen!» Eine alte Schulfreundin stand mit herzlichem Lächeln vor mir. Vor zwei Jahrzehnten waren wir eng befreundet gewesen. «Du bist wieder da.»

«Hey! Ja, bin ich.» Ich setzte die Tüten ab.

«Ich wusste gar nicht, dass du ein Kind hast. Hallo, du Hübscher.» Sie nickte Max zu und sah dann wieder mich an. «Dein Mann ist aus England?» Max hüpfte hin und her und zog an meiner Hand.

«Es gibt keinen Mann, nur Max und mich. Wie geht es dir? Ist lange her.»

Ihre nächste Frage hing schon in der Luft. «Wohnst du wieder zu Hause bei deinen Eltern?»

Ich biss die Zähne zusammen. «Nein, meine Mum ist zu krank.» Ich griff nach den Tüten.

«Wo bist du denn untergekommen?» Sie runzelte die Stirn. «Wie kommst du klar? Hilft dir jemand?»

Mein Kopf schmerzte. Die Griffe der Plastiktüten schnitten mir in die Hand. Ich ließ mich von Max rückwärts die Straße entlangziehen.

«Uns geht's gut. Schön, dich zu sehen», rief ich meiner alten Freundin zu. «Tut mir leid, ich muss weiter, wir sind spät dran.»

Auf dem Weg zurück ins Wohnheim kamen wir an einer Bäckerei vorbei, in deren Schaufenster Brötchen auf Backblechen lagen. In der Scheibe spiegelte sich eine Obdachlose, die meine Kleider trug und ein wunderschönes Kind an der Hand hielt.

Ein paar Wochen später brachte mich eine andere Zufallsbegegnung auf einen neuen Weg. Frauen wie ich, also alleinerziehende Mütter, die im Wohnheim lebten, galten als bedürftig. Eine wohlmeinende Kirchengruppe wollte uns etwas Gutes tun und hatte einen Wohlfühltag organisiert. Ich traf etwas zu früh ein, schob die schwere hölzerne Doppeltür auf und staunte über die Größe des hellen Saals.

«Lieber Gott, hilf diesen armen Frauen ... den richtigen Weg ... hinfort von Satan ...» Die Frauen waren ins Gebet vertieft und bemerkten mich nicht. Ich wollte gerade auf dem Absatz kehrtmachen, da sahen sie auf und begrüßten mich freundlich lächelnd. Ich reagierte mit einem finsteren Blick. Ach ja, ich sollte also gerettet werden? Eine Frau steuerte auf Max zu und brachte uns in eine Spielecke, die, wie sie mir versicherte, von professionellen Kindergärtnerinnen beaufsichtigt wurde. Er nahm ihre Hand und wackelte los, um die Spielsachen in Augenschein zu nehmen. Ich wurde von einer Frau in blau-weiß gestreifter Segelbluse und Bootsschuhen in eine andere Ecke geführt, in der Massagen, Maniküren und Fußbäder angeboten wurden. Ich war fest entschlossen, mich nicht zum Wohltätigkeitsopfer machen zu lassen. Max und ich mussten hier raus. Aber als ich mich umdrehte, sah ich meinen Sohn auf dem Schoß einer fremden Frau sitzen und ein Geschenk auspacken, einen Spielzeugbetonmischer samt Fahrer und beweglicher Trommel. Er strahlte vor Freude. Ich schaute mich um. Immer mehr Familien trafen ein. Also gut, wenn ich schon als Satansweib galt, würde ich das Beste daraus machen.

«Eine Kopfmassage wäre toll, vielen Dank», sagte ich zu der Segelblusenfrau, nahm Platz und schloss die Augen. Ihre Finger auf meinem Kopf fühlten sich an wie Wasser. Ich stellte mir vor, ich säße in einem Whirlpool. Aber der verwandelte sich in ein Meer. Der Gemeindesaal verschwand, ich war wieder Kind, lief frei an den Stränden von Jersey und Irland herum. Dann tauchte in meinem Kopf eine andere Küste auf, in der Arktis, und ich sah das Meereis vor mir, das sich bis zum Nordpol erstreckt. Ich war wieder in Alaska, wie vor sieben Jahren, war wieder in der Stadt Utqiaġvik, die damals Barrow hieß, und wohnte bei einer Iñupiaq-Familie. Die Stadt klammert sich am nördlichsten Punkt der USA an die Küste des Arktischen Ozeans. Hier leben und überleben die Iñupiat seit Tausenden von Jahren, immer wieder von Eis und Dunkelheit umschlossen, zusammengeschweißt durch ihre uralte Kultur und durch die besondere Beziehung zu den Tieren, die sie jagen, vor allem die großartigen und geheimnisvollen Grönlandwale. Ich hatte dort nicht nur Wale gesehen, ich hatte zu einer Familienjagdgruppe gehört und ein Land von erstaunlicher Schönheit und Gefährlichkeit kennengelernt. Damals hatte ich mich so lebendig gefühlt, mit anderen Menschen und der Natur eng verbunden. Wenn ich dieses Gefühl nur wiederfinden und es an Max weitergeben könnte.

«Mummy.»

Ich kehrte aus der Arktis zurück und öffnete die Augen. Max stand vor mir. Die Frau nahm ihre Hände von meinem Kopf. Er fühlte sich leichter an.

«Gehen.» Max zeigte auf den Ausgang. Ich dankte meiner Masseurin, nahm seine Hand und ging.

Als Max an jenem Abend eingeschlafen war, schob ich meinen Recherchejob beiseite und suchte im Netz nach Informationen über Grönlandwale. Danach kamen Blauwale an die Reihe, und ich schaute zum wiederholten Mal mein Lieblingsvideo von David Attenborough, in dem die riesigen Kreaturen direkt neben seinem winzigen Boot auftauchen. Schließlich stieß ich auf einen Artikel über Grauwale, über die ich bis dahin nichts gewusst hatte. Ich lernte, dass es zwei Populationen gibt, eine im westlichen, die andere im östlichen Pazifik. Und ich fand heraus, dass die östliche Population jedes Jahr von der Arktis zu den Geburtslagunen vor Mexiko wandert, um dann mit den neugeborenen Kälbern wieder nach Norden zurückzukehren. Das ist eine Rundreise von etwa zwanzigtausend Kilometern, als würde man fast zwei Mal um den Mond schwimmen. Die Wale bewegen sich normalerweise in Küstennähe durch flache Tangwälder und sind entlang der ganzen amerikanischen Westküste zu beobachten. Die Mütter wehren Raubtiere ab, erziehen und ernähren ihre Jungen und schwimmen dabei um den halben Planeten. Sie sind der Inbegriff von Ausdauer.

Beim Lesen verspürte ich neue Kraft. Mütter und neugeborene Kälber, so stand in dem Artikel, sind zwischen Dezember und April in Baja California anzutreffen. Vielleicht könnte ich ja mit Max dorthin fahren. Darüber musste ich laut lachen, aber die Idee blieb hängen. Max könnte die Wale zumindest unterbewusst aufnehmen, ein Gefühl für Freiheit bekommen und die Enge und Verzweiflung, die er im Wohnheim miterleben musste, vergessen. Ich könnte ihm die Wunder der Unterwasserwelt zeigen. Das wäre wie in den Attenborough-Dokumentationen, mit denen ich aufgewachsen bin, nur besser, weil real. Es war Januar. Die Mütter und Kälber müssten bereits in Baja sein.

Während ich so neben Max auf der Bettkante vor meinem Computer hockte, hörte ich eine Stimme, Billys Stimme, tief und ganz nah, als würde er direkt neben mir sitzen, wie damals vor sieben Jahren auf dem Meereis in Alaska, als wir nach Walen Ausschau hielten.

«Manchmal», sagte er langsam, «sehen wir einen Grauwal.» Es war, als würde Billy mit mir sprechen, über all die Meilen hinweg, die uns trennten.

Danach ging alles sehr schnell. Eine unsichtbare Schnur schien mich durch das Fenster hinauf in den Himmel und quer über das Meer zu ziehen. Schon am nächsten Tag verließ ich das Wohnheim und zog ins Dachzimmer einer Freundin. Ich nahm einen Kredit auf, organisierte Visa. Wir würden den Müttern und Kälbern von Mexiko bis ans Ende der Welt folgen, erzählte ich Max. Sie würden schwimmen und wir mit Bussen, Zügen und Booten nebenherfahren.

«Zug?» Die Wale interessierten Max kaum, Transportmittel umso mehr. «Ich nehme Flash mit, Mummy.» Er holte seinen flauschigen Stoffhund und stellte sich abreisebereit an die Tür.

Ich sagte mir, ich würde von den Walen wieder lernen, Mutter zu sein, durchzuhalten, zu leben.

Im Geheimen sehnte ich mich ins nördlichste Alaska zurück, in die Gemeinschaft, die mich in der harschen Schönheit der Arktis beschützt hatte, und zu Billy, dem Walfänger, der mich geliebt hatte.

LOS ANGELES

Breitengrad: 33° 59′ 40″ N
Längengrad: 118° 28′ 57″ W

Der Passbeamte in Los Angeles starrt mich durchdringend an, senkt den Blick, sieht Max und strahlt. Max watschelt mit seinem Mini-Rucksack neben mir her wie ein Pinguin, ruft auf Nachfrage laut seinen Namen und verbreitet wie durch Zauberhand allgemeine Heiterkeit. Ich halte meine Papiere umklammert, aber der Beamte wirft nicht einmal einen Blick darauf, sondern winkt uns einfach durch.

In der Ankunftshalle werden wir von meiner Freundin Marie mit offenen Armen empfangen. Ihr sechs Monate altes Baby schläft im Kinderwagen. In Los Angeles ist es warm und trocken, Max und ich schälen uns während der Autofahrt aus unseren Wintermänteln. Dürre Palmen mit windzerzausten Wedeln wippen über uns. Als wir Maries Wohnung in Venice Beach erreichen, ist es schon spät. Sie hat außer dem Baby noch einen kleinen Sohn in Max' Alter. Während die Kinder auf einer Kreidetafel herumkritzeln, trinken Marie und ich Tee und sprechen über die bevorstehende Reise. Max und ich werden uns in San Diego einer Reisegruppe anschließen, mit ihr nach Baja fahren und dort zwei Wochen lang Wale beobachten.

«Und dann in die Arktis?», fragt Marie. «Ein weiter Weg.»

Marie kennt den Norden. Wir haben uns damals auf dem Flug nach Utqiaġvik kennengelernt, saßen nebeneinander in enge Sitze gequetscht und bewunderten nach der Landung gegenseitig unsere Skijacken. Ringsherum war nichts als Weiß zu sehen gewesen, nach kaum zehn Schritten hatte sich das Wasser in meiner Trinkflasche in Eiskristalle verwandelt. Am Ende meines Aufenthalts hatte die Kälte auch mich verwandelt. Manche Orte sind so. Man kommt verändert zurück, manchmal auch gar nicht. Dass Marie Utqiaġvik kennt, tut mir gut. Das geht Astronauten, die sich nach ihrer Rückkehr vom Mond irgendwann wiedersehen, vermutlich ähnlich.

«Wir teilen die Reise in zwei Hälften», sage ich. Max und ich dürfen höchstens einen Monat am Stück wegbleiben, ohne über diverse juristische Hürden springen zu müssen. «Zwei einmonatige Reisen. Erst Mexiko, dann nach Hause, dann kommen wir wieder und folgen den Walen gen Norden.»

«Dann sehen wir uns zweimal!» Marie will wissen, wie ich mir das Ganze leisten kann. Ich erzähle von meinem Telefonat mit der Bank. Wir waren am Strand, Max rannte barfuß durch den Sand und quietschte, als er merkte, dass seine Abdrücke sich hinter ihm auflösten. Ich hatte das Handy in der Hand und schirmte es gegen den Wind ab.

«Arbeiten Sie noch, sind Sie angestellt?», fragte der Mann von der Bank. Ich hatte mich gerade ganz beiläufig nach einem Kredit erkundigt.

«Ja.» Ich hielt den Atem an. Er hatte mein Konto vor sich. Und musste doch sehen, dass ich nicht mehr angestellt war, dass ich nur selten arbeitete. Eine Pause. Wenn ich so lange die Luft anhielte, bis er etwas sagte, würde die Antwort positiv ausfallen, redete ich mir ein.

«Okay, ist erledigt. In spätestens fünf Tagen sollten Sie zehntausend Pfund auf dem Konto haben.»

Marie findet mich mutig. «Ihr Jungs habt ja einen Sturm gemalt», sagt sie und bewundert das chaotische Kreidekunstwerk. Am Abend rollen Max und ich uns auf dem Klappsofa im Wohnzimmer zusammen und genießen es, in einem echten Zuhause zu sein.

Bei unserem Einzug war das Wohnheim fast voll. Max und ich wurden im zweiten Stock untergebracht, durch vier Brandschutztüren und acht Treppenschutzgitter von der Außenwelt getrennt, regelrecht weggeschlossen. Ashley, im Zimmer nebenan, war Anwaltsgehilfin und kam ursprünglich aus Südafrika. Sie hatte einen fünfjährigen Jungen. Magda, ein Zimmer weiter, war Polin und Mutter von drei Kindern. Angelina, ein Stockwerk tiefer, stammte aus Madeira. Im Hof konnten die Kinder auf Dreirädern und einer Plastikrutsche spielen. Beim Kochen in der Gemeinschaftsküche erzählten wir uns gegenseitig unsere Erlebnisse vor Gericht. Wir schienen alle aus mehr oder weniger den gleichen Gründen hier gelandet zu sein. Angelina und ich bekamen keine Sozialhilfe, sie wegen ihres Aufenthaltsstatus, ich, weil ich eine Eigentumswohnung besaß. Aber ich hatte einen Laptop, konnte freiberuflich arbeiten und wurde einigermaßen gut bezahlt, während ihr nichts anderes übrig blieb, als zum Mindestlohn in einem CD-Laden zu arbeiten. Ich war privilegiert. Wenn Angelinas Ex sie mal wieder im Stich ließ, sprangen wir ein und übernahmen das Babysitten, damit sie zur Arbeit gehen konnte. Und wenn ich vom nächtlichen Arbeiten müde war, gab ich mir Mühe, das nicht zu zeigen.

Allmählich zogen meine neuen Freundinnen in Sozialwohnungen oder WG-Zimmer um. An Weihnachten waren Max und ich allein im Wohnheim.

Dann wurde es wieder voller, und Nicola zog ein.

«Du hast wunderschönes Haar», sagte ich, als ich eines

Abends auf Nicoles Bett saß. Sie und ihr vierjähriger Sohn Will waren die einzige andere Familie auf meinem Stockwerk. Die Zimmertüren standen offen, damit ich durch den Flur hören konnte, wenn Max, inzwischen achtzehn Monate alt, aufwachte.

«Probier's mal mit Schaumfestiger, das würde deinem Haar mehr Volumen geben», sagte Nicola und nahm eine Sprühdose von der Kommode. Haare waren nicht mein Ding, aber Nicola hatte früher als Friseurin gearbeitet, und ich wollte nett sein, suchte irgendein verbindendes Gesprächsthema. Wenn sie durch die Wohnheimflure lief, schwang ihr Haar wie ein schimmernder kastanienbrauner Vorhang. Sie erinnerte mich an die Rädelsführerinnen in der Schule, denen ich früher auf dem Spielplatz immer ausgewichen bin, weil sie lachten und «hässlich» riefen, wenn ich vorbeikam. Während Nicola mit mir sprach, betrachtete sie ihre perfekt lackierten roten Nägel.

«Ich muss gehen», sagte ich. «Ich habe eine Deadline.» Ich gähnte, schon bei dem Gedanken daran wurde ich müde.

Nicola hob das Kinn und sah mich von oben herab an. «Ich habe keine Lust zu arbeiten.» Sie war nach der Trennung von ihrem Freund aus Manchester nach Jersey zurückgekehrt und hoffte, bald von den States of Jersey eine Wohnung zugeteilt zu bekommen. «Mit Nettigkeit kommt man im Leben nicht weiter», sagte sie. «Ich hab da mal ein Buch gelesen. *Windige Mädchen haben ein besseres Leben.* Da hab ich gedacht, das bin ich auch, windig.»

«Windig? Meinst du vielleicht stürm-»

Das Fenster klapperte, wir schauten auf. Der Wind war stärker geworden. Im Geist sah ich vor mir, wie Nicola herumgewirbelt wurde, das Haar wie ein Superheldenumhang hinter ihr her flatternd.

«*Warum brave Mädchen nicht vorankommen, windige Mäd-*

chen aber schon. So hieß das Buch.» Sie machte eine kurze Pause. «Das solltest du mal lesen.»

Ich nickte. «Ich muss jetzt arbeiten. Danke für den Schaumfestiger.»

Max lag in seinem gestreiften Schlafanzug auf dem Bett, alle viere von sich gestreckt. Ich ging nach unten in die Küche, um mir ein Glas Wasser zu holen, und traf dort auf Kayleigh, die mir von den neuen Bewohnerinnen am sympathischsten war. Sie hatte wie ich ein loses Mundwerk und war anders als ich mit allen Wassern gewaschen. Sie hatte mir von den Streitigkeiten mit ihrem Freund und ihrer Familie erzählt. «Ich will die ganzen Kontrollfreaks nicht mehr in meinem Leben haben.»

Das konnte ich nachfühlen. Ich hatte ihr schwarze Lederhandschuhe mit Seidenfutter vermacht, ein Geschenk von Pavel. Sie in einen Charity-Laden zu bringen, hatte ich nicht über mich gebracht. Kayleigh hatte sie anprobiert, die Finger tanzen lassen und ihr platinblondes Haar zurückgestrichen. «Ich sehe aus wie Marilyn Monroe!»

Sie schloss ihren Essensspind auf, holte eine Tüte Penne heraus und bewegte sich trotz ihres umfangreichen Schwangerschaftsbauches mit graziöser Eleganz durch die Küche. Vor der offenen Küchentür saßen ein paar Frauen auf dem asphaltierten Hof, rauchten und redeten, darunter auch Nicola. Als sie herüberschauten, winkte ich ihnen zu. Nicola wandte sich ab und sagte etwas, die Gruppe lachte. Ich gab vor, an der Spüle beschäftigt zu sein.

«Mach dir nichts daraus», sagte Kayleigh leise und nickte in Richtung Tür. «Die ertragen es nicht, wenn jemand was aus seinem Leben macht und das hier hinter sich lässt.»

Da ich nicht genau wusste, was sie meinte, lächelte ich bloß und sagte gute Nacht. Auf der Treppe nach oben fühlte sich alles schwer an. Im Zimmer unter mir begann eine Frau, in ihr Telefon zu brüllen, und weckte damit Max auf. Ich stillte ihn, bis sein Körper sich entspannte. Wieder setzte unten unverständliches Geschrei ein, die Frau wurde immer wütender. Max regte sich und begann zu weinen. Ich hämmerte auf den Boden. Ruhe kehrte ein. Wieder stillte ich ihn, bis er einschlief, dann arbeitete ich bis drei Uhr morgens.

Am nächsten Tag stand eine Skype-Besprechung mit einem Kunden in Genf an. Da es im Wohnheim kein WLAN gab und mein Handynetz nicht verlässlich war, begab ich mich in ein nahe gelegenes Café, suchte mir einen Tisch vor einer leeren Wand und positionierte Max in seinem Kinderwagen so, dass er in Reichweite, aber nicht zu sehen war. Sein Gesicht war in einem Croissant vergraben. Ich setzte Kopfhörer auf und wartete auf den Anruf.

«Ja. Menstruation muss wirklich zum Thema werden», sagte ich laut, als die Besprechung begann. Es ging darum, dass Mädchen in ärmeren Ländern während ihrer Periode oft nicht in die Schule gehen können. Die Anzugträger im Café drehten sich um und starrten mich an. Ich hatte mir an dem Morgen tatsächlich Mühe gegeben und sogar die Haare gekämmt, nur von den Schultern abwärts sah ich schlampig aus. Ich wich den Blicken aus und konzentrierte mich auf den Bildschirm. Amrita, die Hygieneexpertin, ließ ihrem Frust über die viel zu geringe öffentliche Aufmerksamkeit für dieses wichtige Thema freien Lauf und pfefferte ihre Sätze freizügig und provokant mit «Scheiße». Um mich engagiert zu zeigen, tat ich es ihr nach.

«Habt ihr Zahlen für die Scheiße im ländlichen Raum?», fragte ich. «Wenn die Menschen auf die Felder scheißen und das ins Wasser kommt, dann … Ja, ich sehe zu, dass das deutlich wird.»

Als ich kurz schwieg, bestellte ein Gast lautstark einen Milchkaffee.

«Bist du in einem Café?», fragte Amrita.

«In einem Gemeinschaftsbüro.» Mein Café-Arrangement schien mir nicht professionell genug. Max hatte das Croissant verschlungen und quietschte. Ich hielt die Hand über das Mikrofon.

«Ist da was mit der Verbindung?», fragte Amrita.

«Ja, da sind irgendwelche Störgeräusche.»

Am Ende des Gesprächs roch ich meinen eigenen Schweiß. Wie schafften es andere alleinerziehende Mütter, die so pleite waren wie ich, mit kleinen Kindern zu überleben? Wie lange konnte ich so weitermachen?

Ein halbes Jahr verging. Das Wohnheim wurde kleiner, die Flure enger, die Treppen steiler. Nicola schenkte mir meistens keine Beachtung, aber Will warf sich bei jeder Gelegenheit mit aller Kraft auf Max, der, halb so alt und halb so groß, immer den Kürzeren zog. Eines Mittags platzte ich versehentlich in Nicolas Geburtstagsfeier hinein. Sie saß mit anderen Frauen am Küchentisch. Die Pralinen, die ich ihr geschenkt hatte, lagen unbeachtet in der Ecke.

«Party, Mummy!», sagte Max. Nicola blickte auf. Ich lächelte, aber sie setzte ihre Unterhaltung fort. Ich wollte im Boden versinken. Wir aßen in unserem Zimmer.

Wann immer Zeit war, traf ich mich mit Angelina und Ashley in irgendeinem Park. Wir gaben den Kindern Schwung auf der Schaukel oder setzten sie auf die Rutsche, aber ich kam mir hinter den Gitterstäben des Spielplatzzauns vor wie in einem Käfig für Mütter. Wenn Max abends schlief, packte ich manchmal vorsichtig die Fellmütze aus, die Billy mir in Utqiaġvik geschenkt hatte, und setzte sie auf.

«Biberpelz», hatte er gesagt. «Wärmer geht nicht.» Ich zog die Ohrenklappen herunter, um die Welt nicht mehr zu hören, und dachte an seine Stimme, an das Meereis und an den dunklen Ozean, der vor der weißen Kante wogte.

Eines Morgens im Januar schlurfte ich nach einer weiteren langen Nacht am Laptop mit Max im Schlepptau müde in die Wohnheimküche. Ein paar Mütter bereiteten das Frühstück vor, auch Nicola war da. Will rannte auf Max zu und stieß ihn um. Sein Kopf prallte auf den Boden. Nicht schon wieder. Jedes Mal, wenn Will in der Nähe war, wurde Max verletzt.

An diesem Morgen schaffte ich es in meiner Müdigkeit nicht, mich zu beherrschen. «Ach, Herrgott noch mal, Will.» Ich hob Max auf, umarmte ihn, bis er aufhörte zu weinen, und stieg dann über das Babygitter, um an meinen Essensspind zu kommen.

«Das ist ja wohl meine Sache, mein Kind zurechtzuweisen», sagte Nicola.

Die Luft auf meiner Haut wurde kalt. Normalerweise stand ich selten für mich ein, aber diesmal kam eine Entschuldigung für mich nicht infrage.

«Redest du mit mir?» Ich versuchte, gleichgültig zu klingen. Ich war geübt darin, Leute mit einem Mikrofon in die Ecke zu treiben, aber im echten Leben schwieg ich eher oder rannte weg.

«Ja», sagte Nicola.

«Wenn Will Max wehtut, dann sage ich ihm, dass er das nicht tun soll.» Ich war kurzatmig, musste jedes Wort herauspressen.

«Du musst sie das unter sich klären lassen, sonst lernen sie nie, sich zu wehren.»

Mein Magen zog sich zusammen. Kampf oder Flucht? «Ach, hör doch auf mit dem Schwachsinn», sagte eine Stimme. Meine Stimme. «Er ist gerade mal zwei Jahre alt.» Also Kampf. Wut und Blut rauschten in meinen Ohren. Ich war auf dem Kriegspfad. Zum letzten Mal hatte ich mich so gefühlt, als ich mit elf Jahren Lisa Clark auf dem Netball-Platz eine gescheuert hatte, weil sie mich ständig hänselte. «Verpiss dich», fügte ich laut hinzu, und dann war mir klar, dass ich das Wohnheim verlassen musste. Nicola verschwand. Die Küche leerte sich. Ich war nicht mehr bereit, so zu tun, als wäre das alles okay. Scheiß drauf. Scheiß auf Nicola. Scheiß auf alle. Scheiß auf die ganze beschissene Welt. Scheiße.

Als ich auf dem Klappsofa aufwache, dauert es einen Moment, bis mir einfällt, dass wir weit gereist und jetzt zu Besuch bei Marie sind. Vor dem Fenster baden ein Orangen- und ein Zitronenbaum in der kalifornischen Frühlingssonne. Wir frühstücken mit Maries Familie, und nachdem ihr Mann zur Arbeit gefahren ist, begleiten Max und ich Marie zum Mutter-Kind-Yoga. Wir sind umringt von Müttern in L.A.-Fitnessoutfits.

«Steh wie ein Frosch, Mummy», ruft Max und klettert auf mir herum, als wir im herabschauenden Hund stehen. Die anderen machen Pssst. Ich will hier raus. Wir sollen sagen, wofür wir brennen, was uns antreibt. Ich versuche, die Liebe zu meinem Sohn zu beschreiben, rede aber so leise, dass niemand mich hören kann, und schaffe es nicht, lauter zu sprechen. Auf dem Weg nach Hause denkt Marie laut darüber nach, wie es wohl für Max ist, ohne Vater aufzuwachsen. Ihr Sohn würde ständig nach seinem Dad verlangen, sagt sie. Ich will wieder raus, aber das bin ich sowieso schon.

Marie ist zum Mittagessen mit Kolleginnen verabredet, ich laufe mit Max nach Venice Beach. Der Strand ist riesig und weit und mit Unmengen kleiner Muscheln übersät. Ich atme tief durch, langsam wird mir leichter. Am Meer fühle ich mich zu Hause, erst recht, wenn ich darin bade. Aber hier ist der Ozean riesig und rau, für uns zum Schwimmen ungeeignet. Ich zeichne eine Karte der Walwanderroute in den Sand. Die schmale Baja Peninsula, die geschlängelte Linie der amerikanischen Westküste, den großen Schlenker hinüber in den Golf von Alaska, vorbei an der Inselkette der Aleuten, dann ein gezackter Buckel hoch zur Spitze des Kontinents. Ich hole einen kleinen Pottwal aus Buchsbaum aus der Tasche und gebe ihn Max zum Spielen. Der Wal begleitet mich überallhin. Er ist wunderbar geschnitzt, sein Mund sanft geschwungen, der Anflug eines Lächelns. Max schiebt ihn über den Sand.

Mit vier bekam ich von meiner Mutter eine große Kinderbibel mit wunderschönen Illustrationen. Auf der ersten Seite war eine gelbe Karte der Königreiche Juda und Israel abgebildet, und genau in der Mitte, im Mittelmeer, schwamm ein Pottwal mit leicht geöffnetem Maul, das einzige richtige Lebewesen auf der Karte. Die ebenfalls abgebildete Kamelkarawane und die Männer im Boot waren zu klein, um irgendeinen Gesichtsausdruck erkennen zu lassen. Der Wal war wie ein Code für mich, als würde man einen Buchstaben sehen, bevor man das Alphabet gelernt hat, und schon wissen, dass er der Schlüssel zu einem Geheimnis ist. Er hat mich mehr fasziniert als jedes Einhorn. Die Geschichte von Jona und dem Wal stand am Ende des Alten Testaments. Ein Bild zeigte den knienden Jona mit gesenktem Kopf beim Gebet im grauen, verschlungenen Bauch des Wals. Der Geschichte nach brachte der Wal, die Kraft des Guten, Jona nach drei Tagen und drei Nächten in Sicherheit.

Als ich sechs war, zogen wir von Wales nach Jersey um, in die ehemaligen Stallungen eines maroden Bauernhofs aus grauem Granit. Als Inselkind war das Meer für mich immer präsent. Ich wusste jederzeit, ob gerade Flut oder

Ebbe herrschte, und nutzte die Strömung, um meine Kräfte zu messen. Freitagabends brachte Dad meine Schwester, meinen Bruder und mich zum Schwimmunterricht, den ich allerdings fürchtete. Einmal dachte ich, ich würde ertrinken, nachdem der Schwimmlehrer uns brüllend befohlen hatte, den Beckenrand loszulassen. Eines Freitags versteckte ich mich deshalb im Wäscheschrank.

«Doreen?» Mein Vater klang sauer. Ich hörte, wie er die Treppe hochkam, und hielt in meiner Höhle aus Handtüchern und Bettwäsche die Luft an. Er ging wieder nach unten und rief draußen nach mir. Dann fuhr das Auto weg. Ich blieb zusammengerollt liegen, fühlte mich geborgen und war froh, unsichtbar zu sein. Nach diesem Erfolg versteckte ich mich am Sonntagmorgen gleich wieder, um nicht mit meiner Mutter zur Messe gehen zu müssen. Doch sie hatte bessere Spürhundqualitäten und stöberte mich auf. Als Dad erfuhr, dass ich Angst vor dem Schwimmunterricht hatte, musste ich nicht mehr hingehen. Stattdessen reservierte er einen Tischtennistisch, und während die anderen schwammen, spielten wir Pingpong. Darin war ich eine Niete, aber glücklich, meinen Dad für mich allein zu haben. Schwimmen lernte ich dann nicht in einem gechlorten Becken, sondern im Meer.

Dad war ein stiller Mensch, oft in seinen Hobbys versunken und nicht ansprechbar. Er war Biologe von Beruf und hatte eine Art, mit Tieren umzugehen, die ich mir eifrig von ihm abschaute. Wenn er von der Arbeit kam, sagte er oft nicht einmal Hallo und sprach nur, wenn man ihm eine direkte Frage stellte oder er etwas Organisatorisches mitzuteilen hatte. Beim Frühstück schwieg er normalerweise und machte erst den Mund auf, wenn er sich von meiner Mutter verabschiedete und ihr einen Kuss gab.

«Ich frage mich, ob es ein Wort gibt für seine Art zu

schweigen», sagte sie einmal, als die Tür hinter ihm ins Schloss gefallen war. Meine Eltern stritten oft. Mein Vater schwieg dann, meine Mutter schrie. Ich nahm mir vor, niemals wie sie zu werden, so laut und vorwurfsvoll. Ich wollte wie er sein.

Eine Zeit lang ging Dad jeden Tag mit uns schwimmen. Meine Mutter war damals schwer depressiv. Die kalten, windigen Tage, wenn die See wild toste, waren die besten. Es war aufregend, von den Wellen hin und her geworfen zu werden. Alle Farben waren gedämpft, nichts stach heraus. Tiefes Grün, Schlammbraun und das gemischte Grau der treibenden Wolken. Ich genoss es, neben meinem Vater im Wasser zu treiben. An ruhigeren Tagen, wenn man sehen konnte, wohin man schwamm, folgte ich seiner großen, bleichen Gestalt. Dann waren wir Meeressäugetiere, das kalte Wasser strömte über unsere Haut, die Finger wuchsen zu Schwimmflossen zusammen. Meine Geschwister und ich tauchten zwischen unseren Beinen hindurch oder jagten einander Angst ein mit der Behauptung, einen Hai gesehen zu haben. Die ganze Familie, Mum eingeschlossen, ging nachts bei Meeresleuchten schwimmen, eine so beeindruckende Erfahrung, dass ich beim Auftauchen ins Mondlicht nicht sicher sein konnte, ob ich vollständig zurückgekommen war, ob nicht ein Teil von mir im leuchtenden Wasser geblieben war.

Zur höchsten Flut des Jahrhunderts fuhren wir nach Archirondel, einem Kiesstrand an der Ostküste. Auf dem Parkplatz angelten Männer in Wathosen. Das Wasser stand so hoch, dass auf dem Asphalt Pfützen glitzerten. Panik durchströmte mich wie nachthelles Wasser, und ich setzte «Anstieg des Meeresspiegels verhindern» auf die Liste der stummen Bittgebete, die ich sonntags im Gottesdienst abarbeitete, inspiriert von der Schule und den Nachrichten.

Dann kniete ich in der Kirchenbank wie Jona im Wal. *Lieber Gott, bitte mach, dass keine Atombombe explodiert und keine weitere Eiszeit kommt, bitte mach, dass nichts mehr ausstirbt, so wie der Dodo, bitte halte den sauren Regen auf, bitte mach, dass die Menschen keine Wale und Delfine und Robben mehr töten.* Wenn ich irgendetwas vergaß, war ich die ganze Woche über gestresst.

Ich wurde sieben, und «Rettet die Wale!» war in aller Munde. In meinem Geburtsjahr hatte Greenpeace die Wale zum Gegenstand der allererersten Umweltkampagne gemacht. Man sah sie entweder als bläuliche Engel, die friedlich durch das Wasser glitten und mit ausgestreckten Flügeln in die Luft sprangen, oder als riesige, zusammengefallene, blutige Kadaver, die auf Fabrikschiffe gehievt wurden. Manchmal wurde im Fernsehen gezeigt, wie Leute in leuchtend orangefarbenen Zodiac-Schlauchbooten versuchten, den Harpunierern die Sicht zu versperren. Einmal legte die Rainbow Warrior, das auffällige Dreimastflaggschiff von Greenpeace, in St. Helier zum Auftanken an. Sie war gerade von einem Marinestützpunkt in Nordspanien geflohen, wo man sie nach Störmanövern gegen die spanische Walfangflotte festgehalten hatte. Die Bevölkerung wurde eingeladen, an Bord zu kommen. Ich erzählte einem bärtigen Matrosen, dass ich Wale liebte und gerne anheuern würde. Er lachte, zeigte mir das Schiff und gab mir eine Handvoll Aufkleber und Anstecker für meine Sammlung. Auf den meisten waren Finnwale zu sehen, die größte Gruppe unter den Bartenwalen, zu denen auch Buckelwale, Minkwale und Blauwale gehören. Einen Wal erkannte ich nicht und legte den Anstecker in eine Schachtel, wo er überdauerte. Er zeigt eine Walmutter und ihr Junges. Sie haben keine Rückenflosse, bloß Knubbel auf dem Rücken, und sie sind grau.

Noch ein anderes Schiff, das erst Jahrzehnte später Schlagzeilen machen würde, war in dieser Phase meiner Kindheit auf den Meeren unterwegs. Die Esso Atlantic war ein Supertanker, das viertgrößte Schiff der Welt und das Flaggschiff der Exxon-International-Flotte. Auf seinen Reisen über den Atlantik begegnete es Buckelwalen und Südlichen Glattwalen und sammelte mit hochsensiblem Equipment im Schiffsrumpf Daten an der Wasseroberfläche sowie in der Luft, um den Kohlenstoffkreislauf und die Bedeutung des Ozeans für die Speicherung von CO_2-Emissionen zu untersuchen.[1] Diese Forschungsarbeit war völlig neu und wurde von erstklassigen Wissenschaftlern durchgeführt.

Das Projekt war ins Leben gerufen worden, nachdem der Konzern, damals Esso, 1978 von einem seiner eigenen Mitarbeiter aufs Schärfste gewarnt worden war.[2] James Black erklärte dem Vorstand, dass das Verbrennen von fossilen Brennstoffen die CO_2-Konzentration in der oberen Atmosphäre erhöhen würde, was eine Erwärmung der Erde zur Folge habe. «Einige Länder werden davon profitieren, aber in anderen wird es die Produktivität der Landwirtschaft verringern oder zerstören», schrieb Black in seinen Anmerkungen. Es bleibe ein «Zeitfenster von fünf bis zehn Jahren, um die nötigen Gegenmaßnahmen einzuleiten».

Die am Supertanker-Projekt beteiligten Wissenschaftler stellten Berechnungen zu CO_2-Konzentrationen und globalen Temperaturen an, die sich inzwischen als erstaunlich akkurat erwiesen haben. Die Ergebnisse wurden veröffentlicht und flossen 1982 in ein technisches Briefing[3] der Abteilung für Umweltfragen bei Exxon ein, mit dem Vermerk «nur zur internen Verwendung». Auch wenn in dem Dokument die Rede von einigen Ungewissheiten war, die weitere Forschung erforderlich machten, wurde in aller Deutlichkeit auf «möglicherweise katastrophale Folgen» hingewiesen, «mit denen zu rechnen ist». Dazu gehörten das Abschmel-

34

zen der Antarktischen Eisschilds und Schäden für die Land-wirtschaft. Auf Seite fünf fand sich eine ominöse Warnung: «Einige Forschungsgruppen befürchten, dass die Auswir-kungen, wenn sie erst einmal messbar sind, möglicherweise nicht mehr rückgängig gemacht werden können.»

Als ich zum Teenager wurde, hatte sich die Welt der Ener-giekonzerne weitergedreht. Exxon hatte das Supertanker-Forschungsprojekt beendet und arbeitete stattdessen fir-menintern an einer Kommunikationsstrategie. 1988 schrieb ein Firmensprecher in einem internen Entwurf[4], dass der Treibhauseffekt «eines der wichtigsten Umweltthemen der Neunzigerjahre werden könnte», und umriss «die Exxon-Position». Dazu gehörte, «die Unsicherheit», die in der For-schung über zu erwartende Klimaveränderungen bestand, «zu betonen». Exxon kaufte Anzeigenplätze in großen Zei-tungen wie beispielsweise der *New York Times* und ließ Ar-tikel drucken, die dem Layout der Meinungsseiten der *Times* nachempfunden waren. Diese *advertorials*, wie sie genannt wurden (zusammengesetzt aus *advert* = Werbung und *edi-torial* = Leitartikel), erreichten eine riesige Leserschaft.[5] «Unsettled Science» («Verunsicherte Wissenschaft»), so lautete eine Überschrift im Jahr 2000.[6] Und nicht nur Exxon ging so vor. Das American Petroleum Institute[7] verfasste 1998 unter Mitwirkung von Exxon, Chevron und Southern Company einen «Global Climate Science Communications Plan», also eine Strategie, um die Ergebnisse der Klimafor-schung an die Öffentlichkeit zu kommunizieren. Durch ge-zielte Pressearbeit sollten die «Medien über Unsicherheiten in der Klimaforschung informiert» werden. «Der Sieg wäre errungen», so hieß es weiter, wenn diese Unsicherheiten «Allgemeinwissen» werden würden. Wer auf Grundlage bestehender wissenschaftlicher Erkenntnisse das Kyoto-Protokoll anerkannte, wurde als «realitätsfern» bezeichnet.

Zwei Jahrzehnte später recherchierten und veröffentlichten Journalisten von *Inside Climate News* die Exxon-Story und wurden dafür für den Pulitzer Price nominiert. Exxon sprach von einer inszenierten Kampagne, die den Konzern stigmatisieren und diffamieren sollte.[8]

«Ich kann nicht in die Herzen der Exxon-Manager sehen.» Das sagte der Physiker Martin Hoffert, der für Exxon Klimamodelle erarbeitet hatte, 2019 in einer Anhörung vor einem US-Kongressausschuss, der untersuchte, ob die Ölindustrie die Wahrheit über den Klimawandel absichtlich unterdrückt hatte.[9] «Exxon hat der Öffentlichkeit gegenüber Ansichten vertreten, die nach Auffassung der eigenen Wissenschaftler falsch waren. Dieses Verhalten war unmoralisch.»

Währenddessen wuchs ich auf Jersey heran und lernte im Meer Hundepaddeln, Brustschwimmen und den Rückwärtscountdown vor dem Sprung von den gepflasterten Slips. Im Wasser geborgen, träumte ich von Walen.

Marie hält vor der Union Station. «Ich bin echt nervös, weil ihr das alles ganz alleine macht.»

Max und ich verlassen L.A. und nehmen den Zug nach San Diego. Ich schaue ihn an, er schläft im Kindersitz des Autos. «Findest du, ich sollte es lassen?»

Eine Pause, ein Räuspern. «Ich glaube, du musst das machen.»

«Aber findest du es richtig, ihn mitzunehmen?»

«Na ja, du hast viel Geld ausgegeben.»

«Aber hältst du es für zu riskant?»

Eine längere Pause. «Nein.»

Nachdem ich die erwünschte Antwort erhalten habe, ob wahr oder nicht, verabschiede ich mich mit einer Umarmung.

«Das is der Zug in Wenyee Park», sagt Max, den die Abfahrtsansagen aufgeweckt haben. «Piep-piep-piep.»

Ich kämpfe mit Kinderwagen, Kindersitz, Rucksäcken, Taschen.

Die Zugbegleiterin sieht mich böse an. «Der Kinderwagen muss zusammengeklappt und oben verstaut werden.» Sie wendet sich ab, bevor ich um Hilfe bitten kann.

Die Zugfahrt ist wunderbar. Wir schießen in unserer Kapsel aus dem Bahnhof heraus, an den Gebäuden der Wun Fun Meat Company und einem Viadukt vorbei.

«*Will be full of gin in twenty-five minutes.*» Ich habe die Ansage offensichtlich missverstanden, meine Ohren haben sich noch nicht an den amerikanischen Akzent gewöhnt. Max und ich starren wie hypnotisiert aus dem Fenster. Schlangen aus schlammbraunen Flüssen und gelbe Fließbandfabriken fliegen vorbei. Glitzernde Haufen, in der Ferne Berge. Die Landschaft füllt meinen Kopf. Klobürstenbäume. Hellgelber Boden. Pennzoil-Tank. Landdeponie zum Verkauf. Ich zähle zweiundvierzig Frachtcontainer. Stromkabel, kreuz und quer im Himmel. So ist mein Herz beschaffen, wie der Blick aus einem Zugfenster. Ich lasse mich gerne von der Gegenwart einnehmen. Und immer, immer sehne ich mich in die Ferne.

Eben noch saß Max ruhig neben mir, jetzt würgt er. Ich werfe mich auf ihn und fange mit meinem T-Shirt einen braunen Strom aus Erbrochenen auf. Der Schokoladen-Milchshake vorhin war wohl doch keine so gute Idee. Die umsitzenden Passagiere sehen uns an und wenden sich schnell ab. Ich habe weder ein Handtuch noch Papiertücher dabei und kann mit den verschmierten Händen meine Tasche nicht öffnen. Als das Würgen nachlässt, schiebe ich mich rückwärts in den Mittelgang, halte gleichzeitig Max, sichere den braunen Tümpel in meinem T-Shirt und mache mich durch das voll besetzte Abteil hindurch auf den Weg zu den Toiletten.

«Tut mir leid, tut mir leid», sage ich immer wieder. Eine hochgewachsene Frau in weißer Bluse springt mit aufgerissenen Augen auf. «O je.»

Ich entschuldige mich hektisch.

«Was kann ich tun?», fragt sie, und dann bietet eine weitere Frau ihre Hilfe an. Sie graben in meinem Rucksack, holen Feuchttücher, Shampoo, eine Windel, saubere Kleidung heraus und reichen sie mir in die Toilette hinein. Zu guter Letzt zaubern sie eine Plastiktüte herbei, in die ich die dreckigen Klamotten stopfen kann, nur die T-Shirts sind nicht mehr zu retten und landen im Mülleimer. Ich würde die beiden gern umarmen, fürchte aber, dass ich noch immer nach Erbrochenem rieche, und bedanke mich wortreich.

«Alles selber schon erlebt», sagt die große Frau mit Kennermiene. Die andere lächelt und wünscht mir Glück.

«Nee-nee, Mummy», mischt sich Max ein. Unser Codewort für «Brust». Den Rest der Reise über nimmt er immer wieder die Brust. Ich halte ein Handtuch und Feuchttücher bereit.

Am Abend erreichen wir San Diego.

«Ich will Straßenbahn», schreit Max beim Anblick der Bahnen.

«Maxim», sage ich bestimmt. «Wir nehmen den Bus.»

«Nicht Bus, ich will *Straßenbahn*», brüllt er. Ein Mann gibt ihm eine Münze und verspricht, dass ich ihm später davon etwas kaufen werde, trotzdem kreischt Max während der gesamten Busfahrt und beim Einchecken im Hotel ohrenbetäubend. In der Nacht schläft er dann friedlich, im Unterschied zu mir. Alle paar Stunden messe ich seine Temperatur und suche nach Anzeichen von Hautausschlag. Was tue ich hier? War es im Wohnheim wirklich so schlimm? Zumindest waren wir da in Sicherheit.

Ich rufe mir in Erinnerung, dass ich mich wirklich bemüht

habe, auf Jersey ein Zuhause für uns zu finden und mir einen Job zu suchen. Bei der Umweltschutzbehörde bekam ich sogar ein Vorstellungsgespräch, nachdem ich für das Bewerbungsformular Teile meines wissenschaftlichen Lebenslaufs aus der Versenkung geholt hatte. Direkt nach dem Studium hatte ich mich mit Sturmvorhersagen beschäftigt und ein statistisches Modell zur Berechnung von Regenmengen entwickelt, außerdem hatte ich ein Jahr lang bei einem Experiment über erhöhte CO_2-Konzentrationen und Pflanzenwachstum assistiert. Für das Vorstellungsgespräch hatte ich mich über Probenahmeverfahren bei Insektenpopulationen schlau gemacht und sollte einen Vortrag über die Strohfarbene Heuschrecke halten, *Euchorthippus pulvinatus elegantulus*. Sie sieht aus wie ein Minzbonbon mit spitzem Kopf und kommt ausschließlich auf Jersey vor. Als vor etwa achttausend Jahren der Meeresspiegel anstieg, die Landbrücke versank und die Insel von Europa getrennt wurde, wurde auch dieses kleine Geschöpf von anderen Heuschrecken-Populationen abgeschnitten. Es entwickelte sich in Riesenevolutionsschritten und ruht sich gerne in senkrechter Haltung an Grashalmen in den Sanddünen an der Westküste der Insel aus. Als Kind bin ich dort gern heruntergerollt und habe, vor dem Wind geschützt, den Insekten zugesehen. Ganz bestimmt bin ich der Heuschrecke dabei begegnet. Sie sei ein ikonisches Tier, erklärte ich dem Gremium, Jerseys Variante einer Flaggschiffart, beispielhaft für die einzigartige Biodiversität der Insel, und ihre besondere Überlebens- und Anpassungsgeschichte könnte das Interesse für Umweltschutz fördern. Ich habe den Job nicht bekommen. Ein Insider erzählte mir später, dass jemand genommen wurde, der eine eigene Läuseart entdeckt hatte. Während ich Max beim Schlafen zusehe, denke ich an die Heuschrecke, die ihren Weg allein gegangen ist, ohne andere Heuschreckenverwandte in der Nähe, mit denen sie konkurrieren musste oder die nörgelten, sie würde alles falsch machen.

Morgens um halb vier schiebe ich Max im Kinderwagen nach draußen und lasse dabei alles fallen. Max ist immer noch wie ausgestöpselt. Neben einem Minibus steht eine Gruppe vornehmlich älterer Leute im warmen Wind. Ich hatte gedacht, es würden noch andere Kinder mitkommen, unterschiedliche Altersgruppen, Familien. Alle sind vor Schreck über das frühe Aufstehen ganz stumm.

«Ich bin Ralph», stellt sich ein Mann vor, der einem gut aussehenden Droopy Dog ähnelt. Er schnallt Reisetaschen auf dem Dach fest und grummelt beim Anblick meiner Gepäckberge. Ich befestige den Kindersitz in einer leeren Sitzreihe. Max wacht auf, als ich ihn hochhebe, und starrt verschlafen aus dem Fenster. Niemand sagt etwas. Eine stundenlange Fahrt steht uns bevor.

An der mexikanischen Grenze spähen die Zollbeamten in den Bus und winken uns weiter. Sie sind bewaffnet, zwei Frauen und ein Mann in engen Hosen. Ich finde alle drei sexy. Es fühlt sich so gut an, wieder draußen in der Welt zu sein. Erinnerungen an vergangene Arbeitsreisen kommen hoch. Ich denke daran, dass ich früher für meine Arbeit bezahlt wurde, meinen Lebensunterhalt bestreiten konnte, als nützliches Mitglied der Gesellschaft galt. Es ist heiß, die Dämmerung lässt auf sich warten. Wir durchqueren Tijuana, wo die bunten Läden an der Straße gerade erst zum Leben erwachen.

«Wir kommen den Walen immer näher», sage ich zu Max.

«Guck mal, Flash, Wale.» Er hält seinen Stoffhund ans Fenster.

«Noch nicht, aber bald sind wir da.»

Er sieht mich skeptisch an und schläft wieder ein.

Wir werden die Wale dort treffen, wo der Ozean mit tropischem und subtropischem Klima gesegnet ist. Die Lagunen sind ihr Rückzugsort, dort können sie geschützt ihre Kälber gebären. Ich habe gelesen, dass die Walbeobachtungsboote sich ihnen nicht nähern dürfen, dass aber die Wale manchmal zu den Booten kommen und sich eventuell sogar berühren lassen.

Ich stelle mir eine gebärende Grauwalmutter vor, die ihren Schwanz immer wieder senkrecht aus dem Wasser hebt, während ein im Vergleich winziger Kopf aus einem langen, wunderschönen Schlitz in der Nähe ihrer Fluke erscheint. Von See- und Fruchtwasser umgeben hat das ungeborene Kalb schon alles gehört, es kennt die Stimme seiner Mutter. Es kommt Stück für Stück zum Vorschein, und dann geht alles schnell, fünf Meter Wal sind da, die Flossen öffnen sich, die Nabelschnur bricht, und sie sind zu zweit. Noch ist das Kalb von seiner Mutter und ihrer Milch abhängig. Sie hilft ihm, Herzschlag und Blutdruck zu regulieren, stärkt sein Immunsystem, gibt ihm Sicherheit, bringt ihm das Leben bei. Die Mutter stützt das Neugeborene mit ihrem eigenen Körper, es bricht durch die Wasseroberfläche, kommt ans Licht und atmet zum ersten Mal.

Ich erinnere mich, wie ich bei der Geburt meines Sohnes geatmet und gehechelt und ins Wasser gerufen habe. Wale sind Säugetiere, wie wir Menschen. Ich frage mich, ob wir Geburten ähnlich erleben. Unsere Babys suchen nach der Brustwarze, teilen uns Wut oder Angst durch Geräusche mit. Wir haben den gleichen Überlebensinstinkt, Gefühle, die uns sagen, ob wir uns nähern oder flüchten sollen. Ich kann Max keine nahe Familie bieten, aber ihm seinen Platz in dieser Über-Menschlichen-Familie zeigen. Ich danke den Walen dafür, dass sie da sind.

Vor dem Fenster tauchen Wüste und Gestrüpp auf. Ich liebe Gestrüpp. Es sieht so wütend aus. Als wäre es gerade erst aufgestanden. *Fick dich*, sagt es, *versuch du mal, hier zu überleben. Und dann guck dich mal an.* Genau, denke ich. Wir passieren weitere Kontrollpunkte. Ralph sagt, man wird uns durchsuchen, das kann dauern. Er erzählt den Wachleuten irgendetwas von *ballenas*. Sie schauen Max und mich und den Kinderwagen auf dem Minibusdach an und winken uns durch. Ich freue mich im Stillen diebisch darüber, dass wir und unser sperriges Gepäck der Gruppe die Reise erleichtert haben. Auf engen Bergstraßen überholen uns rasende Lkw nur mit Haaresbreite Abstand. Kakteen zeigen uns den Stinkefinger. Als wir Guerrero Negro erreichen, glühen die Wolken orange.

Ich trage Max in unser Zimmer, Gesicht und Arme meines Sohnes schimmern im Sonnenuntergang wie Bernstein. Ich weiß, dass Wale monochrom sehen. Aber spielen sie in der Dämmerung im wechselnden Licht? In diesen Lagunen geben sie ihren Jungen neues Leben, und wenn ich sie finde, gelingt mir das vielleicht auch. Der Rest der Welt kann eine Weile warten. Ich frage mich, ob Walbabys schlafen. Schauen die Mütter hoch zum Himmel? Spüren sie den Zauber auch?

UTQIAĠVIK:
Aġviq

Breitengrad: 71° 17′ 26″ N
Längengrad: 156° 47′ 19″ W

Im tiefsten Winter erklingen Stimmen unter dem Eis des nördlichen Beringmeers. *Aġviġit**, Grönlandwale, *Balaena mysticetus*, singen gerne. Viele Säugetiere rufen, nur wenige singen. Das Repertoire eines *aġviq* wird nur noch von einigen Singvögeln übertroffen. Man hat sanftes, hallendes Rufen, Kreischen, Trompeten und gummiartiges Quietschen aufgenommen, manchmal klingt es wie eine Kuh, manchmal menschenähnlich, manchmal, als würde ein Bogen über die Saiten eines Kontrabasses kratzen. Als Ozeanografen vor der Ostküste Grönlands ein Hydrofon ins Meer hielten, hofften sie auf ein paar Töne.[1] Ihnen schallte ein lautes Konzert entgegen, rund um die Uhr von November bis April, und nie wiederholte sich eine Melodie. Kate Stafford leitete das Lauschprojekt drei Jahre lang. «Wenn der Gesang von Buckelwalen wie klassische Musik ist, dann sind Grönlandwale Jazz», sagt sie. Sogar in der ewigen Dunkelheit der Polarnacht haben Grönlandwale einander viel zu singen.

Mit den Frühjahrsströmen schwimmen die *aġviġit* nach

---

* Grönlandwale: Singular *aġviq*, Plural *aġviġit*

Norden und Osten, in das Licht des kurzen Sommers am Scheitelpunkt der Erde hinein. Der Superorganismus des Krill treibt nach dem Schlüpfen im Beringmeer als Wolke an die Nordküste Alaskas. Am meisten schätzen die Grönlandwale Ruderfußkrebse, eine winzige Krebsart, als ideale Kalorienzufuhr für ihr Wachstum. Von ihnen lassen sie sich weit nach Osten bis in die kanadische Beaufortsee locken. Diese lebendigen Fetttropfen, die in den Gewässern des Amundsen-Golfs während der Mikroalgenblüte in Schwärmen auftreten, sind ein wahres Festmahl für Wale. *Aġviġit* fressen zwei Stufen vom Licht entfernt. Indem sie direkt ans Ende der Nahrungskette springen, übergehen sie energieraubende Zwischenschritte. Deswegen, und weil sie ständig mit Fressen beschäftigt sind, können sie derart riesig werden. Die dicke Blubberschicht direkt unter der Haut speichert Energie und isoliert den Körper. Seine Elastizität macht ihn stromlinienförmig.

Am südlichen Rand des Meereises wartet ein männlicher *aġviq*, das Kinn auf eine Eisscholle gelegt. Stoisch ertragen die Tiere die letzten Wintertage. Wale, Robben, Walross und Karibu. Hoch oben Gänse, Küstenseeschwalben, Alpenschneehuhn und Winterammern. Sie alle zieht es nach Norden, sobald das Eis Land und Wasser freigibt. Wenn das Meereis aufbricht, schwimmen die Meeressäugetiere durch den Trichter der Beringstraße. Grönlandwale dösen am Rand der arktischen Eiskappe. Nur die Hälfte ihres Gehirns schläft, wie alle Wale müssen sie bewusst atmen. Eine *aġviq*-Kuh ist schwanger. Ihr Kalb wächst, in sechs Wochen wird es zur Welt kommen und neben ihr her schwimmen. Eine Möwe landet auf ihrem Rücken, sie schreckt auf und schlägt im Wasser um sich. Ihre Gefährten üben Synchronschwimmen. Sie klatschen sich mit den Schwänzen ab, paaren sich, manchmal brechen sie durch die Oberfläche und springen in die Luft, sodass die Köpfe senkrecht aus dem Wasser ragen. Das Eis knirscht und kracht. Wenn der Wind richtig steht, wird es aufplatzen, Eisblänken bilden sich, Rinnen. Die Wale wissen, dass es noch nicht so weit ist, spüren, dass das Eis vor ihnen noch zu fest ist. Sie sind bereit. Sie warten.

Juli 2005. In der kanadischen Arktis suchten *aġviġit* nach Nahrung, und die Wissenschaft beobachtete einen «verblüffenden» Rückgang des Meereises.[2] Große Brocken dicken, alten Eises brachen hoch im Norden von der Eiskappe ab und trieben gen Süden. In London verübten vier Terroristen Selbstmordanschläge in Bussen und U-Bahnen. Sechsundfünfzig Menschen starben. Durch das Fenster des schwarzen Taxis, in dem ich durch die Dunkelheit fuhr, sah ich eine Stadt im Schockzustand. Alles war ruhig, die Straßen fast menschenleer. Wer doch unterwegs war, sah sich immer wieder um, schaute auf zu den Straßenlaternen, als wäre ungewiss, in welcher Welt man lebte, in der *davor* oder in der *danach*. Ich hatte eine Woche lang Nachtschicht gehabt und aus der ganzen Stadt über die Nachwirkungen des Attentats berichtet, für eine Frühstückssendung, zu der die Welt zeitzonenversetzt aufwachte, Ostasien, Südasien und schließlich Europa. In der letzten Schicht hatte ich einen Sprecher der Heilsarmee am King's Cross interviewt. Wir standen vor einer Wand, die mit Postern von Vermissten beklebt war. Ich war erschöpft und überreizt und nicht darauf gefasst, ein bekanntes Gesicht zu entdecken.

«Wie unterstützen Sie die Notfallhelfer?», fragte ich gerade. Da sah ich sie. Die junge Frau aus meiner Bank. Wenige Tage vor den Anschlägen hatte sie mir bei einer belanglosen Frage nach Eilüberweisungen geholfen und dabei so freundlich gelächelt, als würde ich ihr ein Geschenk machen. Jetzt hing ein Foto von ihr an der Wand. Nach der Arbeit nahm ich den Bus nach Hause und blinzelte ins Tageslicht. Wie ich später erfuhr, hatte sie den gleichen Bus genommen, nur in die andere Richtung. Sie hatte neben dem Attentäter gesessen. Ihr lächelndes Gesicht, umrahmt von einem blauen Hidschāb, ging mir auf dem ganzen Weg nach Hause nicht aus dem Sinn.

Nachdem ich unruhig geschlafen hatte, saß ich in einem Café Alex gegenüber, hielt mich an einem Bier fest, konzentrierte mich auf die Kälte, zerrieb mit dem Daumen die Wasserperlen. Nach Nachtschichten brauchte ich immer ein wenig, um wieder in den normalen Rhythmus zu kommen. An diesem gleißend hellen Sommertag war ich froh, mit Alex Kirby verabredet zu sein. Alex war ein Fels in der Brandung, das galt für seine Überzeugungen wie für seine Figur. Er trug altmodische Kleidung, vernünftige Mäntel, Wachsjacken. Seine Stimme war tief und ruhig. Er hatte jahrzehntelang bei der BBC gearbeitet, war Umweltkorrespondent gewesen, hatte über religiöse Themen berichtet, war Büroleiter gewesen. Allein zu hören, wie er Kartoffelpuffer und Lachs bestellte, tat mir gut. Wenn irgendwer die Welt für mich wieder in Ordnung bringen konnte, dann Alex.

«Und bitte noch zwei Tyskies», fügte er angesichts meiner Trinkgeschwindigkeit hinzu. Ich hatte Alex vor einem Jahr kennengelernt, nachdem ich ihn per Mail um Rat gefragt hatte, wie man erfolgreich Umweltthemen in den Medien unterbringen konnte. In den Planungsmeetings mit fünfzehn Producern oder mehr, die nacheinander ihre Ideen vorstellten, hatte ich mich immer schwergetan.

«Ist das denn neu?», oder: «Zu hochgegriffen, eher was für den World Service», bekam ich dann zu hören, oder auch: «Wir brauchen Augenzeugen», oder einfach: «Der Nächste.»

Ich hatte meine berufliche Laufbahn bei der BBC im Wirtschaftsressort begonnen. Mein Redakteur hatte mich so sehr ermutigt, dass ich schließlich an den damaligen Intendanten Greg Dyke schrieb und ihm mitteilte, die BBC bräuchte eine Korrespondentin, die Umwelt und Wirtschaft als Gesamtpaket betrachtete, wir würden die eigentlichen Zusammenhänge nicht richtig darstellen. Er schickte sogar eine Antwort und lehnte meinen Vorschlag höflich ab. Inzwischen war ich in die Nachrichtenredaktion gewechselt, was es noch schwieriger machte. Alex und ich hatten uns schon ein paarmal getroffen, das grundlegende Problem jedoch nicht gelöst: mein Kassandra-Syndrom.

«Im Nahen Osten habe ich mehr Erfolg, unfassbar.» Ich berichtete Alex, dass ich vor einigen Tagen tatsächlich ein hohes Tier von der Hisbollah ans Telefon bekommen hatte. Immer noch wollte ich ihn beeindrucken, ihm beweisen, dass ich nicht so blöd war, wie ich mich bei der Arbeit oft fühlte.

«Doreen, du bist eine gute Journalistin, das wissen alle», sagte Alex pflichtschuldig. Auch dann, wenn die Nachrichten nicht von den zahlreichen Konflikten im Nahen Osten oder Bomben in London beherrscht wurden, sei Umwelt ein verdammt hartes Brot. Den Grund dafür, erzählte Alex, habe ihm einmal Sir Crispin Tickell erklärt.

Sir Crispin war als Diplomat für das britische Antarktis-Territorium verantwortlich gewesen, zu seinen Vorfahren zählte ein einflussreicher Unterstützer Darwins. Er hatte sich schon dann lautstark für Klimafragen eingesetzt, als die Politik das Thema noch weitgehend ignorierte und als rein wissenschaftliches Problem abtat. Ein wahres Wunder gelang ihm, als er Margaret Thatcher zu einer Rede über das Klima bewegte. In den frühen Neunzigern hatte er Alex in einem Interview erklärt, warum die Medien sich so selten mit naturwissenschaftlichen Themen befassten, vor allem mit dem Klima.

«Das liegt daran, dass nur sehr wenige leitende Redakteure Naturwissenschaften studiert haben», so Sir Crispin. Alex hatte diese Begründung an den Redakteur der Six O'Clock News bei BBC Radio 4 weitergeleitet. Der lehnte einen Beitrag ab.

«Er fand es interessant, wollte aber nichts dazu machen», erzählte Alex. «Er kam selber aus den Geisteswissenschaften.» Der Kellner brachte die Kartoffelpuffer, mit Bergen von Sour Cream, Lachs und Dill. Ich merkte, wie hungrig ich war, und musste mich zusammenreißen, um nicht zu schlingen.

Damals wurden die Medien von Klimaskeptikern und -leugnern dominiert. Die rechten Boulevardzeitungen zogen alles Naturwissenschaftliche auf schamlose Weise ins Lächerliche. «Die Mär von der menschengemachten Klimaerwärmung ist globaler Betrug», schrieb eine Kolumnistin der *Daily Mail*.[3] Klimaskeptiker stellten sich selbst als mutige Andersdenkende[4] dar, die sich gegen den zunehmenden Irrsinn politischer Korrektheit stemmen würden. Bei einigen wurden später finanzielle Verbindungen zur fossilen Brennstoffindustrie aufgedeckt,[5,6] trotzdem wurden sie überall interviewt, was die Berichterstattung verzerrte. Ein Artikel im *Guardian*, der im Vorfeld des G8-Gipfels die Ansichten von acht Experten wiedergab, zitierte vorweg S. Fred Singer: «Die wissenschaftlichen Erkenntnisse über die Erderwärmung sind nicht in Stein gemeißelt.»[7] Als einflussreicher Leugner hatte er zuvor bereits die wissenschaftlich erwiesenen schädlichen Auswirkungen von Zigarettenrauch in Abrede gestellt.[8] Vielleicht unabsichtlich stellte der *Guardian* durch diese prominente Platzierung den Wahrheitsgehalt der danach folgenden Aussagen infrage, die allesamt von Leuten stammten, die den Klimawandel ernst nahmen. Zweifel wurden weiterhin von Politikerinnen und Politikern geschürt, die das Problem leugnen, verschieben oder davon ablenken wollten. Im Rundfunk war es noch schlimmer, denn dort blieb immer nur Zeit für ein oder zwei Interviews. Die Skeptiker waren rhetorisch oft hervorragend, und weil wir in den Redaktionen angewiesen waren, gegensätzliche Sichtweisen zu berücksichtigen, bekamen sie beispielsweise in der Sendung, für die ich arbeitete, die Hälfte der Sendezeit zugesprochen. Dabei hatte der Weltklimarat schon damals Anhaltspunkte dafür gefunden, dass «der Hauptanteil der in den letzten fünfzig Jahren gemessenen Erwärmung» auf «menschliches Verhalten»[9] zurückzuführen ist, und darauf hingewiesen, dass es noch nie in den letzten zehntausend Jahren zu einer so drastischen Erwärmung gekommen war. Doch die Skeptiker stellten die Unsicherheiten als wichtiger dar als das Nachgewiesene und schweiften ab in die Politik, in die Wirtschaft, in was auch immer.

Zwischen Alex und mir lag eine zusammengefaltete Zeitung auf dem Tisch, zerknittert und einige Tage alt. «Gott, ich hasse dieses Wort», sagte ich, angestachelt von meinem zweiten Bier, und tippte mit dem Finger auf die Titelseite. Dort wurde über Tony Blairs Verärgerung über «Umweltschützer» berichtet,[10] die den ausbleibenden politischen Fortschritt in Klimafragen kritisierten. Das Wort *Umweltschützer* würde als bequemer Sammelbegriff für Wissenschaftlerinnen, Ökonomen, Diplomaten und führende Politikerinnen herhalten, beschwerte ich mich. «Das klingt so abwertend, so, so ...»

Alex schluckte und beendete meinen Satz. «Nach Karnickelkuschler.»

Ich lachte und war froh über seinen Zuspruch.

Vor Kurzem hatte ich auf Bitten eines leitenden World-Service-Redakteurs an einer Besprechung teilgenommen, in der die Berichterstattung über naturwissenschaftliche Themen erörtert wurde. Man war der einhelligen Meinung, dass

Naturwissenschaftlerinnen und Ingenieure nur Langweiliges von sich geben würden. «Ich bin Naturwissenschaftlerin», platzte ich heraus. Was war langweilig an Leuten, die verhindern können, dass wir untergehen? «Ingenieure haben schon vor Hurrikan Katrina davor gewarnt, dass die Deiche in New Orleans wahrscheinlich nicht standhalten würden», sagte ich. «Ich finde, wir sollten ihnen viel mehr Sendezeit geben.»

Ich kapierte nicht, wieso man das Klimathema so leicht und so oft einfach beiseiteschob. Allerdings wusste ich damals auch nichts über Exxon, über das zielgerichtete Bemühen der Ölkonzerne, Zweifel zu säen, wusste nicht, dass angesehene Journalisten sich durch die Fehlinformationen der fossilen Brennstoffindustrie hatten irreführen lassen.

«Doreen», sagte Alex, «du darfst nicht aufgeben.»

«Ich bin müde.» Ich legte den Kopf in die Hände und schloss die Augen. Und sah das lächelnde Gesicht der schönen Frau im Hidschāb, die mir in der Bank geholfen hatte. Sah den zerfetzten Bus auf der Straße. Sah mich und meine Mum, als wir vor einigen Wochen nachts von einem Hügel herab auf die Stadt geblickt hatten, auf Millionen von winzigen Lichtpunkten.

«Schau», hatte meine Mutter staunend gesagt. «Die Menschheit.» Mir war aufgefallen, dass sie mehrmals dieselben Fragen stellte und in Gesprächen leicht den Faden verlor, und ich hatte vorsichtig angedeutet, dass sie möglicherweise etwas schusselig geworden sei.

«Gar nicht», hatte sie gesagt. Menschen seien so verletzlich, könnten jeden Moment ausgelöscht werden und würden eine Katastrophe erst erkennen, wenn die Trümmer sichtbar vor uns lägen. Das Klimathema war in meinen Augen genauso wichtig wie die Berichterstattung über den Horror des Terroranschlags.

Alex redete immer noch. Ich hatte einiges verpasst. Er lächelte trocken. Wusste ich, mit welchen Worten ein leitender Radio-4-Redakteur ihm gratuliert hatte, als er 1987 zum Umweltkorrespondenten ernannt worden war?

«Ein guter Reporter vergeudet, das hat er gesagt», erzählte er. Sich der Welt in aufrechter Haltung entgegenzustellen, fühlte sich plötzlich nach völliger Überforderung an. Am liebsten wäre ich nach Hause gegangen und hätte mich unter der Bettdecke verkrochen. Fast zwei Jahrzehnte wissenschaftlicher Recherche später, und was hatte sich geändert? Die Menschheit? Was machte die Menschheit? Die Menschheit war am Arsch.

Die Arktis stehe beim Klimawandel an vorderster Front, so schrieb ich in meinem Antrag für ein Reisestipendium der BBC, für das sich jeder bewerben konnte, der irgendeine Idee hatte. Das Gespräch dazu führte ich im Dezember telefonisch aus Jerusalem, zwischen zwei Reisen in die Palästinensergebiete. Ich verhieß dem Gremium, dass ich als Augenzeugin würde berichten können, was dort in der Arktis vor sich gehe, und erläuterte mein mithilfe meiner Mutter ausgehecktes Vorhaben. Ich würde an der nördlichen Arktisküste entlangreisen, beginnend im Westen, in Alaska, und dann quer durch Kanada. Ich wollte dabei nicht als Stichwortgeberin auftreten, sondern den Menschen wirklich zuhören und dokumentieren – natürlich nur mit ihrer ausdrücklichen Einwilligung –, was indigene Völker und andere Ortsansässige über die Erderwärmung dachten, ob sie ihren Alltag in irgendeiner Weise beeinflusst sahen. Einer aus dem Gremium sagte später, ich hätte für das Projekt geworben, als würde mein Leben davon abhängen. Sie konnten nicht ablehnen.

Mein erster Stopp sollte Utqiaġvik werden, damals noch

Barrow genannt. Ich schrieb an die Barrow Whaling Captains Association, die Vereinigung der Walfangkapitäne, bat um Erlaubnis, die Walfänger begleiten zu dürfen, und rief Glenn Sheehan an, Leiter des Barrow Arctic Science Consortium am alten Marinestützpunkt der Arktisforschung, dem Naval Arctic Research Laboratory NARL. Er lebte mit Frau und Tochter in einer Hütte außerhalb der Stadt und willigte ein, mich in einer der leeren Forschungshütten unterzubringen, aber nur für eine Nacht. Danach müsste ich mir selber eine Unterkunft suchen. Ich flog von London über Minneapolis nach Anchorage. Es fühlte sich an, als würde ich meine Ausrüstung mit in den Urlaub nehmen. Im Gepäck hatte ich zwei Minidisc-Rekorder, falls einer kaputtging, eine Videokamera mit teurer Leica-Linse, einen faltbaren Silberreflektor für schwierige Lichtverhältnisse, endlose Kabelmeter, Ersatzbänder, zahlreiche Akkus und ein Stativ. Außerdem zwei sperrige Kisten mit einem Satellitentelefon und einer tragbaren Satellitenschüssel, die ich mir vom Sender ausgeliehen hatte, um im Notfall von überall aus anrufen zu können. All das hatte ich in wärmeisolierende Leinentaschen gepackt, die das Einfrieren verhindern sollten. Ich hatte keine Ahnung, ob die Geräte bei Temperaturen unter dem Gefrierpunkt überhaupt funktionieren würden, aber das Mitschleppen verlieh dem ganzen Unternehmen mehr Gewicht, gab mir eine Aufgabe und nahm mir ein wenig die Angst.

In Anchorage traf ich im Bus eine Alaska Native, eine Frau in einem Trainingsanzug, das Haar zu einem adretten Pferdeschwanz gebunden. Sie hatte meinen Akzent gehört, als ich mit dem Fahrer redete, und wollte wissen, woher ich käme. Sie sprach mit einem Rhythmus und einer Sanftheit, die ich so noch nie gehört hatte.

«Kalt da oben», sagte sie, als ich mein Reiseziel nannte.

«So weit im Norden bin ich noch nie gewesen. Haben Sie ordentliche Kleidung mit?» Ich versicherte, dass ich mir von einer Freundin Skikleidung geborgt hatte und mir außerdem sogenannte Bunny Boots, Armeestiefel für extreme Kälte, besorgen würde. Die wurden in Reiseführern empfohlen. Der Bus mäanderte über endlose Straßen an Shopping Malls und Parkplätzen entlang. Auf einer Laterne hockte ein Vogel. «Ein Rabe», sagte die Frau und erzählte mir die Geschichte vom Großen Raben, der die Welt erschaffen hat und verantwortlich ist für Licht und Dunkelheit. Als alles Wasser war, kam der Große Rabe und schuf die Erde. Er machte das erste Himmelsvolk und die Inuit und die Tiere. «Wenn man zum Raben betet, bringt er gutes Jagdwetter.» Beim Aussteigen wünschte sie mir viel Glück.

Ich fand knollenförmige, strahlend weiße Bunny Boots in meiner Größe und außerdem eine Sonnencreme, die rein aus Fett bestand. Ich hatte gelesen, dass die Reflexion der Sonne auf dem Eis unerträglich sein kann, und mit einer wasserbasierten Creme friert einem die Haut ein. Zum Schutz gegen Schneeblindheit, die sich schmerzhaft und erschreckend anhörte, kaufte ich eine Sonnenbrille mit Lederklappen an den Seiten, dazu noch eine Skibrille. Die Stadt war von Bergen umzingelt, ein für mich beklemmender Anblick, der mir ganz neue Maßstäbe aufzeigte. Die Welt erschien mir hier endlos und mächtig. Ich nahm mir vor, auf der Jagd mit aller Inbrunst zum Raben zu beten, um nicht einfach von der Landschaft verschluckt zu werden.

Dann flog ich weiter nach Utqiaġvik. Neben mir saß eine Frau, die sich als Marie vorstellte und erzählte, sie würde auf ihre Green Card warten und dürfe das Land nicht verlassen. Sie hatte Heimweh nach Tschechien, und ihr Vater hatte ihr vorgeschlagen, sich mit einer Reise an den nördlichsten und den südlichsten Punkt der USA auf andere Gedanken zu bringen. Beim Aussteigen schlug uns die Kälte ins Gesicht. Ich bekam sofort Nasenbluten. Der koreanisch-amerikanische Taxifahrer, der mich vom Flughafen zum NARL brachte, berichtete, dass sich hinter den Schneehügeln außerhalb der Stadt oft Eisbären versteckten. Auf der einen Straßenseite standen Gebäude, auf der anderen lag das zugefrorene Nordpolarmeer, auf dem die Bären herumlaufen konnten. Am Abend aßen Marie und ich bei Arctic Pizza und wagten uns dann auf einen Spaziergang. Wenn wir dachten, ein Schneehügel würde sich bewegen, rannten wir weg. Die Leute ließen ihre Türen unverschlossen, hatte Glenn gesagt, für den Fall, dass jemand von einem Eisbären verfolgt wurde und schnell irgendwo Schutz suchen musste. Ich verbrachte eine bequeme, aber angespannte Nacht in der Forschungshütte, einer Art abgerundeten Metallkapsel, die wegen der auf Hochtouren laufenden Heizung regelrecht summte. Am Morgen fuhr ich sofort in die Stadt zurück und folgte meinem einzigen Anhaltspunkt. Glenn hatte mir geraten, zur kommunalen Werkstatt am Iñupiat Heritage Center zu gehen und mit den Einheimischen zu reden, den Walfängern. Die Iñupiat sind Subsistenzjäger und leben schon seit Jahrhunderten von der Jagd auf Grönlandwale, *aġvigit*, deren Population durch den kommerziellen Walfang fast vernichtet worden wäre. Grönlandwale sind riesige, rundliche Eisbrecherwale, die lange leben und sich nur langsam fortpflanzen. Die Internationale Walfangkommission IWC, die nach ihrer Gründung die Zukunft des kommerziellen Walfangs sichern sollte und der ebenjene Walfangnationen angehören, die die globalen Walbestände dezimiert hatten, verhängte Ende der Siebzigerjahre ein Moratorium gegen die Iñupiat. Die indigenen Waljäger forderten daraufhin die IWC heraus und zwangen sie durch eine Kombination aus wissenschaftlichen Argumenten und kulturellen Einwänden zum Umdenken. Danach wurde die Alaska Eskimo Whaling Commission ins Leben gerufen, um die Jagd in Übereinstimmung mit den IWC-Regeln selbst zu verwalten.[11] Rund fünfzig Familiencrews teilten sich eine Fangquote von etwa zwanzig Walen pro Jahr[12] und gingen zweimal im Jahr auf die Jagd, im Frühjahr und im Herbst.

In der Werkstatt des Heritage Center traf ich einen einsamen Iñupiaq an. Er trug Jeans und eine umgedrehte Baseball-Kappe, war schlank, ein bisschen kleiner als ich und arbeitete still an dem Skelett eines Holzboots, etwa sieben Meter lang und mit etwas bezogen, das wie weiße Tierhaut aussah. Ich sagte Hallo. Er sah auf, nickte leicht und arbeitete weiter. Ich sah in den Nebenräumen nach. Keine Menschenseele zu sehen, nur am Empfang saß ein junger Mann und telefonierte. Ich versuchte, mit dem Bootsbauer ins Gespräch zu kommen.

«Schönes Boot.»

«Mhmh.» Er richtete sich kurz auf und bückte sich dann, um in seinem Werkzeug zu kramen. Ich stellte mich vor, erklärte, warum ich hier sei, dass ich mich für den Klimawandel interessiere.

«Doreen aus London, ja?», fasste er zusammen. Ich hatte keine Zeit zu verschwenden und fragte geradeheraus, ob er zu einer Walfangcrew gehören würde und, wenn ja, ob ich bitte mitkommen könnte? Er hielt in seiner Arbeit inne, stellte sich neben den Bug seines Boots und strich mit den Händen sanft über das Holz. Ich dachte schon, er hätte mich vielleicht nicht richtig gehört, aber dann zuckte er mit den Schultern. «Da müssen Sie den Boss fragen.»

Okay, sagte ich, wo war er? Wo konnte ich ihn finden?

«Kommt irgendwann heute.» Der Mann strich die dicke, helle Haut glatt, die über das Bootsgerüst gespannt war. *Irgendwann heute? Ich kann nicht warten, ich habe zu tun.* Dann ging mir auf, dass ich eigentlich überhaupt nichts zu tun hatte und mir keine Wahl blieb, als zu warten und Tee zu trinken.

Schließlich erledigte der Mann einen Anruf, er sprach Iñupiaq und musterte mich dabei von oben bis unten, als würde er mich beschreiben. Danach widmete er sich wieder dem Boot. Gelegentlich beobachtete er mich, dann saß ich befangen da, rührte mich nicht, betrachtete die Wände und die Gegenstände im Raum. Wenn er wegsah, schaute ich ihn wieder an. Er arbeitete langsam und methodisch. Ich wurde ruhiger.

Sein Boss stellte sich als Julia heraus, die beeindruckende und wunderschöne Matriarchin der Kaleak-Crew. Hohe Wangenknochen in einem würdevollen Gesicht, das mich gleichermaßen misstrauisch und interessiert betrachtete. Seit ihr Mann Jeslie, früher Bürgermeister, bei der Jagd auf dem Eis ein Aneurysma erlitten habe, erzählte sie, hätte sie die Verantwortung übernommen. Jeslie hatte überlebt und sich wie durch ein Wunder erholt, nur sein Verstand hatte etwas an Schärfe eingebüßt. Ein schlechtes Kurzzeitgedächtnis machte die Waljagd riskant, und da Julie selbst nicht jagte, hatte ein angesehener Jäger namens Van den Platz an der Spitze der Walfangcrew der Familie Kaleak eingenommen, bis ihre Kinder alt genug waren.

«Eine Vegetarierin? Aus London?» Julia schien zu bezweifeln, dass ich zu ihnen passte, erst recht, nachdem sie gefragt hatte, was ich essen wollte.

«Ich esse, was ihr esst», schob ich rasch hinterher. Um die Einzelheiten würde ich mich später kümmern, erst einmal brauchte ich eine Unterkunft für die Nacht. Natürlich würde ich bezahlen, sagte ich eifrig, für ein Zimmer und die Erlaubnis, die Kaleaks auf dem Meereis zu begleiten und mit ihnen über das Klima zu reden. Mich interessiere die Wissenschaft, nicht die Politik, ich wolle den Walfang nicht kritisieren. Ich hätte nicht viel Gepäck und nur eine kleine Kamera. Das Geld stamme aus einem Reisestipendium, das ich glücklicherweise bekommen hätte, Julia könne also unbesorgt eine angemessene Miete verlangen. Ich würde den Walfängern helfen bei allem, was anfiel, ich sei fit und kräftig, eine gute Teamarbeiterin und könne auf mich aufpassen. Viel würde ich sowieso nicht essen. Es fühlte sich an wie ein wichtiges Jobinterview, nur dass Julia nichts sagte, keine Fragen stellte, mich bloß durch ihre Brille beobachtete, während ich stammelte und überlegte, was ich erzählen, womit ich sie überzeugen könnte.

«Du kannst im Nähzimmer schlafen», sagte sie schließlich, und so wurde der Deal im Heritage Center besiegelt. Zur Kaleak-Crew gehörten ihr Neffe Billy, jener Mann in der Werkstatt, der immer noch mit dem Boot beschäftigt war; ihr jüngster Sohn Jeslie Junior, auch JJ genannt, der bei der Feuerwehr arbeitete; ihr mittlerer Sohn Eli, ein angehender Koch; weitere Mitglieder der erweiterten Familie Kaleak, und jetzt auch ich. Julia fuhr mich nach Hause in die North Star Street und zeigte mir eine Matratze inmitten von lauter halb fertigen Parkas im Zimmer neben dem von Eli. Während ich auspackte, musterte sie meine Kleidung.

«Die Socken sind gut.» Sie nickte beifällig, als ich kurze und lange und dicke und dünne Sockenpaare aus dem Koffer zog. Beim Anblick meiner Jacke schüttelte sie allerdings den Kopf, ging in ihr Zimmer und kehrte mit etwas zurück, das aussah, als würde sie ein ganzes Tier im Arm tragen. «Hier, probier das mal über deinen Fleecejacken.» Den schweren Lammfellparka überzuziehen, fühlte sich an, als würde ich mich in einen Tunnel quetschen, der ein bisschen zu eng für meinen Körper war. Ich steckte lange genug im Dunkeln fest, um leicht panisch zu werden; als ich endlich am anderen Ende auftauchte, fühlte ich mich wesentlich umfangreicher und sehr eingezwängt. «Gut», sagte Julia. Dass ich mich kaum bewegen konnte und mir wie ein Fußball vorkam, spiele keine Rolle, sagte sie, daran würde ich mich gewöhnen. Hauptsache, mir sei warm. Dann probierte ich über dem Parka noch eine weiße Überjacke an, mit der ich auf dem Eis nicht auffallen würde. Unterdessen hatte ein extrem hochgewachsener Mann das Zimmer betreten. «Honey, das ist Doreen», sagte Julia.

«Jeslie», sagte er. Ich hatte Mühe, meinen Riesenarm zu heben, um ihm die Hand zu schütteln. Er lachte mich mit dem freimütigen Kichern eines Kindes aus, bloß mit Baritonstimme, was die imposante Erscheinung milderte. «Sieht gut aus. Passt dir. Das wirst du da draußen brauchen.»

«Jetzt bist du bereit für die Waljagd», sagte Julia.

Das Stipendium verlangte nicht, dass man arbeitete und irgendetwas Journalistisches machte. Es war ein Sabbatical. Man sollte sich lediglich wirklich auf einen Ort einlassen und dadurch mehr mitbekommen als sonst, wenn man Menschen interviewte und die Welt in Geschichten zwängte. Ich sollte Zeit zum Denken haben, aus dem unerbittlichen Nachrichtenhamsterrad aussteigen, den Kopf freikriegen und mit frischer Kreativität und neuen Ideen zurückkommen.

Julias und Jeslies Zuhause war auf Entspannung ausgerichtet. Das gemütliche Wohnzimmer war mit einem dicken rosa Teppich ausgelegt. Ich setzte mich aufs Sofa und versank in den Kissen.

«Das ist einer meiner Lieblingsfilme», sagte ich, als mein Blick auf *Atanarjuat: Die Legende vom schnellen Läufer* fiel. Julia holte den Film aus dem Regal, wir schauten ihn am Abend gemeinsam und lachten laut über die Szene, in der Oki auf einen Algenhaufen pinkelt, ohne zu ahnen, dass sich Atanarjuat darin versteckt. Jeslie leistete uns etwa zwanzig Minuten lang Gesellschaft, dann wurde er unruhig und sagte, er würde zur Search and Rescue Base, der Such- und Rettungs-station, gehen, wo, wie Julia erklärte, die Walfänger Karten und Billard spielen und rund um die Uhr das Ultrakurzwel-lenfunkgerät besetzten, falls es draußen auf dem Eis oder in der Tundra einen Notfall gäbe. Wenn das passierte, lief sofort eine Rettungsaktion an. Ich war zu überwältigt, um Hunger zu spüren, und ging nach ein paar Oatcakes ins Bett. Es war immer noch hell, was mir zu schaffen machte. Ich bahnte mir vorsichtig den Weg um diverse Fellstapel herum und fiel auf die Matratze, erschöpft und sehr erleichtert, rein zufällig eine so gastfreundliche Familie getroffen zu haben.

Ich schlief, vor Kälte und Eisbären geschützt, und machte mich am nächsten Morgen erholt mit meiner neuen Umge-bung vertraut. Jeslie kochte Kaffee, der nach Haselnüssen duftete. Eli frittierte Donuts, die er später in der Bank ver-kaufen wollte. Mein Frühstück bestand aus Haferbrei, oder Oatmeal, wie es hier in Amerika heißt. Durch ein quadrati-sches Fenster strömte das Sonnenlicht herein und vergol-dete die Oberflächen in der Küche. Die North Star Street war mit Puderschnee bedeckt, die Kristalle glitzerten. Der Wind kräuselte die Persenningen auf den Booten vor dem Haus. Lange Eiszapfen hingen tropfend an der Dachrinne. Eli gab mir einen weichen, warmen Donut.

«Wann gehen wir jagen?», fragte ich.

«Man muss den Himmel beobachten.» Eine schlaksige Gestalt stand in der Tür.

«Hey, Van», sagte Eli. «Darf ich dir unser neues Crew-mitglied vorstellen?» Van sah mich an und seufzte, und da wusste ich, dass er nicht begeistert war. Wenn an den Wol-ken eine graue Linie sichtbar werde, erklärte er höflich, eine Reflexion von dunklem, offenem Wasser, die einen *uiñiq* anzeigte, einen Riss im Meereis vor der Küste, dann wäre es so weit. Mit den richtigen Wetterverhältnissen würde sich der Riss zu einer Rinne weiten, durch die die Wale von der Tschuktschensee in die Beaufortsee schwimmen konnten. Also schaute ich alle paar Minuten prüfend den Himmel an. Ich hatte einen Zeitplan, Deadlines, musste Alaska abhaken, um nach Kanada weiterfahren zu können. Nach der langen Reise war ich ganz versessen auf Action. Außerdem war ich auf einen zweiten Donut versessen, musterte gierig den Haufen und konnte mich gerade noch davon abhalten, um Nachschlag zu bitten.

«Komm mit raus.» Julia führte mich in den *qanitchaq*, den Eingangsbereich, eine Luftschleuse, die die Kälte abhielt wenn jemand ins Haus kam. Sie diente außerdem als Stauraum für Unmengen von Schuhen, Parkas, Ausrüstungsgegenständen sowie für große Kühltruhen voller Fleisch, von denen Julia eine öffnete. Darin lagen riesige rosa Würfel mit einer schwarzen Schicht. «Das ist unser Abendbrot, das beste überhaupt.» Es war *maktaq*, Walhaut mit Blubber, heiß begehrt. Nur die Küstenbewohner der Walfanggemeinschaften erhielten *maktaq* zum eigenen Verzehr. «Wir teilen mit allen», sagte Julia. Wenn die Kaleak-Crew einen Wal fing, verteilte sie das Fleisch in der ganzen Gemeinde und schickte Luftpostpakete an Verwandte. Julia hatte Angehörige in Point Hope, einem weiter südlich an der Küste gelegenen Ort, und stammte aus einer alten Walfangfamilie. Ihr Vater Jacob und ihr Onkel Amos waren berühmte Harpuniere und Kapitäne gewesen. Als Frau des Walfangkapitäns war Julia die wichtigste Person in der Crew. Es hieß, die Wale würden zu ihr kommen. Die Ehefrau musste friedliche Gedanken hegen und sich großzügig zeigen, denn einem alten Glauben nach schickten die Wale manchmal einen Läufer, um die Frauen beim Reden zu belauschen. Jeder, der einen Beitrag leistete, sei es jagen, kochen, nähen, oder auch nur Ausrüstung zur Verfügung stellte, zählte zur Crew. Wenn die

Älteren nicht mehr in der Lage waren, auf die Jagd zu gehen, standen sie als Ratgeber zur Verfügung. Auch Frauen konnten Jägerinnen werden, wenn sie das wollten. Laut Van gab es einige, aber die meisten waren Männer.

Julia erzählte mir von ihrer Kindheit in Point Hope. Einmal waren sie und ihre Schwester beim Beerensammeln einem *akłaq*, einem Braunbären, begegnet. Sie ließen die Beeren am Boden liegen und zogen sich langsam zurück, denn ihr Vater hatte ihnen eingeschärft, niemals vor einem Bären wegzurennen. Außerdem hatte er sie gelehrt, wie wichtig es ist, mit anderen zu teilen und gastfreundlich zu sein. Deswegen hatte sie mir erlaubt, mich der Crew anzuschließen. Sie hatte an ihren Vater gedacht, an seine Großzügigkeit, daran, was er getan hätte. «Ich habe dich angesehen und gedacht, die sieht nett aus, sie kann bleiben.»

Ich beschäftigte mich mit Wolkenbeobachtungen, bis Eli mir ein Buch mit alten Erzählungen lieh[13], das ursprünglich in Iñupiaq geschrieben und dann ins Englische übersetzt worden war. Am Anfang stand eine Schöpfungsgeschichte. Eine große Flut war gekommen und hatte die Erde mit Wasser bedeckt, und die Menschen konnten auf Waljagd gehen. Als sie mit ihrem *umiaq*, ihrem Boot aus Robbenfell, unterwegs waren, sahen sie ein Grasbüschel auftauchen. Es war ein Wal. Es gelang ihnen nicht, ihn zu fangen, nur der Rabe traf ihn von seinem Kajak aus mit seinem Speer. Da setzte der Wal zum Sprung an, und sie sahen, dass Blumen auf ihm wuchsen. Das Wasser begann sich zurückzuziehen, Würmer und Schlangen schlängelten sich davon und hinterließen Flüsse. Aus dem Wal wurde Land.

Die letzte Erzählung beschrieb das historische Hungerjahr der Nunamiut, der im Binnenland lebenden Iñupiat, das begann, nachdem gerade viele von ihnen an den Masern gestorben waren, die ein Schiff eingeschleppt hatte. Im Herbst und Winter jenes Jahres gab es keine Karibus, keine Alpen-schneehühner, keine Schafe. Es wurden kaum noch Fische gefangen. Während ich die Geschichten der Familien, der Erwachsenen, Kinder und Hunde las, die damals ums Le-ben gekommen waren, schien die schwarze Schrift auf dem weißen Papier immer düsterer zu werden. Menschen und Tiere wurden mit Namen genannt. Der Bericht war sachlich, beschrieb nur die Fakten, bis an einer Stelle der Vater des Erzählers weinte. Die Familie zog weite Strecken durch das Land, um Nahrung zu finden. In ihrer Verzweiflung aßen die Menschen alles Mögliche, sogar die Haut von Karibukälbern, nur die ungenießbare Bespannung der Boote nicht.

Ich recherchierte die Masernepidemie an Julias Computer. Die Fremden, die ins Land gekommen waren, hatten den ark-tischen Völkern katastrophale Krankheitswellen beschert. Meine Hand auf der Maus wurde immer klammer, als ich einen Bericht über einen Händler der Hudson Bay Company las, der 1834 in der Nähe von Kuujjuaq in Ninavik, Quebec, früher Fort Chimo genannt, in Kontakt mit einer Gruppe von Familien kam, die noch nie zuvor Europäer gesehen hatten.[14] «Bei der Ankunft litten wir an einer Erkältung», schrieb der Händler, «und binnen vierundzwanzig Stunden waren sechs von ihnen gestorben. Die armen Menschen flohen in großer Hast vor uns. Sie ließen ihre Toten ungeschützt auf den Felsen liegend zurück.» Im Sommer 1900 brach die Große Krankheit über sie hinein. Grippe und Masern töteten Tausende Native Alaskans.[15] Ausbrüche von Krankheiten wie Diphtherie, Typhus, Pocken, Tuberkulose und Polio traten zu unterschiedlichen Zeiten in unterschiedlichen Gruppen auf. Ganze Familien starben, Waisenkinder verhungerten. Euro-Amerikaner waren kaum betroffen oder zeigten nur leichte Symptome. Vermutlich kamen die Krankheitserreger auf Schiffen aus Seattle oder San Francisco oder wurden von jenen Inuit eingeschleppt, die in Sibirien mit den Völkern der Korjaken und Tschuktschen Handel trieben, welche wiederum wahrscheinlich von russischen Händlern infiziert worden waren.[16] Die Schiffe zwischen den Goldfeldern in Nome und am Yukon River trugen die Infektionen weiter ins Landesinnere. 1918, nachdem sie von den Toten der Spanischen Grippe erfahren hatten, errichteten die Dorfbewohner von Shishmaref auf der Seward-Halbinsel eine Barrikade, bewachten sie Tag und Nacht, ließen niemanden hindurch und wehrten so die Grippe ab.[17] Bis zu den Dreißigerjahren des zwanzigsten Jahrhunderts hatten viele Gemeinschaften bis zu neunzig Prozent ihrer Mitglieder verloren.[18]

Am liebsten hätte ich aufgehört zu lesen und mich von dem Grauen abgewendet. Aber wie kam es, dass ich so wenig darüber wusste, was hier geschehen war? Das war doch nicht richtig. Also las ich weiter und erfuhr, dass Waldo Bodfish Sr., ein Iñupiaq-Ältester aus Wainwright, erzählt hatte, die Überlebenden hätten beschlossen, viele Kinder zu zeugen, um die Bevölkerung wieder aufzupäppeln.[19] Harold Napoleon, Kind von Überlebenden der alaskischen Yupik, einem Volk, das vornehmlich von der Jagd auf Fische, Robben und Walrösser lebte, schrieb, dass die Todeswellen eine Generation von Waisenkindern zurückließen. Überliefertes Wissen und alte Geschichten seien damals unwiederbringlich verloren gegangen. Yupik-Überlebende weigerten sich, den Schamanismus zu lehren. «Ihre alte Welt war zerstört.»[20] Die Menschen hatten «keinen Anker ... waren geschockt, apathisch, verstört, verwirrt, gebrochen und voller Angst».[21] Harold Napoleon diagnostizierte ihr Leid als posttraumatische Belastungsstörung, die zunehmend mit Alkohol bekämpft wurde. Er hatte selber mit den Folgen von Alkoholmissbrauch und Sucht zu kämpfen, und nachdem er im Gefängnis andere Native Alaskans beobachtet hatte, kam er zu dem

Schluss, dass «die Hauptursache für den Alkoholismus nicht im Körperlichen, sondern im Spirituellen liegt».[22]

Der Schnee lag immer höher, und der Wind pfiff um die Ecken des Hauses in der North Star Street, während ich stundenlang vor Julias Computer hockte. Die Fremden, so erfuhr ich, hatten Alkohol von Anfang an als Mittel der Manipulation und Kontrolle eingesetzt. Im frühen neunzehnten Jahrhundert nutzten die Handelsgesellschaften und kolonialen Regierungen ihn, um die indigenen Völker «betrunken zu machen und an ihren Besitz zu kommen»,[23] womit Tierhäute, Lebensmittelvorräte, Arbeitskraft, Sex und Land gemeint waren.[24] Whisky war ein beliebtes Zahlungsmittel. Die Menschen in Utqiaġvik waren gewiefte Händler, Berichten vom Ende jenes Jahrhunderts nach zogen die Europäer oft den Kürzeren.[25] Als Reaktion darauf machten skrupellose Weiße die Iñupiat vor den Verhandlungen betrunken.[26] Während ich mich durch die Geschichte grub, stieß ich auf die Forschung der Anthropologin Barbara Bodenhorn, die sich über vier Jahrzehnte lang mit den Iñupiat-Gemeinschaften befasst und Mitte der 1980er-Jahre eine umfassende Studie zum Alkoholmissbrauch durchgeführt hatte. Charlotte Brower aus Utqiaġvik erzählte ihr, dass auch schon vorher bei sozialen Anlässen niedrigprozentige alkoholische Getränke, beispielsweise aus fermentierten Beeren, getrunken wurden.[27] Aber die Schiffe brachten hochprozentigen Alkohol mit, damit einher gingen Saufgelage und Prügeleien zwischen den einfachen Matrosen, die die Fahrt in die Arktis oft nur widerwillig angetreten hatten und mehr oder minder dazu gezwungen worden waren. Frühen Berichten aus Alaska und Kanada zufolge kamen die Inuit-Völker nur langsam auf den Geschmack von Alkohol,[28] aber trunksüchtige Waljäger, Pelzhändler, Fischverarbeiter, Goldsucher und Soldaten ließen die Nachfrage nach Spirituosen steigen.[29] 1834 wurde der Verkauf von Alkohol an indigene Völker verboten.[30] Das führte dazu, dass manche Inuit das Trinken als Akt des Widerstands gegen die Fremden sahen, die glaubten, sie könnten einfach so die Regeln festsetzen.[31]

In der zweiten Hälfte des neunzehnten Jahrhunderts waren es in Utqiaġvik vornehmlich ältere Männer, die Alkohol tranken und schmuggelten,[32] viele Walfangkapitäne allerdings mieden ihn gänzlich.[33] Captain C.L. Hooper erfuhr damals von den Einwohnern von Barrow, dass ein Händler große Mengen an Alkohol geliefert hatte und viele Männer daraufhin nicht in der Lage gewesen waren, Robben für den Winter zu jagen, sodass es zu einer tödlichen Hungersnot gekommen war.[34] Daraufhin hatten sie die Händler und Walfänger aufgefordert, keinen Alkohol mehr mitzubringen.[35] Die jüngere Generation trank zu dieser Zeit weitaus weniger. Einer von ihnen, Kunagrak genannt, erzählte seinem Sohn Levi Griest, sie hätten Alkohol «ganz und gar nicht hilfreich»[36] gefunden. Die Iñupiat-Kultur mit ihren durchorganisierten Walfangcrews und ihrer hierarchischen Struktur könnte den Menschen zu mehr Selbstbewusstsein im Umgang mit den Kolonisatoren verholfen haben, als es sonst oft der Fall war.

Als die Yankee-Walfänger abreisten, hinterließen sie die zur Herstellung von Alkohol notwendigen Apparaturen, doch viele Einheimische beschlossen, gar nicht mehr oder nur noch wenig zu trinken.[37] Der Rückzug der Kolonisatoren bedeutete, dass die Iñupiat sich auf ihre traditionellen Fähigkeiten besinnen und ihre Eigenständigkeit wiedergewinnen mussten. Eine Zeit lang herrschte unter den Iñupiat großer sozialer Druck zur Nüchternheit. Dann brachten diejenigen, die im Zweiten Weltkrieg gekämpft hatten, neue Trink- und Drogengewohnheiten mit nach Hause. In den 1960er- und

1970er-Jahren besuchten immer mehr junge Menschen Internate oder gingen zur Armee.

1968 wurde in Prudhoe Bay Öl entdeckt. Dies trieb die Gebietsanspruchsregulierung voran; und der sich anbahnende Alaska Native Claims Settlement Act ANCSA verlangte den Iñupiat im Prinzip ab, sich auf eine Geschäftskultur einzulassen, in der Alkoholkonsum die Norm war und ein Machtmittel darstellte, wollten sie erfolgreich mit den Power Brokern in Washington, D.C., verhandeln. So wurde Alkohol in verschiedenen Altersgruppen und Kontexten neu eingeführt, und an diesem Punkt wurde er «langsam zum Problem», wie mehrere Einheimische, die anonym bleiben wollten, Barbara Bodenhorn berichteten.[38] ANCSA wurde 1971 verabschiedet. Damit begannen endlose wirtschaftliche und politische Diskussionen um riesige Geldsummen, lebenswichtige Naturressourcen und komplexe juristische Strukturen.[39]

Jüngere Menschen, mit denen Barbara Bodenhorn in den 1980er-Jahren sprach, berichteten, dass sie gelegentlich tränken, um die Auswirkungen von erlebtem Rassismus, Vorurteilen und Diskriminierung durch Nicht-Iñupiat zu verdrängen oder um mit beruflichen Problemen, finanziellen Sorgen oder Familienkonflikten umzugehen.[40] «Es ist schwer, den Lebensunterhalt für die Familie zu verdienen», sagte einer ihrer Gesprächspartner.[41] Bodenhorn kam zu dem Schluss, dass es in North Slope immer dann zu starkem Alkoholkonsum und Chaos gekommen war, wenn die politische Kontrolle geschwächt war und die freie Verfügung über natürliche Lebensgrundlagen, wie Tiere und Land, bedroht wurde. Einige Frauen erzählten anonym, dass ihre Partner, erfahrene Jäger, zum Alkohol griffen, um ihrer Wut über die Einführung neuer Jagdregeln und dem Gefühl individueller Machtlosigkeit Herr zu werden.[42]

Ich dachte an meine eigenen Trinkgewohnheiten. Oft ließ ich am Wochenende unter Freundinnen mithilfe von Alkohol Dampf ab, um meine Ängste aushalten zu können, traf mich mit Kolleginnen beim Wein oder stellte im Kreis meiner Familie mein Whisky-Stehvermögen unter Beweis. So manchen Abend hätte ich ohne Alkohol kaum überstanden. Julia hatte erwähnt, dass sie und Jeslie nicht tranken. Sie hatte es nicht betont, sondern einfach gesagt, dass es ihnen ohne Alkohol besser ginge und sie deswegen schon vor Jahren aufgehört hätten zu trinken. Ich beschloss, während meines Aufenthalts ebenfalls abstinent zu bleiben.

Ich verließ den Computer und ging in die Küche, wo Julia Besteck sortierte.

«Kann ich helfen?»

«Du kannst den Tisch decken.»

Ich legte Messer und Gabeln zurecht und dachte nach über Julias Gastfreundschaft und ihre Offenheit mir, der Ausländerin, gegenüber und an die von ihrem Vater übernommene Tradition der Großzügigkeit. Dann dachte ich an die Generationen davor, an die Menschen, die hier gelebt hatten und gestorben waren, als die ersten Schiffe kamen, und verzog das Gesicht.

«Alles in Ordnung? Tut dir was weh?», fragte Julia.

«Alles in Ordnung.» Ich kaute an meiner Lippe herum.

«Gut, Lunch ist fertig. Komm, lass uns essen.»

Julia, Jeslie, Eli, Van und ich setzten uns. Auf dem Tisch lag ein Klumpen roher *maktaq*. Ich legte ein etwa streichholzgroßes Stück Blubberhaut auf einen Cracker.

«So isst Ethel das auch», sagte Julia. «Meine Arbeitskollegin.»

Ich lächelte und biss ab. Die Gerüche und Aromen von Tiefsee waren so stark, dass mein Mund und meine Zunge explodierten. Meine Kehle rebellierte. Ich kämpfte um Fassung, schluckte hastig. Herr im Himmel, ich hatte Wal gegessen.

«Möchtest du lieber Sardinen? Ich will nicht, dass dir schlecht wird», sagte Julia.

«Nein, schon gut. Kann ich bitte etwas Wasser haben?»

«Zum Nachspülen?» Sie lachte.

«Ich bin so was nicht gewöhnt.»

Das Telefon klingelte.

Julia nahm ab. «Billy? Bist du *imiqpiñ?* ... Sie arbeiten am Boot. Melde dich, wenn du nüchtern bist, dann kannst du hingehen und helfen.» Sie legte auf.

«War er betrunken?», fragte Eli.

«Ja. Ich habe gesagt, werde nüchtern, dann kannst du helfen.»

«Wir kriegen das Aluminium heute fertig», sagte Van. Das Aluminium war ein Metallboot mit Außenbordmotor.

«Ist das das Fangboot, das den Wal verfolgt, nachdem er harpuniert wurde?», fragte ich eifrig.

«Ja, und wenn wir damit fertig sind, laden wir auf und spuren den Weg», sagte Van. Damit war gemeint, dass sie für die Schneemobile einen glatten Pfad über das gefrorene Meer ziehen würden.

«Gib mir die Flosse, Genosse.» Julie streckte mir die Hand entgegen. Die anderen hielten inne und schauten aufmerksam zu. Als ich den glänzenden Waltran an ihrer Hand bemerkte, zog ich meine mit einem Ruck zurück. Eli und Jeslie brachen in Gelächter aus. «Das ist super, besser als Vitamin-E-Öl», sagte Julia. «Wir müssen dich wieder in den Parka stecken und ein Foto von dir machen, für deine Mutter.» Sie ging offenbar davon aus, dass meine Mutter Interesse daran hätte. Ich hatte mein *maktaq* aufgegessen und erntete einen anerkennenden Blick von Julia. «Dafür bekommst du eine

Belohnung», sagte sie und holte eine Tüte mit Elis Donuts aus dem Schrank. «Wie viele willst du, sieben?»

«Hast du welche in ihrem Zimmer gefunden?», fragte Eli. Alle lachten. Meine Donut-Leidenschaft hatte sich bereits herumgesprochen.

Van bemerkte, dass wir den Wal aßen, den die Kaleak-Crew in der letzten Saison erlegt hatte. Ich fragte, was ich alles bei der Jagd auf dem Eis beachten müsse.

«Halt die Augen auf, nach allen Seiten», sagte Julia. Ich solle ihnen nicht in die Quere kommen und jeden Befehl befolgen, ohne Fragen zu stellen. «Achte darauf, dass du keinem *nanuq*, keinem Eisbären, in die Quere kommst. Und pass auf Spalten auf. Wenn du welche siehst, sag sofort den anderen Bescheid.»

«Du wirst Nachtschichten schieben müssen», sagte Van. «Wegen der Eisbären.» Von denen gab es hier viele, wie ich wusste. Einen hatten sie diese Saison bereits erlegt. Er war gerade dabei gewesen, ein Robbenfellboot zu fressen.

«Die rennen schneller als ein Schneemobil. Und sie sind groß», sagte Van.

«Im Moment sind sie auf Futtersuche», sagte Julia.

Wollten sie mir Angst einjagen, oder war das gar nicht nötig?

«Manchmal, bei Whiteout, sieht man sie erst, wenn sie direkt vor einem stehen», sagte Eli.

«Und wie soll ich sie dann erkennen, wenn ich Wache habe?»

«An der Bewegung», sagte Eli. «Achte auf laufenden Schnee.»

«Manchmal schleichen sie sich an einen ran, ohne dass man irgendwas mitkriegt», sagte Jeslie.

«Ja, auf Samtpfoten», fügte Van hinzu.

«Es ist wichtig, leise zu sein», sagte Julia, «falls da draußen Wale sind.» Sie hielt inne. «Wir nehmen normalerweise keine Fremden mit, weil der Walfang eine ernste Sache ist. Man muss jederzeit darauf gefasst sein, abbrechen zu müssen. Du weißt nie, was passieren wird, das liegt in Gottes Hand.»

Es war die Wahrheit. Ich konnte nicht ahnen, was passieren würde.

LAGUNA OJO DE LIEBRE

Breitengrad: 27° 44′ 59″ N
Längengrad: 114° 14′ 60″ W

I ch will was sehen.» Max späht über die Reling hinweg. Das Wasser rauscht. Die Sonne brennt auf Baja herab, auf die Lagune, auf die Mütze auf seinem kleinen Kopf. Wir sind neun Passagiere, Ralph, der Reiseführer, mit inbegriffen. Francisco, unser mexikanischer Skipper, sitzt hinten am Außenbordmotor und steuert.

«Ja, du willst was sehen.» Ich lege meine Arme um Max und hebe ihn hoch. Für einen Zweijährigen ist er groß, schwer und in der orangen Rettungsweste auch klobig. Wir schauen über den Rand, sehen das aufgewühlte Wasser schwappen. Der Wind ist kalt, leichter Nebel schwebt über dem Wasser. Der Himmel hängt voller Wattebällchen. Zwanzig Meter weiter dümpelt ein weiteres Boot, voll besetzt wie eine Eierschachtel. Wir beobachten einen mit Seepocken bedeckten Felsen etwa fünfzehn Meter steuerbord von uns. Der Felsen seufzt.

Max ist unruhig, der Fels langweilt ihn. «Funkel, funkel, kleiner Stern», singe ich leise.

«Nicht. Du nich singen.» Er singt selber weiter. «Ach, wie bist du mir so fern!»

«Eine Solo-Performance», sagt Ralph.

Der Fels bewegt sich. Er ist kein Fels mehr, sondern eine Riesennacktschnecke, die ins Meer hinabgleitet. Und verschwindet.

Ich sehe etwas unter mir, etwa einen Meter unter dem Boot. Eine Art Mond. Groß, grau, voller Krater. Ich stemme mich gegen das schaukelnde Holz. Der Mond rollt sich auf die Seite. Ein Auge, groß wie ein Tennisball, starrt mich dicht unter der Wasseroberfläche an. Die Welt wird still.

Ein scharfes «Pfff», eine Gischtfontäne ergießt sich über Max, er brüllt. Stinkender Meeresgrund-Garnelen-Atem umwabert uns. Winzige Tröpfchen werfen Regenbogen. Mond und Wasser schießen in die Höhe. Eineinhalb Meter Walkopf ragen gen Himmel. Das Sichtfeld von Grauwalen reicht nach vorne und unten, nützlich, um den Meeresboden nach Beute abzukämmen. Der Graue dreht sich so, dass er uns sehen kann. Nach unten gezogene Winkel an einem Mund, groß wie eine Rutsche, nah genug, um ihn zu berühren.

«Aaaah, geh weg, Wal», schreit Max. Ich kann ihn kaum beruhigen. Er sieht zum ersten Mal ein Seemonster.

«Incroyable!», ruft rechts eine Stimme auf Französisch.

«Der hat doch keine Zähne, oder?» Zögernd und mit amerikanischem Einschlag von links.

Ich hebe Max hoch. Der gefleckte graue Gigant treibt vor uns im Wasser. Ich halte Max über die Bootsseite.

«Mummy, Mummy!»

«Ich halte dich, ich halte dich.» Ich keuche vor Anstrengung.

Neben uns streiten sich Erwachsenenhände um die besten Plätze, wollen den gescheckten Rücken berühren. Max' Hand wird weggestoßen. *Verpisst euch, das ist* sein *Wal.* Um das hier zu erleben, habe ich gelogen und geschwitzt und über fünftausend Meilen zurückgelegt. Ich halte Max fest umklammert, meine Hände unter seinen Achseln, beuge seinen Oberkörper weit vor. Er schafft ein Tätscheln. Ich ziehe ihn mit einem Ruck zurück und strecke dann selbst die Hand über die Reling. Die Walhaut ist ganz weich.

«Incroyable, incroyable. C'est hyper-doux», brüllt der Franzose. Der Wal bläst noch einmal und taucht ab.

Max kreischt: «Ich nass, Wal nich pfff. Weg.»

«Das ist heiliges Wasser», sagt Ralph salbungsvoll.

«Er macht nicht wieder pfff, das hat er mir versprochen», sage ich zu Max.

«Eine Gratiserfrischung», wirft ein Amerikaner ein.

«C'est incroyable, eh?»

Die Grauwalmutter liegt wieder Steuerbord. Nachdem sie uns unter die Lupe genommen und abgenickt hat, taucht das Kalb auf, reckt die Nase in die Luft, stupst das Boot an. Es legt sich rücklings auf die Mutter, die sich ein Stück weit aus dem Wasser hievt, es anhebt und herunterrollen lässt. Es reitet einen Moment lang auf ihrer Fluke und klatscht seinen Schwanz auf das Wasser. Die Spritzer erreichen unsere grinsenden, verzückten Gesichter. Die Mutter streichelt es mit den Flossen. Nachdem unsere Walgier gestillt ist, entspannt sich die Stimmung an Bord.

«Komm her, Babywal, komm her, platsch machen.» Max wedelt neben mir mit den Armen. Und, ja, du kommst zu ihm. Du erhörst sein Rufen.

Vor sieben Jahren stand ich vor der Nordküste Alaskas auf dem Meereis und sah den Iñupiat-Walfängern zu, die ihr Boot ins schwarze Wasser ließen und lospaddelten. Ich fragte mich, wie es wäre, einem Wal so nah zu sein, auf den Wellen zu schaukeln, neben ihm zu treiben. Grauwale sind viel kleiner als die Grönlandwale, die dort gejagt werden, und das hier ist eine geschützte Pazifiklagune, nicht der Arktische Ozean. Wenn ich jetzt ins Wasser fiele, würde ich überleben. Da oben würde ich sterben, ohne jeden Zweifel.

Vielleicht haben die Grauwale die Jäger sogar gesehen, als sie oben im Norden nach Futter suchten, wie die Grönlandwale. Sie und wir sind auf dem Weg dorthin, und alle tragen wir einen bestimmten Hunger in uns.

Max legt das Kinn auf den knallroten Bootsrand. Er ist ganz ruhig, als würden wir so etwas jeden Tag erleben. Der weiße Rumpf kräuselt das Wasser auf. Es besteht aus unendlich vielen Teilchen von Licht und Bewegung. Das Weiß über uns ist durchzogen von blauen Linien. Die Sonne ist ein heller Kreis, sie schafft es nicht ganz durch die Wolkendecke, aber zeigt uns einen seidiggrauen Weg auf dem Wasser. In der Ferne schießt ein Wasserstrahl hoch und wirft Lichtsplitter gen Himmel. Francisco stellt den Motor ab. Das Boot schaukelt. Wasser schwappt gegen Holz. Sonne, Wind, Gischt auf meiner Haut, nirgendwo Land in Sicht. Das Salzwasser riecht scharf. Ich atme tief ein und schließe die Augen.

«Happy birthday to you ...», plappert Max schließlich los. Als er aufsteht und an die Reling watschelt, folgen ihm irritierte Blicke. Dann taucht aus dem Nichts heraus ein Babywal auf. Er hat einen Volltreffer gelandet. Überall werden Arme gereckt.

«Er ist ein angehender Walflüsterer», sagt Ralph. Wale schnellen wie Pfeile heran. Das Boot schaukelt aufgeregt. Ich habe den Eindruck, dass sie vor allem zu uns kommen. Ich will nicht an Zufall glauben, ich will mich gesegnet fühlen. Ich halte die Kamera ins Wasser und die Linse in die Richtung, aus der sie zu kommen scheinen.

Grauwale sind eher als Grunzer denn als Sänger bekannt. Die in der Lagune aufgezeichneten Rufe ähneln tiefem, grummelndem Klopfen, Trommeln und Klicken. Die Geräusche klingen in meinen Ohren wie Unterhaltungen, voller Aufregung und Neugier. Wir sind auf einer alljährlich stattfindenden Riesenparty, mit flirtenden Erwachsenen und spielenden Kindern. Auf Wanderung rufen die Wale vor allem am Morgen und am Abend. Draußen im Ozean gilt es, Beutejägern auszuweichen, Hunderte von Meilen müssen zurückgelegt, Nahrung muss gefunden werden. Grauwale haben ein ausgezeichnetes Gehör. Weil in Küstennähe, wo sie sich häufig aufhalten, viel menschengemachter Lärm herrscht, verhalten sie sich selbst eher ruhig. Ungewöhnliche Töne könnten auf eine nahe Bedrohung hindeuten. Die Forschung geht davon aus, dass die Klangwellen durch den Schädelknochen geleitet und verstärkt werden und dass Wale unterscheiden können, ob ein Geräusch von oberhalb oder unterhalb der Wasseroberfläche stammt. Obwohl ich kein Walisch spreche, weiß ich, dass sie Max' Stimme gehört und gespürt haben, dass er keine Bedrohung darstellt, und neugierig geworden sind. Das beruht auf Gegenseitigkeit.

«Wo is der schöne große Wal?», ruft Max.

«Können Sie übersetzen?», fragt ein weißhaariger Mann und lacht, als ich es tue. Er stellt sich vor: Buddy, ein Großvater aus Atlanta, Georgia, seine Haltung ist militärisch. Sandy, seine Frau, ist eine äußerst adrette Erscheinung, sogar hier auf dem windigen Boot noch. Das Meer japst und gluckst, als die Walmutter an die Oberfläche kommt. Wasser rinnt über ihre Kurven, Farben zucken in der Gischt. Ich betrachte ihren massigen Körper, bin diesmal ruhiger und kann genauer beobachten. Sie ist mindestens zwei Mal so lang wie das Boot. Sie rollt sich auf den Rücken, und ich überlege, ob ich so tun soll, als würde ich versehentlich über Bord gehen. Mit den Walen zu schwimmen ist verboten, aber die Versuchung groß. Ich streichle und kitzle sie ein bisschen, wahrscheinlich am Kinn, schwer zu sagen. Das Kalb duckt sich unter dem Boot durch. Flüstert es mit leisem Tschilpen und Quieken, um keine Raubtiere anzulocken, oder fühlen sie sich in der Lagune sicher und rufen unbekümmert hin und her? Ich wünschte, ich könnte ihre Gedanken lesen. Die Walkuh richtet sich auf. Ich schaffe einen schnellen salzigen Kuss. Max lacht. Buddy und Sandy klatschen mich ab.

Sandy beugt sich vor, um den Kopf zu streicheln. «Buddy, Buddy,» keucht sie.

«Lass mich die Hand berühren, die den Wal berührt hat», sagt Buddy. «Buddy, Buddy, Buddy, das klingt wie im Bett», fügt er mit leisem Kichern hinzu. «Wenn es so toll war, dass du eine Zigarette danach willst.»

Sie ignoriert ihn demonstrativ.

Wir witzeln, wie wir unseren Partnerinnen oder Partnern gestehen würden, dass wir sie mit einem Wal betrogen haben. «Sie ist riesig, rund, hat große Gummilippen, Borsten im Gesicht und riecht nach Fisch.»

«Da kann man nicht mithalten», sagt Sandy.

«Der Wal hat mir die Zunge reingesteckt, ich musste ihn wegstoßen», sagt ein Mann trocken.

«Komm her, komm her, komm her.» Max schwenkt mit gespreizten Fingern die Arme über die Bootsseite. Ich sehe mich auf dem Boot um, sehe Menschen, die vor einer Stunde noch Fremde waren, gemeinsam lachen und spielen, wie die Wale.

«Warum bringt die Mutter wohl ihr Baby zu uns? Was will sie uns zeigen?», fragt Ralph. «Was will sie uns sagen?»

Max liegt in unserem Motelzimmer im Schlafanzug auf der großgeblümten rosa-blauen Bettdecke. Satt, schlafend, geborgen. Der Deckenventilator rührt die warme Luft um, und ich lese, versuche zu verstehen, wem wir heute in der Lagune begegnet sind. *Eschrichtius robustus*, Grauwal, du bist der einzig noch lebende Abkömmling einer Art, die vor dreißig Millionen Jahren existiert hat. Die Vorfahren der Wale haben an Land gelebt. Eine Art sehr kleines Huftier. Du hast dieselbe einzigartige Ohrknöchelstruktur wie ein achtundvierzig Millionen altes Geschöpf, das in Zeiten von Gefahr ins Wasser geflohen ist. Fossile Überreste sind in den Bergen von Indien und Pakistan gefunden worden. Hat das kleine Huftier aufgeschaut, als es durch den Farn gerannt ist? Hat es das Schnattern der Trockennasenprimaten gehört, aus denen sich viele Stammbaumabzweigungen später der Mensch entwickeln würde?

Man nennt dich auch Teufelsfisch, so haben Walfänger den Grauwal im neunzehnten Jahrhundert bezeichnet. Und doch hast du heute so sanft mit uns gespielt. Warum bist du zu uns gekommen? Warum hast du zugelassen, dass ich dich mit beiden Händen berühre, während du dich immer wieder gedreht hast, mich erst mit dem einen, dann dem anderen Auge beobachtet hast? Weil wir gesungen haben? Hast du die Stimme meines Sohnes gehört? Wusstest du, dass auch ich Mutter bin? Wir sind Höhere Säugetiere, haben denselben Vorfahren. Als vor achtzig Millionen Jahren das Zeitalter der Dinosaurier zu Ende ging, waren wir Geschwister, kleine behaarte Wesen mit spitzen Nasen und langen Schwänzen, die durch die Wälder huschten, auf Bäume kletterten, mit unseren Backenzähnen Insekten zerkauten. Wer hätte geahnt, dass wir am Ende so verschieden und so weit voneinander entfernt sein würden?

Unsere Sachen liegen überall auf dem Boden verteilt. Rucksack, Autositz, Kinderwagen, Klamotten. Ich stehe auf, um alles für den nächsten Morgen vorzubereiten. Am Abend habe ich Max aus mehreren Kleidungsschichten gepellt, die jetzt auf einem Haufen liegen. Eine schwarzweiße Wollmütze gegen den Wind, Sonnenbrille, wasserfeste Sonnencreme, die Art, die nicht richtig einzieht und uns wie geschminkte Pantomimen aussehen lässt. Ich lege seine Kleidung in der Reihenfolge hin, in der ich sie ihm anziehen werde. Schwimmwindel, Neoprenanzug, Fleece, Hose, Wasserschuhe, roter wasserfester Anzug. Ich rolle die gelbe Sicherheitsleine auf, mit der ich ihn an mir befestigen werde, an jedem Ende ein Karabiner. Ich konnte die Leine heute gar nicht so schnell abrollen wie er sich in ihr verstrickte, genau wie er sich in seiner Nabelschnur verfangen hatte. Im Kopf habe ich immer wieder durchgespielt, was zu tun wäre, wenn wir kentern würden oder, genauer gesagt, ein wütender Wal das Boot umkippen würde. Dann würde ich Max packen und abtauchen, weg vom Boot. Und zwar mit aller Kraft, da die Rettungswesten uns Auftrieb geben. Danach würde ich hoch an die Oberfläche schwimmen und ihn wie eine Trophäe über mich halten. Der Erfolg dieses Plans hing davon ab, dass die Leine sich nicht verheddert, dass ich sie straff und kurz hielt und nichts und niemand zwischen uns kam. Ich würde gut aufpassen und Max dicht bei mir behalten. Während ich die Kleiderberge und die Ausrüstung durchwühle, wird mir etwas klar. Ich habe meinen Sohn nicht zum Beobachten der Wale angezogen, sondern um auf ihnen zu reiten. Auf einem trockenen Boot braucht er weder Schwimmwindel noch Neoprenanzug. Offensichtlich habe ich den Film *Whale Rider* ein paarmal zu oft gesehen, in dem das Maori-Mädchen Paikea auf dem gestrandeten Wal ins Meer hinausreitet. Lebhafte Fantasie? Nichts Neues. Das stand schon in meinen Schulzeugnissen. Dumm? Vermutlich. Verzweifelt? Offenbar.

Wie das winzige Huftier vor all den Millionen Jahren bin auch ich immer zum Meer gelaufen. Es hat mich gelehrt, was meine Stärken und Schwächen sind, wo ich ende und die Welt beginnt. Als ich einmal aus einer starken Tide nicht mehr herauskam und panisch über wegsackende Kieselsteine krabbelte, begriff ich, was Unterströmungen sind. Als mir eine Welle ins Gesicht klatschte, lernte ich, wie schwer Wasser ist. Meistens aber lernte ich, dass sich unter Wasser alles gut anfühlt. Dort konnte ich meine Wut und meine Angst hinausschreien, im Meer um Hilfe rufen. Die See schluckte alles, und ich wurde so stecknadelkopfklein, dass alles in mir, alle Gefühle, an Bedeutung verloren. Im Meer treibend, ergab alles Sinn, oder vielmehr, es gab keinen Sinn, ich war nichts als ein Haufen Moleküle. Jedes Mal kam ich berauscht, zurechtgerückt, wiedergeboren an Land zurück.

Schon in meinen frühesten Erinnerungen schwankte meine Mutter immer zwischen wilder Freude und tiefster Verzweiflung. Im Fallen warf sie einen Schatten wie ein Habicht im Sturzflug. Eben war sie noch glücklich und strahlte wie die Sonne, im nächsten Moment wütete sie ohne jede Vorwarnung gegen Schmutz, Unordnung, Schweigen oder irgendetwas anderes an. Den Grund konnte ich selten nachvollziehen. Als ich auf die Welt kam, wohnten wir einem Dorf in Südwales an einem steilen Hang. Wenn es ihr schlecht ging, erzählte sie mir, hätte ich immer geweint. Dad ging arbeiten, während sie sich allein um drei kleine Kinder kümmern musste. Ich sehe ihr verbissenes Gesicht noch vor mir, wenn sie den Kinderwagen mit meinem Bruder und mir – wir sind fast gleichaltrig – den Hügel hinaufschob. Schon da wusste ich, ich bin zu schwer, eine Last.

Nach dem Umzug auf die Insel Jersey hatte ich Nachbarinnen, Cousins und Familienfreunde, mit denen ich umherstreifen konnte. Ganz in der Nähe lebte ein Mädchen namens Annabel, jünger als meine Schwester und älter als ich. Unsere Großeltern waren befreundet gewesen, unsere Väter kannten sich aus der Kindheit. Annabel haute einen um, wie ein Gewittersturm. Es gab kein Entrinnen vor ihr. Manchmal war sie nett zu mir und beschützte mich sogar. Einmal, als mich ein älterer Junge geschlagen hatte, jagte sie ihn die Straße entlang und trat ihn, dass ihre blonden Locken nur so flogen. Danach wurde ich in der Schule in Ruhe gelassen. Aber oft nahm sie mich auch ins Visier. Als meine Mum an meinen Beinen blaue Flecke entdeckte, gestand ich, dass Annabel mich vom Fahrrad geschubst hatte. Mum wirkte sauer, sagte aber nichts. Ich wusste nicht, ob sie Mitleid mit mir hatte. Um ihre Depression in Schach zu halten, brauchte sie Lärm und Gelächter, und Annabel war unfassbar witzig und brachte uns alle zum Lachen, bis wir Bauchschmerzen hatten. Manchmal allerdings hatte sie verquollene, blutunterlaufene Augen. Ich lernte schnell, ihr dann aus dem Weg zu gehen. Einmal kam ich an ihrem Haus vorbei und hörte drinnen einen Erwachsenen brüllen und Annabel weinen. Ich wäre gern hineingegangen und hätte sie beschützt. Ich stand kurz da, machte ein paar Schritte in Richtung Haustür, drehte mich dann um und rannte weg, mit gesenktem Kopf und geballten Fäusten.

Meine Mutter war ein Wirbelwind von einer Frau, sie hatte pechschwarzes Haar und blaue Augen. «Ich bin eine typische Keltin», sagte sie oft. Mein Onkel Patrick, ihr jüngerer Bruder, erzählte, dass er immer, wenn sie die Familie in Irland besuchte, wusste, wann sie angekommen war, weil man ihr Lachen schon vom anderen Ende der Straße her hörte. Wenn Freunde und Bekannte Aussehen und Intelligenz in unserer Familie verglichen, was sie oft taten, kam meine Mutter immer an erster Stelle und ich an letzter. Der Gemeindepriester versicherte mir fröhlich, dass ich ihr ähnelte, und fügte hinzu: «Aber natürlich siehst du nicht so gut aus.»

Ich war das mittlere Kind, hatte nichts Bemerkenswertes an mir und lernte früh, mich im Hintergrund zu halten. Ich saß gern in meinem Zimmer und formte Tiere aus Knetgummi, meistens Pferde. Pintos mochte ich am liebsten, obwohl sie schwer hinzukriegen waren, weil ich mit meinen braunen Knetefingern dunkle Abdrücke auf den weißen Flecken hinterließ. Zwischen Knetgummiklumpen sitzend, dachte ich mir stundenlang Geschichten über wilde Mustangs aus, die natürlich jedes Springreitturnier gewannen. Einmal kam meine Mutter unbemerkt ins Zimmer und stürmte sogleich wieder hinaus.

«Warum ist sie so *still*? Das ist nicht normal, und da oben ist es so unordentlich.» Ihr Gespräch mit Dad drang aus dem Erdgeschoss gedämpft zu mir nach oben. Ihre Stimme wurde lauter. Ich floh nach draußen.

Manchmal floh auch sie, so wie in meinem dritten Schuljahr. Meine Lehrerin Mrs McDermot wollte mir die Lage durch Humor erleichtern: «Ich habe gehört, dass deine Mutter im Urlaub ist. Frag sie mal, ob sie mich nächstes Mal im Koffer mitnimmt.»

«Sie ist nicht im Urlaub», erwiderte ich vor der ganzen Klasse. Ich fühlte mich verpflichtet, das Missverständnis aufzuklären. Dad hatte am Telefon besorgt geklungen. «Wir wissen nicht, wo sie ist.» Meine Mutter blieb etwa eine Woche lang verschwunden, kam dann mit neu gefundenem Lächeln wieder und sagte, sie wäre bei ein paar Nonnen gewesen, die sie in Southampton kennengelernt hätte. Ich fragte sie, was ich tun sollte, wenn es mir schlecht ginge.

«Behalte es für dich», sagte sie schnell und scharf. Also beschloss ich, von nun an lautlos unter der Bettdecke zu weinen. Es gefiel mir, auf Bäumen zu sitzen und so zu tun, als wäre auch ich weggelaufen, wie Tom Sawyer in den Geschichten, die Mum uns vor dem Schlafengehen vorlas. Beim Lesen lächelte und lachte sie, und ihre Stimme öffnete ein Fenster in andere Welten, die wir gemeinsam bereisten. Manchmal war ich Tom aus *Der kleine Schornsteinfeger auf dem Meeresgrund*, einem Bilderbuch zum Film *Die Wasserkinder*, das ich mir selbst vorlas. Dann fanden die Seegeschöpfe meiner Fantasie nie, dass mit mir irgendetwas nicht stimmte. In der Unterwasserwelt fühlte ich weder Angst noch Scham.

In unserer Familie berührte man sich nur selten. Als ich ganz klein war, hat Dad mich gekitzelt, und manchmal, wenn wir darauf warteten, dass die Schmerztabletten gegen meine immer wieder auftretenden Ohrenschmerzen wirkten, nahm er mich auf den Schoß. Einmal trug er mich bei einem Küstenspaziergang auf den Schultern, nachdem ich einen Asthmaanfall bekommen hatte, danach habe ich jahrelang Asthmaanfälle vorgetäuscht. Aber als ich älter wurde, waren Berührungen praktischen Dingen vorbehalten, beispielsweise um mich auf einen Felsen zu heben oder über die steilen Küstenpfade zu zerren oder mich aus dem Treibsand zu ziehen, in den ich eines Tages unversehens geraten war. Das Meer hingegen umarmte mich und stillte ein unbefriedigtes körperliches Bedürfnis. Ich habe immer gewusst, dass es ein anderes Universum in sich trägt, dass sich irgendwo in dieser endlosen Weite andere Lebewesen aufhalten, sanfte, wie der Wal.

Die Geschichte der Beziehung zwischen Mensch und Wal ist nicht ganz so rosig wie in meiner kindlichen Vorstellung. In der Laguna San Ignacio, ein paar Meilen weiter südlich von der Laguna Ojo de Liebre, taten die Fischer alles, um den Grauwalen auszuweichen, von denen es hieß, sie würden Boote angreifen und Kajaks zum Kentern bringen. 1956 plante ein berühmter Herz-Wissenschaftler aus Boston, den Walen in der Laguna Ojo de Liebre, auch Scammon's Lagoon genannt, mit der Hand kleine Pfeile einzusetzen, um ihren Herzschlag aufzuzeichnen.[1] Unabsichtlich geriet sein Boot zwischen eine Mutter und ihr Kalb. Die Mutter verpasste

der Schraube und dem Ruder einen Schlag mit der Schwanzflosse, schwamm ein Stück weg, hob den Kopf, als wollte sie
ihr Werk in Augenschein nehmen, atmete tief ein, nahm An-
lauf und riss die Seite des Boots auf.[2] Die Männer an Bord
mussten von einem anderen Schiff gerettet werden. 1972
geschah dann etwas Außergewöhnliches. Ein einheimischer
Fischer namens Pachico war in seinem Panga auf dem Meer,
um Zackenbarsche zu fangen, als ein ausgewachsener weib-
licher Grauwal neben ihm auftauchte. Pachico bekam es mit
der Angst und wollte den Kurs zu wechseln. Aber der Wal
schwamm immer wieder neben dem kleinen Boot her und
hielt sich längere Zeit auch darunter auf. Von dem, was dann
passierte, existieren unterschiedliche Versionen. Einer zufolge hielt Pachico irgendwann eine Hand ins Wasser, und
der Wal rieb sich an ihr. Laut einer anderen hob die Walkuh
direkt neben ihm den Kopf aus dem Wasser und verharrte
so lange, bis er die Hand ausstreckte, sie erst nur mit einem
Finger berührte und, als sie nicht reagierte, mit der ganzen
Hand. In derselben Lagune, in der Grauwale vor hundert
Jahren noch gejagt worden waren, wurde jetzt ein arten-
übergreifender Friedenspakt geschlossen. Das war der Beginn eines Phänomens, das die Tourveranstalter *friendlies*
nennen, freundschaftliche Begegnungen. Pachico nahm danach zahlreiche Biologen mit aufs Meer, um ihnen das seltsame Verhalten zu zeigen. Die Wale kamen zu ihm, und für
Pachico waren sie mehr als Freunde.

«Die Wale sind meine Familie», erklärte er.

Ein Verhaltensbiologe beschreibt die Begegnungen als
«kollaborativ»,[3] sie sprächen für eine Intelligenz, die be-
absichtigte Kommunikation zumindest möglich erscheinen
ließe. Es ist kein Futter im Spiel, und die Wale scheinen den
Körperkontakt mit den Menschen zu suchen.[4] Die Art dieser
Interaktionen deutet auf etwas hin, das als Verhaltensplas-

tizität bezeichnet wird. Der Wandel von Grausamkeit zu Freundlichkeit zeigt, dass Grauwale die Fähigkeit besitzen, sich anzupassen, Gefahren einzuschätzen, neue Chancen zu ergreifen und von anderen zu lernen, vielleicht sogar von anderen Arten.

Grauwale sind die ultimativen Gurus, wenn es um die Bewältigung des Ungewissen geht. Sie haben die Eiszeiten überlebt, indem sie flexibel neue Nahrungsquellen aufspürten. Sie werden mindestens siebenundsiebzig Jahre alt, womit sie zum obersten ein Prozent in der Langlebigkeitsskala von Säugetieren gehören.[5] Forscher haben in langlebigen Säugetieren genetische Ähnlichkeiten gefunden, dazu gehören DNA-Reparatur, Immunreaktionen und andere Methoden der Stressbewältigung. All das hilft den Grauwalen, mit neuen Erfahrungen umzugehen, und ihr Verhalten in Baja weist auf Eigenschaften hin, mit denen sie sich vielleicht an einen veränderten Ozean anpassen und unter extremen Bedingungen überleben können. Der Paläontologe Nick Pyenson vermutet, dass Grauwale «als Gewinner aus diesem großen Klimawandelexperiment»[6] hervorgehen könnten. Ich darf also hoffen.

Ich habe von den Grauen gelernt, mich zu entspannen, nicht immer auf der Hut zu sein, mehr zu spielen. Schon jetzt fühle ich mich ein bisschen mutiger, etwas besser für die Zukunft gewappnet. Für die Dauer eines Bootsausflugs sind wir von ihnen akzeptiert worden und gleichzeitig, was für mich nach den letzten beiden Jahren mindestens genauso überraschend ist, von den Menschen.

Ich habe mir schon immer Freunde und Vorbilder in der Tierwelt gesucht, vor allem als Kind. Das borstige Kinn der Grauwale, ihr ausdrucksloser Mund, ihr aufmerksamer Blick und die dunklen Augen mit dem blauen Kreis in der Mitte erinnern mich an Bramble, die halbwilde Ponystute, in die ich mich im Alter von neun Jahren verliebte. Meine Freundin Josie und ich entdeckten sie bei einer unserer Inseltouren auf unseren Fahrrädern mit Dreigangschaltung. Klein, rund und schwarz, weiche, schlackernde Samtlippen. Wir bestaunten sie, und von da an besuchte ich sie jeden Tag nach der Schule. Ich nannte sie nach den Brombeerbüschen, durch die sie ihren Kopf steckte, sobald sie meine Schritte auf dem Weg hörte. Es dauerte Wochen, doch schließlich ließ Bramble es zu, dass ich mich auf sie schwang und auf ihrem Rücken saß oder lag, während sie graste, bis der Himmel mit Sonnenfeuer und Dunkelheit drohte und ich nach Hause gehen musste.

Mein Kopf war sowieso schon randvoll mit all den Pferden, die aus meinen Büchern galoppiert waren. Feurige Rösser, die Menschen auf magische Schatzsuchen trugen. Mein irischer Großvater sei ein guter Reiter gewesen, erzählte meine Mutter, und vor langer Zeit habe die Familie aus schottischen Pferdedieben bestanden. Pferde lagen mir also im Blut. Ein eigenes Pony kam nicht infrage, das wusste ich, denn so reich waren wir nicht. Stattdessen half ich jedes Wochenende in der örtlichen Reitschule aus.

Fast ein Jahr, nachdem ich Bramble entdeckt hatte, erzählte mir eine gepflegt gekleidete Frau, die oft mit ihrem Hund am Feld entlang spazieren ging, dass der Besitzer die Wiese wieder als Kuhweide nutzen wollte. «Das Pony ist seit Jahren sich selbst überlassen», sagte sie. «Es ist durch eine Hecke gerannt, hat den Trainer hinter sich her geschleift und ihn fast umgebracht!» Sie wies auf die Ringe an Brambles Hufen hin, Anzeichen von Hufrehe, einer Entzündung der Huflederhaut, verursacht durch die Fehlernährung auf der Wiese. «Es wird sicher eingeschläfert.»

Ich rannte nach Hause. Mir fiel ein, dass mein Onkel mir von einem alten Gesetz auf Jersey erzählt hatte, dem *Clameur de Haro*. Wenn man sich auf die Straße stellte und etwas in normannischem Französisch rief, durfte keiner vorbei. Falls es dazu käme, das schwor ich mir, würde ich mich hinstellen, *Haro Haro Haro* brüllen und eigenhändig den Lkw aufhalten, der Bramble zum Schlachthof bringen sollte.

Aber zuerst würde ich mit meinem Dad reden. Meine Tante besaß eine morastige Wiese, die nicht genutzt wurde und auf der jede Menge Gras wuchs. Brambles Fell glänzte wie eine Billardkugel, was zeigte, dass sie abgehärtet war und im Freien leben konnte. Es war eine wilde und waghalsige Hoffnung, aber einiges sprach für Bramble. Sie war sehr charmant und unter normalerweise eher untersetzten Ponys eine echte Schönheit. Genau wie ich war sie einst aus Wales hierher verschifft worden. Meine Eltern kamen mit, um sie kennenzulernen. Bramble schnupperte an ihren Fingern, während ich hinter dem Rücken beide Daumen drückte. Im Stillen betend, dass sie mich nicht abwerfen würde, demonstrierte ich, dass ich sie mittlerweile ohne Sattel über das Feld reiten konnte. Meine Eltern sprachen sich leise ab und willigten ein, Bramble zu übernehmen. Ich glaubte es erst, als eines Tages ein echtes, lebendiges Pony auf die Wiese meiner Tante geführt wurde, mit einem brandneuen roten Halfter, das ich von meinem Taschengeld gekauft hatte. Ich liebte meine Eltern über alles. Sie hatten Bramble das Leben gerettet und mir einen unmöglichen Wunsch erfüllt. An dem Abend saß ich am Rand der Wiese, schaute Bramble beim Grasen zu und konnte die Augen nicht von ihr lassen. Neben mir raschelte es. Es war Annabel. Unwillkürlich zuckte ich zusammen. Ich war auf Augenhöhe mit ihren Beinen.

Annabel sah mich nicht an. Sie schob ihre Hände tiefer in die Taschen. «Sie ist wunderschön», sagte sie.

Aber wir kannten Bramble schlecht. Sie war eigenwillig und schreckhaft. Traktoren, Hunde, ein raschelndes Blatt versetzten sie in Panik. Und dann war sie nicht aufzuhalten. Außer Rand und Band rannte sie mitten in den Straßenverkehr hinein, durchbrach Zäune, blind für alles, was ihr im Weg stand.

Außerdem war sie eine Ausbrecherkönigin. «Ein kleines schwarzes Pony läuft allein auf der Hauptstraße herum.» Der Gemeindepolizist muss unsere Telefonnummer auswendig gekannt haben. Einmal musste ich Bramble aus einem Rennpferdstall abholen, wo sie um sich getreten und eines der Pferde verletzt hatte. Sie war in Einzelhaft gesteckt worden, konnte kaum über den Rand der Stalltür gucken und kaute lässig Heu. Ein anderes Mal schickte mich der Polizist zu Miss Vivienne, Erbin einer reichen Gin-Dynastie. Ich ging langsam die gewundene Auffahrt zu ihrer Villa hoch, an einem Rolls-Royce und einem Wachhundwarnschild vorbei, auf die Eingangstür mit den beiden Säulen an den Seiten zu.

«Ich habe aus dem Fenster geschaut, und da stand dieses wunderschöne kleine Pony und hat meine Blumen gefressen», zwitscherte Miss Vivienne, die über sechzig war und aussah, als wäre sie berühmt, ganz in Schwarz gekleidet und das helle Haar zu einem Dutt gesteckt. Ihr Lachen knisterte wie Feuerwerk in ihrem riesigen Haus, und sie lud mich zu einem gekochten Ei ein. Danach besuchte ich sie regelmäßig. Während sie mir zeigte, wie man Nudeln kocht, schwelgte sie in Erinnerungen an den Krieg, in dem sie Spione chauffiert hatte. Und wenn ich beteuerte, nein, meine Mum würde sich keine Sorgen machen, wenn sie nicht wusste, wo ich war, im Gegenteil, ich sollte so viel Zeit wie möglich draußen verbringen, dann hörte Miss Vivienne sich das mit sanfter Miene an.

Da ich so viel Zeit mit Bramble verbrachte, sah ich Annabel viel seltener. Die Kinder in der Nachbarschaft wurden größer und einander fremder. Mit dreizehn stand ich in der

Schule noch offiziell unter ihrem Schutz. Wenn wir uns auf dem Flur begegneten, winkte sie mir zu, und ihre coolen Goth-Freundinnen drehten sich um und lächelten mich an. Als ich sie eines Abends mit ihrer Clique in der Nähe unseres Hauses traf, konnte ich mich nicht beherrschen. Ich begriff nicht, dass ihr Schweigen ein Warnsignal war, nicht mal, als die anderen gingen und sie auf der Mauer sitzen blieb und ins Leere starrte. Ich begann, sie zu kitzeln.

«Hör auf.»

Aufgedreht, wie ich war, ignorierte ich es.

«Hör auf.»

Ich ging erneut mit ausgestreckten Händen kichernd auf sie los. Da legte sich ihr Arm um meinen Hals, ihr Ärmel rutschte zurück und entblößte einen regenbogenfarbenen Bluterguss. Ein dumpfes Geräusch, und die Welt geriet ins Schwanken. Meine Augen und die Nase waren reiner Schmerz. Ich wand mich und schrie, aber Annabel war fast erwachsen, stämmig und kräftig. Sie hatte mich im Schwitzkasten. Ich erhaschte einen Blick auf einen dunklen blauen Fleck an ihrem Bein, zwischen dem schwarzen Stiefel und dem langen schwarzen Rock, der sich immer hob, bevor sie wieder zuschlug, wieder und wieder. Als sie mich losließ, rappelte ich mich auf und sah meine Mum auf uns zukommen, sie hatte den Müll rausgebracht. Blut floss aus meiner Nase, über mein Kinn, glänzte rot an meinen Fingerspitzen, als ich mein Gesicht berührte. Ich machte einen Schritt auf meine Mutter zu, aber sie lief mit ausdrucksloser Miene einfach an mir vorbei. Annabel ging gelassen in die entgegengesetzte Richtung davon. Nachdem ich mir in der Außentoilette das Blut abgewaschen hatte, rannte ich zu Bramble, verbarg mein Gesicht in ihrer Mähne und sah zu, wie in den Häusern die Lichter angingen, bis ihre Umrisse von einem schwarzen Himmel verschluckt wurden.

Hier in Baja California bin ich in Zeit und Raum weit entfernt von allem, was mir vertraut ist, was mich als Kind geformt hat, was mich als Erwachsene klein gehalten hat. Max und ich wachen jeden Tag in einer anderen Landschaft auf. Ich habe meine Uhr nach den Grauwalen gestellt und leihe mir für eine Weile ihren Horizont aus. Wir folgen ihnen, wohin sie auch ziehen, und sie werden sich bald auf den Weg machen, hinaus in den wilden weiten Ozean. Woher wissen sie, wann die Zeit gekommen ist? Was zieht sie weiter? Vielleicht die Kälber? Wenn ihre Fähigkeiten, ihre Blubberreserven und Neugier groß genug sind, um die Reise anzutreten? Der Hunger? Ich weiß, dass irgendwann Entscheidungen gefallen sind, Tickets gebucht wurden, die gelbe Sicherheitsleine bei einem Onlinehandel für Schiffsbedarf bestellt, die Route nach Norden geplant wurde. Aber es fühlt sich nicht so an, als wäre ich das gewesen. Wie bin ich hierhergekommen? Ich gebe zu, dass ich Angst habe. Ich muss mir von den Walen auch etwas Mut abknapsen.

Bevor ich mich zu Max ins Bett kuschle, schaue ich mir noch meine Videoaufnahmen aus der Lagune an. Alles graugrün und voller wirbelnder Partikel. Nach ein paar Minuten Schatten im Wasser, die dunkler werden, bis sie lang gestreckte Umrisse sind, bei deren Bewegungen Blasen aufsteigen. Wenn sie an der Kamera vorbeischwimmen, beäugen sie mich. Die Kamera nimmt die Walperspektive ein, richtet sich auf den Rumpf des Bootes. Ich höre Max oben singen, und dann komme ich ins Bild, vor Freude quiekend. Unsere Hände strecken sich den Walen entgegen. Wasser klatscht laut gegen den hölzernen Bootsrumpf. Sie sprühen kaleidoskopischen Dunst in die Luft.

Max' Lied hat die Grenze zwischen den Arten überwunden. Ich frage mich, ob die Wale ein paar Takte daraus in ihr Lied übernommen haben, sie ins Meer tragen. Wir sind hierhergereist, um sie zu sehen. Sie sind uns entgegengekommen. Sie haben uns gehört.

Breitengrad: 71° 17′ 26″ N
Längengrad: 156° 47′ 19″ W

I n alter Zeit, so las ich, lebte in Point Hope, Julias Heimat-ort, ein *aŋatkuq*, oder Schamane, namens Uqpik.[1] Uqpik band mit vier Stöcken und Haarbüscheln das Eis zusammen und schloss die offene Rinne. Wenn sich das Eis nicht öffnete, blieben die Wale weg und die Menschen würden verhungern, deswegen töteten die *umialiit**, die Walfangkapitäne, den Schamanen und ließen einen anderen *aŋatkuq* kommen, der die Jagd unterstützen sollte, der den Wind aus der richtigen Richtung herbeirufen und das Eis öffnen sollte. Der Schamane nahm seine Trommel, verließ seinen Körper und sank auf den Meeresgrund hinab. Dort lebte die Frau im Meer, tief unten am Ort der Nahrung, *niġġivik*, und bewahrte die Seelen der Tiere in ihrer Öllampe auf. Der *aŋatkuq* besuchte sie und schaute dann beim Geist des Nordwinds vorbei. Der Wind drehte, und das Eis riss auf. Die Menschen konnten auf die Jagd gehen.

---

* Walfangkapitäne: Singular *umialik*, Plural *umialiit*

«Das ist eigentlich nicht erlaubt.» Als ich eines Morgens ins Wohnzimmer kam, saß Julia über die Lokalzeitung gebeugt. «Das sollen Fremde nicht sehen.» Eine Doppelseite voller Fotos von Puppen mit maskenähnlichen Gesichtern. Sie gehörten zu einer Zeremonie in Point Hope, erklärte Julia, und sollten eigentlich nur untereinander gezeigt werden, innerhalb der Gemeinde. Ein Tabubruch. Kopfschüttelnd betrachtete sie immer wieder die Fotos. Ich hoffte, dass sie ihre Entscheidung, eine Fremde auf Walfang mitzunehmen, nicht bereute. Ich war fest entschlossen, mich nicht aufzudrängen, sondern immer nur zuzuhören. Da niemand von sich aus mit mir über Schamanismus sprach, fragte ich nicht nach, aber Jeslie erklärte mir immerhin die spirituellen Aspekte der Waljagd.

«Der Wal gibt sich der Walfangcrew hin, er gibt sich auf, wenn man es verdient hat.» Er hob die offene Hand. «Manchmal kommt er ganz dicht ans Boot heran.» Sein Arm beschrieb in der Luft einen Bogen. Er schüttelte den Kopf. «Das ist was Spirituelles» – er hob die Hand und senkte sie langsam – «vom Vater im Himmel.» Er bewegte die Hände seitlich, wie Flossen, als würde er schwimmen. Um sich einen Wal zu verdienen, muss die Crew sich anständig verhalten, sagte er. Der *umialik* muss sich großzügig zeigen, das Fleisch verteilen und die Alten versorgen, die Ärmsten, die Waisen. Der Geist des Tieres sieht dann die Großzügigkeit des Gastgebers und freut sich darüber. Dann würden weitere Wale kommen und ihre Körper den Menschen hingeben. Ein *agviq* teilt sein Fleisch mit jenen, die es mit anderen teilen. Nachdem der Wal getötet worden ist, muss man seine *iñua*, seine Seele, mit Respekt behandeln. Man muss ihr frisches Wasser zum Trinken anbieten, durch das Blasloch. Die Eiskeller müssen jedes Frühjahr gereinigt werden, damit die Wale wissen, dass ihr Fleisch an einem kühlen und sauberen

Ort aufbewahrt wird. Jeder Ausrüstungsgegenstand muss abgeschrubbt werden. Harpunen, Lanzen, Paddel und sogar die Planken des Bootes müssen sauber sein. Die Jagdmethoden und die Beziehung zwischen den Iñupiat und den Walen, die Jeslie so eindrücklich beschrieb, haben nichts mit den Praktiken des kommerziellen Walfangs gemein und sind etwas völlig anderes als die industrielle Viehhaltung, die dazu geführt hat, dass ich schon als Kind Vegetarierin wurde.

Das Leben der Menschen an der Arktisküste ist schon seit Langem untrennbar mit den Walen verknüpft. Archäologische Grabungen haben gezeigt, dass der Walfang die Lebensweise der indigenen Völker im Laufe der Zeit immer stärker bestimmte.[2] Schon um das Jahr 400 herum stärkte die Jagd auf Grönlandwale die Beziehungen unter den Menschen, die damals fast jedes Jahr einen Wal töteten.[3] Die Thule, die um 900 herum auf das Volk der Birnirk folgten und direkte Vorfahren der Iñupiat waren, lebten in halb unterirdischen Häusern aus Treibholz, Walrippen und Kieferknochen, isoliert mit Grassoden. Ihre Kultur dominierte die Arktis zwischen 1200 und 1400 n. Chr., sie besiedelten die gesamte Küste und gründeten große Dörfer mit Hunderten von Einwohnern, darunter auch Utqiaġvik. Nahrung war im Überfluss vorhanden, die Dorfgemeinschaften gediehen. Überschüsse wurden von den *umialiit*, den Walfangkapitänen, weiterverteilt. Die Küstenbewohner trieben Handel mit den Menschen im Landesinneren, getauscht wurde *uqsruq*, Waltran, der als Nahrung und Brennstoff diente, gegen Karibufelle, Pelze und Jade. Auf die Art konnten die Walfänger Kleidung herstellen, ohne die Küste verlassen und auf die Jagd gehen zu müssen. Die Landbewohner wiederum konnten Nahrungsmangel abwenden, wenn die Jagd auf Landtiere einmal nicht erfolgreich war. Ich fand ein Foto von einem Grassodenhaus in Utqiaġvik aus dem späten achtzehnten

Jahrhundert, dessen Eingang aus Walrippen bestand.[4] Von der Seite ähnelte es einem Grönlandwal, der gewölbte Kopf ging in den Rücken über. Ein Mensch schaute aus dem Lüftungsloch am Dach, das als Ausguck genutzt wurde, dort, wo das Blasloch wäre, und genauso genannt: *qiŋaq*.

Infolge der Epidemien und des massenhaften Abschlachtens der marinen Säugetierpopulationen durch kommerzielle Walfänger gerieten die indigenen Gemeinschaften in eine Krise. Ihnen fehlten die Mittel, um sich gegen die Neuankömmlinge zu behaupten. In dem Moment betraten Missionare die Bildfläche, sprachen von mächtigen Geistern und brachten Medizin mit, mit der sich die neuen Krankheiten, die so viele getötet und geschwächt hatten, heilen ließen, was die Schamanen nicht geschafft hatten.[5] Die Iñupiat maßten sich nicht an, über andere Geister in anderen Ländern Bescheid zu wissen, und lehnten den christlichen Glauben nicht ab. Der Anthropologe Hugh Brody, der Jahrzehnte in Kanada verbrachte, schrieb, dass der spirituelle Glaube der Inuit eine Art intelligenter Unwissenheit propagierte und die Menschen dazu anhielt, offen zu denken und sich sowohl auf ihre Intuition als auch auf genaue Informationen zu verlassen.[6] Diese Unwissenheit ließ Raum für andere Glaubensformen. Die Spiritualität der Inuit war nicht so binär und ausschließlich wie das Christentum, dessen Vertreter drohten, wenn die Iñupiat nicht ihre Schamanen verstießen und konvertierten, würden sie alle zur Hölle fahren.

Dann kamen die Schulen. Von etwa 1900 bis in die 1970er-Jahre hinein zwangen die Behörden in ganz Alaska Kinder ab fünf Jahren, die in Dörfern ohne Schule lebten, zum Besuch von Internaten.[7, 8] Familien wurden ihrer Kinder beraubt, die Gemeinschaften verloren ganze Altersgruppen. Manche der Kinder kehrten nie zurück.

Utqiaġvik war besser dran als andere Orte, denn dort

existierte eine der wenigen Grundschulen, an der zunächst Englisch als Zweitsprache gelehrt wurde. Mehrere Familien zogen aus nahe gelegenen Siedlungen in den Ort, damit die Kinder zur Schule gehen, aber zu Hause wohnen konnten. Hester Neakok, geboren 1913, erzählte Barbara Bodenhorn, dass sie als Schülerin «zur Schule ging, wann ich wollte». Den Rest der Zeit lebte sie mit ihrer Familie in Camps. Sie hatte sowohl Iñupiat-Lehrerinnen als auch weiße, und wenn die Kinder ihre Muttersprache sprachen, wurden sie nicht bestraft.[9] Margaret Gray wurde von ihrem Vater Bert Panigeo dazu angehalten, sowohl das Jagen zu lernen als auch die Schule abzuschließen. «Ich will, dass du dich bildest, damit wir aufholen können, damit wir Indigenen mithalten können», sagte er.[10] Also verließ sie wie viele andere ihr Elternhaus und ging ins Internat. Als sie 1958 zurückkehrte, um nun selber zu unterrichten, stellte sie fest, dass Iñupiaq in der Schule inzwischen verboten war. Doch wenn die Kinder auf Englisch nicht weiterkamen, half sie ihnen trotzdem in ihrer Muttersprache. Inzwischen war die Schulpflicht eingeführt worden.[11] Marie Neakok berichtete, sie sei gern zur Schule gegangen. Einige ihrer Lehrer waren Iñupiat, aber «es war wirklich schwer, weil uns die Lehrer beibrachten, im Klassenzimmer nicht Iñupiaq zu sprechen». Eben Hopson Sr., später der erste Bürgermeister von Barrow, erinnerte sich, mit dem Lineal geschlagen worden zu sein und mit dem Gesicht zur Wand stehen zu müssen, weil er Iñupiaq gesprochen hatte.[12] Bis dahin waren Iñupiat-Kinder nie körperlich bestraft worden.

Die Erfahrungen vieler anderer indigener Kinder waren oft noch schlimmer. Die Schulen wurden vom Bureau of Indian Affairs, von privaten Kirchen oder später von der alaskischen Regierung geleitet und waren Bausteine einer immer aggressiveren und skrupelloseren Assimilierungskampagne.

Hugh Brody schrieb, dass in ganz Alaska und Kanada «die Internate Teil eines Ethnozids»[13] waren. Die Farmer unter den Siedlern profitierten davon, dass die indigene Konkurrenz im Kampf um Land ausgeschaltet wurde, und befürworteten den Versuch, «Menschen zu untersagen, sie selbst zu sein, und sicherzustellen, dass sie nicht länger leben und denken und das Land als Jäger und Sammler beanspruchen konnten».

Viele Internatszöglinge berichteten in einer Umfrage der University of Alaska von sexuellen und körperlichen Misshandlungen, von kleinen Kindern in überfüllten Schlafsälen, die nächtelang weinten und für das Sprechen ihrer Muttersprache dermaßen verprügelt wurden, dass sie zu traumatisiert waren, um sie überhaupt noch zu sprechen.[14] Wer von zu Hause weggeschickt wurde, hatte keine Gelegenheit mehr, die Kultur seiner Eltern zu erlernen. Der Yupik-alaskische Autor Harold Napoleon berichtete, Kirche und Staat hätten versucht, die indigene Kultur und Sprache zu vernichten, und seiner Erfahrung nach «war es nicht nur ein Versuch, es hat funktioniert».[15] Erst 2017 machten sich Vertreter der Presbyterian Church auf den Weg nach Utqiaġvik, um die *stolen generations*, die «gestohlenen Generationen», um Verzeihung zu bitten.[16]

Utqiaġvik bekam 1975 eine Highschool. Ein Jahr später fand der Molly-Hootch-Fall statt: Zwei junge indigene Frauen verklagten den Staat[17] und rangen ihm schließlich das Zugeständnis ab, einhundertundfünf neue Highschools in den Dörfern zu bauen, damit Kinder bei ihren Familien bleiben konnten. Julia und Jeslie waren damals bereits auf dem Internat und in einem Alter, in dem sie eigentlich von ihren Eltern hätten lernen sollen, welche Verantwortung auf sie als Erwachsene zukam und welche gemeinschaftlichen Werte den Iñupiat wichtig waren. Dazu gehörte das Teilen mit anderen, aber auch, dass Führungspositionen eher Verantwortung als Privilegien bedeuteten und dass die unterschiedlichen Rollen von Männern und Frauen gleichrangig waren. Alles Prinzipien, die weitaus mehr für Gleichberechtigung standen als die damals gültigen und in Schulen unterrichteten US-amerikanischen Werte.[18]

Julia hatte die beste dieser Schulen besucht, Mt. Edgecumbe in Sitka. North-Slope-Kinder waren bekannt für ihre akademischen Leistungen, wurden gern genommen* und konnten im schulischen Wettbewerb gut mithalten.[19] Nervös fragte ich Julia nach ihrer Schulzeit und ihren Erfahrungen.

Sie sagte, die Schule sei gut gewesen, sie habe dort Disziplin gelernt. «Vorher war ich so was von faul, ich wusste nicht mal, wie man ein Bett macht.» Bis dahin hätten ihre Eltern sie einfach spielen lassen. Allerdings hatte sie dabei gelernt, wie man Nahrung sammelt oder sich zu verhalten hat, wenn ein Bär in der Nähe ist. Dennoch brachte die Schulbildung die von Bert Panigeo und anderen Ältesten erhoffte politische Stärkung. Über die Kulturgrenzen hinweg bildeten sich Freundschaften. Zwischenregionale Allianzen entstanden und ermöglichten größere Aktionen in ganz Alaska. Während seiner Amtszeit als Bürgermeister hatte Jeslie einen Bericht über seine Schulzeit an der Chemawa Indian School in Oregon geschrieben und ihr zugestanden, ihn auf den Kampf um die Souveränität der Iñupiat gut vorbereitet zu haben. «Ich erinnere mich gut an jenen Tag im Spätsommer 1967. Ich wurde aus meiner Familie und meiner Gemeinschaft geholt, in ein Flugzeug gesetzt und an

---

*   Die Schulsituation in Utqiaġvik und generell in Alaska ist kompliziert. Es gab viele unterschiedliche Internate und damit auch sehr unterschiedliche Erinnerungen und Sichtweisen dessen, was in ihnen vor sich ging.

einen Ort verfrachtet, der dreitausend Meilen von meiner Heimat Barrow entfernt war.»[20] Er beschrieb das Heimweh, das ihn in den ersten drei Monaten plagte: «Während sich meine Verwandten und Freunde in Barrow versammelten, um das Fleisch von Walen, Karibus, Gänsen und gefrorenen Fisch miteinander zu teilen, saß ich an einem Mensatisch und aß Mensafraß. Ich verpasste die Winterspiele und das Frühlingsfest ... Unsere Eltern und Großeltern wussten, dass unserem Land große Veränderungen bevorstanden, denen wir nur mit Bildung gewachsen sein würden ... Die Selbstverwaltung hat uns die Macht verliehen, unsere Kultur, unsere wertvollen Tiere und unser Land vor jenen zu schützen, die uns all das hätten wegnehmen können.»

Das alte Wissen und der Glaube der Iñupiat, wie Jeslie sie mir beschrieben hatte, haben den kolonialen Versuchen, die indigene Arktiskultur zu zerstören und eine Assimilierung zu erzwingen, widerstanden. Die Kultur der Iñupiat, deren zentrales Element die Wale sind, hat überlebt. Wenn Jeslie, Julia oder jemand aus der Crew erzählte, hörte ich zu.

«Einen Wal kann man nicht im Alleingang fangen», sagte Jeslie. Was die Iñupiat über Jahrhunderte der Veränderungen hindurch zusammengeschweißt hatte, war das gemeinschaftliche Teilen. «Wenn jemand dich bittet, kannst du nicht ablehnen. Wenn etwas übrig ist, wird es verteilt. Der innere Friede dabei ist etwas Besonderes.» Die Rolle des *umialik* hatte sich offensichtlich nicht verändert. Jeslie und Julia wohnten inzwischen zwar in einem Fertighaus auf Stelzen, und anstelle von Hundegespannen besaßen sie Schneemobile. Walfänger nutzen heutzutage auch Harpunengewehre, Schultergewehre und Granaten. Kommerzielle Fischereibojen haben luftgefüllte Robbenhäuten ersetzt, und neben dem traditionellen *umiaq* kommen Motorboote zum Einsatz. Die Mittel haben sich verändert, aber die Jagd stellt nach wie vor ein Bindeglied zwischen den Menschen untereinander und zwischen ihnen und den Walen dar. Der ganze Ort schien irgendwie zu leben, war bevölkert von Träumen, Gedanken und Geschichten. Die Tierwelt war allgegenwärtig, in der Kleidung und in den Walknochen und Barten in und an den Häusern der Menschen, aber auch im allgemeinen Bewusstsein und in den Gesprächen. Wer hier lebte, wurde quasi von Walen gehalten. Mit den Einheimischen zu sprechen, die ein so tiefes Verständnis von sowohl den Walen als auch der Umwelt hatten, war fast so gut, dachte ich zumindest, wie den Walen selbst zuzuhören. An die Harpunen allerdings und daran, wie lange es dauert, bis ein getroffener Wal tot ist, an die vielen Wale, die unter dem Eis verloren gehen und sterben – daran wollte ich nicht denken.

Jeslie schlug mir vor, mit ein paar Ältesten zu sprechen, fuhr mich zu Warren Matumeak und winkte mir zum Abschied zu. Warren war neunundsiebzig, hatte weißes Flaumhaar und trug eine große Brille. Er besaß ein Hörgerät, das er nach eigenem Bekunden nie einsetzte. Auf dem Kaminsims stand ein Foto von ihm in Fellkleidung im Gespräch mit Bill Clinton. Der Klimawandel sei im Kommen, sagte Warren, und ließe sich nicht mehr aufhalten. Er sei bereits da.

«Draußen an meinem Angelplatz hat sich das Land schon verändert.» Seit das Eis unter Warrens Landebahn für kleine Flugzeuge geschmolzen war, war sie nicht mehr plan und damit unbrauchbar geworden. Der Frost setzte später ein als früher, die Flüsse brachen früher auf. Beim Reden formte Warren mit den Händen die Landschaft nach, steuerte sein Flugzeug. In seiner Jugend hatte er einen Ältesten sagen hören, wie gut und ruhig das Wetter sei. Kurz vor seinem Tod hatte jener Älteste das Wetter dann als wütend beschrieben. Warren erzählte, dass er einmal beim Jagen in einen Sturm geraten war. Sein Vater hatte einen schwarzen

Fleck am Horizont bemerkt und zur Eile gedrängt, sie hatten das erlegte Walross so schnell wie möglich zerteilt und waren nur knapp entkommen. «Um nicht zu kentern, mussten wir einen Teil des Fleisches über Bord werfen, damit das Boot leichter wurde, nur so haben wir es überhaupt zurückgeschafft.»

Warren lachte viel, sogar wenn er über das sprach, was er «den Wandel» nannte. Er sei Christ, sagte er. «In der Bibel steht, dass wir immer wieder von Kriegen und Hungersnöten und anderen Plagen im Leben hören werden.» Er stand auf, um Kaffee zu kochen. «Du bist also Britin?»

«Na ja, eigentlich Irin.» Wenn irgendwo Kolonialgeschichte auftaucht, suche ich immer Zuflucht bei meinem irischen Pass. Allerdings spielte es für die hiesigen historischen Traumata keine Rolle, welche Art Europäer meine Vorfahren gewesen waren.

«Oh, die Briten und die Iren kommen schlecht miteinander klar. Bessert sich da was? Woran liegt das?»

«Streitereien um Land», sagte ich so vage wie möglich.

«Land? Hier in Alaska gibt's jede Menge Land.» Warren goss Kondensmilch in seinen Kaffee und setzte sich an den Tisch. «Die Welt verändert sich», sagte er zu seinem Kaffee, zu sich selbst, «nie weiß man, was als Nächstes kommt. Das Wetter ist sehr wütend.»

Jeslie holte mich ab. Er erzählte, in seiner Jugend hätten die Ältesten vorhergesagt, dass das Meer eines Tages eisfrei sein würde und Schiffe vorbeifahren würden, nach Osten und Westen.

Jetzt werde diese Prophezeiung langsam wahr. «Das ist beängstigend», sagte er.

«Fragen, Fragen. Du musst einfach warten», knurrte Van, als ich mich zum dritten Mal innerhalb einer halben Stunde nach den Eis- und Wetterbedingungen erkundigte. Wenn ich ihm begegnete, konnte ich mich einfach nicht zurückhalten. Um ihm aus dem Weg zu gehen, machte ich mich auf zu einem Spaziergang. Die Menschen liefen mitten auf der Straße herum, auf der vereister Schnee glänzte, zerfurcht von Schneemobilspuren. Ich hatte mich immer noch nicht an die Kälte gewöhnt und hielt es nicht lange draußen aus, daher bot ich Julia an, ihr bei den Einkäufen zu helfen. Im Auto lief Johnny Cash, wir sangen mit. Im *stuaqpak*, dem Supermarkt oder «großen Laden», kauften wir Silikon für das Walfangboot sowie Campingvorräte. Die Unmenge an Fleisch auf dem Einkaufszettel erschreckte mich. Schweinekoteletts, Speck, Gehacktes, Würste, Dosenfleisch, Ochsenschwanz und Hähnchen. Ich legte mehrere Schachteln Haferflocken in den Wagen und besorgte mir ein paar große Käseblöcke.

Auf der Rückfahrt tanzte Julia in ihrem Sitz, als «Jackson» gespielt wurde.

«Ich mag Johnny Cash, ich mag June Carter Cash. In den Siebzigern haben wir die beiden in Anchorage gesehen.»

Je mehr ich mich an die Kälte gewöhnte, desto länger wurden meine Spaziergänge. Ich redete mit jedem, der mir über den Weg lief. Die Leute sprachen bedacht, mit einer sanften Musikalität. Hinter dem Englischen war eine andere Sprache spürbar. Die Höfe waren voller Maschinenteile, Walfangzubehör, Walknochen, Walrossknochen und Stoßzähnen. Es gab Restaurants, aber keine Bars. Die Stadt war «feucht», was bedeutete, der Verkauf von Alkohol war verboten. Man konnte ihn einfliegen lassen, brauchte dafür aber eine polizeiliche Genehmigung.

Wie ich erfuhr, hatte in den frühen 1970er-Jahren ein Spirituosenladen aufgemacht, damals waren mit dem Ölgeld immer mehr Fremde in den Ort gekommen. Der Ölreichtum ermöglichte eine bessere Gesundheitsversorgung, neue Bildungseinrichtungen und einen Ausbau der Infrastruktur. Neue Jobs entstanden, die Menschen bauten neue Häuser. Dieser Wandel ging unglaublich schnell vonstatten, und die Jäger mussten ihren Subsistenzlebensstil mit bezahlten Jobs unter einen Hut bringen.[21] Indigene wie nicht-indigene Einwohner verfielen dem Alkohol. Der Spirituosenladen schloss nach ein paar Jahren wieder, aber in den 1980er-Jahren stieg die Zahl der Todesfälle aufgrund von Alkoholmissbrauch und damit verbundenen Krankheiten sprunghaft an und überstieg die Todesfälle mit natürlichen Ursachen um ein Mehrfaches.[22] Die Stadt hatte abgestimmt, «trocken», «nass» und wieder «trocken» zu werden, und am Ende «feucht». Die Selbstmordrate lag in North Slope Borough etwa doppelt so hoch wie im Landes- und viermal so hoch wie im Bundesdurchschnitt.[23] Aber im Haus von Jeslie und Julia, wo niemand trank, bekam ich nichts von den durch Alkohol verursachten Problemen mit.

Ich ging wieder ins Heritage Center, wo ich Billy zum ersten Mal begegnet war. Die Crew bearbeitete die Boote mit Werkzeugen, die ich noch nie gesehen hatte. Musik dröhnte, und Van, Billy und noch jemand aus der Crew kämpften mit den Enden eines Seils, die sie immer wieder ineinander wanden, um daraus eine sichere Schlaufe für die Metallöse an einer Harpune zu machen.

«Es wird ständig wärmer hier oben», sagte Billy, als er mich sah. «Die Eisbären schwimmen lange Strecken. Manche ertrinken, bevor sie die Küste erreichen.» Er lächelte in meine Kamera. «In den letzten zehn Jahren ist es so warm geworden. Das Wetter ändert sich. Und das Meer ist rauer.» Er brannte das Seilende an und betrachtete es durch seine schmale Brille. Walrosse seien ebenfalls betroffen, berichtete die Crew. Weil das Meereis schmelze, müssten sie immer längere Strecken schwimmen, um eine Eisscholle zum Ausruhen zu finden. Im Sommer zog sich das Eis jetzt so weit nach Norden zurück, dass das Wasser zu tief war, um auf den Grund zu tauchen und nach Muscheln oder Schnecken zu suchen.

«Ziemlich krass, was?», sagte Van und knibbelte an den sich aufribbelnden Seilenden herum. «What's going on?», fragte sich Marvin Gaye. Die Crew redete auf Iñupiaq über die Arbeit. Geplauder. Gelächter. Ich blieb länger als notwendig, sah zu und filmte, bis ich im Hintergrund verschwunden war und sie mich vergessen hatten. Otis Redding schnulzte «Sittin' on the dock of the bay ...»

Mein Blick fiel auf ein riesiges Ölgemälde an der Wand, es zeigte eine Waljagd. Das Boot lag direkt neben dem schwarzen Rücken. Ein Jäger stand am Bug, die Harpune wurfbereit. Es gibt eine weiche Stelle im Walschädel, durch die die Lanze in das Gehirn eindringen kann. Die See auf dem Bild war stürmisch und grau. Mir war schleierhaft, wie es die Jäger schafften, nicht hineinzufallen und zu sterben. Manchmal kam es tatsächlich zu schrecklichen Unfällen, die Männer wurden ins Wasser gezogen und ertranken, Boote kenterten, Eisschollen brachen vom Landeis ab und trieben mit ganzen Crews aufs Meer hinaus. Einmal wöchentlich testete ich am Ufer das vom Sender geliehene Satellitentelefon; abgesehen davon bemühte ich mich, mein mulmiges Bauchgefühl auszuhalten, und empfand gleichzeitig unglaubliche Aufregung ob dieses Abenteuers, auf das ich mich da eingelassen hatte.

Am Empfang des Heritage Center, seinem Arbeitsplatz, posierte der dreiundzwanzigjährige Robert Kaleak in schwarzer Jeans und Hoodie für die Kamera, direkt unter dem Modell eines Grönlandwals. Trotz seiner Größe von etwa zehn Metern war dies die Nachbildung eines kleineren Exemplars. Die riesigen, nach unten gezogenen Mundwinkel wirkten sehr ernst. Als ich Robert fragte, ob er auf Walfang gehen würde, sah er genauso ernst aus.

«Ich überlege noch. Ich habe zwei Jobs, aber ich würde gerne mit rausfahren.» Robert war 1997 auf dem Eis gewesen, als es von der Küste abbrach. Mit sanfter Stimme erzählte er, dass er noch gedacht habe, sie würden den Rückweg schaffen, doch plötzlich habe der Pfad im Wasser geendet. Die andere Eiskante sei bereits dreißig Meter entfernt gewesen. Die Schneemobile waren nutzlos. Der Spalt hatte sich vor ihren Augen auf über hundert Meter geweitet. Roberts Blick zuckte bei diesen Erinnerungen hin und her. Er und der Rest der Crew hatten vier Stunden lang ausgeharrt, dann waren sie per Helikopter gerettet worden. «Manchmal denke ich, ich will wieder raus, dann denke ich an diese Erfahrung zurück und überlege es mir anders.» Ich hatte die Kamera abgestellt und dachte an die rauer gewordene See, von der Billy gesprochen, an das immer unberechenbarere Wetter, das Warren beschrieben hatte. Die Gefahren, denen Robert sich da draußen stellen müsste, wurden immer größer.

Ich schaute mir die Bücher im Heritage Shop an und las die Geschichte eines Jägers, Aaŋa[*], der zwischen mahlende Eisbrocken geriet und sich nicht mehr befreien konnte.[24] Die Szene war den Dorfbewohnern 1978 von Vincent Nageak, einem Ältesten, beschrieben worden. Die Crew versuchte, Aaŋa zu helfen, aber er sagte: «Ich glaube kaum, dass ihr mit den kleinen Taschenmessern da viel ausrichten könnt, ihr etwa?» Er hatte eine Pfeife im Mund. Kaum hatte er gesprochen, geriet das Eis in Bewegung und zog ihn in die Tiefe. Kurz bevor er versank, lächelte er den anderen zu. Das Bild ließ mich nicht los. Was für ein Mensch war Aaŋa gewe-

---

[*] Ausgesprochen Aanga, ŋ klingt wie «ng»

sen, dass er dem Tod so gefasst entgegensehen konnte? Ich kaufte das Buch und noch viele weitere, außerdem einen aus Walrossstoßzahn geschnitzten weißen Wal für meinen Dad.

Das Warten auf die idealen Wetterbedingungen für unsere Jagd nahm kein Ende. Ich besuchte Eugene Brower, Präsident der Whaling Captains Association und ein Nachbar von Julie. Stolz erzählte er mir, dass er der dritte in einer Reihe von Kapitänen in seiner Familie sei. Sein Vater, der verstorbene Harry Brower, war ein angesehener und hoch gebildeter Gemeindevorsitzender gewesen, sein Großvater, Charles Brower, einst der erste weiße Siedler in Utqiaġvik. Eugenes Frustration über die Welt da draußen war spürbar. Seine Heimat veränderte sich, und niemand hatte ihn um Erlaubnis gefragt.

«Alle möglichen Leuten kommen mit allen möglichen Ideen hierher, sie verstehen unsere Lebensweise nicht, sie verstehen nicht, dass wir miteinander teilen. Sie wollen uns ihre Regeln und Gesetze überstülpen. Manchmal ist das sehr schwer zu verstehen. Inzwischen müssen wir unsere Häuser abschließen. Das war früher nie so.» Eugene war gegen die Ölbohrungen. Es seien weder ausreichendes Know-how noch Equipment vorhanden, um ausgeflossenes Öl zu entfernen, sagte er. Die Konzerne hätten versucht, Tests durchzuführen, aber die waren sogar unter idealen Bedingungen schiefgegangen. «Die denken, ihre Technologie kann sich Mutter Natur widersetzen, aber das stimmt nicht. Das Polarpackeis ist unglaublich stark.» Seismische Aktivitäten zur Ölexploration? Ein klares Nein von Eugene. «Wenn man den ganzen Lärm ins Meer reinschießt, was macht das mit den Tieren?» Er forderte, sowohl die Auswirkungen der Geräusche zu untersuchen, die von den seismischen Booten ausgingen, als auch die der Luftdruckwellen der Airguns. Er fühlte sich in der Minderheit. Alaska sei riesig, sagte er, die

Iñupiat nur eine kleine Volksgruppe. Andere Regionen hätten andere Probleme und eigene Interessen. «Wir werden in die Enge getrieben.» Wenn man draußen in der Wildnis Öl entdecken und eine Pipeline bauen würde, verändere das die Wanderroute der Karibus, Beutewild der Iñupiat. «Wenn man ihnen den Weg versperrt, kommen sie nicht weiter.»

«Das Dorf Nuiqsut ist ein gutes Beispiel», erklärte er. «Es ist komplett von Gasrohren und Pipelines umzingelt.» Das ConocoPhillips Alpine Ölfeld befindet sich etwa dreizehn Kilometer von den Häusern und Schulen in Nuiqsut entfernt und kann an einem einzigen Tag über hunderttausend Barrel Öl fördern.[25] Das Dorf gilt seit Generationen als erstklassiges Jagdgebiet und liegt am Colville River Delta, direkt an der Wanderroute der Karibus und der Mündung eines äußerst fischreichen Flusses.

Als ich Nuiqsut später recherchierte, fand ich Aussagen von Jägern, die behaupteten, die Ölförderung würde die Karibus stören und es schwieriger machen, «Essen auf den Tisch zu bringen»,[26] wie Dorfbewohnerin und Stammesverwalterin Martha Itta es ausdrückte. Außerdem hatten gesundheitliche Probleme zugenommen. Die Menschen klagten immer häufiger über Atemwegserkrankungen und Anfälle, besonders bei Kindern, und machten die Ölindustrie dafür verantwortlich. ConocoPhillips sagte, man habe die von der Gemeinde geäußerten Bedenken ernst genommen und untersucht, die Messgeräte hätten in der Umgebung eine hohe Luftqualität aufgezeichnet,[27] höher als der nationale Standard, allerdings hätten die extremen Winterbedingungen die Messungen erschwert.[28]

Rosemary Ahtuangaruak, ehemalige Bürgermeisterin von Nuiqsut und langjährige Gemeindekrankenschwester, hielt dagegen, dass die Messungen der Ölkonzerne nicht reichten, die Luftqualität müsse von einer unabhängigen Institution überwacht werden. Wenn sie nachts Dorfbewohner mit Atembeschwerden behandelte, sah sie die Flammen des abgefackelten Erdgases, das bei der Ölgewinnung freigesetzt wird. «Je näher das Förderfeld an das Dorf heranrückte, desto mehr Menschen hatten Beschwerden», berichtete sie US-Innenminister Ken Salazar 2009 bei einem Treffen in Anchorage.[29] 1986 wurde nur wenig Erdgas abgefackelt, aber schon 1989 waren innerhalb von vierundzwanzig Stunden bis zu zwanzig Feuer zu sehen, so Rosemary. Im Winter 2020 und Frühjahr 2021 berichtete sie sogar von dreißig Feuern innerhalb von vierundzwanzig Stunden auf mehreren Anlagen, und das mehr als einmal.[30] Die Emissionsschätzungen der US-Umweltbehörde für North Slope Borough[31] nennen als hauptsächliche Luftverschmutzer Stickoxide, hinzu kommen Schwefeldioxid, flüchtige organische Verbindungen (VOC oder *volatile organic compounds*) und Feinstaub. Stickoxide werden mit kognitiven Einschränkungen und neurodegenerativen Erkrankungen in Verbindung gebracht,[32] sowie, genau wie Schwefeldioxid, mit Epilepsie.[33] Ozon, das entsteht, wenn flüchtige organische Verbindungen aus Gasflammen auf Sonnenlicht treffen, kann bekanntermaßen bei Kindern Asthma auslösen.[34] Einige VOC verursachen Krebs. Feinstaub erschwert die Atmung und trägt zu Herzkrankheiten bei.[35]

Im Februar 2012 kam es in einem Ölfeld des spanischen Konzerns Repsol zu einem Blowout, einem unkontrollierten Gasausbruch. Rosemary erzählte, zwei Stunden später hätte die Rauchwolke das Dorf erreicht und viele Einwohner litten an Kurzatmigkeit. «Wir konnten nirgendwohin fliehen. Es war minus vierzig Grad kalt.»[36] Das Luftqualitätsmessgerät war wegen Wartungsarbeiten außer Betrieb. Eine staatliche Untersuchung schob die hohe Anzahl an Atemwegserkrankungen nach dem Blow-out auf eine heftige Grippesaison.[37]

Rosemary sah in den vorgebrachten alternativen Faktoren – genannt wurde unter anderem mangelnde Luftzirkulation in Innenräumen – nur den Versuch, vom Kernproblem abzulenken. Später im Jahr 2012 setzte sich die Anwältin Nancy Wainwright von der auf Umweltrecht spezialisierten Kanzlei Trustees for Alaska mit den Behörden in Verbindung und meldete, dass zahlreiche Dorfbewohner Atemprobleme bekommen hatten, nachdem auf dem Alpine-Ölfeld Rauch zu sehen gewesen war. Da die Bewohner von Nuiqsut und die medizinischen Kräfte dies aus «Angst vor Racheakten» nicht selber anzeigen wollten, übernehme sie das.[38] Viele Dorfbewohner arbeiteten für die Landbesitzgesellschaft, die Verträge mit den Ölkonzernen schloss,[39] und damit hingen ihre Jobs von der Ölindustrie ab.

Die größten Sorgen machte sich Eugene Brower jedoch um die Erwärmung des Ozeans. «Wie wird sich das auf die Tiere auswirken, von denen wir leben?» Jedes Jahr kam ein Eisbrecher mit Wissenschaftlern vorbei, doch deren Analysen und Experimente waren dem Dorf keine Hilfe. «Die Leute, die da forschen, kommen nicht wieder zurück, um uns von ihren Ergebnissen zu berichten, damit wir uns vorbereiten können. Dabei nutzen sie das Wissen der Einheimischen. Die Wissenschaftler werden dann manchmal weltberühmt. Unser Wissen ist lokal begrenzt, das geht nicht in die Geschichte ein.» Sein Tonfall blieb sanft. «Man sollte alternative Energiequellen in Betracht ziehen. Wer Menschen zum Mond schicken kann, kann auch Dinge herstellen, die kein Öl verbrauchen.» Er seufzte und sah sich um. Es war Mittagszeit, irgendetwas brutzelte und roch verführerisch. «Ich grille gerade Lachs», sagte Eugene. «Willst du welchen?» Ich lehnte dankend ab, da Julia mich zu Hause erwartete.

«Ich werde dich vermissen, wenn du auf Walfang gehst,

Honey. Der Mann im Haus wird mir fehlen», sagte Charlotte, Eugenes Frau, als sie sah, dass unser Interview zu Ende war. Neben ihrem Tagesjob und einem Studium in Personalmanagement nähte Charlotte abends noch, sie versah Eugenes Karibufellparka mit feinen Stickereien. Er holte ihn und zeigte ihn mir, wies auf den Kragen aus Bärenmarderfell hin, der keine Feuchtigkeit aufnahm und nicht am Gesicht festfrieren konnte.

«Wenn man damit ins Wasser fällt, schwimmt man oben. Lammfell saugt sich mit Wasser voll und zieht einen runter. Bei dem hier» – er strich über den Pelz – «sind die Haare hohl und halten dich oben.» In den Kleidern, die Charlotte ihm nähte, konnte er draußen schlafen, ohne dass ihm kalt wurde. Er brauchte nicht einmal ein Zelt.

Als ich wieder im Wohnzimmer in der North Star Street saß, meldete sich knisternd der Seefunkdienst. «Einen schönen Nachmittag aus der Rettungsstation.» Die Walfänger nutzten den Dienst, um sich mit anderen Crews über die Eisbedingungen entlang der Risskante auszutauschen. Während der Frühjahrsjagd war die Rinne rund um die Uhr von Freiwilligen besetzt. Die Menschen an Land schwiegen, es sei denn, es lag ein Notfall vor.

«Man muss immer bereit sein, sich so schnell wie möglich vom Eis zu machen, sonst ist man da draußen in großer Gefahr», sagte Jeslie. Wenn ein Wal getroffen wurde, hatte ich still zu sein und genau hinzuhören, um zu verstehen, was geschah. War er tot? War er unter das Eis getaucht? Ein getroffener Wal, der unter dem Eis verloren ging, wurde genauso gezählt, als wäre er an Land gebracht und geschlachtet worden. Wenn ein Wal erlegt wurde, würden sie gemeinsam über Funk beten und Gott danken, sagte Jeslie. «Die Leute rufen dann alle: Amen, Amen.»

Morgens wurden per Funk fröhliche Grüße ausgetauscht.

«Schönen guten Morgen ... schönen guten Morgen zurück ... guten Morgen ... guten Morgen, *arigaa*. Guten Morgen, Charlie Brower, guten Morgen ... guten Morgen, Martha Neakok, guten Morgen ...» Jemand suchte und fand eine Mitfahrgelegenheit. «Fünf Tüten Zimtbrötchen, zehn Dollar die Tüte», rief ein anderer. Eine Antwort: «Zimtbrötchen, ich komme nach elf zum Abholen. Ein Dutzend.»

Regelmäßig wurden Informationen über das Wetter, den Wind und offenes Wasser gefunkt. «Maximale Windgeschwindigkeit siebzehn Meilen pro Stunde aus Süden. Südliche Winde neun Meilen pro Stunde. Kein offenes Wasser sichtbar südwestlich von Point Barrow. Ein großer Riss nahe Cape Lisburne ...» Wir warteten auf Ostwind, der vor der Küste eine Rinne öffnen würde.

Im Heritage Center, wo neben den Jägern auch Schnitzer arbeiteten, entdeckte ich eine Schmirgelschleifmaschine. Billy war oft da, um das *umiaq* herzurichten, und ein älterer Schnitzer namens Perry zeigte mir, wie man die Werkzeuge bediente. Tagelang übte ich, Knochenstücke zu Walen zu schleifen, schmirgeln und formen. Eines Morgens ragten an der Tür ein paar frisch gehäutete Eisbärtatzen wie riesige Skeletthände aus einem Sack. Sie machten mir bewusst, woraus die Bootshäute bestanden und woher die Knochenstücke stammten, an denen ich arbeitete.

Perry schätzte meine Schnitzereien. Ich hatte Talent. In meiner Kindheit hatte ich ständig irgendwelche Geschöpfe aus Knetgummi geformt. Einen Walknochen in der Hand zu halten, hat allerdings etwas Magisches, wenn man bedenkt, wo er gewesen ist, tief unten im Meer. Manche Stücke waren wie Vulkanit, mit vielen kleinen Löchern. Andere waren dichter, schwieriger zu bearbeiten, trotzdem nahmen die Wale Gestalt an, ohne dass ich mich sehr anstrengen musste. Bei dem ersten stand der Schwanz hoch wie bei einem Fisch, anstatt horizontal wie bei einem Wal. Van meinte, er sähe aus wie ein Lachs. Der zweite war klein, aber eindeutig ein Grönlandwal. Ich hatte die Form gut getroffen.

Billy kam, um mein Werk zu begutachten. Er drehte den kleinen Wal hin und her und betrachtete ihn von allen Seiten. «Ein kleiner *iŋutuq*», sagte er. Ein *iŋutuq* war ein sehr runder Wal, angeblich der zarteste und leckerste, der beste Fang.

Ich gab ihn Billy.

SCAMMON'S LAGOON

Breitengrad: 27° 44′ 59″ N
Längengrad: 114° 14′ 60″ W

Max' Spielzeugboot schaukelt auf der Lagune davon, angeschoben von einem borstigen Riesenkinn.

«Mein Boot», sagt er. «Gib mir Boot, Wal.» Skipper Francisco fischt es lachend aus dem Wasser. Fast meine ich, auch der Wal würde lachen. Max drückt das Walspielzeugboot beleidigt an sich. Es ist rot und weiß wie das echte, auf dem wir uns befinden, und jetzt ein wahrer Schatz. Ein Makrelenhimmel hängt über uns. Dann verschwinden die Wale. Die Laune auf dem Boot kippt. Kurz kommt Aufregung auf, als wir in der Ferne einen weißen Rücken aus dem Wasser ragen sehen. Ein Albino, der schon früher hier gesichtet wurde, wie Francisco berichtet.

«Das ist Moby Dick», sagt Sandy. Nur einige Wolkenschlieren ziehen sich jetzt am Himmel entlang. Wir sind den zweiten Tag auf der Lagune, es ist fast Mittag, die Sonne brennt, der Wind zerrt an den Nerven. Als wir zur Mittagspause über den Sand am Strand kratzen, bin ich erleichtert und gebe Francisco zehn Dollar Trinkgeld. Ich habe keine Ahnung, ob das zu viel ist, aber für das, was wir erleben, kann nichts genug sein.

«Danke, Männer, die Boot fahren», singt Max.

«Bleibt hier bei uns», sagt einer der Skipper, die in einer Gruppe neben der Strandhütte stehen. Sie haben einen kleinen Jungen dabei, etwa fünf Jahre alt. Ich bin froh, ein anderes Kind zu sehen, und dankbar für die Fröhlichkeit der Skipper. Wir gönnen uns eine Pause vom Walrausch und legen auf dem gelben Sand Muscheln aus, während die anderen wieder an Bord gehen. Viele graue Köpfe schaukeln auf einem jetzt dunkelblauen Meer.

Es riecht fischig, vergammelt. Ich überprüfe Max' Windel, an ihm liegt es nicht. Als wir ein Stück am Wasser entlanggehen, entdecken wir einen verwesenden toten Babywal. Aus der Nähe ist der Gestank unerträglich. Kleiner Wal, was ist passiert? Ich frage mich, ob die Mutter versucht hat, ihn an der Oberfläche zu halten, damit er am Leben bleibt, oder ob er tot geboren wurde. Vielleicht können auch Walgeburten schiefgehen, obwohl ich bezweifle, dass sich die Nabelschnur so um den Kopf eines Walbabys wickeln kann, wie es bei Max der Fall war, schließlich sind die Tiere stromlinienförmig.

Ich habe im Natural History Museum in London zusammengerollte Walföten gesehen. In den frühesten Stadien ähneln sie Menschen. Während der Gestation, die bei Pottwalen bis zu sechzehn Monaten, bei Grauwalen zwölf Monate dauert, geschehen seltsame Dinge. Es ist, als würde man die Evolution im Schnelldurchlauf beobachten. Bartenwalen wachsen zunächst Zahnknospen, die sich dann rückbilden. Kurz tauchen hintere Gliedmaßen auf und verschwinden wieder im Körper. Erst im siebten Schwangerschaftsmonat lassen sich die verschiedenen Walarten unterscheiden. Die winzigen Exemplare im Museum waren aus harpunierten schwangeren Walkühen herausgeschnitten worden, nachdem Wissenschaftler sich zu Beginn des zwanzigsten Jahrhunderts den Walfangflotten in der Antarktis angeschlossen hatten.[1] Es ist tröstlich, dass ihre Forschung letztlich die

Grundlage für ein Moratorium gegen den Walfang bildete. Es führt einem außerdem die menschliche Grausamkeit vor Augen.

«Sie treffen bereits eine Entscheidung», sagte die Psychotherapeutin. Ich saß in einem bequemen Sessel, neben mir ein kleiner Tisch mit einer Schachtel Taschentücher, und betrachtete eingehend die Nähte an dem zwischen uns liegenden Läufer. «Tief in Ihrem Inneren fällt eine Entscheidung.» Ich war wegen eines geplanten Schwangerschaftsabbruchs hier. Der Termin rückte näher. Ich wusste nicht, was ich tun sollte. Im Ultraschall hatte ich eine Bohne gesehen, die enthusiastisch mit den Extremitätenknospen wackelte, aber da gab es auch noch Pavel. Es fühlte sich nicht an, als würde im Inneren eine Entscheidung fallen. Es fühlte sich an wie in der Szene aus *Star Wars*, in der die Crew in der Müllpresse feststeckt und die Wände immer näher kommen.

«Mach es weg», hatte Pavel gesagt, als er erfuhr, dass ich schwanger war. «Ich will jetzt kein Kind mit dir. Wir können später eins kriegen.» Wir hörten auf, uns zu treffen. «Ich will nicht, dass du alleinerziehende Mutter wirst», hatte er gemailt. «Das wird echt schwer, finanziell, emotional, organisatorisch ... Wirst du überhaupt arbeiten können?»

«Begleitest du mich zu dem Termin?», tippte ich.

Pavel wich der Frage aus. «Du hast das schon mal gemacht. Ist das Gleiche. Wird schon gut gehen.»

Ich hätte mich dafür ohrfeigen können, ihm von dem ersten Mal erzählt zu haben. Damals war ich gerade zwanzig gewesen, und es war überhaupt nicht das Gleiche. Es war nach einer durchtanzten Nacht passiert, ich hatte mein Ingenieurstudium mit einer Eins abgeschlossen und gefeiert, ein wippender Dreadlockkopf hatte sich zu mir herabgebeugt. Der Junge, Chidi, machte seinen Doktor in Geschichte. Ich war völlig vernarrt in ihn. Er nannte mich Freckles, Sommersprossen. Ein Traum würde wahr werden, versicherten wir einander. Seine Familie war allerdings nicht erfreut. Meine Mutter ebenso wenig. Sie versuchte, mir einen Abtreibungstermin zu besorgen. Ich weigerte mich. Doch schließlich gingen Chidi und ich zum Arzt und vereinbarten in aller Einsilbigkeit selber einen.

Eines frühen Morgens liefen wir zu Fuß in die Klinik. Ich wurde ruhiggestellt. Die Krankenschwestern hätten nicht netter sein können. Chidi brachte mich zu Fuß wieder nach Hause. Schmerzen hatte ich keine. Ich ahnte nicht, dass ich nach der Abtreibung immer noch ein Kind haben würde, selbst wenn da keins war. Ich träumte von ihrem Gesicht. Sie war immer da, mein Geisterkind, wurde jedes Jahr zusammen mit mir ein Jahr älter.

Diesmal, fünfzehn Jahre später, hatte ich einen Job und mehr Freundinnen mit Kindern als ohne. Ich war gerade von einer Reise nach Washington, D.C., zurückgekehrt, wo ich an Pressekonferenzen mit Barack Obama teilgenommen hatte, seinen Hubschrauber über meine Wohnung hatte fliegen sehen, im Kapitol den Senatorinnen nachgejagt war, um Kommentare zu ergattern, den ersten Flieger nach L.A. genommen hatte, als von Michael Jacksons Tod gemunkelt wurde. Ein paarmal hatte ich das Wochenende mit Pavel verbracht, wenn er beruflich in den Staaten war. Bald würde ich für sechs Monate eine Stelle als Umweltkorrespondentin für das World Service Radio angeboten bekommen, *die* Chance, mich zu beweisen.

Am fraglichen Morgen verließ ich meine WG-Wohnung, den Brief vom Krankenhaus zusammengefaltet in der Tasche, und schloss hinter mir die Tür ab. Meine Freundin Jo, die in der Nähe wohnte, hatte versprochen, mich zu begleiten.

«Vielleicht gehe ich nicht hin», hatte ich sie gewarnt.

«Wie auch immer du dich entscheidest, sag Bescheid, wo wir uns treffen.»

Auf dem Weg zur Bushaltestelle dachte ich an das erste Mal, an den Spaziergang zum Krankenhaus, an die automatischen Türen. Chidi hatte meine Hand gehalten. Ich dachte an einen Baum im Park, eine alte Kastanie mit breiten Ästen.

Die Entscheidung fällt von allein, wiederholte ich im Kopf. Ich stieg in den Bus. Und schrieb Jo eine Nachricht.

Die unteren Äste der Kastanie sind am Stamm sehr dick und strecken sich dann seitwärts in die Luft, als gäbe es keine Schwerkraft. Riesige Tentakel, die sich ausbreiten, tasten. Jo kam den Weg entlang und sah sich suchend um. Ich stand unter dem Baum, winkte ihr zu und zeigte auf den niedrigsten Ast.

«Ich komme da nicht hoch, Doreen. Ich bin zu klein. Außerdem klettere ich nicht auf Bäume.»

«Ach, komm schon.» Ich machte eine Räuberleiter für sie und versuchte dann, mich selbst hochzuhieven. Mein Körper hatte sich bereits verändert, war gereift, und meine Arme waren zu schwach. Jo mühte sich, mich nach oben zu ziehen.

«Verdammt, ich schaff's nicht.» Grollend sah ich zu ihr auf.

Sie schaukelte mit den Beinen und grinste. «Ganz schöne Aussicht von hier.»

«Brauchst du Hilfe?» Ein Jogger kam vorbei.

«Ja, bitte.»

Er verschränkte die Hände.

Vor Jahren hatte ich in der Nähe dieses Parks gewohnt, und das hier war einer meiner Lieblingsorte. Wenn man bis zu den höchsten Ästen kletterte, war man hinter den Blättern des Baums verborgen und gleichzeitig im Freien.

«Was, wenn ich eine Scheißmutter bin, Jo?», fragte ich

nur halb im Scherz, als wir nebeneinander auf dem Ast saßen. «Was, wenn ich es total versaue und das Kind im Knast endet?»

«Was, wenn es ein Medikament gegen Krebs erfindet oder kalorienfreie Schokolade?» Sie zog einen höheren Ast herab und tippte damit gegen meinen Kopf.

Ich suchte in meinen Taschen nach etwas, womit ich nach ihr werfen konnte, fand den Klinikbrief und knüllte ihn zu einem Ball zusammen. Er prallte von ihrer Schulter ab und fiel zu Boden.

«Oder, Doreen, was, wenn es einfach ein guter Mensch wird?»

Während der Baum uns in seiner großzügigen Umarmung hielt, ließ ich die Zeit verstreichen, bis ich den Termin verpasst hatte und beruhigt gehen konnte. Ich sammelte den zerknüllten Brief auf und schmiss ihn in einen Mülleimer, dann verließen wir den Park und machten uns auf die Suche nach einem Frühstückscafé. Die Entscheidung war vor langer Zeit gefallen.

Ich gewöhnte mir an, jeden Tag ins nahe gelegene Schwimmbad zu gehen und mit meinen Gefühlen unterzutauchen. Wenn ich mich, meinen Bauch, meine Vagina, meine Vulva hoch auf die Fliesen zog, dachte ich an das Kind, das in meinem Fruchtwasser schwebte. Auf allen vieren war ich ein Tier, die Handflächen nach außen gedreht wie Flossen. Ich tauche gern, verlasse gern das trockene Land, mag das Gefühl, wenn ich mit ganzem Gewicht einsinke und das Wasser mich umhüllt. Aber mein Bauch wuchs und wurde immer schwerer, irgendwann schätzte ich den Sprung falsch ein und landete mit einem gewaltigen Bauchklatscher im Becken. Die Schwimmbewegungen in mir brachen ab. *Das Baby. O Gott, habe ich es umgebracht?* Ein Elektroschock im Herzen. Jedes Mal, wenn sich nichts in mir bewegte, kam die Angst, war ich überzeugt, meinem ungeborenen Kind irgendwie geschadet zu haben. Sogar im Schwimmbecken, meinem Zufluchtsort, überfiel mich blinde Panik. Unter mir spürte ich den Druck des Wassers, der mich nach oben schob, als ich ausgestreckt auf dem Boden lag und seitlich Bläschen aufstiegen. Dann beruhigendes Gezappel in meinem Bauch. Vom Auftrieb an die Oberfläche gebracht, fragte ich mich, wie Menschen im Meer bloß ertrinken können, bei all dem Wassergewicht unter ihnen.

Wasser weist einen nicht zurück. Vierzig Bahnen reichten, um mein Adrenalin, meine Gefühle aufzubrauchen, bevor ich zur Arbeit ging. Als mein Chef mich schließlich fragte, ob ich für sechs Monate Umweltkorrespondentin sein wollte, lachte ich begeistert auf. Dann fiel mir meine Lage ein, und ich erwiderte, ich müsste darüber nachdenken. Nachts konnte ich nicht schlafen, der Boiler in meinem Zimmer schien lauter zu grummeln als sonst. Am nächsten Tag bedankte ich mich bei meinem Chef und sagte bedauernd ab, dann ging ich auf die Damentoilette und heulte. Als ich zurück an meinen Schreibtisch kam, weinte ich wieder. Die mir gegenübersitzende Kollegin schickte mir eine Nachricht, dass ich notfalls nach Hause gehen könne, wenn es mir nicht gut ginge. Ich fuhr nach Hause und weinte. Wie konnte ich die Chance meines Lebens ausschlagen? Aber der Job wäre eine Herausforderung gewesen, und ich hatte gelesen, dass Angst in der Schwangerschaft eine Frühgeburt auslösen und sich sogar auf das spätere Leben des Kindes auswirken könnte. Um des Babys willen musste ich die Ruhe bewahren. Fliegen in den ersten drei Monaten war ebenfalls umstritten. Ich konnte unmöglich diesen Job übernehmen und ein Kind austragen, ohne zu wissen, wo ich am Ende wohnen oder was mit Pavel werden würde. Irgendetwas würde garantiert schiefgehen, davon war ich überzeugt. Ich musste das Kind um jeden Preis beschützen. Wenn ich jetzt an diese angstbesessene Frau zurückdenke, die nicht glaubte, während der Schwangerschaft auch ihren Traumjob ausüben zu können, wünsche ich ihr ein bisschen mehr Stärke, etwas mehr Selbstbewusstsein. Ich versuche, sie nicht zu verurteilen.

Nur beim Schwimmen dachte ich nicht an den Job, an die Zukunft, an Pavel, grübelte nicht, ob mein Kind vielleicht doch einen Vater haben würde, nachdem wir in der Woche davor wieder miteinander geschlafen hatten. Ich dachte an Wale. An ihren rhythmischen, langsamen Atem, der mich über das Meereis hinweg als Zischen erreichte. Und ich dachte an die Wasserpartikel, die an mir vorbeiflossen, bei jeder Bahn.

Gleich am Anfang meines Studiums hatte ich gelernt, wie Wasser sich verhält und bewegt. Von Numerischer Strömungsmechanik, englisch *computational fluid dynamics* oder CFD, hatte ich davor noch nie gehört. In der ersten Vorlesung kritzelte ich vor mich hin, während die Kreide über die Tafel klapperte.

«In der physischen Welt ist alles endlich», sagte Dr. Anderson. Ich horchte auf. *Alles ist endlich?* Jahrzehnte später lasse ich mir den Satz wieder durch den Kopf gehen, prüfe ihn, erstaunt und misstrauisch. CFD beschreibt, wie sich Partikel in einer Strömung verhalten. Ein schneller werdender Herzschlag, Blut pulsiert durch die Gefäße des Körpers. Ein Flüstern, die Luft wird aufgewirbelt. Mit CFD sieht man sich das Strömungsverhalten im Kleinformat an. Man lernt, mit Unbekannten umzugehen, setzt sie mit griechischen Buchstaben wie φ, α, β in Gleichungen ein. Das lässt die Unbekannten klein aussehen, macht sie überschaubar, lösbar. Meine Unbekannten waren nicht klein. Ich brachte sie in keine Gleichung.

Beim Schwimmen war ich von Definitionen umgeben.

Wasser gehorcht Gesetzen, dem Gesetz der Wand, dem Gesetz der Welle. Es gibt zwei Arten von Strömung: laminar oder turbulent. Bei laminarer Strömung gleiten Flüssigkeitsschichten in geordneter Weise aneinander vorbei. Die Stromlinienform von Walen unterstützt das. Ich stieß mich am flachen Beckenende von der Wand ab, die Hände zusammengehalten wie ein Pfeil, den Kopf gesenkt. Im Gleiten wurde mein Körper von einem dünnen Wasserkokon namens Fluiddynamischer Grenzschicht eingehüllt, und das Wasser an meiner Haut floss langsam in laminarer Strömung. An Walen leben in dieser Schicht gerne Seepocken. Ihre Larven können sich in der Haut festsetzen, sie finden Plankton und können sich paaren, indem sie in die langsame Strömung Sperma entlassen, das von den Weibchen aufgefangen wird. Weiter draußen in der Welt, hinter meinem Körper, wurde die Strömung schneller, unberechenbarer, chaotisch, turbulent. Strudel entstanden, drehten und verzerrten sich, zogen meinen Bewegungen Energie ab, schwächten sich zu immer kleineren Kreisen in meinem Kielwasser ab, bis sie sich auflösten. Turbulente Strömung ist reine Energieverschwendung. Andererseits trägt sie dazu bei, dass Wasser so vieles absorbieren kann, jede hektische Bewegung, meine vierzig Bahnen pro Tag, die Vibrationen, wenn ich ins Schwimmbecken oder ins Meer hinaus brüllte. An Land ist es mir immer schwergefallen, mir Gehör zu verschaffen.

Beim Einatmen bekam ich statt Luft einen Schwall Wasser in den Mund, der nach Chlor und noch etwas anderem schmeckte. Das Beckenwasser war voller Teilchen von anderen Menschen. Haut, Essensreste, Spucke, Schnodder, Scheiße, Blut. Meine Haut bildete die Barriere zwischen all dem und mir. Bei der nächsten Wendung stellte ich mir vor, ich würde mich umstülpen. Mein Inneres, meine Fruchtblase, mein wachsendes Kind, das wäre nun meine Welt. Alles außerhalb wäre in meiner Haut, in mir: das Schwimmbecken, die anderen Schwimmer, jede stinkende Pfütze, jede Hundelache, jeder Gewittertropfen. Doch wie man mir auf der Grundschule beigebracht hatte, wurde im Wasserkreislauf sowieso alles verbunden und vermischt. Verdunstung, Konvektion, Niederschlag. Immerzu fließt Wasser um den Planeten und durch alles Lebendige hindurch. Jeder andere Mensch könnte Wassermoleküle in sich haben, die früher in mir waren. Wasser trägt Botschaften über jede Grenze hinweg. Wasser in der Luft wird von Wasser im Boden angereichert. Wolken überfliegen Kontinente. Sie bringen Regen mit radioaktiven Teilchen oder Schwefeldioxid. Der Golfstrom trägt Wärme von Mexiko bis nach Großbritannien und Nordwesteuropa heran und beschert uns milde Winter. Wasser spricht mit Wasser. Blauwale kommunizieren über ganze Seebecken hinweg. Zumindest taten sie das, bis wir das Meer kaputt gemacht haben.

Drei Wochen nach meinem Bauchklatscher war ich in meinem Zimmer mit Papierkram beschäftigt. Ich ging pinkeln. Es hörte nicht mehr auf zu tröpfeln. Nach einigen Minuten rief ich Bridget an, eine Geburtshelferin, deren Geburtsvorbereitungskurs ich demnächst hatte besuchen wollen.

«Klingt, als würde da was passieren», sagte sie. Es war Sonntagmorgen. Meine Mitbewohnerin und meine beste Freundin waren nicht in der Stadt. Pavel war auf dem Weg zu einer Hochzeit und weigerte sich umzukehren. Vielleicht würde er den Empfang früher verlassen, sagte er. Ich war auf mich allein gestellt.

Ich hatte noch so viel zu tun, das Baby sollte erst in einem Monat kommen, ich hatte nicht einmal vor, es in London zur Welt zu bringen. Erst gestern hatten Pavel und ich uns deswegen gestritten. Ich schob hastig Papiere hin und her, legte mich schlafen, wachte auf und hatte Durst, großen Durst, brauchte Wasser, in mir und auf meiner Haut. Ich war so durstig. Ich trank Glas um Glas, stand eine Ewigkeit unter der Dusche. Dann übergab ich mich, bekam Panik und rief wieder Bridget an. Sie und ihr Mann holten mich ab. Er setzte uns am Krankenhaus ab. Voll geweitet, sagte die Krankenschwester. Man ließ in aller Eile das Becken ein.

Zwei Stunden später, dreiundzwanzig Uhr. Die letzten zwanzig Minuten. Schmerz setzt ein. Ich kann nicht mit der Hebamme sprechen und höre nur noch Bridgets Stimme. Ich habe ihr Handgelenk in meinem Mund und schreie, als sie es kurz wegzieht, um ihre Armbanduhr abzunehmen. Ich habe Angst um das Leben meines Kindes, das in mir feststeckt, es hat sich in der Nabelschnur verwickelt. Ich gebe Bridgets Handgelenk frei, tauche unter und atme in den Pool. Mit dem Gesicht nach unten rufe ich die Wale an, bitte sie um Hilfe. Mit aller Macht rufe ich nach ihnen. Auf einmal spüre ich sie, ihre Bewegung, ihre massige Größe, sie blasen und atmen mit mir im blutigen Fruchtwasser, ich fühle mich nicht mehr allein.

Vielleicht hallen noch irgendwo Erinnerungen an meine Stimme durch den Ozean, an die Vibrationen, von all den Malen, die ich *Hilfe!* in die Tiefe geschrien habe. Von all den Malen, die ich auf Booten gestanden und den Walen vorgesungen habe.

Vielleicht haben sie mir eine Botschaft geschickt. Vielleicht ist da ein Wasserpartikel, das noch nachschwingt, das sich an den Wal erinnert, zu dem es gehört hat, als er in die Tiefe abgetaucht und zum Atmen wieder nach oben gekommen ist und in die Welt hinausgerufen hat.

Vielleicht hat das Wasser den Gesang der Wale mitgebracht, um meinem Sohn sicher in unsere wässrige Welt zu helfen, und in meine Arme.

Die Walbeobachtungsboote sind hinter den Horizont verschwunden. Max und ich bauen am Strand einen riesigen Sandwal. Er legt Muschelaugen auf den Kopf, während ich aufs Meer hinausschaue. Diese Lagune hieß früher Scammon's Lagoon, benannt nach Charles Melville Scammon. Der Ort, in dem wir wohnen, heißt Guerrero Negro, Schwarzer Krieger, was der Name eines Walfangschiffes war, das in der Nähe gesunken ist. Scammon wurde 1825 geboren und ging 1857 zum ersten Mal hier vor Anker. Er hatte nicht vorgehabt, Walfänger zu werden. Eigentlich war er Kapitän auf Handelsschiffen, aber es gab nur wenig Arbeit, und anstatt zur Landratte zu werden, ging er auf Walfang.[2]

Die Crew der Boston hatte sich in San Francisco mit dem erklärten Ziel auf den Weg gemacht, die Riesen des Meeres zu Öl zu verkochen, zur Erleuchtung der Menschheit, wörtlich wie metaphorisch. Wale erhellten damals die Nächte und ölten die Räder des frühindustriellen Zeitalters. Aber im Spätsommer 1857 war die Boston bereits seit acht Monaten auf See und konnte noch kein einziges Fass Öl oder Robbenfell vorweisen. Kehrten sie mit leeren Händen zurück, würde die Crew keine Prämie bekommen. Kapitän Scammon überredete seine zögerlichen und ängstlichen Männer, den wandernden Grauwalen nach Baja California zu folgen. Als die «Monster» und ihr herzförmiger Blas in der Wüste zu verschwinden schienen, schickte er einen Schoner los, der die Küste absuchen sollte. Nach zwei Tagen entdeckte man den Eingang zu einer friedlichen Lagune, bevölkert von Schildkröten, Vögeln, Fischen, Tümmlern und einigen wenigen Walen. Während die Männer auf weitere Wale warteten und sich auf die Jagd vorbereiteten, sah Charles Scammon den Tieren beim Spielen zu.

«Besonders einer lag eine halbe Stunde lang in der Brandung ... und machte manchmal mit der gebogenen Fluke

einen spielerischen Sprung.» Er bewunderte die Grauwalmütter, die mit der Geburt in der warmen Lagune «ihren
Jungen die größtmögliche Zuneigung zeigen».[3]

Grauwale gaben kommerziell nichts her. Pottwale und
Grönlandwale warfen doppelt so viel Öl ab. Die Barten der
Grauen waren zur Herstellung von Korsetten oder Pferde-
peitschen nicht geeignet, und der Walfang in Lagunen galt
als furchtbar gefährlich, da die Wale die Schiffe angriffen
und zerstörten. «Als das erste Boot mit seiner Fracht aus ver-
krüppelten Passagieren eintraf, glich es einer schwimmenden Krankenstation ... Männer wurden getötet oder erlitten
tödliche Verletzungen.»

Die Walfänger gaben den Grauwalen den Namen Teufelsfisch und vermuteten in ihnen eine Kreuzung aus See-
schlange und Krokodil. Wenn die Kälber versehentlich verletzt wurden, reagierten die Mütter wild und verzweifelt, sie
rammten die Boote und brachten sie zum Kentern: «Das
Muttertier jagt in Raserei den Booten nach, überholt sie und
kippt sie mit dem Kopf um oder zerschmettert sie mit einem
Schlag ihrer schweren Schwanzflosse.»

Die Babys wurden benutzt, um die Mütter ins flache Wasser zu locken, wo sie kampfunfähig waren. Ich denke an die
Wale in dieser Lagune, an ihre Sanftheit, an den Babywal,
der mit dem Licht spielt und unsere ausgestreckten Finger
untersucht. Wenn die Kleinen ihre Mütter suchten, gaben sie
Geräusche von sich, die die Walfänger hören konnten. Ich
schiebe mich im Sand dichter an Max heran, sodass ich ihn
neben mit spüre. Wenn man sich vorstellt, was hier alles passiert ist, kommt einem die Ruhe der Lagune unheimlich vor.

Charles Scammon malte wunderschöne Wal-Bilder, auch
von Embryos, ihre Köpfe ähneln denen von Vögeln. Die
Zeichnungen sind fast fotografisch und zeigen zertrennte
Nabelschnüre, die aus Bäuchen heraushängen.

Die Walfänger hatten es auf stillende und schwangere Walkühe abgesehen: «Ein Wal mit einem etwa einen Monat alten Kalb wurde in der Nähe des Schiffes getötet. Als die Mutter zum Schiff gezogen wurde, um geschlachtet zu werden, folgte das Junge und trieb sich zwei Wochen lang spielend dort herum; doch ob es zu voller Reife heranwuchs, lässt sich nur vermuten.»

Die Angriffe wurden auch nachts fortgesetzt. «Der Anblick des Schlachtens war überaus malerisch und ungewöhnlich erregend.» Die Crew nähte die riesigen Lippen der Wale zu[4] und schleppte die Kadaver zu den Schiffen. Blubber wurde in Töpfen erhitzt und gab dicken, stinkenden Rauch in den Wüstenhimmel ab. Bei ihrer Rückkehr nach San Francisco lagen die Schiffe tief im Wasser, voll beladen mit Ölfässern. Brotfässer, Pütze, Kältemaschinen, Oesfässer und Kochtöpfe – die Männer füllten jedes Behältnis, das sie finden konnten. Der Gestank war so stark, dass ein Schiff zu riechen war, bevor es am Horizont auftauchte.[5]

Die Auswirkungen waren verheerend. Der Naturforscher Roy Chapman Andrews schrieb: «Über zwanzig Jahre lang [vor 1910] war die Spezies für die Wissenschaft verloren», manche hielten sie für ausgestorben.[6] Im Wasser wurde es leer. Ohne ab- und auftauchende Grauwale kehrte Stille ein, der Nährstoffkreislauf durch die Wasserschichten fiel ab, was zu einem Artensterben im Meer führte. Der Meeresboden lag ungestört da. Zwölfmal so viel Sediment wie im Yukon River, siebenhundert Millionen Kubikmeter, wurde von den Grauwalen nicht mehr aufgewühlt und konnte Millionen von hungrigen Seevögeln keine Nahrung mehr bieten.[7] Ich stelle mir die plötzliche Leere vor, die unbeantworteten Rufe der letzten verbliebenen Grauwale. Ich sehe die Walmutter vor mir, die versucht, zu ihrem Kalb zu kommen. Das Wasser ist voller Blut. Ich kann ihr Auge nicht verdrängen.

Noch schlimmer ist allerdings, dass ich Charles Scammons Motivation teilweise verstehen kann. Der verlockende Ruf des Meeres, der Wissensdurst, das Bedürfnis, seine Familie zu versorgen und den Fortschritt der Menschheit voranzutreiben. Ich stelle ihn mir als älteren Herrn vor, der sich 1874 über seinen Schreibtisch beugt und an seinem Buch über Meeressäuger arbeitet. Er schien das Ausmaß der Zerstörung in Baja inzwischen verstanden zu haben und gestand ein: «Die großen Buchten und Lagunen, in denen sich diese Tiere einst versammelten, ihre Jungen gebaren und versorgten, sind fast völlig verlassen. Die Mammutknochen der kalifornischen Grauwale bleichen an den Stränden des silbernen Meeres aus, entlang der ganzen zerfurchten Küste von Sibirien bis zum Golf von Kalifornien; und schon bald stellt sich die Frage, ob dieses Säugetier nicht zu den ausgestorbenen Arten des Pazifiks gehört.»

Die Knochen des Riesen sind von der Sonne gebleicht. Das Skelett ist von hohen Palmen umgeben und schwebt über dem Asphalt, als würde es schwimmen. Nach zweieinhalb Tagen mit den Grauwalfamilien in der Lagune stehen wir vor den Überresten eines ausgewachsenen Tiers. Das Rückgrat wird von einem Metallbogen gehalten, die Stützstreben zeigen nach außen, als würden sie unter dem Gewicht einknicken. Ich gehe unter dem absackenden Schwanz hindurch und ziehe den Kopf ein, um nicht anzustoßen. Rippenknochen hängen an Seilen von den Rückenwirbeln, in die Löcher gebohrt wurden. Von der Schwanzspitze bis zum Kieferende sind es etwa acht Meter. Vermutlich ist dieser Wal hier irgendwo in der Nähe gestorben. Wirbelsäule und Schulterblätter sehen denen eines Menschen sehr ähnlich. Auch die Knochen der Flossen gleichen Fingern.

«Pass auf», sage ich zu Max, der hinter mir herrennt. Judi,

eine jung gebliebene, rothaarige Oma aus der Reisegruppe, folgt ihm. Wenn sie lächelt, hat sie Fältchen um die Augen.

«Es ist nicht zu übersehen, dass das Ihr Sohn ist», sagt sie. Ich hatte gar nicht gemerkt, dass wir gleich angezogen sind. Jeans, blaue Hoodies, beige Baseballkappen. Heute Morgen war es neblig, kalt. Jetzt ist der Himmel sonnenstichblau, das Himmelsauge hat es auf uns abgesehen. Max zieht den Reißverschluss seines Hoodies auf.

«Du musst ihn anbehalten, sonst verbrennst du», sage ich. Er trägt darunter nur ein T-Shirt.

«Ich nicht kalt, ich schön warm, is gut, Mummy.» Wir haben die gleiche helle Haut, die in Sekundenschnelle verbrennt, große blaue Augen, Sommersprossen auf der Nase. Es ist, als wäre ein Teil von mir abgesplittert, würde herumrennen und mir widersprechen. Er sieht mich nach der Sonnencreme greifen und will die Flucht ergreifen.

«Nicht Creme, Mummy. Nicht ich. Neeeeiiiin.» Ich halte ihn am Arm fest und verhandele. Widerwillig lässt er sich darauf ein, seinen Hoodie wieder anzuziehen, um nicht mit Sonnencreme beschmiert zu werden, dann läuft er los und schaut sich über die Schulter nach Judi um. Ich habe meinen Körper ganz für mich.

Ich stehe dort, wo ich das Walherz vermute, und stelle mir vor, dass es schlägt, einmal alle sechs Sekunden, beim Tauchen halb so schnell. Das Herz müsste etwa zweieinhalb Mal so viel wie ich gewogen haben, um die einhundertfünfundsechzig Kilo. Ich zähle die Schläge, halte dazwischen die Luft an, schaue an der Wirbelsäule entlang, dann aus dem Schädel heraus, das Rostrum ragt vor wie eine Nase, der Kieferknochen wölbt sich von unten nach oben. Ich frage mich, wann dieser Wal gelebt hat, wie er gestorben ist. Ich stelle ihn mir lebendig im Wasser vor.

Wie aufs Stichwort geraten Boden und Wal in Bewegung.

Ich schwanke wie in einer Achterbahn auf der Schussfahrt nach unten, mein Magen bleibt in der Luft hängen. Das Geplauder der Gruppe verschwindet, es rauscht in meinen Ohren. Druck liegt auf meinem Kopf und meiner Brust. Ich spüre meine Füße nicht, strecke die Arme aus, um mich an den Rippen abzustützen. Kalte Finger greifen durch mich hindurch. Vorsichtig ziehe ich mich aus dem Skelett heraus und lasse mich ins Gras fallen.

Max erscheint. «Auf Knie.» Er schmeißt sich rückwärts in meinen Schoß.

«Alles in Ordnung? Sie sind ein bisschen blass», sagt Judi. Ich nicke, konzentriere mich auf meine Atmung, auf die Hitze der Sonne im Rücken, auf die warmen Finger meines Sohnes, bis der Untergrund sich stabilisiert und ich sicher bin, dass ich nicht ich in Ohnmacht falle oder mich übergebe. Langsam stehe ich auf, ohne das Skelett noch einmal anzusehen. Ich habe Angst, dass es sich sonst bewegen könnte.

Es wird Wal-Fall genannt. Der letzte Tauchgang. Ehrfürchtig zieht der Sand einen Schleier über den Körper, wenn er in der Tiefsee auf dem Boden aufkommt, Tausende von Metern tief. Er bleibt nicht lang allein.

Wenn der Kadaver in flacherem Gewässer absinkt oder durch die Verwesungsgase an der Oberfläche treibt, läuft der Prozess schneller ab. Raubtiere gehen zügiger vor, höhere Temperaturen treiben die Zersetzung voran. Unten in der Kälte, wo der Wasserdruck viel höher ist, versammelt sich eine Vielzahl von Wesen. Ein Schleimaal entrollt sich, ein runzliger Schleimarm. Er hat seit Monaten nichts gegessen, schwimmt ruckartig auf den Kadaver zu und reißt einen Fleischfetzen ab. Ein Festmahl in dieser nahrungsarmen Region. Ein vier Meter langer Schlafhai benötigt seine Tarnung hier nicht. Seeläuse und Krabben schlagen zu. Die Forschung hat gezeigt, dass diese dunklen Tode ein evolutionäres Sprungbrett für Muscheln darstellten. Der Riese liefert Nahrung für jeden Geschmack, verlängert das Leben in alle Richtungen.

Wenn die Augen, die Haut, Muskeln, Gehirn, alles einst Lebendige verschlungen ist, werden die Knochen besetzt. Dicke weiße oder gelbe Bakterienmatten, Muscheln im Sediment, knochenessende Würmer, Schnecken, Napfschnecken. Ein Gewimmel aus Wirbellosen kriecht, rutscht, strömt auf dem schwarzen Meeresboden auf das fettreiche Skelett zu. Die freigesetzten Sulfide und chemischen Prozesse der Verwesung ernähren weitere Kleinstlebewesen. Die Energie, die im Wal gebunden war, erhält ein ganzes Lebensgeflecht für bis zu hundert Jahre.

Unser Leben basiert auf Kohlenstoff. Wenn wir sterben, nehmen wir unseren Kohlenstoff mit, wo auch immer wir enden. Die Meere enthalten eine natürliche biologische Kohlenstoffpumpe, denn das Wasser trägt die Reste des Lebens von der Oberfläche in die Tiefe. Der Tod eines großen Wals transportiert die Menge an Kohlenstoff in den Meeresgrund, die sonst innerhalb von zweitausend Jahren das Sediment erreicht. In einem Vierzig-Tonnen-Wal sind zwei Tonnen Kohlenstoff gespeichert. Wie soll man sich das vorstellen? Ich enthalte dreizehn Kilogramm Kohlenstoff. Sich den Maßstab zu verdeutlichen, ist keine große Hilfe. Die großen Bartenwale in den Weltmeeren bilden einen Kohlenstoffspeicher, der immer kleiner geworden ist, je mehr Wale wir getötet haben. Wenn sich die Populationen vollständig erholen könnten, so würden nach wissenschaftlichen Schätzungen durch ihre Tode jährlich hundertsechzigtausend Tonnen Kohlenstoff am Meeresgrund gebunden werden.[8] Anderen Meinungen zufolge leben wir in einer Welt mit einer gesenkten ökologischen Funktion,[9] in der die Meere mit den von Menschen verursachten Änderungen nicht mehr gut fertigwerden. Wale erhalten den Ozean am Leben, sie fördern den Nährstoffkreislauf, ihre Fäkalien regen das Wachstum von Phytoplankton an, das weiteren Kohlenstoff bindet und Sauerstoff abgibt. Sogar Ökonomen schlagen in diese Kerbe und argumentieren, dass der Schutz von Walen dazu beitragen würde, anthropogenen Effekten entgegenzuwirken und uns letztlich vor uns selbst zu schützen.[10]

Wenn man euch nur in Frieden leben und sterben lassen würde.

UTQIAĠVIK:
Walschnee

Breitengrad: 71° 17′ 26″ N
Längengrad: 156° 47′ 19″ W

Dicke fette Flocken trieben am Küchenfenster vorbei. Ich sah sie fallen, während ich Honig in mein Porridge rührte.

«Walschnee.» Julia seufzte. «Bei dieser Art Schnee sind Wale in der Nähe. Sie sind da draußen. Nur kommen wir nicht hin.»

Van kam herein und nickte mir kurz zu.

«Ist Ostwind zu erwarten?», fragte ich. «Öffnet sich das Eis?»

«Abwarten.» Van unterdrückte seinen eigenen Frust über das Wetter. In der letzten Sommerschmelze waren riesige Eisbrocken von der nördlichen Eiskappe abgebrochen, nach Utqiaġvik getrieben worden und lagen jetzt vor der Küste auf Grund. Auf dem dicken Eis ließ sich zwar gut und sicher fahren, aber um es von der Küste wegzuschieben und eine Rinne aufzureißen, bedurfte es eines starken und gleichmäßigen Ostwinds, außerdem einer kräftigen Strömung, damit sie offen blieb. Der Wind blies kreuz und quer und nie lange genug aus einer Richtung. Inzwischen war klar, dass ich meine Reise durch Nordalaska und Kanada nicht wie geplant fortsetzen konnte. Ich hatte so lange gewartet, dass mir kaum noch Zeit für ein weiteres Reiseziel blieb. Und auch mein Geld war größtenteils ausgegeben, für Miete und Supermarkt-Lebensmittel, die eingeflogen werden mussten und daher sehr teuer waren.

Die Jagd, der ich mich anschließen würde, war eine von fünf von der IWC genehmigten Subsistenzjagden. Die Quoten wurden alle fünf Jahre neu festgesetzt. Dafür mussten die indigenen Jäger die Bedeutung von Walfleisch für ihre Lebensweise und Kultur nachweisen, und die Walpopulation musste ausreichend robust sein. Der Walfang in der Arktis war zum machtpolitischen Spielball zwischen den USA und den Walfangnationen, darunter Japan, geworden. 2002 beantragte Tokio die Blockade der Iñupiat-Quote. Benötigt wurde dafür eine Dreiviertelmehrheit unter den achtundvierzig Mitgliedsstaaten. Da Japan in Übersee großzügige Entwicklungshilfe leistete, besaß das Land großen Einfluss, und am Ende fehlte eine Stimme. Opposition kam von den Salomonen, dem Binnenstaat Mongolei und mehreren Ländern in der Karibik.

«Unser Küstenwalfangantrag ist fünfzehn Jahre lang abgelehnt worden. Die USA sollen ebenfalls leiden», erklärte Masayuki Komatsu von der japanischen Fischereibehörde.[1] Der Streit zog ein Sondertreffen der IWC nach sich, am Ende musste Japan nachgeben. Dass Außenseiter Entscheidungen über die Waljagd fällten, war für die Iñupiat äußerst problematisch. Van erzählte, sie seien für den Einsatz von Technologien, die die Jagd sicherer und effizienter machten, oft heftig kritisiert worden: Gewehre und Granaten, Schneemobile, Außenbordmotoren, Frontladertraktoren für den Transport der Walkadaver vom Ufer zu den Schlachthöfen, die aufgrund der Küstenerosion immer weiter im Landesinneren lagen. Van ließ die Klischees, mit denen Fremde gern aufwarteten, an sich abprallen. Die Welt verändere sich, die Jagdmethoden eben auch. Als Iñupiaq nahm Van für sich das Recht in Anspruch, wie jeder andere Mensch auch die für ihn richtige Mischung aus Tradition und Moderne frei wählen zu dürfen.

«Hast wohl gedacht, wir würden alle in Iglus leben, wie?», sagte er. Er schien mir immer noch nicht zu trauen. Vermutlich hatte ich hier nichts verloren, als *tanik*, eine Weiße, noch dazu als Frau, aber Julia hatte bestimmt, dass ich mitkommen würde, und Julia widersprach man nicht.

Ich wusste, dass meine ständige Fragerei ihn nervte, konnte es aber nicht lassen. Ich war gnadenlos neugierig, zeigte offene Bewunderung, hatte keinerlei Vorurteile und war letzten Endes völlig hilflos. Eine derart großzügige Familie, für die das Teilen mit anderen wichtiger Bestandteil ihrer Kultur war, konnte mich einfach nicht wegschicken, das galt auch für Van.

An der Decke des Labors hing ein aufblasbarer Globus von der Größe eines Strandballs. Ich bekam an einem der vielen Tage des Wartens eine Führung durch die Klimaüberwachungsstation des Ortes. Dan Endres, seit zweiundzwanzig Jahren Chef des National Oceanic and Atmospheric Administration Observatory, zeigte mir seinen Arbeitsplatz.

«Der Job ist interessant, eine Herausforderung», sagte er in einem Ton, der eher das Zubinden von Schnürsenkeln zu beschreiben schien als die Aufsicht über eine riesige Datenerfassungsanlage an einem Ort, an dem die Temperatur nur etwa zweieinhalb Monate im Jahr über null liegt und Winter tagelange Dunkelheit bedeutet. «Zeigen Sie mal, wo Ihrer Meinung nach die Atmosphäre endet.»

«Da.» Ich hielt meine Hand etwa zwei Zentimeter über die Oberfläche der aufblasbaren Weltkugel.

«Nein.» Er drückte seine Hand direkt auf den Ball. Dann atmete er darauf aus. «Die Feuchtigkeit in meinem Atem ist dicker als die Atmosphäre. Die gesamte Ökosphäre ist dünner als ein Blatt Papier.» Alles, was Dan untersuchte, all die Gase, der Treibhauseffekt, das Klima, spielte sich in dieser schmalen Schicht ab. Dan führte Analysen für Regierungsbehörden und Universitäten durch, schickte Stichproben in alle Welt. Während er von seinen täglichen Aufgaben erzählte, verlor ich mich in einer Wolke aus Chemikalien und Prozessen.

F11, F12, Methylchloroform, Schwefelhexafluorid, das stärkste bekannte Treibhausgas. Als Dan anfing, wurden vier Punkt irgendwas Schwefelhexafluorid gemessen, inzwischen seien es fünf Punkt fünf oder sechs Punkt irgendwas, in nur sechs bis acht Jahren, sagte er. Schwefel, menschengemacht und aus Vulkanen. War die Tundra CO_2-Quelle oder -Speicher?

«Die Arktis ist als Spiegel der Welt bezeichnet worden. Mit den Daten, die aus Barrow kommen, kapieren die Menschen endlich, wie kritisch die Lage ist.»

«Was sehen Sie hier?»

«Einen riesigen Anstieg an CO_2.» Das Labor war eine von fünf wichtigen Einrichtungen. Die anderen waren Mauna Loa auf Hawaii, Trinidad Head in Kalifornien, Amerikanisch-Samoa und am Südpol. Das Labor bestand aus mehreren Räumen, vollgepfropft mit hektisch summenden und vibrierenden Messinstrumenten. Pumpen fingen in der Luft Stichproben ein. Es gab zwei Angestellte. Teresa war die Technikerin, sie hatte heute frei. Dan scherzte, sie würden sich die Arbeit fifty-fifty teilen: Er mache Dinge kaputt, und Teresa repariere sie wieder.

Die Wände waren mit den Promischaubildern des Klimawandels bedeckt.

«Das sind die berühmtesten Daten, die je aus der Arktis gekommen sind.» Dan zeigte auf das Diagramm der CO_2-Werte an der Wand. Die Linie stieg von links nach rechts auf der y-Achse stetig nach oben. Er ratterte seine Beobachtungen herunter. «Ich habe miterlebt, dass sich die CO_2-Konzentration um fast hundert Teile pro Million erhöht hat. Die Temperatur ändert sich, es ist viel milder. Draußen wachsen andere Pflanzen. Frühjahr – die Schmelze setzt sieben bis zehn Tage früher ein. Herbst – der Frost kommt viel später. Als ich hier angefangen habe, konnten wir Mitte Oktober raus aufs Eis. Jetzt wagt man das frühestens im November oder Dezember.» Er sagte, das Eis werde dünner, was auf Satellitenbildern nicht sichtbar sei, da sie nur die Fläche darstellten. Die längeren Sonnenphasen wirkten sich auf die Planktonchemie aus und veränderten die Ernährungsgewohnheiten von Wandertieren wie Walen und Robben, fügte er hinzu. Wale schwimmen gerne geschützt unter dem Eis, und je weiter es sich zurückzieht, desto weiter müssen sie hinaus ins Meer. Und damit auch die Subsistenzjäger. Was sie den Gefahren von Stürmen aussetzte.

«Gibt es irgendwas, was Sie der Welt mitteilen möchten?», fragte ich.

Dan lachte.

Ich hätte ihm gerne ein Megafon gegeben, um noch den letzten Menschen auf der Erde zu erreichen. «Wenn Sie König der BBC wären?»

Er dachte eine Weile nach.

«Was immer hier passiert, wird auch im Rest der Welt passieren. Es ist eine Frühwarnglocke.»

Ich dachte daran, wie leidenschaftlich ich mich für mein Stipendium eingesetzt hatte. Ich hatte die Arktis als Frontlinie des Klimawandels beschrieben, und hier waren die Beweise, so deutlich, so unanfechtbar. Als Dan zu reden aufhörte, empfand ich wirklich Angst. Ich arbeitete für einen Nachrichtensender, der für Wahrheit und Genauigkeit stand. Wieso erzählten wir diese Geschichte nicht richtig? Was war los?

Das war los: Die Medien auf der ganzen Welt hatten es Skeptikern immer wieder möglich gemacht, wissenschaftliche Zusammenhänge unwidersprochen falsch darzustellen, wobei sie ihnen die gleiche wissenschaftliche Bedeutung wie echten Klimaforschern beimaßen. Leider war die BBC zeitweise keine Ausnahme.[2, 3]

Vier Jahre nach meiner Reise nach Utqiaġvik überprüfte eine unabhängige Kommission die Wissenschaftsberichterstattung der BBC und warf dem Sender vor, das Prinzip der Unparteilichkeit so weit getrieben zu haben, dass er manchmal Meinungen auf eine Stufe mit erwiesenen Tatsachen stellte. Dieses «Bestehen darauf, andere Meinungen in eigentlich bereits entschiedene Debatten einzubringen», führe zu einer «falschen Ausgewogenheit».[4] Die Überprüfung wurde von Steve Jones geleitet, Emeritus-Professor am University College London. Er stellte folgenden Vergleich an: Ein Mathematiker und ein querköpfiger Biologe werden eingeladen, darüber zu debattieren, was zwei plus zwei ergibt.[5] Der Mathematiker antwortet vier, aber da der Querkopf auf fünf beharrt, glaubt das Publikum am Ende, die Antwort läge irgendwo dazwischen. Jones merkte aber auch an, dass die BBC in Bezug auf die Wissenschaften «um Längen besser als andere Medienhäuser» sei. Ganz offensichtlich versagte also die gesamte Medienlandschaft, nicht nur die BBC. Dan konnte so viele Tausend Messungen anstellen, wie er wollte, letztendlich bestimmten die Medien, wie viele Menschen am Ende glaubten, dass im Klimawandel zwei plus zwei nicht vier ergibt.

Ich spürte ein Zittern unter meinen Füßen und sah nervös Craig George an, der neben mir auf dem Meereis stand. Craig war seit mehr als dreißig Jahren der ortsansässige Biologe in Utqiaġvik, und da die Wartezeit kein Ende nahm, hatte er angeboten, mich in jene Zone aus brüchigem Eis mitzunehmen, an der das durch die Arktis treibende Packeis vorbeigeschrammt ist, Kanten aufgeschoben und das Eis entlang der Scholle aufgebrochen hat. Craigs Gegenwart und Expertise waren hier draußen auf einer Eisscholle eine große Beruhigung.

«Schauen Sie sich das Mehrjährige gut an, vielleicht sehen Sie es nie wieder.» Sein weißer Schnurrbart war weiß gefroren. Mehrjähriges Eis, erklärte er, sei eine Eisscholle, die einen guten kalten Winter erlebt und den Sommer überlebt habe, oben geschmolzen und dann im nächsten Jahr gefroren war, und das wieder und wieder. So forme sich langsam eine sanft geschwungene Silhouette, das Eis könne aber auch brüchig und deformiert und von überraschender Farbigkeit sein, voller Blau- und Grüntöne. In den Sommern würde das Salz aus dem Eis gespült, dann sei es eine gute Süßwasserquelle. Wir standen auf einem Stück alten Eises, das im Norden abgebrochen und nach Süden getrieben war. Ich sah ein inzwischen rar gewordenes Phänomen vor mir, die Arktis, wie sie früher gewesen ist, vor dem Abschmelzen. «Eisbären und die Wissenschaft mögen das auch.» Zuletzt hatte Craig 2001 mehrjähriges Eis in Küstennähe gesehen, seitdem, aufgrund der wärmeren Winter, hauptsächlich «flaches Einjähriges, ohne die großen alten Blöcke». Mehrjähriges Eis habe Charakter, sagte er, es trage die Geschichte in sich. «Das verschwindet wahrscheinlich als Erstes. Eigentlich schade.»

Ein schroffer weißer Berg glitt etwa zehn Meter vor uns vorbei, große Brocken polterten von der Spitze herunter.

«Wow, sehen Sie sich das an. Wir müssen echt vorsichtig sein. Das Problem ist, wenn wir von da Druck bekommen, splittert das ganze Ding hier auf.» Craig zeigte auf das Eis unter unseren Füßen. Ich hörte ein Krachen. Es klang sanft. Unter der Puderschneedecke wirkte das Eis so fest. Der Berg wurde langsamer. «Wir kriegen Druck. Rückzug, wir müssen weg.» Craig lachte, rannte aber zum Schneemobil. Ich folgte und ließ mich hinter ihm auf das Gefährt plumpsen. Wir erlebten hier Plattentektonik in Echtzeit, erklärte er. Wenn Eisschollen ineinanderkrachten, sah man, wie sich Berge auftürmten und Stoßfalten und Abbrüche entstanden. «So ist die Erdkruste entstanden. Der gleiche Prozess.» Er ließ den Motor an, und wir rasten röhrend los.

Er hatte bis zur letzten Sekunde gewartet, vielleicht, um es spannend zu machen, oder damit ich die Kraft von Scholle gegen Scholle spürte und den Druck verstand, der das Eis unter unseren Füßen aufbrechen konnte, sodass wir verschluckt werden oder vom Landeis wegtrieben würden, hinaus aufs offene Meer. Ich stellte mir vor, ich würde uns von oben sehen, wie aus einem Rettungshubschrauber, dunkle Punkte in einem scheinbar endlosen, wogenden weißen Ozean.

Der Ozean mag riesig sein, aber wir verändern ihn grundlegend. Er absorbiert gut ein Drittel aller menschlichen CO_2-Emissionen, was zwar den Klimawandel an Land bremst, aber seinen Preis hat. CO_2 reagiert mit Seewasser zu Kohlensäure, die den Ozean saurer werden lässt, und je saurer er wird, desto weniger CO_2 kann er aufnehmen.

Experimente haben gezeigt, dass die Versauerung, also das Sinken des pH-Wertes von Meerwasser, Korallenriffe beschädigt und die Fortpflanzung von Fischen beeinträchtigt. Bei Tieren wie Korallen, Austern, Seesternen, Seeigeln und

Muscheln hemmt sie die Biomineralisation, sie können dann keine harten Schalen mehr ausbilden. Wenn CO_2 sich in Salzwasser auflöst, erhöht sich die Konzentration von Wasserstoffionen, die sich mit Karbonat verbinden, sodass dieses dann nicht mehr jenen Lebewesen zur Verfügung steht, die es zur Skelettbildung benötigen. Wenn diese Tiere zur Kalkbildung mehr Energie aufbringen müssen, steht ihnen für andere Lebensprozesse, wie beispielsweise der Fortpflanzung, weniger Energie zur Verfügung. Wenn die Korallen sich weiter verringern, bekommen neben Schalentieren auch Flossenfische Probleme. Die Wissenschaft geht davon aus, dass der Clownfisch, personifiziert im Disney-Film *Findet Nemo*, kaum eine Chance hat, sich genetisch schnell genug an die dramatisch veränderte Umwelt anzupassen.[6]

Alles Leben hängt von dieser gewaltigen Wassermasse ab, die über unseren Planeten wirbelt und wogt. Wenn wir dem Meer schaden, schaden wir uns selbst.[7] Phytoplankton-Populationen, die mindestens fünfzig Prozent unseres Sauerstoffs produzieren, werden immer kleiner. Kaltes Wasser enthält mehr Sauerstoff; erwärmt sich das Wasser, sinkt der Sauerstoffgehalt. Fische leiden jetzt schon unter dieser Sauerstoffarmut, Hypoxie.

Winzige Zooplankton-Schalentiere spielen eine gewichtigere Rolle, als ihre Größe vermuten lässt. Fast alle größeren Wasserlebewesen ernähren sich von Zooplankton oder von denen, die davon leben. Phyto- und Zooplankton bilden die Basis des Nahrungsnetzes. Sterben sie eines natürlichen Todes und sinken auf den Meeresgrund, bleibt der Kohlenstoff ihrer Körper im Sediment über Jahrhunderte eingelagert. Im Südlichen Ozean lösen sich die Schalen von Pteropoden bereits auf.[8] Wie bei Korallen bestehen die Schalen dieser kleinen Meeresschnecken aus Aragonit, einer empfindlichen Form von Kalziumkarbonat, die sich bei der Aufnahme von

CO_2 in Meerwasser schnell zersetzt. Experimente haben gezeigt, dass die zum Zooplankton gehörenden Foraminiferen mit einem höheren Säuregehalt nicht fertigwerden. Die winzigen Einzeller schaffen es dann nicht mehr, ihr Gehäuse zu bilden. Wenn wir so weitermachen wie bisher, werden laut einer Studie bodennahe, benthische, Foraminiferen in tropischen Gebieten bis zum Ende des Jahrhunderts wahrscheinlich ausgestorben sein.[9] Langfristig, so haben Versuche gezeigt, löst der für 2300 prognostizierte Säuregehalt nicht nur die Placoidschuppen von Haien, sondern sogar deren Zähne auf. Aber es gibt auch Gewinner. Für Quallen sind die Aussichten rosig.

Der Seefunk im Wohnzimmer in der North Star Street ließ sich über das Wetter aus. Jeslie und ich saßen am Tisch und hörten gebannt zu. «Aus Point Franklin. 6. Mai. Heute Abend fünf bis zehn Grad. Sonntag Ostwind fünfzehn Meilen pro Stunde. Montag und Montagnacht ebenfalls Ostwind.» *O Gott*, dachte ich, *Ostwind, bald fahren wir raus.* Der Wetterbericht war interaktiv, man konnte Fragen stellen. Was jemand tat, aber ich verstand kein Wort.

«Er ist zu dicht am Mikro», sagte Jeslie.

Es wurden etwa fünf Fragen gestellt, ich konnte nur raten, aber der Wettermann schien sie zu verstehen. «Lass mich kurz auf der Karte nachsehen ... lass mich kurz den Satelliten checken ... Warte kurz, ich schaue nach ...»

Ich stellte auch eine Frage, im Auftrag meiner Londoner Radiokolleginnen. Ein Redakteur hatte mich gebeten, einen Eisbärjäger für ein Interview zu finden. Die Weltnaturschutzunion hatte den Bären auf der Roten Liste Gefährdeter Arten gerade von naturschutzabhängig auf gefährdet hochgestuft. Van brauchte ich nicht zu fragen, seine Reaktion konnte ich mir vorstellen. Ich hatte einen ortsansässigen Biologen angeboten, aber der Redakteur wollte jemanden, der selber Eisbären erlegte und aß. Ein Jäger hatte schon einmal seinen Eisbärenanzug angezogen, um ihn mir zu zeigen, und dann waren da noch die Eisbärentatzen in dem Sack vor dem Heritage Center, doch mein Journalistinnenherz schreckte zurück. Würde man den Jägern die Schuld in die Schuhe schieben? Ich ging nicht davon aus, dass Klimawandel, Eisbärökologie und der kulturelle Kontext der Bärenjagd sich in einem zweiminütigen Radiobeitrag angemessen darstellen ließen. Wenn sich ein Jäger nach dem Interview falsch beschrieben fand, würde man mir die Schuld geben. Ich war im Sabbatical, nicht im Dienst. Ich sagte, es hätte niemand Zeit, die Jäger seien mitten in den Vorbereitungen für den Walfang. Daraufhin fragte mein Kollege, ob nicht stattdessen ich *über* die Eisbärjäger sprechen könnte? Nein, sagte ich, tut mir leid, ich habe auch zu viel zu tun. Tatsächlich müsste ich jetzt los, und Tschüs. Ich setzte mich mit mehreren von Elis Doughnuts und noch einem Becher Haselnusskaffee wieder aufs Sofa und dachte daran, was ich vor meiner Reise über Einheimische gehört hatte, die sich weigerten, mit Journalisten zu sprechen, misstrauisch waren, zusammenrückten.

Am folgenden Morgen um kurz nach zehn kam Van ins Haus gestürmt. Julia und Jeslie waren bei der Arbeit.

«Der Wind kommt aus Osten», rief er glücklich. «Vielleicht reißt es auf. Hängt von der Strömung ab, ob sie hierher fließt. Die Strömung ist stärker als der Wind.»

«Wie sieht es da draußen aus?»

«Keine Ahnung, da herrscht Whiteout. Wir müssen wohl einfach abwarten.» Er zwinkerte, meine Fragen und seine Antworten folgten inzwischen einem gut geprobten Drehbuch.

«Mir fällt warten echt schwer.» Ich lernte nur langsam.

«So läuft das nun mal hier, warten, warten, warten. Wir sind daran gewöhnt.» Er setzte sich aufs Sofa.

«Was machst du, während du wartest?»

«Einfach warten. Ich räume die Garage meiner Schwester aus.» Er hatte mir von seiner Kindheit in Utqiaġvik mit sieben Schwestern und vier Brüdern erzählt. Dass sein Vater ihnen beigebracht hatte, wie man Wale, Walrösser, Bären, Bartrobben und Fische jagt. Val war mir gegenüber inzwischen aufgetaut und beste Gesellschaft.

«Stell dir mal vor», sagte er, «unsere Vorfahren haben früher Robbenöl in Lampen benutzt, und zum Heizen. Es muss *echt* kalt gewesen sein. Wir sind verwöhnt, Erdgas, Wetterberichte. Wir können das Wetter nicht mehr lesen. Mein Opa ging früher vor die Tür und sagte, die Windgeschwindigkeit liegt bei etwa fünfundzwanzig Meilen pro Stunde. Woher zum Teufel wusste er das?» Er ließ sich in die Kissen sinken und seufzte. «Die Leute da unten in den Lower 48 drehen schon durch, wenn sie mal auf Truthahnjagd gehen. Das ist was völlig anderes. Das Meer ist unser Tisch. Das ist großartig.»

In der ganzen Stadt sammelten die Crews ihre Ausrüstung zusammen und bereiteten sich darauf vor, draußen auf dem Eis auf Grönlandwale zu warten. Jede Crew suchte sich irgendwo entlang der Rinnenkante einen Lagerplatz aus, über Funk wurden Informationen ausgetauscht. Jeder hoffte, dass sich genau vor ihm Wale im Wasser zeigen würden. Dann würden sie rauspaddeln und die Harpunen werfen, geladen mit Projektilen, und Sekunden später das Schultergewehr abfeuern. Wer einen Wall erlegte, gab den Erfolg über Funk bekannt, dann ertönte allgemeiner Jubel, und alle eilten zu Hilfe. Um den Schwanz wurde ein dickes Seil gebunden, damit die *umiaqs* und Motorboote den Wal abschleppen konnten. Mithilfe eines im Eis verankerten Flaschenzugs wurde er dann hochgezogen, dabei packten viele Hände das Seil mit an. Im Laufe des nächsten Tages und der folgenden Nacht wurde der Wal geschlachtet und unter der Crew, die ihn erlegt hatte, und allen Helfenden verteilt. Wissenschaftlerinnen durften zu Forschungszwecken über den Gesundheitszustand der Grönlandwalpopulation Proben entnehmen. Die Frauen der erfolgreichen Walfangcrew arbeiteten ununterbrochen, kochten und bereiteten das Fleisch zu, andere halfen, und am nächsten Tag wurde auf dem Haus eine Fahne gehisst, als Einladung für alle, sich ihren Anteil abzuholen.

Die Kaleak-Crew unternahm mehrere Erkundungstrips auf dem Eis. Ich fuhr als Sozius auf den Schneemobilen mit. Wir untersuchten *quppaich**, Risse, und wetteten darauf, welcher zuerst aufbrechen würde. Ich fühlte mich furchtlos.

«Geh nicht zu nah ran», sagte Billy. Wir waren auf Eisbärspuren gestoßen und hatten angehalten, um sie uns genauer anzusehen. Er zeigte mir die Fuchsspur dahinter, der Aasfresser war dem Spitzenprädator gefolgt. Ein Weibchen, erklärte er, für Bären waren die Abdrücke verhältnismäßig klein. «Sie ist vor etwa sieben Stunden hier vorbeigekommen.» Die Umrisse der Abdrücke waren weicher geworden, nicht so scharf, als wären sie frisch.

Der Himmel war blau und von weichen Wolken durchzogen. Draußen auf dem gefrorenen Meer war der Schnee dick und glatt, verhüllte Eisblöcke, Eiswände, unwägbarer Untergrund. Wenn das Tellereis sich verschiebt, wird gebrochenes Eis nach oben gedrückt. Es gab Felder, übersät mit niedrigen Eisfelsen, und manchmal regelrechte Eisschlösser mit hoch

---

*   Risse: Singular *quppaq*, Plural *quppaich*.

aufragenden, zerklüfteten Türmen. Ich half, den Weg freizuräumen, und fuhr bei Riley mit, einem aus der Crew. Billy war auch dabei, über der Schulter trug er griffbereit das Gewehr. «Man weiß nie, wann ein Bär um die Ecke kommt.»

Wir mussten einen Durchbruch zum nächsten Eisteller machen, ein vereinter Kraftakt, der Weg war zerfurcht von Schneemobilkufen, gewundene Linien, an den Rändern gewellt. Ich schloss mich sechs Männern mit Spitzhacken an, hatte aber nach wenigen Schlägen Blasen an den Händen. Die anderen hackten den schulterhohen Eishaufen im Handumdrehen klein. Die Schläge lösten kleine Eislawinen aus. Scherben splitterten klirrend ab, der oben liegende Pulverschnee rutschte zu Boden. Brocken flogen seitlich weg. Ich kletterte auf einen kleinen Haufen, und vor mir öffnete sich die Landschaft, schneebedeckte Eishügel, so weit das Auge reichte.

Zum Glück funktionierte meine Kameraausrüstung, obwohl das Licht so gleißend war, dass ich im Sucher kaum etwas erkennen konnte. Ich hielt irgendwo drauf und hoffte, irgendetwas einzufangen. Die Crew machte Faxen vor der Linse. «Wir hätten hier ganz gerne ein bisschen Erderwärmung.» Es dauerte eine Weile, bis ich mich daran gewöhnt hatte, zwei Paar Handschuhe übereinander zu tragen. Am Anfang fummelte ich so ungeschickt herum, dass ich meinen nagelneuen Minidisc-Rekorder in eine Eisspalte fallen ließ. Er verschwand. Ich ging auf die Knie, spähte in den Riss und fragte mich, wo mein Rekorder wohl landen würde.

«Bleib von der Spalte da weg!», brüllte Billy. «Sonst fällst du auch noch rein.» Bei all der Schönheit vergaß man leicht die Gefahr. Ich hatte in der North Star Street ein Ersatzgerät, aber wenn das Eis auch das haben wollte, würde ich mich nicht widersetzen. Inzwischen war ich nicht mehr so furchtlos.

Die Männer arbeiteten sich stetig voran und legten einen glatten, geschwungenen Pfad an. Andere hackten das Eis an den Seiten klein. Der Weg musste so breit werden, dass das Boot und die Schlitten hindurchpassten. Das Eis war wie ein Labyrinth, jedes Jahr mussten die Walfänger sich einen neuen Weg zu den Walen suchen. Im Frühjahr schwammen *aġviġit* normalerweise in nordöstliche Richtung. Die Eisverhältnisse zwangen sie, dicht an der Küste zu bleiben. Utqiaġvik war nicht immer eine gute Futterstelle für Wale, hatte im Herbst aber bei guten Bedingungen einiges an Nahrung zu bieten. Manchmal wurde Krill durch die Tschuktschensee herangetrieben und bei Ostwind und vom Alaska-Küstenstrom in die flachen Schelfeisregionen gedrückt. Ein in jeder Hinsicht ideales Jagdgebiet.

1977 machte sich die IWC langsam Sorgen um die Grönlandwale, deren Population als bedrohlich klein eingeschätzt wurde. Es schien fraglich, ob sie sich jemals von den Folgen des kommerziellen Walfangs erholen würde. Langlebige Tiere, die sich nur langsam fortpflanzen, sind gefährdet, weil ihre Anzahl nur sehr allmählich wieder steigt, selbst wenn keine unmittelbare Gefahr mehr besteht. Die IWC entschied, Grönlandwale nicht mehr zur Jagd freizugeben, und teilte den Iñupiat eine Nullquote zu. Die Jäger hielten dagegen, dass die offiziellen Schätzungen zu niedrig lägen, und heuerten Anwälte an, die sich für ihre Belange einsetzten.[10] Auf einem Sondertreffen der Kommission im Dezember handelten die USA eine kleine Quote aus, die dem Bedarf der Iñupiat Rechnung trug, und versprach, umfassende Forschungen durchzuführen.

Daraufhin begann in North Slope Borough ein wissenschaftliches Projekt zur Zählung der Wale. Wissenschaftlerinnen und Jäger machten sich gemeinsam ans Werk,[11] eine Zusammenarbeit, die zum Teil auf der Freundschaft zwischen Walfangkapitän Harry Brower Sr. und dem Veterinärwissenschaftler Tom Albert beruhte, der zum Leiter der Studie berufen worden war. Bis dahin war auf Sicht gezählt worden, meistens vom Küsteneis aus, manchmal aus der Luft. Die Jäger verwiesen darauf, dass Grönlandwale auch unter dem Eis[12] oder so weit von der Küste entfernt schwimmen können, dass sie nicht mehr zu sehen sind. Sie wehrten sich gegen den Einsatz von Flugzeugen, Luftbilder wären der Wissenschaft auch wenig hilfreich gewesen. Sonarmessungen hätten die Jagd ebenfalls gestört, also ließ man Hydrofone ins Wasser, um nach den Stimmen vorbeischwimmender Wale zu suchen. Geräusche sind für alle Meereslebewesen relevant, auf den Wanderungen durch diese kalte, dunkle Welt sind sie überlebenswichtig. Grönlandwale verlassen sich auf ihre Stimmen, auf deren Echo und auf ihr außergewöhnliches Hörvermögen, um zu kommunizieren, Räubern auszuweichen und Nahrung zu suchen.

Man begann zu zählen. In einem Fall waren lediglich drei Wale tatsächlich zu sehen, aber unter dem Eis spürten die Hydrofone einhundertdreißig auf.[13] Die Kombination aus überliefertem Wissen und wissenschaftlicher Zählung, zusammen mit komplexen statistischen Berechnungen, ergab eine viel größere Grönlandwalpopulation als von der IWC befürchtet. Die Zahlen wurden nach oben korrigiert, und die Kommission gab klein bei. Tom Albert sagte, der Grönlandwal könnte genauso gut vom Mond kommen, so fremd sei er der Wissenschaft. Aber die Iñupiat beobachteten die Wale seit Generationen. Sie *verstanden* sie, es blieb ihnen gar nichts anderes übrig, hing davon doch ihr Überleben ab. Die Jäger *kannten* die Resilienz der *agvigit* und hatten gesehen, dass sie sich erholten. Nachdem ihr Wissen sich als richtig erwiesen hatte, wurden die Iñupiat selbstbewusster, sie organisierten sich, leisteten Widerstand.

Eines Abends brachte Billy einen Disney-Film aus dem Jahr 1970 in die North Star Street mit. Er hieß *Snow Bear*, einer von Billys Brüdern hatte als Teenager mitgespielt. Wir setzten uns im gemütlichen Wohnzimmer vor den Fernseher. Während Julia und ich im Sofa versanken, hockte Billy auf einer Sesselkante. Der Film wurde kommentiert, das Iñupiaq nicht übersetzt. Der Junge, Timko, fand in einer Falle ein *nanuq*-Baby, nannte es Paka und machte es zu seinem Haustier. Julia und ich sahen gebannt zu, aber Billy stand immer wieder auf, ging ans Fenster und schaute hoch in den Himmel. Er schien sich im Haus nicht wohlzufühlen. Die flauschige Knuddeligkeit des Bärenmädchens wurde voll ausgereizt, Timko tobte mit ihr herum und brachte ihr bei, einen Schlitten zu ziehen. Als sie größer wurde, brach sie in ein Fleischlager ein und fraß alles auf, und Timko musste vor dem Dorfrat erscheinen. Paka wurde verbannt. Timko beschloss, das Dorf ebenfalls zu verlassen. An diesem Punkt stand Billy auf und ging nach draußen.

Als ich sah, wie Timko sich hin- und hergerissen fühlte zwischen seinem Dorf und seiner querulantischen Freundin aus der Tierwelt, musste ich daran denken, wie Bramble damals ausgerissen war und das Rennpferd getreten hatte.

Billy kam zurück, roch nach Zigarettenrauch. «Die haben für den Film sieben *nannut** eingesetzt, sechs zahme und einen wilden.» Die Bären wurden in Käfigen gehalten, und sein Bruder, der Timko spielte, habe zuerst Angst vor ihnen gehabt, erzählte Billy. Vor den Dreharbeiten hatte er sechs Wochen lang mit ihnen probiert, und beim Drehen war immer ein Tiertrainer anwesend gewesen.

Die besten Szenen waren die, in denen der Bär und der Junge sich während des Jahres im Exil begegneten. Timko

---

* Eisbär: Singular *nanuq*, Plural *nannut*

teilte seine Beute mit Paka, warf ihr silbern glitzernde Fische zu, die er aus einem Eisloch geangelt hatte. Die Bärin rutschte auf dem Bauch über trügerisch dünnes Eis, und ich wünschte mich in Timkos *mukluks*, Stiefel, hinein, als er und die ausgewachsene Paka sich im Schlaf zusammenkuschelten.

Bramble war meine Gefährtin gewesen, als auch ich meinen Platz unter den Menschen nicht hatte finden können. Einmal hatte Mum die Nachbarschaft zum Grillen eingeladen. Mein Bruder und meine Schwester hatten Freunde zu Besuch und waren draußen beschäftigt. Meine Freundin Josie war gerade auf dem Festland. Lustlos beobachtete ich die eintreffenden Gäste durch das Küchenfenster. Annabel und ihr jüngerer Bruder betraten den Garten, gefolgt von ihrer Mutter. Ihr Vater und meiner waren hinter einer Rauchwolke verborgen, sie kümmerten sich um die Kohlen auf dem Grill.

Meine Mum steckte den Kopf durch die Tür. «Mach dich nützlich, Doreen. Wasch die Schüsseln da ab, ja?» Sie verschwand, ich hörte sie weitere Anweisungen geben. «Annabel, hol mir bitte einen Krug. Oberes Regal in der Küche.» Annabel kam herein und sah sich um. Meine Mutter folgte ihr. «Doreen, sind die Schüsseln fertig?»

«Deine Unterlippe steht vor, Doreen. Das ist hässlich», sagte Annabel. Sie hatte mich beobachtet, mich abgeschätzt. Je älter und größer ich wurde, desto seltener griff sie mich körperlich an, aber die Dynamik zwischen uns war unverändert geblieben. Ich starrte ins Abwaschwasser, schrubbte schnell die Schüsseln ab und stapelte sie im Abtropfgestell. «Ich meine das nur zu deinem Besten», fuhr Annabel fort. Ich wollte etwas zu meiner Mutter sagen, brachte aber nur ein tierisches Heulen hervor, rannte an den beiden vorbei aus der Küche und suchte Zuflucht bei Bramble. Sie lag dösend im Gras, ich setzte mich neben sie und lehnte mich an ihren Rücken. Auf dem Grillfest ließ ich mich nicht mehr blicken, und niemand fragte nach dem Grund.

«Gute Freunde, wie?», sagte Billy, als Timko und Paka schliefen, ein Inbild des Friedens.

Ich lächelte und nickte. Ich bildete mir ein, Timko und Paka zu verstehen. Der Junge, der die Bärin liebte, und die Bärin, die ihn so akzeptierte, wie er war.

Wenn sie gemeinsam jagten, schwamm Paka neben dem Kajak her, das Kinn nach vorne gereckt, eine Bugwelle aus hellblauem Wasser hinter sich herziehend, und ich erinnerte mich, wie ich früher Bramble mit ins Meer genommen hatte. Meistens wählten wir den Weg durch den Wald. Das fleckige Licht dort verwandelte sie in ein Unterwasserwesen. Schwarz-, Blau- und Brauntöne huschten über ihren Körper und reflektierten in ihren Augen. Der Wald zählte angeblich zu den historischen *Perquage*-Routen, den alten Fluchtwegen auf Jersey. Es gab einen in jeder der zwölf Gemeinden, sie führten auf schnellstem und kürzestem Weg von der Kirche an den Strand. Wer eines Verbrechens beschuldigt worden war, konnte in der Kirche Zuflucht suchen und hatte die Chance, über den *Perquage* auf ein wartendes Boot und auf Nimmerwiedersehen nach Frankreich zu fliehen.

Am Strand angekommen, zeigte Bramble sich bockig, aber ich drehte ihren Kopf mit aller Kraft der Brandung zu und trat mit den Fersen in ihre Flanken. Die Flut musste an dem Tag gerade eingesetzt haben, und ich unterschätzte die Wassertiefe. Es dauerte einen Moment, bis ich begriff, dass Bramble schwamm. Sie war auf einmal ein völlig anderes Wesen, mit einer fremden Fortbewegungsart, sie schwamm, als würde sie aus einem einzigen Muskel bestehen. Während das gelbgrüne Wasser über meine Oberschenkel schwappte, hatte ich plötzlich größere Angst, hier abgeworfen zu werden als an Land. Brambles Hufe ruderten, und ich spürte, dass unter uns kein fester Boden mehr war. Ich hatte das Gefühl, tief zu fallen, in einen trägen, bodenlosen Ozean hinein.

Dann hatte Bramble genug und drehte den Kopf. Wir kehrten an den Strand zurück, sie galoppierte ungestüm durch die Rinnsale, die gepflasterte Böschung hinauf und schnurstracks auf die Straße, auf der zum Glück keine Autos kamen. Sie rannte so lange hügelaufwärts, bis sie nicht mehr konnte. Ich rutschte von ihrem Rücken, führte sie langsam nach Hause und atmete ihren scharfen, muffigen Schweißgeruch ein. Wir waren beide erschöpft und müde, Brambles Flanken bebten.

Ich hätte gern gewusst, wie ein Eisbär aus der Nähe riecht. Billy sagte, es komme häufiger vor, dass ein *nanuq*-Junges zum Haustier gezähmt wurde, wenn die Mutter getötet worden war. Wenn man sie mit Kondensmilch fütterte, folgten sie der Person, die sich um sie kümmerte, hinaus in die Tundra und schliefen mit im Haus. Ich fragte Billy, was aus den Bären wurde, wenn sie groß waren.

«Kommen vielleicht in den Zoo. Die große Paka, die ist in einem Zoo in San Diego gelandet.»

Am Ende des Films hatte der ungezähmte Bär seinen Auftritt, wir sahen Paka als wildes Tier. Timko kehrte als geübter Jäger und Schnitzer in sein Dorf zurück. Mensch und *nanuq* waren Seite an Seite erwachsen geworden, hatten einander in das Leben begleitet, das jedem von ihnen bestimmt war, unter ihresgleichen. Als der Bär in die große weiße Weite hinaustrabte, wünschte ich mir, wie so oft als Kind, dass ich Bramble hätte freilassen können.

«Ich hatte mal ein Pony», setzte ich an, wollte die Erinnerungen teilen, die Ähnlichkeit der Bindung beschreiben.

Billy nickte und hob interessiert die Augenbrauen.

«Sie ... sie ...» Aber ich brachte den Satz nicht zu Ende.

Bramble war nie wirklich zahm geworden. Sie ließ sich zwar überreden, mich auf ihrem Rücken zu tragen, manchmal sogar einen kleinen Karren zu ziehen, wie Paka den Schlitten gezogen hatte, aber vielleicht wollte ich gar nicht, dass sie tat, was ich verlangte. Eines Sommers, ich war elf, ritt ich ohne Sattel, nur mit Halfter und Seil, über ein Feld, als irgendein Hafer sie stach. Sie ging durch und rannte los, direkt auf einen Zaun zu. Doch ich wusste, dass sie anhalten würde. Der Draht war zu hoch.

Bramble hielt nicht an. Sie sprang über den Zaun. Ich wurde erst nach hinten geworfen, dann nach vorne, als sie abhob, aufkam und weitergaloppierte. Die Felder flogen vorbei, eins, zwei, um die Kurve, das dritte. Noch eins, und wir hätten die Straße erreicht. Ich hörte den immer lauter rauschenden Verkehr und stellte mir Bramble mit gebrochenem Bein vor, ihr Blut auf dem Asphalt. Ich hatte keinen Reithelm auf. Ich ließ das Seil und ihre Mähne los, warf mich seitwärts ins Gras und rollte mich zusammen, um Körper und Kopf gegen ihre schlagenden Hufe zu schützen. Nichts geschah. Das Geräusch der Autos in der Nähe. Ich öffnete die Augen. Bramble stand vor mir und starrte mich mit gesenktem Kopf an. Sie schnupperte unsanft an mir und stupste meinen Arm. Ich stand auf, umarmte ihren muskulösen Hals und stand lange da und hielt sie fest, während sie graste.

Erst später verstand ich. Sie wollte nicht ohne mich gehen. Wir mussten zusammen weg. Und durch sie lernte ich, den richtigen Moment abzupassen und loszupreschen.

Auf der North Star Street war das Eis steinhart und gelblich verfärbt. Die Crew war dabei, die Schlitten zu beladen, um bereit zu sein, wenn das Eis aufriss. Ich stand daneben und kam mir überflüssig vor.

«Propangas», sagte Leif, ein Hüne in XXL-Carhartt-

Kleidung, während er die Kanister festzurrte. «Damit du es warm hast. Damit wir keinen kalten Hintern bekommen.»

«Schmilzt das Eis dann nicht?»

«In *das* Eis kannst du kein Loch schmelzen.» Er lachte und betrachtete die Öfen, Zelte, Kartons mit Lebensmitteln und Zigaretten. «Mit dem Zeug kannst du überall auf der Welt übernachten.»

Van gab der Crew Anweisungen und überwachte die Umsetzung.

Julia stand vor der Haustür. «Das ist der beste Moment, wenn sie sich bereit machen. Ein gutes Gefühl.»

Jeslie und Van gingen ins Haus, um den Funk abzuhören. Ich wollte nichts verpassen und folgte ihnen.

«Ten-four, okay. Sechs Meilen von hier», sagte Jeslie. «Okay, standing by.» Er brauchte nicht zu übersetzen, ich hatte verstanden. Das Eis war aufgerissen, sechs Meilen weit draußen auf See. Es war so weit. Das Herz rutschte mir in die Hose. Ich lief ins Nähzimmer und zog so viele Kleidungsstücke übereinander, wie ich konnte. Das Haus wimmelte vor Menschen jeden Alters. Ich hörte Leif die Geschichte erzählen, wie sie damals mit dem Hubschrauber gerettet worden waren. Ich ertrug es nicht zuzuhören, machte einen Spaziergang, versuchte, nicht an das zu denken, was mir bevorstand. Auf den Straßen herrschte dichter Schneemobilverkehr. Alle Crews hatten den Wetterbericht mitbekommen und trafen die letzten Vorbereitungen. Ich wagte es nicht, lange wegzubleiben, und schlug den Heimweg ein.

Julia trug ihren besten Parka, fellbesetzt und mit feinen Stickereien versehen, eine von Generation an Generation weitergegebene Kunstfertigkeit. Ich kam gerade rechtzeitig. Alle standen um das *umiaq* herum, Jeslie sprach ein zeremonielles Gebet auf Iñupiaq. Julia, Jeslie und ich sahen zu, als die Crew, alles Männer, auf ihre Maschinen stiegen, die Schlitten straffzogen und nacheinander lossausten. Die Straße war braun und weiß, Schnee mischte sich mit Dreck. Die Schneemobile gaben ein warmes Brummeln von sich. Ich lauschte ihnen, stand da und wusste nicht, was ich tun sollte. Als die letzten Motoren aufröhrten, geriet ich in Panik. In all den Tagen, den Wochen des Wartens hatten wir nie besprochen, wo ich, das Anhängsel, mitfahren sollte. Und jetzt war es zu spät. Nur noch einer aus der Crew war übrig, Billy.

«*Kiita*», sagte er, los geht's auf Iñupiaq, und deutete auf seinen Rücksitz. Ich watschelte hin, so dick angezogen, dass ich nicht aufsteigen konnte. Mit großer Mühe schwang ich ein Bein hoch, plumpste auf den Sitz und hielt mich ungelenk an Billy fest. Ein Ton des Unbehagens drang aus meinem Bauch, als Stöhnen aus meinem Mund, als wir auf der Straße davonrasten.

«Alles okay?», rief Billy über die Schulter hinweg.

«Ich bin noch da.» Ich wusste nicht, ob alles okay war. Die Gebäude und die etwa viertausend Einwohner von Utqiaġvik verschwanden hinter den schneebedeckten Klippen am Strand. Die Erkundungstrips hatten mich ein bisschen vorbereitet, aber immer bloß ein paar Stunden gedauert. Jetzt wurde es ernst. Wir verließen das Festland auf unbestimmte Zeit. Als wir auf den Pfad fuhren, den ich geholfen hatte anzulegen, knisterte das Eis. Hellblaue, durchsichtig grünblaue, knackend tiefblaue, smaragdgrüne haushohe Türme flogen vorbei. Wir hielten auf die Rinne zu, so viel wusste ich. Endlich hatte sich ein Riss aufgetan und einen Durchlass geschaffen für den Zug der Wale von der Tschuktschensee zum Beringmeer, quer über das obere Ende unseres Planeten. Wir stießen auf eine Tierfährte, ich tippte auf Polarfuchs, aber Billy hielt nicht an und gab keine Erklärung ab. Wir kamen in der weißen Wüste gut voran. Ich suchte nach einer passenden Beschreibung. Zuckerguss, Kuchen. Mir fehlten die richtigen Worte. Meine Versuche, auch wenn sie nur in meinem Kopf waren, kamen mir selbst so unzureichend und linkisch vor, dass ich das Denken einstellte, die Sprache losließ, die Welt einfach sein ließ.

«Wohin fahren wir?», schrie ich.

«An den Rand.»

Breitengrad: 26° 0′ 53″ N
Längengrad: 111° 20′ 20″ W

I ch bin überrascht, dass du das Kind mitgebracht hast, auch wenn er ein braver kleiner Reisegefährte ist», sagt Judi. Mike und Mary, ein britisches Paar Mitte vierzig, runzeln die Stirn und schauen aus dem Fenster. Berge hoppeln vorbei. Don, unser Reiseführer, fährt uns quer über die Halbinsel Baja. Der Rest der Gruppe ist abgereist, im zweiten Teil der Walbeobachtungtour halten wir im Golf von Kalifornien Ausschau nach Blauwalen und Finnwalen, außerdem besuchen wir weitere Grauwal-Lagunen. Max und ich sind in unserem Element: unterwegs. Er sitzt entspannt in seinem Kindersitz und betrachtet fasziniert die vorbeifliegende Landschaft.

«Na ja, wir sind gern auf Achse», sage ich.

Judi und Don scheinen sich gut zu verstehen, sie reden beim Mittagessen viel miteinander.

Als wir wieder im Jeep sitzen, erkundigt sich Mike nach den Philippinen, wo Don in jüngeren Jahren gelebt hat. «Du bist aber nicht einer von diesen Amis, die sich eine minderjährige Filipina greifen, oder?»

Don gibt keine Antwort, sagt nur, dass er das Babythema

abschließend geklärt habe und sich nichts Schlimmeres vorstellen könne, als sich mit einem Zweijährigen rumplagen zu müssen. Ein Bus voller Kinder fährt vorbei.

«Wo wollen die hin?», fragt Mary.

«In die Wüste oder zu den Walen», sagt Don.

«Hauptsache nicht dahin, wo wir sind», sagt Mary.

Ich schaue den schlafenden Max an. Haben sie vergessen, dass er da ist?

Wir kommen in unserem Motel in Loreto an, dicht an der Hauptstraße gelegen. In meinem Zimmer hängt ein großes Bild von Frida Kahlo mit Blumen und Vögeln an der Wand. Sie sieht gefasst und allwissend aus. Der Wind raschelt in den Palmen, Max spielt mit einem kleinen mexikanischen Jungen. Vor dem Schlafengehen duschen wir und liegen dann mit nassen Haaren im Bett, die Beine überkreuzt. Nachdem wir so lange im Jeep eingesperrt waren, nutzen wir jetzt den Platz aus. Die Sonne hat mir das Gesicht verbrannt. Bunte Glasperlen am Lampenschirm schaukeln leicht im Wind. Die geschnitzten Blätter im Rahmen des Spiegels passen zu denen auf Fridas Bild. Eine feingliedrige Spinne stakst quer über die Decke, in der Ecke sitzt ein Gecko. Max' kleiner Arm und sein Bein liegen auf mir, nehmen mich in Beschlag. Ich würde gern für immer in diesem Zimmer wohnen, mit Frida, der Spinne, dem Gecko und Max, und ganz in der Nähe den Walen.

Am nächsten Tag auf dem Wasser tauchen direkt neben uns zwei Grauwale auf. Die Mutter stützt das Baby an ihrer Seite. Ich mache das Gleiche, als Max sich an mich lehnt, während wir über die Reling schauen. Wir streicheln beide Wale, sie seufzen, springen und tauchen schließlich wieder unter. Nach etwa einer Stunde ohne weitere Sichtungen drehen wir in Richtung Land bei. Auf dem Boot ist es still. Wir entdecken eine Blasfontäne, der Bootsführer hält an, aber der Wal schwimmt in der Ferne vorbei. Ich versuche, eine Unterhaltung anzufangen, stoße jedoch auf abweisende Mienen. Das Schweigen beschert mir eine bittere Erkenntnis, ich verstehe jetzt Judis Bemerkung gestern beim Mittagessen. Mike und Mary war nicht klar gewesen, dass Max und ich auch auf dem zweiten Teil der Reise mit von der Partie sein würden. Ich denke an die Kommentare im Jeep. Vielleicht hatten die anderen gedacht, sie würden sich auf ein wagemutiges Abenteuer begeben, und dann macht ein Zweijähriger mit. Sie wollen uns nicht dabeihaben.

Um diese Gedanken zu verdrängen, singe ich leise: «My young love said to me, my mother won't mind ...» Ein Lied meiner irischen Großmutter, das meine Mutter oft in der Küche oder beim Autofahren gesungen hat. Nach wenigen Zeilen hält der Wal in der Ferne inne und dreht langsam auf das Boot zu. Er kommt auf uns zu und schwimmt neben mir und Max her. Ich verliere mich im Wasserspritzen, in dieser seltsamen Verbundenheit. Weitere Wale kommen. Ich wünschte, wir wären im Wasser und könnten mit ihnen davonschwimmen.

«Auf dem Boot morgen sind keine Rettungswesten», höre ich Don beim Abendessen zu Mike sagen. Ich versuche, mehr zu erhaschen, aber es ist Karneval und das Restaurant, in dem wir uns befinden, zum Bersten voll. Der Nachmittag ist angespannt verlaufen. Nach dem ersten Bootsausflug frischte der Wind auf, daraufhin sagte Don den zweiten am Nachmittag ab. Auf der Fahrt zurück nach Loreto hat er Mikes Frage nach den Philippinen beantwortet, erzählte von seinen asiatischen Freundinnen und beschwerte sich über das westliche Vorurteil über Altersunterschiede in Beziehungen.

Judi beugte sich zu mir. «Don ist widerlich», flüsterte sie in mein Ohr. «Die anderen sind sauer, weil du die Wale so oft anfassen kannst.» Das mit hochgezogenen Augenbrauen.

«Sind sie deshalb so unfreundlich?», flüsterte ich zurück.

Judi zuckte mit den Schultern.

Im Restaurant frage ich Don in meinem nettesten Tonfall, ob es morgen Rettungswesten für Kinder geben wird. Aus einem Wandgemälde am anderen Ende des Raums starren uns zwei riesige bunte Vögel an. Don weiß es nicht. Vielleicht könnte ich Max eine für Erwachsene anziehen, falls eine da ist, sagt er.

«Und dann zusehen, wie er durchrutscht.» Mike kichert gehässig.

Ich sage, dass ich Max nicht ohne ordentliche Rettungsweste mit aufs Boot nehmen darf, weil er nicht schwimmen kann.

Don läuft rot an und betrachtet mich, als würde er mich zum ersten Mal sehen. «Hör zu, Doreen, du hast dich für diese Reise entschieden.» Seine Stimme ist sehr laut. Er fordert mich auf, mit nach draußen zu kommen.

«Du hörst *mir* jetzt mal zu», sage ich ebenso laut. Mir ist heiß, mein Herz rattert wie ein Motor. Deswegen gehe ich Auseinandersetzungen normalerweise aus dem Weg. Judi rät mir, tief durchzuatmen. «Ich gehe nirgendwo mit dir hin, solange du so aggressiv bist», erkläre ich Don.

Er hält inne. «Ich bin nicht so schnell im Kopf, und wenn mir jemand aggressiv kommt, reagiere ich blöd.»

«Wir sollten uns beide ein paar Minuten lang beruhigen», sage ich. Don geht nach draußen.

Als Max ein Jahr alt war, sah ich ihn untergehen. Er spielte mit den Kindern von Freunden am Ufer eines Sees, während ich im brusttiefen Wasser schwimmen ging. Plötzlich lief er ins flache Wasser hinein. Als ich ihn bemerkte, lächelte er mich an.

«Halt, warte da, Liebling!», rief ich und drängte so schnell wie möglich gegen den Wasserwiderstand an, um zu ihm zu gelangen, aber meine Füße rutschten auf den glitschigen Kieseln ab. Max tapste weiter in den See hinein. Endlich war es so flach, dass ich laufen konnte. In dem Moment verlor er das Gleichgewicht und tauchte unter. Eine der Frauen am Strand rannte platschend ins Wasser, zog Max hoch und legte ihn mir in die ausgestreckten Arme.

«Was war los mit der?», hörte ich die Frau später zu ihrem Mann sagen. «Warum hat sie nicht schneller reagiert?»

Ich erklärte, dass ich auf den rutschigen Steinen nicht vorwärtsgekommen und wie erstarrt gewesen war, als ich Max in den See laufen sah.

«Ach, er hat das doch gut gemacht», sagte sie. «Das sah echt lustig aus.»

Ich bekam Max' Gesicht unter Wasser nie mehr aus dem Kopf und hatte ihn seitdem ohne Rettungsweste nicht mal mehr in die Nähe von Wasser gelassen.

«Findet ihr das übertrieben?», frage ich Judi, Mary und Mike.

«Hör mal», sagt Mike. «Das Boot wird nicht untergehen. Alle passen auf, dass er nicht über Bord geht.» Judi widerspricht, Max brauche eine Weste. Mary findet, es sei meine Entscheidung, ich müsse ja nicht rausfahren und könne mir das Geld zurückgeben lassen.

«Sei nicht so streng mit dir, du bist erledigt, weil du die ganze Zeit einen Zweijährigen mit rumschleppst», sagt Judi.

«Reg dich nicht so auf», sagt Mike.

Ich frage mich, wie dieses Gespräch verlaufen würde, wenn ich ein Mann wäre, der mit Kind reist. Ich frage mich, wie anders die ganze Reise wäre, wenn ich ein Mann wäre oder einen männlichen Partner an meiner Seite hätte. Einen tröstlichen Moment lang gebe ich mich dem Tagtraum hin, Hulk als Reisepartner zu haben, und stelle mir vor, wie er Mike hochhebt und durch die Luft wirft.

Don kommt zurück und sagt, er werde für morgen eine Rettungsweste besorgen. Wir sollen uns alle morgen früh im Hafen von Loreto treffen.

Max und ich laufen schlaftrunken durch die erwachende Stadt zum Hafen. Wir sehen den sich putzenden Pelikanen zu, es sieht aus, als würden sie ihre Bauchfedern mit einer riesigen Schnabelschere trimmen. Die anderen aus der Gruppe kommen gemeinsam im Taxi. Don erscheint mit einem Stapel Rettungswesten.

«Einheitsgröße.» Er reicht mir die Weste für Max. Einheitsgröße für Erwachsene, so groß wie meine eigene.

Judi will helfen und zieht die Gurte so eng um Max' Hüfte, dass er schreit. Die Weste rutscht trotzdem noch in alle Richtungen. «Geht doch», sagt Judi.

Don schlägt vor, dass wir hinten sitzen, solange Max so laut ist. Ich lockere den Gurt so weit, dass Max keine Schmerzen mehr hat, und halte ihn die ganze Zeit über fest. Er nimmt die Brust und schläft. Draußen auf dem Meer entdecken wir einen Blauwal, so groß, dass er wie eine Startbahn im Wasser aussieht. Als er nicht bläst, beschwert Mary sich beim Bootsführer. Mir gefällt das Ganze nicht mehr, ich frage mich, ob der Schiffsmotor die Wale stört. Sie sind hier, um sich zu paaren und zu gebären. Es gibt nichts Intimeres. Aber sobald sie zum Luftholen hochkommen, jagen wir ihnen nach. Und machen so viel Krach. Schiffe, die durch das Meer pflügen, Bootsschrauben, dröhnende Maschinen. Bartenwale kommunizieren mit niederfrequenten Signalen, große Schiffe erzeugen in derselben Frequenz Lärm und übertönen sie. Die

Freiheit der Meere ist ein Witz. Das heißt nichts anderes als allgemeines Gerangel.

Ich versuche, mir die stille Tiefsee vorzustellen, voller Leben und Geheimnisse. Max wacht auf, streckt sich und stößt mit dem Fuß gegen Mikes Rettungsjacke. Mike fährt herum und blickt ihn böse an. Das ist das letzte Mal, dass ich gemeinsam mit Mike ein Boot besteige. Ich hasse ihn. Er wendet sich ab, aber ich kann mich nicht entspannen und starre wütend seinen Rücken an. *Du warst auch mal klein!* Was ist falsch daran, ein Kind mit auf Reisen zu nehmen, ihm beizubringen, neue Wege zu gehen, anstatt immer dieselben vier Wände anzustarren? Warum zum Teufel sollen Frauen die Welt aufgeben, wenn sie ein Kind gebären?

Als ich etwa zehn war, baute Dad mir am hinteren Ende des Speichers über dem angrenzenden Stall ein Zimmer aus. Früher waren dort Farmarbeiter untergebracht gewesen, und schon das Hinkommen war ein Abenteuer. Der Zugang führte durch ein großes, an Scharnieren befestigtes Bild am Ende einer Treppe, das wie eine Tür aufschwang, wenn man die Finger dahinterklemmte und zog. Wenn ich in meinem Zimmer war, konnte ich anhand der Schritte auf den rohen, vom Farmdreck eines ganzen Jahrhunderts dunkelbraun gefärbten Holzdielen unterscheiden, wer gerade auf den Dachboden kam. Die Schritte meines Vaters waren schwer, gewichtig. Er verbrachte Stunden an seiner Werkbank, beleuchtet von einer einzigen nackten Glühbirne, die von der Decke hing. Er hämmerte, strich, polierte, kratzte Rost ab und rang mit Metallstücken, die in den Klauen eines großen Schraubstocks klemmten. An den Wochenenden ging er auf den Schießstand, und Freitagabends blieb er lange auf und stellte die Kugeln für seine alten Gewehre her. Die Geräusche und Gerüche waren beruhigend. Schießpulver, Farbe,

Terpentin, WD40, Schmierfett und Swarfega. Taps, taps, taps.

Die Schritte meiner Mutter waren leichter und schneller. Manchmal war sie glücklich, wollte mir Bescheid sagen, dass wir nachts schwimmen gehen würden oder dass David Attenborough oder die Sitcom *The Young Ones* im Fernsehen liefen. Aber oft stapfte sie wutentbrannt die Treppe hoch, auch dann, wenn ich schon im Bett lag. Wenn ich den Abwasch erledigen sollte, war das zumindest umsetzbar, aber manchmal wollte sie mich auch einfach nur auf meine Fehler hinweisen. Vielleicht hoffte sie, damit ein netteres Kind aus mir zu machen. Dann saß ich in meinem Zimmer in der Falle. Mein Versuch, mich unter dem Bett zu verstecken, brachte mir nur Verachtung ein.

«Das Leben gibt dir keine zweite Chance, ist dir das klar?», sagte sie.

Während dieser Schimpftiraden blieb ich still, schaute geradeaus und zeigte keine Reaktion. So fand sie keinen weiteren Angriffspunkt. Mein innerer Rückzug machte sie noch wütender, aber wenn ich mich einmal in mir verkrochen hatte, steckte ich fest und kam nicht mehr heraus, selbst wenn ich gewollt hätte. Ich rührte mich erst, wenn dumpf dröhnende Schritte verkündeten, dass meine Mutter wieder nach unten ging.

Wenn andere Kinder zu Besuch kamen, wirkte sie oft glücklich und sang. Dann backte sie süße Brötchen, Apfelkuchen, Scones und Brot, bis in der Küche kein Platz mehr war.

Und all die Bücher. Im ganzen Wohnzimmer standen sie zu wackligen Türmen aufgestapelt und wurden von ihr verschlungen. Bücher sprachen zu ihr. Gedichte gehörten zu ihrem Alltagsvokabular. Wenn sie irgendwo anklopfte, rief sie manchmal mit Walter de la Mare: «‹Ist da jemand?›, sagte der Reisende ...»[1] Wenn sie einkaufen ging, kündigte sie das gern in den Worten von William Butler Yeats mit «Ich steh jetzt auf und gehe»[2] an. Ihre Kindheit bei irischen Nonnen war reich an Literatur gewesen.

«Wir haben Yeats, Frost, Gerard Manley Hopkins, die *Großen* auswendig gelernt», erzählte sie. «Das ist, als hätte man sehr teure Möbel im Kopf.» Und sie bemühte sich, auch meinen Kopf damit einzurichten.

Meine Mutter war das zweitjüngste von acht Kindern. Wenn wir allein im Auto saßen, erzählte sie oft von ihrer Kindheit. Ihrem jüngeren Bruder Patrick stand sie sehr nah, außerdem hatte sie einen älteren Lieblingsbruder, der ihr immer *Dandy*-Comics vorgelesen und sie auf dem Lenker seines Fahrrads hatte mitfahren lassen. Aber als ich etwa zwölf war, teilte sie auch dunklere Geheimnisse mit mir. Man hatte sich als Kind «an ihr vergriffen». Wenn sie darüber sprach, wurden ihre Stimme und ihr Blick trüb. Ihr zweitältester Bruder Jack und ein anderer Junge waren nachts durch ihr Schlafzimmerfenster hereingeklettert, sagte sie. Und manchmal wartete ein Mann, ein Freund der Familie, auf dem Nachhauseweg aus der Schule auf sie. Jack, der starb, als ich noch klein war, sei schizophren gewesen, erzählte sie. Er hatte sich später unter einen Zug geworfen und schreckliche Beinverletzungen davongetragen, die zu einer Amputation führten.

Ich weiß nicht, ob Granny je davon erfahren hat. Doch als meine Mutter endlich die richtigen Worte fand, um zu beschreiben, was ihr widerfahren war, und sich einem Verwandten anvertraute, sagte der, sie wäre verrückt und würde sich das alles nur einbilden. Wenn sie davon sprach, war ihre Stimme kaum noch zu hören.

Da ich wusste, dass meine Mutter als Kind gelitten hatte, schlug ich mich automatisch auf ihre Seite und versuchte, eine gute Tochter zu sein. Ich ging nachts nach unten und putzte die Küche, wie es in den *Girl-Guide*-Büchern stand. Das brachte sie auf die Palme. «Willst du einen Heiligenschein bekommen, ja?» Wenn ich mich still verhielt, war das auch nicht richtig. Meine Mutter hasste Stille, weil sie dann an die Männer aus ihrer Kindheit erinnert würde, wie sie sagte.

Eines Tages kam ein hochgewachsener Fremder zu Besuch. Ich erinnere mich, dass er im Hof stand. Mum ließ ihn nicht ins Haus. Später erzählte sie mir, sie hätten sich als Kinder gekannt, und dass er die lange Reise gemacht habe, um sich zu entschuldigen.

Meine irische Granny habe ich nur einmal getroffen. Sie war schon über achtzig und halb taub, hat aber auf der Farm immer noch kräftig mit angepackt. Wir waren zu einem großen Familientreffen nach Irland gefahren. Einige der etwa zwanzig Cousins und Cousinen waren sogar aus Kanada angereist. Granny war überall zugleich, kümmerte sich um den Herd, stand hoch aufgerichtet mit einem Rieseneintopf am Tisch. Sie hatte ihre Enkel und Enkelinnen sorgfältig gezählt, und obwohl ich so schüchtern war und als Letzte an den Tisch kam, war dort eigens für mich ein Platz eingedeckt. Ich liebte sie sofort, auch dann noch, als meine Cousine Sally Orangensaft über ihren Eintopf kippte und Granny ihr befahl, aufzuessen, denn an ihrem Tisch würde kein Essen vergeudet, außerdem würde sich im Magen sowieso alles mischen. Sally heulte, ich nickte.

Die Mythen und Legenden, die in den Bergen über dem Tal herumgeisterten, in das die Farm sich duckte, interessierten mich nicht weiter. Granny war selbst eine Legende. Ihr Vater war Fischer gewesen, und sie hatte den Ozean überquert. Vor ihrer Ehe war sie nach Amerika gereist, hatte als Haushälterin gearbeitet und ein Vermögen gemacht, es verloren und wiedergewonnen, sagte jedenfalls meine Mutter. Ich sah Granny zu, die in ihrem Tweed-Rock durchs Haus lief, und versuchte, mich in ihre Welt hineinzuversetzen, zu verstehen, wie es war, so stark zu sein.

Granny hatte es nicht leicht gehabt. Laut meiner Mum war sie von ihrer eigenen Mutter nach Amerika geschickt worden, nachdem sie eine Sekretärinnen-Prüfung nicht bestanden hatte. Urgroßmutter soll ziemlich hart gewesen sein. Als sie drei war, kam ihr Vater bei einem Unfall auf der Farm ums Leben, und ihre Mutter, also meine Ururgroßmutter, allein mit sechs Kindern, wurde vor die Tür gesetzt, weil sie die Miete nicht rechtzeitig bezahlt hatte. Über mehrere Generationen hinweg haben die Mütter meiner Familie für das Wohlergehen ihrer Kinder gekämpft.

Ich erinnere mich, dass ich mit etwa sieben Jahren einmal in der Badewanne saß und mit Napfschneckenhäusern spielte, auf die ich mit einem silbernen Filzstift Lachgesichter gemalt hatte. Meine Mutter sitzt neben der Wanne und erzählt mit leiser Stimme, dass sie das Baby vor mir weggemacht habe. Ich stelle mir ein älteres Mädchen vor, sehe aber kein Gesicht. Mum sagt etwas über eine Badewanne, mit der Badewanne hat es nicht geklappt. Ich mag den Klang ihrer Stimme, wenn sie leise spricht. Meint sie mein Bad, überlege ich und lasse ein Schneckenhaus ins Wasser plumpsen. Mit meiner Badewanne klappt alles, das Wasser ist warm, voller Schaum und freundlicher Gesichter, es reinigt mich und die Hände meiner Mutter, die den Schwamm auswringen. Sie sagt *Stricknadel*, und ich stelle mir Stricknadeln in der Badewanne vor, ich könnte damit die Schaumbläschen aufpiksen. Die Erinnerung ist verschwommen, manchmal frage ich mich, ob es wirklich so gewesen ist, obwohl ich das Wasser, die Wärme, das langsame Abkühlen noch spüren kann. Immer noch kommen Worte aus meiner Mutter. Du bist geblieben, sagt sie, du hast nicht losgelassen. Ich weiß, dass es lange dauert, geboren zu werden. Meint sie das? Sie lächelt mich an, ein breites Lächeln. Ich schiebe meine Schneckenmenschen am Ende der Wanne zusammen, weg von den Wasserhähnen, meine Mutter zieht den Stöpsel raus.

«Du bist der erste Mensch, den ich je geliebt habe», sagte sie zu mir, als ich fünfzehn war. «Bevor du gekommen bist, war ich zu verletzt.» Mein Vater sagte, nach jedem Baby war sie verändert, ruhiger, und ich dachte gerne daran, dass sie mich als Neugeborenes geliebt hatte, obwohl sich im Laufe der Zeit herausstellte, dass sie meine Geschwister genauso sehr liebte, wenn nicht mehr. Den verträumten Wildfang, der «wie ein Gorilla aussah», ertrug sie nicht immer. Sie kaufte mir eine rosa Latzhose, die ich beim Fallen von einem Baum an einem Stacheldrahtzaun zerfetzte, und einen weißen Anzug mit Snoopy darauf, den ich mich weigerte anzuziehen. Aber ich war mit ihr verwoben und entschlossen, ihre Welt besser zu machen. Dass ich nicht das war, was sie wollte, tat weh.

Neben dem Haus standen mehrere ungenutzte Schweineställe, in einem befand sich eine große Tiefkühltruhe. Es war mein erstes Jahr in der Oberstufe, ich war sechzehn. Nach der Schule hatte ich mir auf dem Nachhauseweg einen Becher Erdbeereis gekauft und die Hälfte gegessen, den Rest wollte ich in die Kühltruhe stellen. Ich fasste den Griff an, um den Deckel zu öffnen, und unwillkürlich umklammerte meine Hand das Metall, als würde sie nie wieder loslassen können. Ich wurde auf den Truhendeckel gezogen oder vielmehr geschleudert. Die Kühltruhe stand unter Strom, ich klebte am Deckel wie an einem Magneten und konnte mich nicht rühren. Ich schrie mir die Kehle aus dem Leib, aber nebenan im Schuppen meiner Tante rumpelte ein Kartoffelsortierer vor sich hin und übertönte mich. Langsam ruckelte ich über die

Kühltruhe, bis ich am Ende herunterfiel und meine Hände sich lösten. Ich zitterte am ganzen Körper, konnte aber aufstehen und langsam gehen. Im Haus traf ich meine Mutter, ausgehfertig angezogen, mit bunten Perlen um den Hals. Sie war mit einer Freundin verabredet.

«Ich bin gerade an der Kühltruhe kleben geblieben. Ich bin nicht mehr losgekommen», stammelte ich. Sie war in Gedanken woanders, spät dran, hörte kurz zu und sagte, sie müsse los. Dann stieg sie ins Auto und fuhr davon.

Abends berichtete sie meinem Vater von der Kühltruhe, und er reparierte sie. Am nächsten Tag erzählte ich meinem Physiklehrer Mr. Porter von meinem Erlebnis. Er erklärte, dass bei der Berührung zweihundertvierzig Volt Wechselstrom durch meinen Körper geflossen seien und die elektrischen Impulse meines Gehirns überwunden hätten, sodass meine Hand und mein ganzer Körper sich fünfzig Mal pro Sekunde verkrampft und entkrampft hatten. Deswegen hatte ich vibriert und war über die Kühltruhe geruckelt. Ich hätte Glück, sagte er, dass ich so jung und fit und schnell abgefallen sei.

Ich mochte Mr. Porter. Er fand mein Experiment zur Feststellung der Entropie von Eis genial, der beste Versuchsentwurf, den er je gesehen habe. Und er machte sich Sorgen, weil er mich nie lächeln sah.

Als Max und ich das Hotel verlassen, wird es gerade hell. Der Rest der Gruppe schläft noch. Der Himmel ist rosa und orange, das Wasser aus weichem Silber. Am Hafen hängt ein wolkenloser Himmel über einem bröckelnden Landungssteg, der von hellbraunen Pelikanen und Kormoranen mit langen Hälsen bevölkert wird. Die Wasseroberfläche führt ein lebhaftes Gespräch mit dem Wind. Ich spüre, wie der Tag wächst. Aber ich bin unruhig und denke an die Worte meiner Freundin Elena vor unserer Reise. Elena ist Italienerin, polyglott und schleust sich in mexikanische Drogenkartelle ein, um Dokumentarfilme zu drehen. Wir haben uns auf der Journalismusschule kennengelernt.

«Was immer du tust, du darfst dich in Mexiko niemals verirren, Süße. Du kannst kein Spanisch. Du brauchst einen Führer. Du darfst nicht mal verirrt *aussehen*. Sonst wird Max entführt.» Ich denke an die Fortbildung über das Berichten aus möglicherweise brenzligen Situationen. Ihr müsst immer einen Fluchtweg haben, hatte der Ausbilder gesagt. Ich sehe mich im Hafen nach Leuten um, die ich im Notfall zu Hilfe rufen könnte.

Am Abend zuvor ist Judi in mein Zimmer gekommen. Don habe vor der Gruppe verkündet, er sei kein Babysitter und wolle mir nahelegen, mir einen zu besorgen. Während des Abendessens brauchte Max eine neue Windel, und da die Toilette kaputt war, sorgte das Personal dafür, dass ich nebenan ins Ecotour-Center gehen konnte. Zwei Männer am Empfang zeigten uns lächelnd das Bad. Auf dem Rückweg stellten sie sich als Hector und Jesus vor. Ich sah meine Chance gekommen. Ja, sagte Hector, sie hätten Rettungswesten für Kinder. Ja, ich könne morgen mit ihnen auf Walbeobachtungstour gehen.

«Ich hab ein Boot», sagte Max stolz. «Mein Boot is rot.»

«Bringst du es morgen mit und zeigst es mir?», fragte Hector und sagte dann zu mir: «Kommt morgen um sieben zum Dock.» Ich hatte den anderen bereits mitgeteilt, dass ich nicht mit ihnen aufs Boot gehen würde. Niemand hatte reagiert, Don nur mit den Schultern gezuckt, also sagte ich nichts von meinen neuen Plänen. Gestern war ich erleichtert, heute frage ich mich, ob ich gerade ein idiotisches Risiko eingehe. Vielleicht sollten wir einfach an Land bleiben.

Um Punkt sieben Uhr taucht Hector in einem Truck auf,

auf dessen Ladefläche ein Boot steht, und winkt. Meine Entführungsbefürchtungen legen sich. Er hat Ellie und Diane dabei, fitte, grauhaarige Freundinnen aus Montana. Diane fragt, ob sie Max' Spielzeugboot tragen darf, und Ellie möchte seine Hand nehmen. Hector hebt ihn hoch, damit er die Delfine besser sehen kann, die uns bei der Ausfahrt aus dem Hafen begleiten. Sie sind blau und grau und wie flüssiges Licht, gleiten unter dem Heck hindurch und legen sich auf die Seite, um zu uns aufsehen zu können. Ich zeige auf die Stelle, an der wir gestern die Wale gesehen haben. Hector spricht auf Spanisch ins Funkgerät. Als wir uns dem Futterplatz der Blauwale nähern, erkenne ich auf einem anderen Boot unsere Gruppe und winke enthusiastisch. Hector fährt längsseits, um mit dem Skipper zu reden.

«Was macht ihr denn da drüben?», ruft Mary.

«Spaß haben», gebe ich zurück.

Judi winkt Max zu. Mike würdigt uns keines Blickes.

Die See wirkt konvex, als würde sie über die Welt hinausschwappen. Überall sind Blauwale und Finnwale zu sehen, der doppelte Blas eines Buckelwals. Einer der Blauwale wird Calabaza genannt, Spanisch für Kürbis, wegen der Form eines weißen Flecks an seinem Schwanz. Er kommt seit dreißig Jahren hierher, und weil er nie mit einem Kalb gesehen wurde, nimmt man an, dass es sich um ein Männchen handelt. Calabaza atmet sieben Mal, streckt dann seinen Schwanz in die Höhe und taucht ab. Ich schaue der wuchtigen Gestalt hinterher.

«Geh schwimmen, Mummy, wie ein Wal», sagt Max. Ich lache, aber Hector hat ihn gehört und nickt.

«Wirklich?», frage ich.

«Wir passen auf Max auf», sagt Diane. «Kein Problem.» Ich sehe mich um. Keine Haie. Ellie und Diane haben sich in einer Weise über Dianes erwachsene Tochter unterhalten, dass ich ihnen Max die ganze Woche anvertrauen würde. Wenn ich diese Chance nicht ergreife, werde ich es ewig bereuen. Also ziehe ich mich schnell bis auf T-Shirt und Unterhose aus, springe vom Boot, bevor ich es mir anders überlegen kann, tauche so tief wie möglich nach unten und rufe mit aller Kraft meiner Lungen das Wort *Liebe!* in die Tiefe, dorthin, wo vielleicht Calabaza ist. Ich höre nichts als weit entferntes Gurgeln durch die Vibrationen in meinem Kopf.

Anders als bei Walen kann das menschliche Trommelfell Schwingungen gut in der Luft aufnehmen, aber nicht im Wasser. Mein Hörvermögen ist sowieso beeinträchtigt. Mit fünf war ich ein Jahr lang halb taub, bis man mir Paukenröhrchen einsetzte. Vage erinnere ich mich an eine gedämpfte, weiche Welt, mit Stimmen, die am Rand eindringen wie Stacheln. Meine Mutter erzählt gern folgende Geschichte: Beim Arzt hatte ich im Hörtest alle Pieptöne gehört, aber als sie hinter mir stand und meinen Namen sagte, reagierte ich nicht. Sie musste brüllen, bevor ich antwortete, und erst dann glaubte ihr der Arzt. Etwas in mir empfindet die Stille unter Wasser als vertraut, tröstlich.

Für Wale ist das Gehör überlebenswichtig. Menschen sind visuelle Wesen, aber Wale bewohnen eine oft lichtlose Welt. Von Nahem kommunizieren sie über Berührungen, aber wenn sie wandern und jagen, hängt alles von ihren Stimmen und Ohren ab. Es gibt im Ozean eine durch Temperatur- und Druckverhältnisse begrenzte Zwischenschicht, den sogenannten SOFAR-Kanal, in dem Geräusche über Tausende von Meilen weitergeleitet werden. Rufe nach unten oder oben, Schreie, Grunzen, Brüllen, Knurren, Rülpser, Rhythmen, vielleicht Babys, die ihre Mütter anquietschen.

Die ersten Aufnahmen von Walen in freier Wildbahn wurden in den 1950er-Jahren von William Schevill gemacht,[3] der für die US Navy an Unterwassersonaren arbeitete. Als die

Militärs in aufgefangenen niederfrequenten Signalen sowjetische Versuche zur Ortung von amerikanischen U-Booten vermuteten, versicherte er ihnen, dass es sich um Finnwale handelte. 1970 wurden Walgesänge unverhofft zu einem Schlager an Land, als der Bioakustiker Roger Payne *Songs of the Humpback Whale* herausbrachte. Wissenschaftlerinnen haben den Gesang eines Pazifischen Nordkapers im Beringmeer aufgenommen, er klingt nach Gewehrschüssen, Stöhnen und Trällern. Da nur noch wenige dieser Tiere leben, lässt sich nicht sagen, ob er einem Artgenossen vorsang oder auf der Suche nach einem war. Manche Wale haben regionale Dialekte.[4] Pottwale leben in Clans und erkennen einander auf ihren Tausende von Meilen langen Reisen im Meer am Rufen, die Jungen lernen die spezifische Vokalisierung von den Älteren. Laut dem Marinebiologen und Pottwalexperten Hal Whitehead leben sie in riesigen multikulturellen Unterwassergesellschaften. Vergleichen ließe sich das mit Elefanten[5] – oder aber mit uns.

Beim Schwimmen stelle ich mir tief unten Calabaza vor. Unsere Körper, Wal und Mensch, heben den Meeresspiegel an. Calabaza hat mit sieben Atemzügen ganze Lkw-Ladungen an Luft eingesogen und ist mit einem Schwanzflossenschlag in die Dunkelheit abgetaucht. Kann er mich hören? Vielleicht ruft er mich, ein tiefer Ton, der von Unterwassercanyons widerhallt und sich über Hunderte von Meilen ausbreiten kann. Möglicherweise ist sein Gehör beschädigt, war er der Bombardierung durch Luftpulser während seismischer Explorationen nach fossilen Brennstoffen ausgesetzt. Die sonischen Schüsse dringen in den Meeresboden ein, manchmal in einer Tiefe von mehreren Hundert Kilometern. Die Tests können Monate andauern und mehrmals minütlich erfolgen. Da die Erforschung von Walen schwierig ist, lassen sich die Auswirkungen auf sie kaum nachweisen, doch es wird vermutet, dass Luftpulser die inneren Organe von Riesenkalmaren pulverisiert hatten, die an Stränden angeschwemmt aufgefunden wurden.[6] Bei Beobachtungen von westlichen Grauwalen, die an ihren Sommerfutterplätzen vor der Insel Sachalin unter seismischem Beschuss gerieten, stellte sich heraus, dass sie die betreffenden Gebiete in einer Entfernung von bis zu vierundzwanzig Kilometern umschwammen, außerdem zeigten sie gestörte Atemmuster.[7] Luftpulser töten Zooplankton und dessen Larven aus einer Entfernung von über einem Kilometer.[8] In Simulationen mit Jakobsmuscheln zeigte sich eine erhöhte Sterblichkeit, die Muscheln schreckten sichtbar vor dem Klang zurück.[9] Und sobald Öl- oder Erdgasvorkommen gefunden werden, kommen weitere Schiffe, werden Pipelines verlegt, beginnt das Bohren. Sowohl Grönlandwale als auch Grauwale haben ihre Wanderrouten verändert, um dem Industrielärm auszuweichen.[10] Wenn Schiffe und Boote in der Nähe sind, rufen Grauwale öfter, und bei lärmenden Außenbordmotoren rufen sie lauter.[11] Mit anderen Worten, sie müssen brüllen.

Marineübungen mit mittelfrequentem Anti-Submarine Warfare Sonar werden mit Massenstrandungen von Schnabelwalen in Verbindung gebracht.[12] Die Wale starben etwa vier Stunden, nachdem sie mit den Sonarfrequenzen in Kontakt gekommen waren; man fand massive Blutungen an vitalen Organen wie Hirn und Herz. Die US-Regierung räumte ein, dass «taktische mittelfrequente Sonare an Bord von Schiffen der US-Navy als plausibelste Quelle für dieses durch Akustik oder Impulse ausgelöste Trauma»[13] infrage kommen. Niederfrequente Klangtechnologie wird außerdem zur Messung der Meereserwärmung eingesetzt. Thermometrie-Untersuchungen nutzen den SOFAR-Kanal, die Kommunikationshotline der Wale.[14] Wir machen selbst dann Lärm, wenn wir die von uns verursachten Schäden abzuschätzen versuchen. Es wird nicht ruhiger für euch werden, liebe Wale.

Ich treibe schwerelos, bin Teil der Sea of Cortés, von Stille umhüllt. Dann bemerke ich weiter unten einen Schatten. In Form eines Wals. In mir steigt Panik auf. Ich trete hektisch Wasser, tauche auf, schwimme zum Boot, klettere an Deck. Höre Max mit Diane plaudern.

«Ja», sagt sie, «mir sind Züge auch lieber als Busse.»

Als ich mit wackligen Knien über die Reling schaue, wird mir klar, dass da kein Wal ist, dass ich den Schatten des Boots gesehen habe, den die Sonne nach unten ins bodenlose Grün getragen hat.

«Sie strahlen richtig», sagt Diane. Ich fühle mich tatsächlich sehr lebendig. Mein Körper vibriert vor Adrenalin. Ich hatte mir immer gewünscht, mit Walen zu schwimmen, aber meine romantischen Vorstellungen sind verflogen. Was, wenn einer mich als Störenfried sieht oder mich versehentlich mit der Schwanzflosse wegschnippt? Meine Sprache ist das Geschnatter der Affen, nicht das Lied der Wale. Auch wenn ich mir gern irgendeine Verbindung herbeiwünschen würde, meine Vorfahren haben sich anders entschieden. Hier, in der Welt der Wale, kann ich nur untergehen.

Die Strickleiter verwandelte mein Zimmer in einen Abenteuerspielplatz. Dad hatte sie bei einer Auktion als Teil eines Sammelpostens erstanden.

«Ist vielleicht was für deine Baumhäuser, Doreen», sagte er. Bei uns herrschte Schlafzimmermangel, was dazu führte, dass meine Eltern auf einem ausziehbaren Sofa im Wohnzimmer schliefen und es unmöglich war, das Haus unbemerkt zu verlassen oder zu betreten. Die Strickleiter veränderte alles. Sie bestand aus dicken Holzsprossen, die mit einem starken hellblauen Seil verbunden waren, und ließ sich einfach am eisernen Bettgestell befestigen. Wenn man sie aus dem Fenster hängte, reichte sie fast bis unten auf den Boden. Ich konnte wie Spiderman daran herunterklettern, auf den Weg hinter dem Haus springen und mich davonschleichen, wobei ich darauf achtete, dass der Kies nicht unter meinen Schritten knirschte.

Josie und ich verbrachten den Großteil unserer Zeit im Freien oder bei mir. Zu ihr wurde ich nur selten eingeladen. Josies Mutter zufolge gehörte ich zur Unterschicht, verkündete Josie. Ihrer Mutter missfiel, dass ich barfuß und wild herumstromerte, und angeblich vergaß Josie in meiner Gesellschaft ihre guten Manieren, dabei war Josie mindestens genauso wild wie ich, wenn nicht wilder. Manchmal riefen wir unsere Eltern aus einer Telefonzelle an und sagten, wir würden bei der jeweils anderen übernachten. Dann konnten wir die Nacht im Freien verbringen. Gemeinsam kletterten wir die Felswände der Insel ab, die Klippen und Ränder von «The Rock», wie Jersey von seiner Bevölkerung liebevoll genannt wird. Eines windigen Tages rutschten wir bei Grosnez, der mittelalterlichen Burgruine ganz im Nordwesten, auf dem Gras einer Klippe ab und auf einen Abgrund zu, der drei bis vier Stockwerke hoch war. Unter uns schwappte die raue See über spitze Felsen. Wir blieben regungslos liegen und drückten uns an den Abhang. Langsam, ganz langsam krochen wir seitwärts, tasteten hektisch nach Halt, wenn ein Finger oder Fuß wieder abrutschte, schoben uns Stück für Stück nach oben, hielten uns am Felsen fest, aber mit Vorsicht, um keine lockeren Steine zu lösen.

«Das war knapp», sagte ich, als wir wieder in Sicherheit waren.

Wenn meine Mutter meine Freundinnen nach Hause fuhr, standen wir hinten in ihrem grünen Citroën Dyane mit zurückgerolltem Dach und legten uns in den Kurven. Dabei sang sie gemeinsam mit uns aus voller Kehle irische Balladen, dass der Wagen wackelte. Manchmal nahm Dad uns im Beiwagen seines Motorrads mit, in den sich zwei Kinder quetschen konnten und der in den Kurven gelegentlich abenteuerlich ins Kippen kam. Auf einer Auktion erstanden wir gelbe und blaue Mopeds, mit denen wir auf und ab und querfeldein knatterten, bis sie kaputtgingen. Einmal wateten meine Freundinnen und ich meilenweit in schlammigen Bächen durch Gärten, Felder und Wälder bis zum Meer hinunter, von Traubenzucker berauscht und die ganze Zeit laut singend. Wir brauchten den gesamten Tag dafür, am Ende hatten wir die Menschenwelt hinter uns gelassen und waren zu kreischenden, glitzernden Schlammamöben geworden. Es war sinnfrei und wunderbar.

In einer Sommernacht zu meiner Teenagerzeit, als Freunde meiner Eltern, die zu Besuch waren, das Babysitten übernommen hatten, kletterten Josie und ich mithilfe der Strickleiter aus dem Fenster meines Kinderzimmers. Die Luft war kühl, wir trugen Jacken, liefen zum Meer hinunter und an der Küste entlang, redeten, ließen Steine übers Wasser hüpfen und kletterten über Felsen, bis wir eine Landzunge namens Le Hocq erreichten.

Zum Schwimmen war es zu kalt. Das Schwappen und Plätschern der Flut war beruhigend. Wir häuften aus Kieselsteinen Kopfkissen vor der Uferwand auf, legten uns hin und schoben uns eine Ewigkeit lang zurecht.

«Egal, was ich mache, ich habe immer einen Stein im Rücken», sagte ich.

«Die sind zu groß, zu kantig», sagte Josie. «Und der Sand ist zu kalt, um darauf zu schlafen.»

Wir machten uns auf den Heimweg, sangen Suzanne Vega und Bob Marley und versuchten, das Gebrummel von Tom

Waits zu imitieren. Als wir zu Hause ankamen, war es nach Mitternacht.

Die Strickleiter war weg, mein Kinderzimmerfenster geschlossen. Hatten die Babysitter meinen Fluchtweg entdeckt? Oder wollte meine Mutter mir eine Lehre erteilen? Wir sahen nach, ob im grünen Gummistiefel im Außenklo der Hausschlüssel lag, wie sonst immer. Kein Schlüssel. Also holten wir uns ein paar muffige Decken aus dem Stall und rollten uns auf Brambles Weide im feuchten Gras zusammen, eingewickelt in unsere Jacken. Bramble graste so unmittelbar in unserer Nähe, dass es klang, als würde sie unsere Haare essen und wieder ausschnauben.

«Hast du das gesehen?», fragte Josie.

«Was?»

«Da drüben, beim Gürtel des Orion.»

«Ich sehe nichts.»

«Da! Eine Sternschnuppe.»

Ich starrte nach oben. Wünsche waren meine Spezialität. «Wahrscheinlich bloß ein Satellit.» Aber Sekunden später fiel wieder eine, dann weitere, sie kamen immer schneller. Aufgeschreckte, blinzelnde Sterne stürzten aus dem schwarzen Nichts heraus auf uns herunter. Jetzt war das Gras der perfekte Liegeplatz. Es waren so viele, dass wir aufhörten, uns etwas zu wünschen, und nicht länger mitzählten. Unsere Augen liefen über vor Lichtpunkten, und ich spürte, wie mein Geist in einem endlosen Universum aufging, in schwarzer Materie und in Licht. Alles war eins, erkannte ich, die Sterne, die Erde, Bramble, Josie und ich, wir waren alle aus demselben Stoff gemacht, nur irgendwie anders angeordnet.

«Josie! Wir sind aus Sternen gemacht.»

«Kosmisch, ey.»

Ich rupfte eine Handvoll Gras aus und warf nach ihr, sie lachte.

Wir müssen geschlafen haben, aber der Sturm in meinem Kopf ebbte die ganze Nacht lang nicht ab. Dank der Strickleiter, dank des Ausgesperrtwerdens. Genug Wünsche für ein ganzes Leben.

Ich kann den Gedanken an die dreitägige Rückfahrt mit Mike in einem Auto nicht ertragen. Gleich am Morgen informiere ich Don, dass Max und ich noch länger in Loreto bleiben würden, lächele dabei und versuche, entspannt zu klingen. Ich gehe mit Judi zum Frühstücksraum, sie nimmt Max an die Hand.

«Ich habe gestern Abend die ganze Geschichte zu hören bekommen», sagt sie. «Mike hat mir erzählt, dass er Kinder nicht ausstehen kann und Max' Anwesenheit ihm die ganze Reise versaut hat.»

«Was ist mit seinen eigenen Kindern?», frage ich.

«Habe ich auch gefragt. Er meinte bloß: ‹Tja, die sind alle erwachsen.› Ich dachte, du hättest dir das eingebildet. Es ist wirklich ziemlich abscheulich.»

«Ich wollte niemandem den Urlaub versauen.»

In der Frühstücksschlange im Café teile ich den anderen mit, dass wir uns von ihnen verabschieden. Mary fragt, was ich vorhabe. Weil ich es nicht weiß, fällt meine Antwort vage aus. Don erzählt am Tisch von einem Freund, der hier in der Gegend auf mysteriöse Weise verschwunden ist. Ich gebe nicht preis, dass es funktioniert, dass ich Angst bekomme. Ich kitzle Max, der auf meinem Schoß sitzt, er windet sich und kreischt. Die ganze Zeit hat er sich gut benommen, und Mike hasst uns trotzdem. Don räuspert sich, fragt, warum ich mich zum Bleiben entschieden habe.

«Mir gefällt es hier.» Es klingt albern. Ich sage nicht, dass ich mich unwohl und unsicher fühle, weil wir so offensichtlich nicht erwünscht sind.

«Begleitet dich jemand?», fragt er.

«Nein.»

«Da du nicht sagen willst, was du vorhast, muss ich dich darauf hinweisen, dass allein reisende Frauen in Baja nicht sicher sind.» Er setzt die Geschichte über seinen Freund fort, der Guerrero Negro in einem Van verlassen hatte. Der Van wurde später ausgebrannt am Straßenrand gefunden, darin eine verkohlte Leiche. Ich sage, das ist ja schrecklich, aber Don soll sich um uns keine Sorgen machen, ich habe Erfahrung im Reisen. Meine Stimme klingt schrill. Als der Jeep auf dem Parkplatz zurücksetzt, winke und lächle ich trotzdem mit echter Freude. Max wirft Judi einen Kuss zu.

In unserem Zimmer klappe ich den Laptop auf und buche mit zitternden Fingern umgehend den nächstbesten Flug nach Los Angeles. Uns bleiben zweieinhalb Stunden. Der Hotelmanager hilft mir, ein Taxi zu bestellen. Danach hektisches Packen. Max ahmt mich nach, öffnet seinen Minirucksack und stopft Flash und ein Puzzle von der Walwanderung hinein, das ich in Guerrero Negro gekauft habe. Ich kann meinen Talisman nicht finden, den geschnitzten Pottwal, auch nicht die vielen Walschlüsselanhänger, die ich als Mitbringsel gekauft habe.

«Wo sind die Wale?», frage ich verzweifelt die gemalte Frida.

«In *meine* Tasche», sagt Max.

Wir sind gerade fertig, da fährt draußen das Taxi vor. Die Fahrt zum Flughafen ist spektakulär. Felsen und Himmel und braun gefleckte Erde. Wir kommen an Kakteen vorbei, die wie Gruppen von Marathonläufern am Straßenrand stehen. Als wir am Flughafen halten, drücke ich dem Fahrer ein Geldbündel in die Hand und renne, ohne auf das Wechselgeld zu warten, mit Max unter dem Arm, Taschen und Autositz auf dem Kinderwagen balancierend in die Abflughalle hinein.

Die Sea of Cortés schimmert beim Abheben strahlend blau unter uns. Das Flugzeug fliegt eine Kurve, ein Flügel taucht in Richtung Ozean ab, der andere wird vom Himmel umflutet. Ich habe das Gefühl, die ganze Welt würde auf den Kopf gestellt und die Schönheit des Wassers bräche über mich herein. Still verabschiede ich mich von Calabaza und hauche ein Danke. Ich denke an die Grauwalmütter und ihre Kälber. Sie müssten die Lagunen bald verlassen. Meine Angst um sie, wenn sie sich hinaus ins tiefe Wasser wagen, ist so überwältigend wie meine Liebe zu ihnen.

Breitengrad: 71° 17′ 26″ N
Längengrad: 156° 47′ 19″ W

H inter Billy auf dem knatternden Schneemobil sitzend, bemerkte ich, dass das Licht über dem Meereis sich änderte, schwächer wurde. Die Luft war weiß, fast milchig, die Fahrt holprig. Der Konvoi der Kaleak-Crew vor uns tauchte auf und ab, aufgereiht wie Noten in einer Partitur. Es sah aus, als würden das *umiaq* und das Aluminiumboot schon jetzt auf dem Wasser hüpfen und nicht auf Schlitten. Der Wind blies ungehindert und donnernd auf uns ein. Ich war dankbar für meine geborgten Daunenfäustlinge und die Bunny Boots, die meine Füße bis minus 50 °C warm hielten. Bei dem Sturm waren wir dieser Temperatur vermutlich ziemlich nah. Ich hatte drei Paar Socken an, drei Paar Handschuhe, Skiunterwäsche, eine Fleeceunterhose und eine Skihose. Vom Erfrieren hielt mich aber vor allem der Lammfellparka ab, den Julia mir geliehen hatte, und natürlich Billy, dessen Rücken mein Gesicht vor der Kälte schützte, die durch meine Sturmhaube und die Skibrille drang, sobald ich an ihm vorbeilugte. Die Sonne sank zu ihrem im Frühjahr tiefsten Punkt hinab, die Welt wurde blau. Mein Körper war warm, aber innerlich wurde mir kalt bei dem Gedanken an den Ozean, der dunkel und tief unter dem Eis lag, über das wir uns bewegten.

«Halt Ausschau nach Rissen», schrie Billy über die Schulter hinweg. Die Crew hielt ständig die Augen auf nach Dingen, die mir völlig entgingen. Sie alle jagten seit ihrer Kindheit und kannten das Eis in all seinen Formen. Unter diesen Experten, ohne in irgendeiner Weise eigenständig handeln zu können oder auch nur die Sprache zu sprechen, die diese Landschaft beschrieb, war ich zu einem kleinen Kind geworden.

Das *tuvaqtaq,* das vor der Küste am Meeresboden verankerte Eis, und das feste Land lagen weit hinter uns. Mein Gesicht und meine Hände waren so taub, dass ich das Gefühl hatte, sie wären nicht mehr da. Billy hielt an, winkte und rief etwas. Die Crew wendete und kam zurück. Einer der Männer war von seinem Schneemobil gestiegen und untersuchte den voll beladenen Schlitten dahinter. Nach einem besonders steilen Anstieg war eine Kufe gebrochen. Wenn die Boote nach einem *ivuniq* abtauchten, einem Pressrücken, stießen sie fast mit dem Bug auf. Irgendjemand hatte den Schlitten vor der Abfahrt nicht richtig überprüft, was uns jetzt zum Halten zwang und der Kälte, Eisbären und was immer sich da noch draußen herumtreiben mochte aussetzte. Aber meine Mitreisenden suchten keinen Schuldigen. Sie waren ein Team und hatten gemeinsam ein Problem zu lösen. Also stellten sie im schneidenden Wind ein Zelt auf, entluden den Schlitten und untersuchten die Bruchstelle. Ich schaute zu. Van forderte mich mit einer Geste auf, ins Zelt zu gehen.

«Ich kann helfen», rief ich ungehalten. Der Sturm kreischte lauter als ich. Da niemand mich hörte, streckte ich Ira, der die Säge hielt, meine Hand hin. Er zögerte kurz und überließ sie mir. Die anderen schauten skeptisch zu. Ich gab mein Bestes, hatte nach einigen Minuten die gesplitterte

Kufe durchgesägt und reichte das Werkzeug zurück. Die Mienen einiger Crewmitglieder, die bis dahin misstrauisch oder regelrecht feindselig gewesen waren, entspannten sich. Van, der mich seit unserer Abfahrt weitgehend ignoriert hatte, nickte mir zu. Als der Schlitten repariert war, gingen alle zu ihren Schneemobilen zurück.

«Riley, folge mir mit dem *umiaq*», brüllte Van, der den Schlitten mit dem Aluminiumboot zog. «Doreen, du bleibst bei Billy.»

«Alles okay? Ist dir kalt?», rief Billy, als er den Motor anließ.

«Alles okay», schrie ich zurück.

«Halt dich gut fest.»

Das tat ich, krallte mich aber nicht mehr ganz so fest an Billys Parka wie zuvor.

Nach stundenlanger Fahrt erreichten wir die Rinne, die das Meereis durchschnitt. Harsches Weiß ließ die Welt eins werden, das Unten und Oben ineinanderschmelzen. Kein Braun, kein Gelb, nichts, das an Land erinnerte. Die Rinne war ein grauer Streifen, die einzige andere Farbe. Das Oberflächenwasser gefror vor unseren Augen. Weiter draußen wogten Wellen, war das Wasser noch flüssig, aber das Eis war auf dem Vormarsch. Der Schnee wehte horizontal, wir bauten in aller Eile das Camp auf. Ich schätzte die Breite der Rinne auf etwa achthundert Meter. Man konnte das andere Ufer sehen. Ich folgte der Crew, wollte mich nützlich erweisen, machte nach, was die anderen machten. Sie hackten den Eisrand glatt, eine Einladung an die Grönlandwale, hier aufzutauchen und Atem zu holen. Ich durfte helfen, stieß mit einer Stange die Eisblöcke weiter ins Wasser hinaus, damit sie von der Strömung erfasst wurden. Allerdings bekam Van bald Angst, ich könnte stolpern und ins Wasser fallen. Dann würde ich ertrinken oder unter das Eis geschwemmt werden oder wäre in wenigen Minuten erfroren. Ich blieb in der Nähe der Crew.

Weiße Welt, weißes Zelt, weiße Parkas über den Fellen. Es war hypnotisierend. Das Weiß diente den Jägern als Tarnung, um von den Walen nicht gesehen zu werden. Aus aufrecht gestellten Eissplittern war ein Sichtschutz errichtet worden, hinter dem sich die Jäger mit ihren Harpunen verstecken konnten, wenn irgendein Tier über die Kante schaute. Auf dem Eis waren wir Menschen deutlich zu sehen, was wir taten, was wir planten, wohin wir uns bewegten. Das vereitelte jede List. Ich fühlte mich auf meinen innersten Kern zurückgeworfen und konzentrierte mich auf jeden einzelnen Moment. Der Schnee schmolz nicht, wurde auch nicht matschig, blieb immer weich und fluffig. Mit Spaten kratzten wir einen Pfad zum Zelt frei, das sechs Meter von der Rinne entfernt und außer Sichtweite der Wale stand. Um Energie zu sparen, bewegten sich alle sehr langsam. Schwitzen war nicht gut, denn wenn die Haut unter den Schichten klamm war, wurde einem kalt. Vor allem die Füße mussten trocken bleiben.

«*Alappaa?*» Ist dir kalt?, war eine häufige Frage. *Ii* hieß ja. *Naumi* nein. *Utuguu* ein bisschen.

Weil ich alles filmte, lachten die anderen mich aus, vollführten kleine Tänze an der Rinnenkante, taten so, als würden sie ins Wasser springen wollen. Van kniete auf einem Karibufell, die Harpune in der Hand, und zeigte aufs Wasser.

«Propanofen, Propanherd, Eis zu Wasser schmelzen.» Leif war in gewohnt jovialer Laune und hatte im Kochzelt Kaffee aufgesetzt. Fünf der Männer ruhten sich im Schlafzelt aus. Routine war, dass es keine Routine gab, da Tag und Nacht keine sinnvolle Einteilung mehr waren. Ein langer Tag wurde etwas dunkler und dann wieder heller, immer wieder. Ich wusste nicht, wie spät es war. Wir waren auf Jagdzeit,

Uhren hatten keine Bedeutung. Immer waren einige von uns wach, aufmerksam und bereit, beobachteten das Wetter und das Eis, jede Bewegung, jede Veränderung. «Das da draußen ist Gletschereis», sagte Leif. «Altes Eis von früher, aus Frischwasser, nicht Salzwasser.» Ich könnte mich nützlich machen und Eis holen, schlug er vor.

«Such nach einem glatten Huckel. Wie eine Beule am Kopf», sagte Van. Der Schnee lag hoch, ich sank einen halben Meter tief ein und hoffte, darunter würden sich keine Risse oder Löcher befinden. Ich holte eine Spitzhacke aus dem Schlitten, suchte mir einen glatten Hügel aus, kletterte hoch und schaute über die dunkle Rinne hinweg. Dann ging ich die Hügelspitze mit der Spitzhacke an. Das Metall rutschte seitlich ab, nur winzige Splitter lösten sich. Ich setzte alle Kraft ein und führte Selbstgespräche, um mir Mut zu machen. Die Hacke prallte ab. Nichts. Nach ein paar weiteren Versuchen löste sich schließlich ein Brocken. Unter dem Schnee schimmerte es plötzlich blau. Ich hatte das alte Eis gefunden. Ich hob die Hacke hoch über den Kopf und schlug mit aller Kraft zu. Ein paar Splitter. «Hör auf, das Eis vollzuquatschen», rief Van. Endlich hatte ich einen Eimer mit Eis gefüllt, den ich zum Zelt zurücktrug. Leif gab mir ein Sandwich mit Schweinekotelett, das vor Fett triefte. Er und Eli teilten sich den Küchendienst. Vegetarierin? Leif flüsterte das Wort. Anblick und Geruch des Sandwiches verursachten mir Übelkeit, ich zögerte. Aber als ich Leifs Gesicht sah, griff ich zu, bedankte mich, kaute, konzentrierte mich auf den Salzgeschmack und bemühte mich, das Knirschen der Fettschwarte und den Fleischsaft zu ignorieren. Ich atmete durch die Nase und schluckte die Bissen so schnell wie möglich herunter, dazwischen nippte ich an dem kochend heißen Instantkaffee.

Van hatte einen Kompass auf das Eis gesetzt. Änderte die

Nadel die Richtung, wussten wir, dass unser Lager vom Eis abgebrochen war und wir aufs Meer hinaustrieben. Ich ließ den Kompass kaum aus den Augen. Außerdem probierte ich das Satellitentelefon aus, rief in London an, packte es wieder weg und vergaß es. Draußen erforderte alles Überlegung und Planung. Das Sein, Eisbären, Risse, das Zittern der Kompassnadel. Das Sehen. Vorsicht, wenn es hell ist, wirst du schnell schneeblind. Das Atmen, am besten windabgewandt. Zum Klo gehen, genauer gesagt hinter den kleinen Eishügel. Sein Geschäft in der Eiseskälte zu erledigen, ohne blankzuziehen oder die Felle einzunässen, erforderte Sorgfalt und Präzision. Nasse Kleidung würde gefrieren, daher hockte ich mich vorsichtig hin und hob den Parka hoch, aber nicht so hoch, dass der harsche arktische Wind darunterwehen konnte. Auch das Schlafen wollte wohlüberlegt sein. Die Crew durfte auf der Eisbank schlafen, ich nicht. Wenn ich eindöste, wurde ich umgehend ins Zelt geschickt.

«Du erfrierst sonst», sagte Van. «Du bist keine Iñupiat.» Ich musste mich erst daran gewöhnen, mir in dem Gemeinschaftszelt einen Schlafplatz zu suchen. Van schnarchte so laut, dass es schon komisch war, allerdings behauptete er, Ira würde noch lauter schnarchen.

«Sie liegt neben Jeffrey», kicherte jemand, ohne zu merken, dass ich aufgewacht war. Jeffrey und ein anderer aus der Crew mussten je einmal in die Stadt zurückfahren und wegen irgendeines Vergehens unter Alkoholeinfluss vor Gericht erscheinen. Hier draußen gab es keinen Alkohol. Es war ein Zufluchtsort vor jeder Art von Droge.

Die Crew sprach am Funkgerät in stakkatohaftem Iñupiaq, man tauschte Informationen über die aktuelle Wetterlage und eventuelle Sichtungen aus. Sie beschrieben die sich ständig ändernden Wetterbedingungen, hatten Wörter für Eis unterschiedlicher Dicke und jeden Alters. Die meisten

Wörter schienen hinten in der Kehle zu stecken oder ließen die Zunge im warmen Mund. Harte Konsonanten wie «q» wurden gut übertragen. An einem Tag wie diesem, einem Wartetag, gab es keinen Grund, laut zu werden.

«Guten Tag, alle miteinander», meldete sich das Funkgerät. Ein Chor antwortete. Die ganze Gemeinde war im Geiste hier draußen, alle gehörten indirekt zur Crew. «Guten Tag, kommt zur Leavitt Base und holt euch Bonbons ... Viel Glück, Leavitt Crew, viel Glück allen von der W-W Base ... *Quyanaqpak**, Tante Alice, auch deiner Crew viel Glück.» Walrösser wurden erwähnt. Van nahm ein Gewehr, legte es auf das Heck des *umiaq* und schaute durch den Sucher Richtung Westen.

«Sehe ich wie ein *tanik* aus?», fragte Leif, der nach etwa einer Woche auf dem Eis gerade von einem Besuch bei seiner Freundin in der Stadt zurückgekommen war. «Ein weißer Mann», übersetzte er mir zuliebe. «Jemand meinte, ich sähe heute wie ein *tanik* aus. Muss an meiner braunen Latzhose liegen.» Er zog die Ohrenklappen seiner Mütze herunter. «Ein echter Teutone.»

«Wie merken wir, dass ein Wal kommt?», fragte ich. Leif zog Luft durch den Speichel hinten in seiner Kehle, ein tiefes Kratzgeräusch.

«Das hörst du, dann siehst du was Schwarzes. Und dann sind alle hier ganz aufgeregt.»

«Die großen Alten, die klingen wie ein Motor. Das Eis vibriert», sagte Van. Ich konnte es mir nicht vorstellen, war nicht sicher, ob ich wirklich glaubte, dass die Wale schließlich kommen würden.

---

* Iñupiaq für *Vielen Dank*.

Craig George und ein Zusammenschluss aus Wissenschaftlerinnen und indigenen Walfängern halten den Grönlandwal für das wahrscheinlich langlebigste Säugetier überhaupt.
Die Weibchen kalben alle drei bis vier Jahre, die Schwangerschaft dauert drei Monate länger als beim Menschen. *Agvigit*
können über zweihundert Jahre alt werden, sie sind ein Art
Zeitmaschine. 1981 wurde ein Elfenbeinharpunenpfeil mit
Metallspitze[1] im Blubber eines Wals entdeckt, der vor Wainwright gefangen worden war, weiter westlich an Alaskas
Nordküste. Später wurden in gestrandeten Walen noch ältere
Harpunenspitzen aus Stein und Elfenbein gefunden. Wenn
man diese Funde mit den von Anthropologinnen gesammel-
ten Harpunen verglich, ergab sich, dass sie zwischen einhundertdreißig und zweihundert Jahre alt waren und damit aus
der Zeit vor dem ersten Kontakt mit Europäern stammten.
Durch Untersuchungen der Augäpfel von frisch gestrandeten
Walen gelang es Craig und seinen Kolleginnen auch, das Alter
einzelner Exemplare zu bestimmen. Die Linse der Augäpfel
enthält Proteine, die sich im Lauf des Wallebens verändern.
Ein fast fünfzehn Meter langes Männchen, das 1995 getötet
wurde, war geschätzt zweihundertelf Jahre alt gewesen. Die
Iñupiat wussten schon immer, dass Grönlandwale sehr alt
werden, sie geben das Alter als «so lang wie zwei Menschen-
leben» an.[2] Die Jäger waren also nicht überrascht.

Eine Lebensspanne von zweihundert Jahren bedeutet,
dass ein großer, alter *agviq* viel gesehen hat. Er ist kleinen
umiaqs und großen Walfangbooten entkommen. Er hat miterlebt, dass es im Ozean immer lauter geworden ist, und
hatte das Glück, nie mit einem Schiff zu kollidieren. Vielleicht hat er gemerkt, dass sich seine Spezies nach dem Ende
des kommerziellen Walfangs wieder erholt hat, laut Craig
zweifelsohne eine der großen Erfolgsgeschichten im Umweltschutz des vergangenen Jahrhunderts.

«Es sind zähe, resiliente Tiere», sagte er, «aber ihnen steht eine unsichere Zukunft bevor.» Obwohl das Arktismeer ertragreicher wird, kann niemand sagen, inwieweit sich die Wale oder ihre Beute an eisfreies Wasser in einem immer wärmeren und zunehmend sauren Meer anpassen können. Unter Fachleuten halten sich Sorge und Optimismus die Waage.[3] Grönlandwale haben sich als Eiswale entwickelt, und statistischen Berechnungen nach könnte die Arktis schon zwischen 2030 und 2040 im Sommer eisfrei sein.[4] Da Krabbenfischerei und Fischfang nach Norden vorrücken, stellen Fangnetze die weltweit größte Gefahr für Bartenwale dar. Es gibt viele Faktoren, die den Walen gefährlich werden können. Um Grönlandwale zu gefährden oder sogar auszurotten, müssten wir ihnen nicht einmal selbst den Todesstoß versetzen. Die Wale von heute sind auf Lebenszeit Pioniere.

Ich saß auf der fellbedeckten Bank hinter der weißen Schneewand und wartete. Billy hatte auf einem etwa sechs Meter hohen Eishaufen Position bezogen und hielt Wache. Ich spähte hinüber auf die andere Seite der Rinne, wo sich das Eis bis zum Nordpol erstreckte, und versuchte, Eisbären ausfindig zu machen. Billy hatte berichtet, dass er auf der Fahrt in die Stadt einem begegnet war. Der Bär hatte ihm den Weg versperrt und war auf ihn zugekommen. Billy hatte sich hinter dem Schneemobil in Deckung gebracht und in die Luft geschossen, um das Tier zu vertreiben.

«Da, da ist einer», sagte Riley.

«Siehst du das hohe Eisstück da? Da!», sagte Billy.

Ich sah nur Eis.

«Da drüben. Folge dem Eis an dem Hügel da vorbei, hinter dem blauen Eis», sagte Van. Ich sah ihn misstrauisch an, suchte nach einem Hinweis darauf, dass er mich aufzog. «Da, noch einer», sagte er. «Such nach der schwarzen Nase.»

Riley wies mich in die Hierarchie ein. Ich stand natürlich ganz unten. Das bedeutete, ich hatte für eine ständig gefüllte Kaffeekanne zu sorgen sowie für stetigen Eisnachschub für das Wasser. Es gab immer etwas zu beobachten, manchmal auch nur Jäger, die die Rinne, das Eis oder den Himmel beobachteten. Ich schaute dahin, wo sie hinschauten, und versuchte zu sehen, was sie sahen. Eine freundliche Frau in der Schulbehörde hatte mir ein Buch für junge Walfänger[5] gegeben. Der kleine spiralgebundene Band erklärte Wetterbegriffe, die Morphologie von Grönlandwalen, Walfangwerkzeuge und das Schlachten auf sowohl Iñupiaq als auch auf Englisch. Der Kapitän konnte den Kindern in verschiedenen Disziplinen Noten geben, unter anderem für das Zeichnen einer Wegekarte zum Walfanglager, für das Führen eines Walfangtagebuchs, für Vermerke über Wetter- und Rinnenbedingungen und für das Ausfüllen eines Walsichtungsbogens. Auf diese Weise ließ sich der Walfang in den Lehrplan integrieren. Ich ging zu Van und probierte an ihm aus, was ich für den korrekten Ausdruck für einen bestimmten Eisbereich hielt. Er zog bloß eine Augenbraue hoch und weigerte sich, meine Kritzel auf der Wegekarte zu kommentieren. Ich packte das Buch weg und ging wieder dazu über, zuzusehen und zuzuhören, mehrjähriges Eis zu sammeln und Kaffee zu kochen.

Ein scharfer Wind wehte, die Oberfläche der Rinne sträubte sich in der bläulichen Nacht. Dann kamen die Wale.

Ich hörte sie, noch bevor ich sie sah. Ihr Atem zischte in der Stille. Ein so überraschendes, fremdartiges Geräusch, dass es die Welt aufbrach. Jetzt waren wir nicht mehr die einzigen Lebewesen in dieser treibenden Eislandschaft. Sie tauchten in der Rinne auf, Belugas, jeder Atemzug ein Zeichen von Ausdauer, List, Intelligenz, Gemeinschaft, Evolution, Glück.

Sie erinnerten an Räder, die rhythmisch durch das Wasser pflügten. Die riesigen weißen Mütter ähnelten Geisterwesen, die Jungen schwammen wie Koggen nebenher. Sie nahmen sich zum Luftholen nur wenig Zeit, ein heiseres Keuchen tief in der Kehle, ein Aufbäumen des Rückens. Ihr Ziel lag weit vor ihnen. Ich nahm ihre Atemzüge vom Rinnenrand aus auf, filmte sie stundenlang. Hier war eine fremde Intelligenz am Werk, mir blieb nur der Blick von außen. Und wir warteten weiter.

Ich erlebte meine bisher lustigste Nachtschicht. Die Stimmung im Zelt war bestens, die Crew spielte Karten, ich verlor jede Partie. Billy erzählte, wie einmal ein Grizzly sein Boot in zwei Hälften gebissen hatte.

«Schrecklich. Ich hasse Grizzlys», sagte ich und machte mich daran, wieder Eis zu schmelzen. Dann hielt ich inne. Was hatte ich gerade gesagt? Wer war ich?

Draußen rollte die Flut heran, vom Mond gezogen, schwappte aufs Eis. Ein tiefer, widerhallender Klang, wenn Luft und Wasser mit aller Wucht dröhnend aufeinander- prallten, die Kraft von Planeten sich auf den Punkt im Eis auswirkte, auf dem wir unser Lager aufgeschlagen hatten. Knirschen, Glucksen, Wogen, Knacken, Seufzen. Die Rinne war erfüllt von Geräuschen, nur wir an ihrem Rand verhiel- ten uns ruhig, denn Wale haben ein sehr empfindliches Ge- hör. Billy und ich saßen auf der Bank und sahen den vorbei- schwimmenden Belugas zu.

«Manchmal», murmelte er in die Nacht hinein, «sehen wir einen Grauen. *Aġviġluaq.*» Das ist die seltsamste aller Er- innerungen, fast keine Erinnerung mehr. Die Worte warte- ten jahrelang auf den richtigen Moment, bevor ich sie wahr- nahm, wie zum ersten Mal.

Der Kopf einer Robbe trieb vorbei, als wäre er vom Körper abgetrennt. Der Funk flüsterte Iñupiaq. Billy rauchte und hustete. Neben der Sichtblende hatte sich ein Kippenhaufen angesammelt. Billy stand auf und leerte den Rest aus seinem Kaffeebecher darauf aus. Die anderen ruhten sich im Zelt aus, komplett angezogen, eine ähnliche Landschaft aus weißen Hügeln wie draußen. Van murmelte ins Funkgerät, ich hörte Julias Stimme antworten. Ich verpasste das Signal, plötzlich waren alle draußen am Boot. Billy packte das *aqu*, das Heck, um es ins Wasser zu schieben. Alle schauten nach Westen. Im Funk war eine Menge los.

«Der erste Wal, seven-one, guten Morgen», sagte eine Frau.

«Kaleak-Crew, seven-four», war Julia zu vernehmen. Billy ließ das Boot stehen und ging antworten. «Sie sind da oben», sagte er.

«Alles ist da oben», sagte Van leise und frustriert. In dem Moment wurde weit draußen in der Rinne ein großer, runder, schwarzer Rücken sichtbar. Er schien so lang wie ein Bus zu sein, oder sogar zwei. Die Crew bewegte sich leise, fließend, wie aus einem Guss. Van sah mich an. Ich rührte mich nicht, und er nickte. Ich durfte nicht in die Nähe des Boots kommen, geschweige denn einsteigen, ich würde nur mich und die anderen gefährden. Der Wal verschwand seufzend in der Tiefe, und Van ging zurück zur Bank. Das Lager kehrte in den Wartezustand zurück. Ich war todmüde, wollte aber nichts verpassen, stellte mich ans Wasser, schaute auf die Rinne hinaus und sang leise das Lied meiner Großmutter. Ich tat es, um mich von meiner Müdigkeit abzulenken, und es war das Einzige, was ich zu dieser uralten Jagd beitragen, den Gejagten geben konnte.

«And then she went homeward with one star awake, as the swan in the evening moves over the lake.»

Billy beobachtete mich. Als ich merkte, dass die Crew mich hören konnte, kehrte ich verlegen um. Hoffentlich würden sie mir den Lärm, den ich verursacht hatte, nicht übel nehmen. Ich kroch ins Zelt und beschloss, mich schlafen zu legen, nicht im Weg zu sein. Drinnen drehte ich mich um und hob die Eingangsklappe, um hinauszuschauen. Van war am *umiaq*. Ein paar Meter von der Stelle entfernt, an der ich gestanden und gesungen hatte, war der runde schwarze Rücken eines Wals zu sehen. Er schwamm einen Kreis, tauchte wieder auf, schnaufte scharf aus.

«*Iŋutuq*», murmelte Billy. «Er sucht jemanden.»

Die Jäger stiegen ins Boot.

«Da drüben liegt ein Gewehr», sagte Van und zeigte auf den Schlitten, «falls ein Eisbär auftaucht.» Diesmal war es kein Scherz.

Sie stießen vom Eis ab. Wieder kam der Wal hoch, um Luft zu holen, eine perfekte runde Welle, dunkel wie das Meer, nur durch das Glänzen des glatten Rückens auszumachen. Der restliche Körper war von einem Ozean verdeckt, der jeden Lichtstrahl schluckte. Der Wal drehte und kam auf das Lager zu. Die Männer paddelten leise, die Harpune zerschnitt die Luft, das abgerundete Ende des Speers sah aus wie ein Auge an einem Spieß. Das *umiaq* kam mir plötzlich so zerbrechlich vor. Da ich nichts tun konnte, machte ich mir um alles gleichzeitig Sorgen. Die Bootshaut könnte ein Loch haben, das Boot könnte kentern, und wenn sie den Wal fingen, dann könnte er sie in die Tiefe ziehen oder das *umiaq* mit seiner mächtigen Fluke zertrümmern. Ich rührte mich nicht, aber mein Herz schlug so wild, als wäre ich entweder der Jäger oder die Beute. Noch eine fließende schwarze Bewegung auf dem Wasser. Dann tauchte der Wal ab, ehe die Crew ihm nahe genug kommen konnte, um die Harpune abzuschießen.

Später am selben Tag kam ein großes Tier von etwa fünfzehn Meter Länge an die Oberfläche und stieß einen Geysir aus, wieder genau da, wo ich leise gesungen hatte. Wenn ich an der Eiskante ein Paddel ausgestreckt hätte, hätte ich ihn gefühlt berühren können. Hatte mein langsames und ziemlich ergreifendes Lied den Walen etwa gefallen? Vielleicht klang die Melodie wie manche Walgesänge. Die Crew rannte zum Boot, hatte aber noch nicht abgelegt, als der Wal wieder unter dem Eis verschwand.

«Du bist unsere Walsängerin», sagte Van.

Als ich das nächste Mal ins Zelt kam, machten sie mir auf den Fellen am Boden Platz und gaben mir einen Emaillebecher mit Kaffee, *mir*, die das bisher täglich für sie getan hatte. Ich konnte gar nicht mehr aufhören zu grinsen. Als sie lachten, verbarg ich mein Gesicht im Pelz meiner Kapuze. Ein Wal kam genau unter unserem Lager aus der Tiefe nach oben. Vielleicht hatte er uns bereits gehört, denn er schwamm in direkter Linie von der Kante weg. Immerhin erhaschte ich eine Ahnung von dem massigen Körper unter uns, sah die kleinen Wellen um den Rücken herum, bevor er wieder verschwand.

Ein Stück weiter unten an der Rinne zog eine andere Crew in einem weißen *umiaq* los, weiße Gestalten, grau umrissen von den Kapuzenrändern und dem dunklen Wasser. Eine Szene, die sich seit Jahrhunderten nicht verändert hatte. Während ich ihnen zusah, schienen sich die Sekunden aufzulösen.

Archäologische Funde belegen, dass sich die Walfangsippen während der Kälteperiode um 1300 herum an jenen Abschnitten der Arktisküste sammelten, an denen noch verlässlich Zugang zu den Rinnen bestand. Boote mussten meilenweit über gefrorenes Meer bis ans offene Wasser gezogen und die Beute umgekehrt zurück in die Dörfer geschleppt werden. Die Menschen lernten, zusammenzurücken und zu kooperieren, anstatt sich wie bisher nach Gutdünken einzeln durch die Landschaft zu bewegen.

Die Gegenwart erforderte volle Aufmerksamkeit. Van stand an der Eiskante. Andere aus der Crew warteten hinter dem Sichtschutz, Billy am Boot. Alles war wie immer, abgesehen von mir. Ich stieß mit meinen Bunny Boots gegen das Eis, um den Zauber zu brechen. Am Rand der Rinne stehend, aber nicht zu dicht, schaute ich hinab in etwas, das genauso gut der Weltraum hätte sein können, nur dass wir bereits auf intelligentes Leben gestoßen waren. Ich stellte mir die Stimmen der Robben und das Stöhnen der Walrösser vor, das Knistern, Dröhnen, Jaulen, Zwitschern. Und natürlich das Brüllen und Singen der *aġviġit*. Ich wünschte mir, sie hören zu können, und fragte mich, ob ihre Gespräche sich im Laufe der Jahrhunderte weiterentwickelt hatten. *Auf zum Mittagessen* hatte sich vermutlich nicht groß geändert.

Aġviġit sind unterwegs, gleiten durch Kanäle und unter dem Eispuzzle hindurch. Ihre Rücken hinterlassen Spuren im gefrorenen Meer. Sie brechen Löcher und Spalten ins Eis und können mit dem Blasloch oben auf ihrem Schädel durch kleinste Risse Luft holen.

Der Grönlandwal ist ein schwimmender Kopf. Sein Maul ist proportional größer als bei jedem anderen Tier und klafft wie ein beweglicher Krater in den planktongesprenkelten Lichtstreifen, die von oben hereinfallen. Die Filterfressweise von Walen sieht harmlos aus, aber die Kräfte, mit denen sich ihr Kiefer schließt, sind immens. Um sein Körpergewicht zu halten, verschlingt ein erwachsenes Tier bis zu zwei Tonnen Nahrung am Tag und verarbeitet die winzigen Kreaturen, die es durch die Barten einfiltert, zu Blubber und Muskelmasse.

Barten sind eine evolutionäre Erfindung, die es den Walen ermöglicht, auf enorme Größe heranzuwachsen, während sie weite Entfernungen überwinden und dabei ihre Nahrung aus dem Meer filtern. Grönlandwale gehören zur Gruppe

der Mysticeten, die ihre Zähne verloren und vor etwa fünfundzwanzig bis dreißig Millionen Jahren feste Platten entwickelt haben, bestehend aus Keratinen wie unsere Haare
und Nägel. Große Polarwale, *aġviġit*, verfügen über schät-
zungsweise dreihundertzwanzig Hornplatten in jeder der
zwei Reihen auf beiden Seiten des Oberkiefers. Sie werden
länger als bei jeder anderen Spezies, in manchen Fällen über
vier Meter. Mitunter schwimmen Grönlandwale in V-For-
mation durch das Oberflächenwasser. Auf diese Weise kann
Beute, die aus dem Maul das anführenden Wals überläuft,
von den anderen dahinter aufgefangen werden. Sie sehen
außergewöhnlich aus, haben weiße Markierungen an Kinn
und Bauch und wunderschöne schwarze Haut, ihr Blubber
kann einen halben Meter dick sein. Der Bestand ist gut,
nimmt allerdings ab. In Vorwalfangzeiten lag die niedrigste
Zahl an Grönlandwalen geschätzt bei mindestens fünfzig-
tausend Exemplaren.[6] Als 1921 der kommerzielle Walfang
quasi eingestellt wurde, waren weltweit kaum dreitausend
Exemplare übrig. Nachdem um 1870 herum Grönlandwale
und Walrosse stark dezimiert worden waren, kam es auf der
Sankt-Lorenz-Insel im Beringmeer zu einer grauenhaften
Hungersnot.[7][8]

Heutzutage wird die Zahl der Grönlandwale auf etwa
dreiundzwanzigtausend Exemplare geschätzt.[9] Die Kälber
wachsen während der Stillzeit enorm schnell, und die Iñupiat haben früher ihre Fischernetze mit den Rippen ein-
jähriger Grönlandwale beschwert, die schwer und hart sind.
Wenn die Versorgung mit nahrhafter Muttermilch endet,
ist aufgrund der noch kurzen Barten die schnelle Wachs-
tumsphase ebenfalls vorbei. Bis zum Alter von fünf Jahren
werden dann dem Skelett Fett und Knochenmasse entzogen,
um die riesigen Köpfe und Bartenwälder im Maul zu bilden.
Dabei können die Rippen bis zu vierzig Prozent ihrer Masse

verlieren. Orcas im westlichen Ochotskischen Meer profitieren von dieser Schwäche. Eine Drohne hat eine Orcaschule
beim Angriff auf einen drei Mal größeren Jungwal gefilmt,
zu groß, um ihn zu ertränken. Die Matriarchin rammte ihn
von der Seite und brach ihm die Rippen, die anderen ver-
sperrten ihm den Fluchtweg. Schon vorher waren Kadaver
von Jungtieren aufgetaucht, deren Wunden vermutlich von
Orcas stammten, aber über die Taktik war bis zu diesen Aufnahmen gerätselt worden. Wunden hinterlassen auf der
Haut schwarzer Grönlandwale weiße Narben. Jedes Jahrzehnt werden mehr und mehr Bisswunden von Orcaangriffen verzeichnet, was aller Wahrscheinlichkeit nach an der
gestiegenen Anzahl von Schwertwalen und längeren Phasen
offenen Wassers aufgrund menschlicher Einflüsse liegt.

Ist ein Wal vier oder fünf Jahre alt, sind die Barten groß
genug, um ausreichend Futter aufzunehmen, damit der Körper wieder wachsen kann. Ausgewachsen sind die Tiere bis
zu neunzehn Meter lang und können bis zu einhundert Tonnen wiegen. Indigene Jäger haben Grönlandwale beobachtet, die mit ihren Riesenschädeln eine fast halbmeterdicke
Eisschicht zertrümmerten. Ihre Intelligenz und Sensibilität
sind ebenfalls bemerkenswert. In *Arktische Träume* schrieb
Barry Lopez über das englische Walfangschiff Cumbrian,
das 1823 auf ein siebzehn Meter langes, im leichten Eis der
Davisstraße zwischen Grönland und Nunavut schlafendes
Weibchen traf.[10] Der Wal wachte auf, schwamm langsam einmal um das Schiff herum, legte dann den Kopf an den Bug
und begann, das Boot rückwärts zu schieben. Die Crew war
vor Entsetzen wie versteinert. Erst nach mehreren Minuten
griffen die Männer zu den Harpunen und töteten den Wal.
Lopez beschreibt außerdem die Reaktion eines Grönlandwals, der von einer Harpune getroffen wurde: Er «sei so ungestüm getaucht, dass er innerhalb von dreieinhalb Minuten

1100 m Leine mitnahm, und dann so heftig auf den Meeresboden gekracht, dass er sich das Genick brach und den Kopf zweieinhalb Meter tief in den blauschwarzen Schlamm grub».[11]

Der Wind hatte aufgefrischt. Das Wasser in der Rinne war rau, gekräuselt, aufgewühlt. Das Meer war voller Leben, schien Bewusstsein zu haben, Bewegung zu wollen. Die Elemente halfen den Grönlandwalen. Beim Auftauchen waren sie nur schwer zu erkennen. Die Harpune schwebte am *sivu*, am Bug des Bootes, wurfbereit in der Luft. War es Einbildung, oder rückte das andere Ufer der Rinne näher? Iñupiaq-Rufe schwirrten durch den Äther und das Lager. Die Crew war plötzlich überall zugleich. Keine Einbildung. Das Packeis kam näher, schob sich auf unser Lager zu. Das Wasser sah aus, als würde es kochen. Die Rinne schloss sich in Windeseile. Binnen Minuten war das Zelt abgebaut, waren die Vorräte verpackt. Am Eisrand schoss ich im blauen Nachtlicht ein Foto von Billys *umiaq*, bevor es auf einen Schlitten gezogen wurde. Dann holte ich meine Videokamera, das allgemeine Drama hatte meine journalistische Ader geweckt.

«Leg das Ding weg.» Van stand urplötzlich neben mir. «Hilf packen!» Ich lief hin und her, auf der Suche nach einer Aufgabe, griff nach einer Zeltplane, wollte sie zusammenfalten.

«He, lass das», rief jemand. Schneemobile brausten in alle Richtungen davon. Billy schleppte das *umiaq* ab. «Doreen, fahr bei Leif mit», brüllte Van. Ich rannte zu Leifs Schneemobil, aber unser beider Gewicht plus der angebundene Schlitten waren zu viel für den Motor. Das Schneemobil rührte sich nicht von der Stelle. Die Rinne schloss sich immer schneller. Leif sprang ab. O Gott, wollte er mich hier im Stich lassen?

«Fahr! Mach, dass du hier wegkommst!», schrie er. Ich konnte zwischen den zerklüfteten Eishügeln keinen Weg erkennen und hatte außerdem keine Ahnung, wie man das Ding fuhr. Bisher war ich immer nur mitgefahren. Aber ich musste fliehen, vor dem hünenhaften, brüllenden Leif und vor dem näher rückenden Eis. Er sprang auf einen anderen Schlitten, ich drehte am Griff des Schneemobils, und plötzlich schoss es vorwärts, dann einen Hügel hinauf. Vor mir endloses Weiß, rechts von mir sah ich die anderen. Der Wind schlug wütend auf mich ein, das Schneemobil machte einen Sprung. Ich fuhr so schnell und so weit in die Richtung, in der ich das Festland vermutete, dass die Crew, die meine Schussfahrt beobachtet hatte, noch Wochen später darüber lachte.

«Du bist zäh», sagte Van, als die ganze Crew wieder am Küchentisch in der North Star Street versammelt saß. Zwar hatten wir keinen Wal gefangen, andere Crews aber schon, und alle waren wohlbehalten zurück. Julia hatte aus einem in der Kühltruhe gelagerten Fleischstück einen Karibu-Eintopf gekocht. Ich sah den Dampf aufsteigen und dachte an die Erdnussbutter und die Sailor-Boy-Cracker im Schrank. Nachdem ich da draußen in der Kälte auf Jagd gewesen war und seitdem ich die Geschichte dieses Orts kannte, waren meine Skrupel verflogen. Trotzdem traute ich meinem Körper noch nicht ganz, aß nur einen winzigen Löffel des Eintopfs und fürchtete, würgen zu müssen. Aber die Zeit auf dem Eis hatte mich verändert. Der Eintopf schmeckte nahrhaft und lecker.

Billy nickte mir zu. «Du hast dich da draußen gut geschlagen.»

«Wir werden dich vermissen», fügte Van hinzu.

Ich schaute ihn an und dachte an die ersten Wochen zurück, in denen ich so viele Fragen gestellt und von ihm immer nur ein mürrisches «Warte ab» zu hören bekommen hatte, begleitet von entnervtem Seufzen. Diese Zeit, diese Frau schienen lange hinter mir zu liegen.

Als Jeslies Bruder Harry zu Besuch kam, heckte Jeslie zu seinem Empfang einen Streich aus und baute mich ein. Ich sollte mich als Taxifahrerin ausgeben und mit einem Schild mit der Aufschrift *Kaleak* am Flughafen stehen. Wir kicherten auf der ganzen Fahrt dorthin. Nach und nach kamen die Passagiere in die kleine Ankunftshalle, die meisten wurden mit Umarmungen empfangen. Dann tauchte ein Mann mit weißen Haaren und Schnurrbart auf und sah sich suchend um.

«Harry Kaleak?», rief ich. «Hier entlang. North Star Street, stimmt's?» Alles in geschäftsmäßigem Ton.

Harry nickte zögernd und folgte mir wortlos zur Tür. Plötzlich sprang Jeslie feixend hinter einer Säule hervor. Harry sah so erleichtert aus, dass ich ebenfalls lachen musste. Auf der Rückfahrt kreischten und lachten wir alle. Jedes Mal, wenn sich an jenem Abend unsere Blicke trafen, kicherten wir wieder los. Ich gehörte dazu, war Teil der Kaleak-Familie in der North Star Street. Ich gehörte dazu, ich gehörte dazu, ich gehörte *wirklich* dazu.

Tage später nahm Billy mich mit an die Stelle unseres alten Lagers und zeigte mir den zwei Stockwerke hohen *ivuniq*, der sich gebildet hatte, als die Seiten der Rinne aufeinandergeprallt waren. Ein erstarrter Sturm, Haufen auf Haufen von gesplittertem Eis. Unser schönes Lager war vernichtet. In dem Moment verstand ich wirklich, wovor wir geflohen waren. Ich kletterte auf den Eisbrocken herum, bis Billy sichtbar nervös wurde. «*Kiita*», sagte er und gab mir mit einer Kopfbewegung zu verstehen, dass ich da wegsollte.

Ich gehorchte ihm wortlos, was ungewöhnlich für mich war. Hier draußen in Schnee und Eis war ich einer Landschaft ausgeliefert, wie ich sie mir niemals derart wunderschön oder feindselig hätte ausmalen können. Die Natur war nicht mehr die Zuflucht, die sie seit meiner Kindheit für mich bedeutet hatte. Loszurennen, zu fliehen, wenn mir danach war, konnte den Tod bedeuten. Das Eis hatte mich nicht nur verzaubert, es hatte meine Schutzwälle durchbrochen, mir die Unabhängigkeit genommen. Ich konnte nirgendwohin fliehen, und mit ihrem Eis, ihren Walen und ihrer Gemeinschaft besaß die Crew etwas, das ich unbedingt haben wollte. Ich musste mir abgewöhnen, mich immer wieder zu verschließen und davonzurennen.

Und wider aller Erwartungen gehörte ich dazu.

VON PALOS VERDES NACH
MONTEREY BAY

Breitengrad: von 33° 46′ 6″ N
nach 36° 46′ 59″ N
Längengrad: von 118° 20′ 57″ W
nach 121° 50′ 3″ W

Die Klippen von Palos Verdes ragen südlich von Los Angeles in den Pazifik hinein. Unser Besuch in den Geburtslagunen vor Mexiko liegt Monate zurück, wir sind endlich wieder in den USA und beginnen den zweiten Teil unserer Reise dort, wo Grauwalmütter und ihre Jungen auf dem Weg nach Norden in großer Zahl vorbeiziehen. Ich schaue aufs Wasser, bei jeder Wellenbewegung schlägt mein Herz schneller. Laut Caro, Führerin am Point Vicente Interpretive Center, wurden hier letzte Woche Wale gesichtet. Sie hat Max und mich bei unserer Ankunft wie alte Freunde begrüßt und uns gezeigt, wo man die Tiere am besten beobachten kann. Eine Seevogelperspektive auf reines Blau. Ozean und Himmel sind sanft gestimmt, nur die salzige Brise flüstert von wilderen Winden in weiter Ferne. Ich betrachte durch das Fernglas einen glänzenden Kreis.

«Ich bin dran, Mummy.» Max greift nach dem Fernglas und wirft einen schnellen Blick hindurch. «Keine Wale. Sind weg.» Er setzt das lebhafte Gespräch zwischen seinem Spielzeugauto und einem Kaktus fort. Vorgestern sind wir in London abgeflogen, gestern in L.A. gelandet. Diese Pause im Lebensbewältigungskampf ist eine willkommene Erleichterung. Wir haben einen Monat Zeit für den zweiten Abschnitt der Reise, vor uns liegt eine dicht geplante Abfolge von Zügen, Bussen und Fähren. Palos Verdes ist der erste Zwischenstopp, bekannt für Walsichtungen, jedes Jahr findet hier eine Zählung statt. Bisher ist jedoch nichts als wogendes Meer zu sehen. Keine grauen Rücken im Wasser, kein herzförmiger Blas.

Vor einhundertfünfzig Jahren haben Küstenwalfänger voller Hoffnung auf dieses Meer geblickt und die Wale in kleinen Ruderbooten mit einem einzigen Segel verfolgt. Das war gefährlich, denn ein harpunierter Wal vermochte ein Boot viele Meilen hinaus aufs offene Meer zu ziehen. Doch für einige Fässer Walöl nahmen die Männer das Risiko bereitwillig auf sich.

Max und ich essen Bagels vom Frühstückbuffet des Hotels. Ich frage Caro, wo die freiwilligen Walzählerinnen heute stehen werden.

«Oh», sagt sie, «die Zählung wurde gestern beendet.»

Ich erstarre mitten im Kauen, bekomme keinen Bissen mehr hinunter. Ich hatte geplant, den Tag mit den Walleuten zu verbringen, Max sollte auf meinem Schoß Blas und Fluken zählen. Wie habe ich es geschafft, die Termine durcheinanderzubringen? Ich rufe die Walexpertin Alisa Schulman-Janiger an, die die Zählung koordiniert, und bemühe mich, nicht allzu verstört zu klingen. Alisa ist Meeresbiologin und Wissensvermittlerin. Seit Januar 1984 organisiert sie jedes Jahr die Teams, die täglich zwischen Dezember und Mai von Sonnenaufgang bis Sonnenuntergang Wale auf ihrem Weg nach Norden zählen. Dieses Jahr wurden 1152 Wale gesichtet, darunter 138 Mutter-Kalb-Paare, die siebthöchste

Anzahl seit Beginn der Zählungen. Die Wale, die wir in Baja gestreichelt haben, müssen dabei gewesen sein. Wenigstens hat ihnen jemand zugesehen und sie auf ihrem langen Marathon nach Norden angefeuert.

Im Garten oben auf der Klippe kreischen Kinder, wahrscheinlich eine Schulklasse, die das Ausstellungszentrum hinter uns besucht. Ich habe jedes einzelne Tangbündel angestarrt, um auszuschließen, dass es nicht doch ein Wal ist, und stecke widerstrebend das Fernglas ein. Wir schauen uns die Ausstellung an. Die großen Grauwalmodelle sind vermutlich besser als gar nichts, denke ich widerwillig. An einem sind Klappen angebracht, hinter denen man das Gehirn, den Bauch und einen kleinen zusammengerollten Fötus betrachten kann, der aussieht, als würde er schlafen. Max ist begeistert. Ich bin leicht angewidert.

Obwohl Max noch zu klein ist, um sich später wirklich an alles zu erinnern, hoffe ich, dass diese Reise mit den Walen auf irgendeine Weise bei ihm bleibt und ihm Kraft gibt. Der Start in unser gemeinsames Leben war alles andere als einfach, wir waren gezwungenermaßen viel unterwegs, was ich ihm als Abenteuer zu verkaufen versucht habe. Unsere Bindung ist so eng, dass wir regelmäßig die Gedanken des anderen lesen, aber mir ist wichtig, dass Max seinen eigenen Platz in der Welt findet. Nach dem beengten Wohnheim soll seine Welt groß und wild sein. An Plastikwalmodelle hatte ich dabei nicht gedacht. Aber als ich Max mit Caro durch eine künstliche Seehöhle tapern sehe, wird mir klar, dass er die Modelle mit den Walen verknüpft, denen wir in der Lagune vorgesungen haben. Er erforscht die äußere Welt und gleichzeitig sein eigenes Inneres. Ich dagegen werfe dem Meer einen sehnsüchtigen Blick zu. Wo sind meine pockenbesetzten Seeungeheuer?

O Gott, wir haben die Wanderung verpasst.

Ich rufe Wayne Perryman an, der sich weiter nördlich in Point Piedras Blancas befindet, und frage, ob er Grauwale gesehen hat. Er ist Meeresbiologe am National Oceanic and Atmospheric Administration's Southwest Fisheries Science Center, und ja, er hat gestern drei Kuh-Kalb-Paare beobachtet.

Die Wale verschieben die Wanderung nach Süden, um die längeren Futterzeiten in der Arktis auszunutzen, sagt er, und sie verlassen die Geburtslagunen früher.

Sie machen sich früher auf den Weg nach Norden, deswegen habe ich sie wohl verpasst. Der Klimawandel bringt ihre Abläufe und damit unsere Pläne durcheinander. Um sie noch einzuholen, müssen wir uns beeilen.

Wayne sagt, die Zählung sei wichtig, um die Population einschätzen zu können, und die Anzahl der Kälber hinge von der Eisdecke an den arktischen Futterplätzen ab. Je wärmer das Wasser, desto weniger der kleinen, am Grund lebenden Flohkrebse gibt es, die die Wale gern fressen. Wenn die Weibchen an einem bestimmten Punkt der Schwangerschaft nicht ein bestimmtes Gewicht erreicht haben, kommt es zu Fehlgeburten. Die Wale würden überall entlang der Wanderroute Nahrung aufnehmen, sagt Wayne, und probieren neue Nahrungsquellen aus. Manche überwintern sogar in der Arktis. Da solche Verhaltensanpassungen auf grundlegende Veränderungen im Meer hindeuten, gelten Grauwale als Indikatorart. Indikatorarten leben oft in einer spezifischen Nische, zu ihnen gehören Moose, die Toxine aus der Atmosphäre aufnehmen, womit sich die Luftverschmutzung überwachen lässt. In gewisser Weise sind Grauwale, die den halben Planeten abschwimmen, wohl so etwas wie die Mutter aller Indikatorarten.

Caro und Max kommen auf der anderen Seite der Unterwasserwelt wieder zum Vorschein, ihr Gesprächsthema sind jetzt Autos. Caro hat Feierabend und bietet an, uns zum Hotel zu fahren.

«Caro hat ein großes blaues Auto, Mummy», sagt Max, als müsste er mich überreden. Auf dem Hinweg haben wir den Bus genommen, aber der hat uns eine Meile entfernt von hier an einer Tankstelle abgesetzt. Den Rest sind wir bei einem freundlichen Paar mitgetrampt, das gerade getankt hatte. Ich frage Caro, was sie am Nachmittag noch vorhat.

«Ich habe einen Röntgentermin, wegen Brustkrebs», sagt sie. Meine Dankbarkeit wächst. Sie hat uns so großzügig ihre Zeit und Kraft geschenkt und mit Max gespielt. Während wir auf der kurvigen Küstenstraße an Salbeibüschen vorbeifahren, gesteht sie, dass sie Wale nur selten erkennt, es sei denn, ein Blauwal bläst eine riesige Fontäne in die Luft. Als sie uns absetzt, umarme ich sie zum Abschied.

Den Rest des Nachmittags unterweist Max mich im Sandburgenbauen «Hier noch mehr Sand, Mummy.» Morgen steigen wir in den Zug nach Monterey und treffen dort die Wale.

Aber Max hat einen besseren Vorschlag.

«Wir müssen die Wale einholen, Mummy. Ich baue dir ein Boot, okay?»

Der Coast Starlight rast nach Norden. Ein romantischer Name für einen Zug und eine Traumreise, an Surfern, Schwimmern, Strandhäusern und Airstream-Wohnwagen vorbei, die wie Fische glitzern. Ab und zu kommt hinter einer Düne das Meer zum Vorschein und verschwindet wieder als schimmernder Streifen. Ich hole Minifiguren von Thomas der kleinen Lokomotive und seinen Freunden sowie Papier und Stifte hervor. Mein Arsenal für die lange Reise, die vor uns liegt.

«Mal mir Schienen, Mummy», sagt Max. «Ich will Landeplatz für Hubschrauber.» Ich male einen Kreis mit einem großen H und lasse Harold den Hubschrauber landen. «Dududududu.» Ich denke an die besorgten Kommentare meiner Freundinnen darüber, dass ich einen Zweijährigen mit auf eine solche Reise nehme, wegen der fehlenden Routine, jede Nacht in einem anderen Bett. Aber Max ist völlig zufrieden, wenn wir unterwegs sind. Da ist er genau wie ich.

Je näher wir dem nächsten Ziel unserer Route kommen, desto nervöser werde ich. Vor uns liegt ein komplizierter Wechsel vom Zug in einen Bus und dann in ein Taxi zu unserer Airbnb-Unterkunft, wo wir erst ankommen werden, wenn es schon dunkel ist. Auch die Wale, die sich Monterey Bay nähern, haben Grund zu düsteren Vorahnungen.

Hier, nach etwa einem Viertel ihres Gesamtweges, fällt die Kontinentalplatte in den Monterey Submarine Canyon ab. Größenmäßig lässt sich das mit dem geologischen Wunder des Grand Canyon vergleichen. Und es ist der perfekte Angriffsort für den Spitzenräuber der Meere, den Schwertwal, auch Orca genannt. Diese auffällig schwarz-weißen Jäger sind etwa halb so groß wie ein ausgewachsener Grauwal, jagen aber als Meute oder Schule und haben es auf die Kälber abgesehen. Das tiefe Wasser ermöglicht einen Überraschungsangriff von unten. Kluge Grauwale bleiben in Küstennähe, aber einige überqueren den Tiefseecanyon und setzen damit das Leben ihrer Jungen aufs Spiel. Haben sie es eilig, oder wissen sie es einfach nicht besser?

Die Taktik der Schwertwale ist es, das Kalb von der Mutter zu trennen und zu ertränken. Ich habe schon vor der Reise mit Nancy Black telefoniert, anerkannte Walexpertin und Kapitänin. Sie erzählte, dass die Waljagd ein Touristen-Highlight ist. Unsere Erinnerungen an die Babywale in Baja sind noch frisch, ich will so etwas nicht miterleben müssen und bekomme schon bei der Vorstellung, dass dunkle Gestalten aus der Tiefe die Grauwalkälber attackieren, schweißnasse Hände. Ich habe keine Ahnung, wie ich auf einen Angriff reagieren würde. Aber da dies ein wichtiger Zwischenstopp auf der Reise der Wale ist, darf ich nicht kneifen.

«Buggy, Mummy. Tasche, Mummy. Der hier.» Am Bahnhof von Monterey dirigiert Max mich und das Gepäck in den Bus. «Schlau, Mummy, gut gemacht», sagt er aufmunternd, als ich unseren Riesenrucksack an Bord stemme. Wir fahren direkt in ein Foto von Ansel Adams hinein, strukturiertes Meer, kräftige Lichtstreifen auf grauen Wolken. Gebeugte Weiden mit grünen Luftschlangenästen. «Die Bäume haben lange Haare», bemerkt Max. Am Abend erreichen wir unsere Unterkunft in Seaside. Unsere Gastgeberinnen sind eine alleinerziehende Mutter, Teri, und ihre Tochter Gabby. Max ist entzückt über ihren kleinen Hund Bella. «Ich Rufus, der reisende Hund», sagt er. Bella ist verblüfft, als er ihr auf allen vieren folgt und bellt. Nach der anstrengenden Reise sollte ich gut schlafen, aber ich liege die halbe Nacht wach und sehe Max beim Atmen zu.

Fisherman's Wharf ist an diesem Sonntagmorgen belebt, wir mischen uns unter Touristen und Möwen. Vor uns liegt die bedrohlich klingende Sea Wolf, am Ruder steht eine gebieterisch wirkende Frau mit Sonnenbrille, es kann sich nur um Captain Nancy handeln. Der Wind schnaubt, und Max quietscht glücklich, als wir Fahrt aufnehmen. Minuten später übergebe ich mich über die Reling. Ich weiß nicht, ob es am Seegang oder meiner Panik liegt. Eine Frau reibt mir den Rücken. Ich schwanke in die Kabine, Max vor mir herschiebend. Ein Crewmitglied will mich wieder nach draußen schicken, aber ich muss mich irgendwo hinlegen, sonst sterbe ich, und dann fällt Max ins Meer. Ich finde einen leeren Tisch mit einer Bank, bringe mich in die Horizontale, ziehe Max an meine Brust und wickle die Arme um ihn. So liegen wir eingequetscht hinter dem Tisch.

«Bist du müde, Mummy?», fragt er und döst brav mit. Captain Nancy verkündet über Lautsprecher, dass wir möglicherweise späte Grauwale sichten werden. Na, wenigstens sind sie da, auch wenn wir sie nicht sehen können. Ich übergebe mich auf den Fußboden und schlafe ein.

Als wir im Hafen einlaufen, wache ich wieder auf und wecke Max. Die anderen Passagiere melden keine Orcas, nichts Gruseliges. Zur Freude aller haben sich eine paar Buckelwalmütter mit Kälbern gezeigt. Aber keine Grauen. Wir haben sie immer noch nicht eingeholt.

Ich bin froh, von Bord zu kommen, obwohl der feste Boden unter meinen Füßen immer noch zu schaukeln scheint. Captain Nancy steht am Anleger unter einer riesigen Windfahne in Orca-Form, und schon nach wenigen Gesprächsminuten ist klar, dass Schwertwale ihre große Leidenschaft sind. Sie erforscht sie seit Jahrzehnten und verfügt über enzyklopädisches Wissen. Schwertwale lebten in matriarchal organisierten Gruppen, erzählt sie, angeführt von einem älteren Weibchen, oft einer Großmutter, und seien extrem intelligent. Drei Ökotypen gibt es laut Captain Nancy im Nordost-Pazifik: *offshores*, *residents* und *transients*. Offshore-Orcas leben küstenfern und fressen Haie und große Fische. Residents fressen ausschließlich Fische und leben oft in friedlicher Koexistenz mit Delfinen und Robben. Transients ernähren sich von Meeressäugetieren wie Robben, Delfinen und Walen. Diese Gruppe ist es, die den Tiefseecanyon patrouilliert und Grauwale abfängt. Captain Nancy meint, sie stöbern die Grauen allein durch ihr Gehör und Echoortung auf.

«Man folgt ein paar Schwertwalen, und plötzlich haben

sie eine Grauwalmutter mit Kalb am Wickel, bevor wir auch nur irgendwas davon ahnen.» Die Orcas versammeln sich in Gruppen von bis zu fünfundzwanzig Tieren, aber Captain Nancy hat beobachtet, dass normalerweise vier oder fünf erfahrene Weibchen die Arbeit übernehmen. «Sie rammen ihre Opfer immer wieder. Das ist ziemlich brutal und traurig. Aber ein beeindruckender Anblick, dieser Kampf Wal gegen Wal.» Da Schwertwale Spitzenprädatoren sind, gewinnen sie normalerweise, berichtet Nancy.

«Nicht immer?»

«Nicht immer. Ich schätze, zwanzig Prozent der Grauen können fliehen.» Sie hat erlebt, dass Grauwale elf Knoten schnell schwimmen, das Doppelte ihrer normalen Geschwindigkeit. Die Orcas versuchen, ihnen den Weg zu versperren, und greifen stoßweise an, aber wenn die Grauen es ins flache Wasser schaffen, geben die Angreifer meistens auf. 1998 sichtete Walbeobachtungskapitän Richard Ternullo eine Meute von fünf Schwertwalen, die eine Grauwalmutter und ihr Kalb umzingelte. Die Mutter rollte sich auf den Rücken und das Kalb schob sich fast auf ihren Bauch, lag zwischen ihren Flossen und war für die Orcas nicht zu erreichen.[1] So habe ich Max heute auf dem Boot gehalten, wenn auch die gefürchteten Orcas nur in meinem Kopf existierten. Richard beobachtete, dass Mutter und Kalb wiederholt herumrollten, zeitgleich Luft holten und wieder ihre Position einnahmen. Das Kalb wurde gebissen, aber nicht schwer verletzt. Die Mutter nutzte außerdem den Rumpf des Walboots als Schutz, und nach einigen Stunden gaben die Killerwale schließlich auf.

Ich sage, ich sei froh, keinen Angriff miterlebt zu haben.

«Das ist die Natur», sagt Nancy. «Wir essen ja auch Kühe, oder?»

«Ich bin Vegetarierin.»

Das viele Walfleisch, das ich verzehrt habe, lasse ich unter den Tisch fallen. Ich bin genauso schuldig wie die Orcas, und auch sie sind bedroht. Als Spitzenprädator bekommt man alle Gifte ab, die sich im Laufe der Nahrungskette ansammeln, und die Orcas, die im Nordpazifik jagen, nahe Washington State und British Columbia, haben rekordverdächtige Toxinmengen in ihren Körpern.[2] Bei Biopsien wurden Polychlorierte Biphenyle, kurz PCB, gefunden, die zur Herstellung von elektrischen Geräten verwendet und in den 1980er-Jahren verboten wurden, nachdem wir gemerkt hatten, dass sie hochgiftig sind, den Hormonspiegel stören und Krebs verursachen. Außerdem beeinflussen PCB die Fruchtbarkeit und schwächen das Immunsystem.[3]

«Ja, wir sagen den Schwertwalen immer, sie sollen vegetarisch leben.» Nancy seufzt theatralisch. «Die haben auch Familien, sie müssen ihre Kälber ernähren.» Hinter ihr versucht Max, seine Sonnenbrille in einen Riss am Anleger zu stecken.

«Haben Sie einen Rat für die Grauwale, die in Monterey vorbeikommen?» Das ist eine Taktik aus meinem Job: eine unerwartete Frage stellen, um das Gegenüber aus der Deckung zu locken. Nancy ist fast so etwas wie die Pressesprecherin der Schwertwale. Vielleicht verrät sie versehentlich irgendein Geheimnis.

Nancy lacht. «Sie sollten in Strandnähe bleiben.» Die jüngeren versuchten oft, die Abkürzung zu nehmen. Sie meint, vielleicht wüssten sie nicht, dass es hier Orcas gibt. Die älteren, erfahrenen nehmen den längeren Umweg, verhalten sich still, tauchen nur selten auf. «Wir nennen das schnorcheln», sagt sie. «Die Grauen versuchen, sich vorbeizuschleichen, unsichtbar zu bleiben.»

Ich weiß genau, wie man unsichtbar bleibt. Das ist eines meiner größten Talente, in der Kindheit erlernt und heute noch nützlich. Die BBC schickt ihr Personal alle paar Jahre zu einem von Ex-Marines geleiteten Training für Einsätze in Gefahrenregionen. Wer aus Konfliktzonen oder Kriegsgebieten berichtet, ist zur Teilnahme verpflichtet. Man brachte uns bei, was feindliches und «freundliches» Feuer unterscheidet und wie man es vermeidet, auf Bodenminen zu treten. Wir übten Erste Hilfe an Schauspielern, die in rauchenden Autowracks oder in totaler Finsternis lagen, und die letzte Prüfung bestand darin, dass wir angegriffen und entführt wurden.

Die Entführung war schrecklich. Ich hatte mich die ganze Woche davor gefürchtet. Und man musste mitspielen. Diese Typen wussten genau, wie man Menschen Angst macht, und man konnte nicht einfach «Stopp!» rufen. Wer allerdings angab, an Asthma zu leiden, dem wurde mit Gaffertape ein großes X auf den Rücken geklebt. Obwohl ich seit meiner Kindheit keinen Asthmaanfall mehr gehabt hatte, tat ich genau das und hoffte, mit Nachsicht behandelt zu werden. Am fraglichen Tag wurden wir mit komplizierten Wegbeschreibungen losgeschickt, um einen erfundenen Milizenführer zu interviewen. Als wir einen Weg entlangfuhren, der auf beiden Seiten von hohen Hecken gesäumt war, sprang auf einmal ein Trupp in Sturmhauben aus der Deckung und umzingelte den Jeep. Die Angreifer verbanden uns die Augen, verschleppten uns, stießen uns Gegenstände in den Rücken, die sich wie Gewehrläufe anfühlten, und zwangen uns, stundenlang auf dem Boden zu knien. Es gab eine kurze Verschnaufpause, während der wir uns mit einem der netteren Bewacher anfreunden, mit ihm über Fußball reden und unsere Zigaretten mit ihm teilen sollten. Dann kam der Oberfiesling zurück, und wir mussten nacheinander um unser Leben betteln, bevor wir zum Schein erschossen wurden und dann darüber aufgeklärt wurden, wie wir unsere Chancen verbessern konnten.

Vorher hatte man uns in einem Vortrag erklärt, wie man sich zur grauen Maus macht, damit man übersehen und nicht gleich zur Hinrichtung abgeführt wurde. Ich hatte innerlich süffisant gelächelt. Für mich war das ein Kinderspiel. Und tatsächlich war ich so grau und mäuschenhaft, dass ich husten, winken und mich bemerkbar machen musste, als unser Jeep überfallen wurde, man allen die Augen verband und die stolpernde Gruppe abführte. Dabei stand ich deutlich sichtbar hinter dem Jeep.

Als Journalistin war das nützlich. Irgendwie schien ich erst aufzufallen, wenn ich eine Frage stellte und die Leute damit überraschte. Die Interviewten lachten manchmal und antworteten viel freimütiger, als sie wollten, oder antworteten überhaupt, obwohl sie es nicht vorgehabt hatten.

Herbst 2006, San Francisco, die Herbstkonferenz der American Geophysical Union. Ich stand seit fast drei Stunden auf dem Parkplatz vor dem Konferenzsaal, in dem Al Gore in einer Rede über den Klimawandel die Wissenschaft dazu aufrief, aktiver zu werden und mit größerer Entschlossenheit und Energie an die Öffentlichkeit zu gehen, und tosenden Applaus erntete. Mein Problem bestand darin, dass er alle Interviewanfragen abgelehnt hatte, sogar die der amerikanischen Medien. Kein einziges Interview. Ich hatte mir überlegt, dass er vielleicht versuchen würde, sich durch den Hinterausgang und über den Parkplatz davonzuschleichen. Es war kalt, aber wenn ich drinnen meinen Mantel holen würde, riskierte ich, ihn zu verpassen. Außer mir hielt sich auf dem Parkplatz nur ein Security-Mann mit einem Funkgerät auf, das gelegentlich für mich unverständliches Zeug von sich gab.

«Warum gehen Sie nicht rein ins Warme?», fragte er, nachdem er mich eine Weile beobachtet hatte.

«Ich hoffe, dass Al Gore hier rauskommt.»

Wir unterhielten uns über die Kinder des Mannes. Sein Sohn kam bald aufs College. Ich war voller Optimismus und Entschlossenheit gewesen, aber nach all den Stunden war ich durchgefroren und kam mir dumm vor. Ganz offensichtlich war ich die Einzige, die dachte, hier auf dem Parkplatz könnte etwas Interessantes passieren. Ich seufzte und wollte gerade aufgeben und hineingehen, als der Security-Mann hustete. Ich schaute auf. Er sah mich an und zeigte auf eine Seitentür auf der anderen Seite des Parkplatzes. Ich rannte hin und stand plötzlich genau vor Al Gore, der im Laufschritt herausgeführt wurde.

Hocherfreut lächelte ich ihn an. «Hi! Ich bin vom BBC World Service Radio, darf ich Ihnen ein paar Fragen stellen?» Al Gores Personenschützer traten beiseite, und ich konnte ihm mein Mikrofon direkt vor das verärgerte Gesicht halten.

«Keine Interviews. Ich muss weg.»

«Hört Ihnen eigentlich jemand zu?», fragte ich, während wir mit großen Schritten über den Parkplatz liefen, in der Hoffnung, er könne der Provokation nicht widerstehen. Er blieb stehen, rollte mit den Augen und begann zu reden. Es hatte funktioniert! In meiner Aufregung vergaß ich, den Minidisc-Rekorder anzustellen, und verpasste die erste Antwort. Mit vor Kälte steifen Fingern fummelte ich an dem Schalter herum. Wir stünden vor einer noch nie dagewesenen Klimakrise, sagte er. Das konnte ich aufnehmen. Warum sei es so schwer, diese Botschaft zu verkünden, fragte ich. Er sprach über die Trennung von Wissenschaft und Populärkultur, über die wissenschaftliche Fachsprache, die für viele Menschen unverständlich sei.

«Die Implikationen dessen, was wir als Menschheit dem

Planeten antun, sind so unermesslich, dass es von allergrößter Wichtigkeit ist, die Wahrheit zu übersetzen, damit wir für die Zukunft intelligentere Entscheidungen treffen können. Ich muss los.» Er setzte sich ins Auto.

«Treten Sie wieder zur Wahl an?»

Die Tür knallte zu.

An jenem Abend flog Al Gores Stimme durch mein Satellitentelefon über das Meer nach London, in den World Service Newsroom. Eine Nacht lang trug seine Stimme den Klimawandel in die Top drei der Schlagzeilen. Auf jenen heiß begehrten Platz, der ein Millionenpublikum auf der ganzen Welt erreichte. Und ich ging zum ersten Mal seit Langem wieder glücklich ins Bett.

2003, Nigerdelta. Ich hielt mein Mikrofon vor die Nase eines anderen Mannes, der nicht mit mir reden wollte: Chris Finlayson, Managing Director von Shell Nigeria. Er wandte sich ab und versuchte, mir zu entkommen.

«Ich warte seit Tagen darauf, mit Ihnen sprechen zu können.» Ich stellte mich ihm in den Weg. Ich war allein und mit normalen Passagierflugzeugen ins Delta gereist, er kam gerade mit einer Gruppe ausgewählter Journalistinnen im Schlepptau aus einem Privatflieger. Ich hatte mich an dem Morgen durch den stinkenden Stau gekämpft, der ganz Port Hartcourt verstopfte. Motorradtaxis, Autos und Busse stritten sich mit Passanten um jeden Zentimeter Straße. Ein polierter schwarzer Wagen, begleitet von einer bewaffneten Motorradeskorte, war hupend durch die dichte Menge gefahren, die hastig den Weg frei machte.

«Kinder von Ölmanagern auf dem Weg zur Schule», hatte ein Passant mir erklärt. Ölangestellte wurden gekidnappt, ihre Kinder waren durchaus gefährdet, trotzdem war der Anblick obszön. Nach einer Weile hatte eine Frau Mitleid mit mir, erkundigte sich nach meinem Ziel und schob mich in einen überfüllten Bus, wobei sie die Passagiere anbrüllte, Platz zu machen.

Ich war eine Woche lang in Begleitung von Daniel, einem einheimischen Sozialarbeiter, in einem kleinen Motorboot die Flüsse und Dörfer des Deltas abgefahren. Ich hatte den Menschen zugehört, wenn sie über die durch das Abfackeln von Gas verursachte Umweltverschmutzung sprachen, über ausgelaufenes Öl und wilde Industriemülldeponien. Eine Aktivistin hatte mich aufgefordert, für sie zu beten.

Ein paar Tage später stand ich vor Chris Finlayson. Die Geschichten der Aktivistinnen über am eigenen Leib erlebte Schikanen hatten mich eingeschüchtert. Die bewaffneten Sicherheitsleute, die Autos anhielten und Gebäude bewachten, machten mich nervös. Chris wollte weg, und ich ebenfalls. Ihm schien heiß zu sein in seinem Anzug.

«Ich warte schon seit Tagen darauf, mit Ihnen sprechen zu können», wiederholte ich.

Er willigte ein, okay, ein paar Minuten, nannte das Verhältnis zu den örtlichen Gemeinden lang und komplex und sagte, dass Shell Nigeria Hilfezahlungen leisten würde, und zwar in erheblichem Umfang. Er klang genervt und gelangweilt. Ich fragte, ob er den Ärger der Menschen verstehen könne, die hier in Armut gefangen seien und mitansehen müssten, wie der Ölreichtum ihres Landes ausgebeutet würde? Er erwiderte, er könne die Frustration verstehen, aber dass nicht Shell allein verantwortlich für die Lösung aller Probleme sei. Die Ölindustrie könne nicht allen einen Job verschaffen.

«Wir zahlen Steuern, wir zahlen alle Abgaben, und es liegt an der Regierung, die Entwicklungsprojekte in der Gegend zu fördern.» Ich solle nicht vergessen, sagte er, dass die Demokratie hier noch neu sei, erst vier Jahre alt. Es würde bestimmt alles besser werden. Dann ging er, und ich sah ihm nach.

Ich kenne diese junge Frau nicht mehr, die ohne Angst allein durch das Nigerdelta gereist ist. Die sich mächtigen Männern in den Weg stellte und sie herausforderte, die glaubte, etwas verändern zu können, die dachte, Gutes zu tun. Irgendwo müsste sie noch sein, ich kann sie sicher finden. Wenn die Grauwale nach all dem, was sie durchmachen, Neues lernen und sich berappeln können, dann kann ich das bestimmt auch. Nach außen hin wirken sie ruhig, unaufgeregt. Sie bieten Touristen keine aufsehenerregenden Luftsprünge und Flossenschläge wie die Buckelwale. Sie haben weder den ikonischen Ruf oder die Schönheit von mächtigeren Großwalen, noch verbreiten sie Angst und Schrecken wie die Orcas. Sie werden leicht übersehen. Aber sie halten eine der längsten Wanderungen durch, die aus der Welt der Säugetiere bekannt sind, und überleben im Stillen.

Max rennt immer wieder um die Orca-Windfahne herum, bis ihm schwindelig ist und er hinfällt. Mit fest zusammengekniffenen Augen sitzt er da.

«Guck, Mummy, ich versteck mich hinter meinen Augen», ruft er. Ich kichere, aber nur kurz, denn Captain Nancy erzählt mir, wie sie 1992 den ersten Orca-Angriff auf Grauwale miterlebt hat. Bis dahin war so etwas nahezu unbekannt gewesen, seither tritt das Phänomen immer häufiger auf.

«Vielleicht lernen sie wieder, wie das geht», sagt sie. Orcas werden bis zu neunzig Jahre alt, die älteren Weibchen könnten also noch von früher wissen, wie man Grauwale jagt, und es den jüngeren beibringen. Menschen, Orcas und einige kleinere Wale, auch Weißwale und Narwale, sind die einzigen Arten, die bekanntermaßen durch die Menopause gehen. Warum das so ist, gilt als Rätsel der Evolution, aber vielleicht zeigen uns die Schwertwalgroßmütter die Antwort auf, denn sie geben ihre Weisheit und Erfahrung weiter. Da sie sich nicht länger fortpflanzen, können sie zum Nutzen der ganzen Familie auf Jagd gehen.[4] Nancy glaubt, dass sich die Zahl der Grauwale durch den kommerziellen Walfang dermaßen verringert hatte, dass Orcas sich andere Nahrungsquellen suchen mussten. Jetzt, da die Grauen gesetzlich geschützt sind und die Population sich erholt hat, machen die Schwertwale wieder Jagd auf sie.

«Die Orcas sind auch gewiefter geworden», sagt Nancy. «Als wir so etwas zum ersten Mal beobachtet hatten, brauchten sie bis zu sechs Stunden, um sich das Kalb zu holen. Jetzt schaffen sie es in dreißig bis vierzig Minuten.»

Bei den Buckelwalen, die heute gesichtet wurden, als ich seekrank darniederlag, handelt es sich ebenfalls um Bartenwale. Es ist oft beobachtet worden, dass sie bei Orcaangriffen ihren Artgenossen und sogar anderen Walarten zu Hilfe eilen. In Monterey Bay versuchte im vergangenen Sommer eine Gruppe aus zehn Schwertwalen, ein Grauwalkalb von seiner Mutter zu trennen. Das war nicht ungewöhnlich. Überraschend war, dass zwei Buckelwale, die sich ganz in der Nähe aufhielten, einen Riesenkrach schlugen und wilde Drohgebärden machten. Die Orcas schnappten sich das erschöpfte Kalb und drehten es immer wieder auf den Rücken, damit es keine Luft mehr bekam. Die Buckelwale rückten an und riskierten, selbst verletzt zu werden, indem sie sich zwischen das Kalb und die Orcas schoben und laut planschten und trompeteten, also durch scharfes Ausblasen durchdringende, schrille Töne erzeugten, die ein bisschen klingen wie ein keuchender Elefant. Nancy wurde benachrichtigt. Sie und Alisa Schulman-Janiger fuhren mit dem Boot los und beobachteten das Geschehen fast sieben Stunden lang.

Der Babywal wurde kurz nach ihrer Ankunft getötet, und die Mutter schwamm davon, die Buckelwale aber blieben, und weitere kamen hinzu. Gemeinsam bedrängten sie die Orcas, die das Jungtier auffraßen, durch «Trompeten, Schwanzschläge, Herumrollen und Kopfheben», sagte Nancy. «Die Buckelwale wirkten extrem verstört», sagte Alisa.

Warum Buckelwale sich so verhalten, ist nicht bekannt, man ist versucht, sie als altruistische Retter sehen zu wollen. In einem Fall hat ein Buckelwal sogar eine Weddellrobbe auf seiner Brust in Sicherheit getragen. Wissenschaftlerinnen, darunter auch Nancy und Alisa, vermuten, dass die Wale auf die Laute der Orcas reagieren, ohne zu wissen, welches Tier gerade angegriffen wird, und sich dann in einer Art Übertragungseffekt ebenso beschützend um andere wie um die eigene Art kümmern.[5]

Die Meeresbiologin Nan Hauser, die am Walforschungsprojekt der Cookinseln arbeitet, hat das denkwürdige Verhalten dieser Wale aus nächster Nähe erlebt. Als sie eines Tages im klaren blauen Wasser schnorchelte, glitt ein Buckelwal auf sie zu, legte sich auf den Rücken, weiß auf blau, und drehte sich dann geschmeidig so herum, dass er Nan in die Augen sehen konnte. Nan streichelte das knubblige Kinn und berührte das Ende der zerfledderten Fluke. Der Wal begann, sie zu stupsen, hob sie aus dem Wasser und wollte sie unter seine riesige Brustflosse nehmen. Nan dachte, sie würde sterben. Aber als sie ganz in der Nähe einen gigantischen Tigerhai bemerkte, war sie überzeugt, dass der Wal sie aus der Gefahrenzone bringen wollte. Trotzdem ist sie dagegen, tierisches Verhalten zu vermenschlichen. «Das ist keine gute naturwissenschaftliche Praxis», sagte sie einmal.[6] Nach wissenschaftlicher Meinung muss man ein Tier unter seinen eigenen Bedingungen verstehen, anstatt menschliche Verhaltensweisen zu projizieren, vor allem sollte man sich davor hüten, ihm menschliche Gefühle und Absichten zuzusprechen. Doch was an jenem Tag passierte, brachte Nan an die Grenzen des wissenschaftlich Erklärbaren. Wenn sie es nicht selbst erlebt hätte und das Ganze nicht von einer Kamera aufgenommen worden wäre, würde sie die Geschichte nicht glauben, sagte sie. Aber so war es.

Ich bin mir über Vermenschlichung unschlüssig. Wir sind nicht die einzigen Lebewesen mit Emotionen,[7] Erinnerungsvermögen, Sprache und Gesellschaftsstrukturen. Das anzuerkennen, ist keine Vermenschlichung. Ich glaube unbedingt, dass Wale Empathie verspüren oder Güte zeigen können. Für mich sieht das, was zwischen Buckelwalen und Orcas passiert, dem sehr ähnlich, was man an Land auch erleben kann. Manche Menschen wollen dir ein Stück Fleisch herausreißen, einfach, weil du in ihre Nähe gekommen bist. Und genauso sind da die, die dir einfach helfen, die wie aus dem Nichts auftauchen und alles verändern.

Aber als Kind bin ich in Schwierigkeiten geraten, weil ich glaubte, Tiere würden bereitwillig den Platz einnehmen, den sie in meiner Vorstellung hatten, und nicht wahrnehmen wollte, wer sie wirklich sind und was sie brauchen. Ob freundlich oder beängstigend, groß oder klein, für eine gesunde Koexistenz müssen nicht-menschliche Lebewesen sie selbst sein dürfen, frei von den Karikaturen, zu denen wir sie machen. Das habe ich von Bramble auf harte Art und Weise gelernt.

Max steht still und konzentriert sich. Ich weiß, was los ist. Nancy sagt, wenn die Grauwalzahlen wegen der Veränderungen in der Arktis zurückgehen, werden auch die Orcas ein Problem bekommen.

«Kacka», verkündet Max. Meine Zeit ist zu Ende. Nancy fährt mit dem nächsten Walbeobachtungstrupp aufs Meer hinaus, und ich wechsle Max im Stehen die Windel. Das habe ich inzwischen Hunderte von Malen getan, es dauert nur noch Sekunden. Ich verstaue das stinkende Päckchen in meinem Rucksack, bis wir einen geeigneten Mülleimer finden, dann besuchen wir einen Souvenirladen. Max greift nach einem Orca-Schlüsselring aus Plastik.

«Leg das bitte wieder hin», sage ich und wiederhole den Satz bei einer Spielzeugmeeresschildkröte, einem Otter und einem Gummioktopus. Das Plastikangebot im Laden ist so vielfältig wie die Meereslebewesen vor Monterey.

«Machen Wale Kacka, Mummy?» Max untersucht das Schwanzende eines Gummibuckelwals.

Ja, antworte ich ihm, und die Kacka ernährt winzige Meerespflanzen, die den Sauerstoff produzieren, den wir zum Atmen brauchen.

Max sieht mich entgeistert an. «Kacka essen?»

Wir schlendern am Kai entlang und essen an einer Bude Pommes frites. Das hier ist John-Steinbeck-Land. Als wir in einem Trolleybus an der Cannery Row vorbeifahren, versuche ich mir das «Gedicht und den Gestank» der Sardinen-Konserven-Fabriken vorzustellen, über die Steinbeck geschrieben hat, aber die sind längst verschwunden.

Am nächsten Tag steht eine Zugfahrt an, und unsere Gastgeberin Teri hat angeboten, uns zum Bahnhof zu bringen. Ich toaste in ihrer Küche Brot zum Frühstück. Max in seiner Rolle als Rufus der Reisehund isst mit dem Mund vom Teller und schlabbert Wasser aus einem Becher. Ich schiebe ein bisschen Planung ein und rufe Alaska Airlines an.

«Gibt es täglich Flüge nach Barrow?», frage ich die Dame am Telefon.

Die Antwort entgeht mir, weil Max mich anbellt und seinen Toast in alle Richtungen spuckt.

«Pssst. Das ist nicht hilfreich.»

«Wie bitte?», fragt die Frau.

Während ich erkläre, dass ich mit meinem zweijährigen Sohn gesprochen habe, wirft Max sein Wasserglas um und sagt laut und vernehmlich: «Scheiße.»

«Das darfst du zu Mummy sagen, aber sonst zu niemandem.»

Die Frau von Alaska Airlines lacht.

Ich versuche, gleichzeitig das Wasser mit einem Tuch aufzuwischen, das Handy zu halten und mir Flugzeiten aufzuschreiben. Als ich auflege, merke ich, dass ich die falschen Tage gebucht habe, und muss in aller Eile erneut anrufen und alles stornieren. Dann machen wir uns auf den Weg zum Bahnhof. Teri fährt durch Salinas Valley, wo Steinbeck aufgewachsen ist. Das Tal wird als Amerikas Salatschüssel bezeichnet und ist eine der wichtigsten landwirtschaftlichen Regionen in Kalifornien. Der Gestank von welkem Brokkoli sickert ins Auto. Im Osten und Westen ragen Berge auf. Früher einmal war die Talsohle von einem schmalen Binnenmeer bedeckt. Ich schaue nach oben, stelle mir vor, über uns würden Wale schwimmen, und werde wieder von einem Schwindelgefühl überkommen. Ich frage Teri, ob sie von Walen in der Gegend weiß. Sie ist Geschichtslehrerin und sagt, dass Steinbeck in *Jenseits von Eden* beschrieb, wie sein Vater achtzig Kilometer tiefer im Tal einen Brunnen aushob. Erst kamen Muttererde und Kies zum Vorschein. Dann weißer Seesand voller Muscheln und Walknochen.

Sie waren hier, die Uralten.

Unser nächster Halt auf der Wanderung der Grauwale ist Depoe Bay, Oregon. Dort bin ich mit Carrie Newell verabredet, einer bekannten Biologin und Walbeobachtungsführerin, die sich, so hoffe ich, als eine Art Captain Nancy der Grauwale herausstellen wird. Max hüpft vor Aufregung, als unser Zug in den Bahnhof einfährt. Es ist der Doppeldecker-Nachtzug nach Albany. Unsere Schlafkabine befindet sich im unteren Stockwerk. Die Sitze lassen sich nach unten schieben und in Betten verwandeln. Es bleibt gerade noch genug Platz für den zusammengeklappten Kinderwagen, den Autositz und den Rucksack. Als wir an einer Bahnschranke vorbeirattern, bimmelt eine Glocke. Max rennt ans Fenster.

«Schrankendings, ich liebe Züge, und ich liebe Schrankendings», schreit er. Diese rumpelnde Kabine wird bis morgen unser Universum sein.

«Wir holen die Wale ein, Mummy, das wird toll!»

Wir schlafen im Bauch des Zuges. Anfangs liege ich Kopf an Fuß mit Max, dann drehe ich mich um, als würde ich mich bereitmachen, geboren zu werden. Ich schwanke und rumple durch die Dunkelheit, neben mir mein Sohn.

Wir waren in der Nähe der Orcas. Aber was ist mit den Grauwalen, die wir in Baja gestreichelt haben? Ich werde nie erfahren, ob sie es geschafft haben. Bitte, flehe ich in die Nacht hinein, mach, dass sie nach Norden unterwegs sind, gemeinsam mit uns, wir alle zusammen.

Breitengrad: 71° 17′ 26″ N
Längengrad: 156° 47′ 19″ W

K limawandel-Reporter tauchen immer zu einer bestimmten Jahreszeit hier auf und wollen filmen, wie einer von uns durch ein Loch im Eis fällt oder wie unsere Grassodenhäuser von einer Klippe rutschen. Die wollen immer was sehen, was pittoresk und sexy ist.» Ich saß in Richard Glenns Büro in Utqiaġvik und hatte das Gefühl, eine Standpauke zu bekommen.

Richard, studierter Geologe, arbeitete für die Arctic Slope Regional Corporation, kurz ASRC, das ist einer der Landbesitzverbände, die 1971 durch den Alaska Native Claims Settlement Act ANCSA entstanden sind. Dieses Gesetz stellte die erste richtige Einigung zwischen der Bundesregierung und den indigenen Völkern dar. Die Gebietskörperschaften bekamen etwa 180 000 Quadratkilometer Land und 963 Millionen US-Dollar zugesprochen. Das ermöglichte einerseits Selbstbestimmung. Andererseits verwehrte es den Anspruch auf den sogenannten *aboriginal title*, das spezielle Recht indigener Völker auf das Land oder ein Territorium.

ANCSA war ein Kompromiss, der die indigenen Landansprüche anerkannte, gleichzeitig aber die Interessen der USA, des Bundesstaates Alaska und der privaten Ölkonzerne unter einen Hut bringen sollte. Die Einigung bedeutete, dass die Ölförderung endlich anlaufen konnte. Ein athabaskisches Dorf, Stevens Village, hatte wie viele andere einen Gerichtsbeschluss erwirkt, der die Pipeline-Verlegung in seiner Umgebung bis zur Klärung der Landbesitzansprüche untersagte.[1] Die Ausbeutung der Ressourcen, die das Land für die US-amerikanische Wirtschaft so wertvoll machten, erfolgte nach kapitalistischen Prinzipien, und die Bundesregierung verteilte Landrechte an individuelle Anteilseigner. Bis dahin hatte der Nießbrauch gegolten, was bedeutete, jeder konnte das Land nutzen, solange er keinen Schaden anrichtete. Jetzt stand es unter einem Rechtstitel und wurde hin und her gerissen zwischen zwei konkurrierenden Zielen: der Ausbeutung zum Zwecke des Profits und des Schutzes zur Sicherung des Lebensunterhalts.

Ich hatte Richard schon seit Wochen interviewen wollen, aber er war zu beschäftigt gewesen. Als Co-Kapitän der Walfangcrew Savik, zu Deutsch Messer, war er auf der Jagd gewesen. Er war zudem noch Politiker und Eiswissenschaftler mit, wie er sagte, «einem ganzen Haufen akademischer Titel». Seine Mutter war Iñupiaq, sein Vater aus Nebraska, aufgewachsen war er zwischen Utqiaġvik und Kalifornien, und mit weißem Hemd im Büro wirkte er genauso entspannt wie mit Parka und Mütze auf dem Schneemobil. Ich baute nervös die Videokamera auf und sah zweimal nach, ob ich den richtigen Aufnahmeknopf gedrückt hatte. Richard saß still da und beobachtete mich, was mich ebenso wirksam unter Druck setzte, als hätte er auf die Uhr geschaut.

«Unser Volk lebt am Rand, es hat immer am Rand gelebt.» Richard erzählte, dass seine Iñupiat-Vorfahren etwa fünfundzwanzig Kilometer außerhalb der heutigen Stadt auf einem Stück Land wohnten, das schon damals von Erosion bedroht worden sei. Die Knochen seiner Vorfahren lagen im ganzen Gebiet der Küstenebene verteilt, zu dem Prudhoe Bay gehört, und zwar nicht nur die aus grauer Vorzeit, auch die derjenigen, die im frühen zwanzigsten Jahrhundert gestorben waren, bevor die Iñupiat begonnen hatten, ihre Toten zu begraben. Damals ließ man die sterblichen Überreste noch offen liegen, oft in der Behausung, in der die Menschen zu Tode gekommen waren. Im Unterschied zu früher hatte die Gemeinde jetzt – anstelle von Grassodenhütten in der Tundra, Zelten aus Tierhäuten und Eiskellern – Strom, Häuser und große Klärbecken, in denen Abwasser zersetzt wurde. Es war schwieriger geworden umherzuziehen, außerdem viel teurer.

Richard hatte eine sanfte Stimme mit bestimmtem Unterton. Sein Charisma und beeindruckender Intellekt füllten den Raum. Er brauchte keine Denkpausen. Lautstärke und Sprechtempo veränderten sich nicht, seine Miene blieb unbewegt. Sie deutete an, dass er all das schon sehr oft hatte erklären müssen und die Nase voll davon hatte. Bei Kongressanhörungen in Washington hatte er sich für die Erdölsuche im Naturreservat Arktis ausgesprochen.

«Wir versuchen, aus beiden Welten das Beste zu machen, in beiden Welten das Beste zu sein. Das ist, als hätte man zwei Jobs, man will sowohl in der Iñupiaq-Welt als auch in der modernen bestehen. Als würde man zwei Sprachen sprechen.»

Die Einnahmen der Lokalregierung stammten vom Erdöl. «Hier oben gibt es keine andere Industrie.» Sie finanzierten Schulen und Gesundheitszentren. Die Meinungen in der Gemeinde seien geteilt, sagte er, aber er persönlich sei für das Öl und Gas in der Region. Das Land könne heilig bleiben, die Karibuherden könnten wachsen, trotzdem könne man auch

Öl fördern. Ich nickte, wie ich es gelernt hatte. Damit ermuntert man Interviewpartner zum Weiterreden, zeigt Interesse, ohne die Aufnahme zu stören. Richard braucht mein Nicken nicht, dachte ich, während ich nickte.

Als er innehielt, fragte ich, was er von der Vorhersage der Ältesten hielte, dass das Meer eines Tages eisfrei sein würde.

«Das habe ich noch nie gehört», sagte er bestimmt. Er erzählte, dass die Savik-Crew einmal vom Küsteneis abgebrochen und aufs Meer getrieben worden sei. Dem Klimawandel gab er keine Schuld.

«Ich bin vor ein paar Jahren abgetrieben worden und musste mit dem Helikopter gerettet werden. Wir haben an dem Tag einfach nicht gut genug auf die Umgebung geachtet. Wir müssen ständig alle Veränderungen im Eis, in der Strömung, im Wind, in den Temperaturen, in Rissen im Blick haben. Sind wir hier sicher oder nicht?» Er hoffte, die derzeit beobachteten Veränderungen, auch das immer dünner werdende Meereis, wären keine eindeutigen Zeichen, sondern natürliche Schwankungsmuster. Und er glaubte, dass die Wissenschaft mit dem Finger in Richtung Wahrheit zeigen würde, manchmal aber vielleicht ein bisschen danebenläge. Er liebte das *piqaluyak*, das Mehrjahreseis. Es war dick, gut für die Jagd und eine fast endlose Quelle sauberen Süßwassers.

Ich erzählte, dass ich dort draußen hatte bleiben wollen, weil es so schön war.

«Es verleitet einen zu dem Glauben, auf etwas Permanentem zu stehen, weil es so ruhig wirkt», erwiderte er. «Wenn man das Lager aufschlägt, wünscht man sich, es könnte immer so bleiben, aber das geht nicht. Wie bei allem im Leben ist das einfach nicht möglich, und man sollte immer bereit sein, schnell weiterzuziehen.»

Richard sagte, die Auswirkungen von MTV auf die Jugend machten ihm manchmal mehr Angst als der Klimawandel.

Die kulturelle Veränderung, der Verlust von Sprache und Identität, soziale Probleme, Drogenmissbrauch und Selbstmord. «Das betrifft uns alle. Ob der Herbst am zehnten oder am zwölften Oktober anfängt, ob das Gras im Sommer ein bisschen grüner wird, ob das Eis fünfzig oder siebzig Meilen weit weg ist. Das ist alles wichtig, aber es gibt auch andere Dinge, die wichtig sind.»

Dann musste Richard wieder an die Arbeit, und die Zeit war abgelaufen.

Auf dem Rückweg in die North Star Street dachte ich über seine Worte nach. Es überraschte mich, dass er nichts von den Eisschwund-Vorhersagen der älteren Generation wusste, die Jeslie und andere meiner Gesprächspartnerinnen so oft erwähnt hatten. Machte sich Richard wirklich mehr Sorgen wegen MTV als um den Klimawandel? Kulturelle Entwurzelung kann sich verheerend auswirken, das ist unbestritten. Immer mehr Menschen begingen Selbstmord, und das hatte natürlich Priorität. Ich rief mir ins Gedächtnis, dass Richard sich offen für die Ölförderung einsetzte. Sie war hier oben der einzige Industriezweig, wie er gesagt hatte. Landwirtschaft war unmöglich. Meine erste große Geschichte als Wirtschaftsjournalistin war in den 1990er-Jahren der wilde Streik gegen Entlassungen bei Ford Dagenham gewesen, einer alteingesessenen Autofabrik in Essex. Die Gesichter der Leute vor dem Werkstor habe ich nie vergessen. Die erste Frage, die ich je einem Erdölboss stellte, John Browne von BP, hatte im April 1999 dem Stellenabbau nach der Übernahme von Arco gegolten. Es war ganz einfach: Menschen brauchten Jobs. Es war komplex: Ölkonzerne, als großer Arbeitgeber in Alaska, genossen hier oben enorme Macht und großen Einfluss. Und die Selbstmorde, der Verlust an Selbstbewusstsein, an kultureller Identität, wie Richard betont hatte – war das nicht alles Teil derselben Geschichte wie

227

das Klima? Eine Lebensweise, die sich gegen die Interessen einer dominanten Kultur stemmte und dagegen wehrte, dass andere sich anmaßten zu definieren, was menschliche Existenz bedeutsam macht. Die alles andere zu unterwerfen versuchten. Die die Verbindung der Iñupiat zu ihrem Land und ihrer Sprache kappen wollten. Die aus Profitgier Land und Leute ausbeuten wollten, ohne sich darum zu scheren, was dabei zerstört wurde.

Ich hätte noch viele Fragen an Richard gehabt, aber Van hatte mir schon oft gesagt, ich solle aufhören, Leute auszuquetschen. Das Iñupiaq-Wort *paaqłaktautaiññiq* bedeutet Konfliktvermeidung und drückt einen in hohen Ehren gehaltenen Wert aus. Das Überleben hing traditionell von guter Zusammenarbeit ab. Kooperieren oder sterben. Die Menschen übten sich in Toleranz und unterdrückten schwierige Gefühle. Ansprüche gehörten sich nicht, vor allem nicht als Gast. Trotzdem wurde ich nach dem Gespräch mit Richard das Gefühl nicht los, auf die falsche Fährte gelockt worden zu sein.

Ich schaute auf das gefrorene Meer hinaus, wo das Licht so viel heller zu sein schien. Ich vermisste die langen Ausflüge mit Billy auf dem Schneemobil. Ich vermisste die Jäger, die Iñupiaq sprachen und das Wetter beobachteten, vermisste das Geräusch des Ozeans, das Seufzen der atmenden Wale, ihre gleitenden Rücken. Ich vermisste es, mehrjähriges Eis zu holen, den Geschmack des geschmolzenen Wassers. Ich vermisste es, mich umzudrehen und entweder Van oder Billy in meiner Nähe zu sehen, die mir etwas erklärten oder fragten, ob es mir gut ging. Die Jagd hatte meine ganze Konzentration gefordert, jetzt war das normale Leben zurück und damit ein Schmerz in meiner Kehle, der nicht vergehen wollte. Zu Hause bei Julia machte ich Kaffee und setzte mich an den Küchentisch, aber ich kam nicht zur Ruhe, stand immer wieder auf und schaute in den Himmel, als stünde dort eine Botschaft. Ich dachte an mein Leben in London. An die Stadt, den Asphalt, die Pendelei, die Meetings, die Computerbildschirme, die Kostüme, die ich anzog, um meine Rolle zu spielen, die Bosse, die ich beeindrucken wollte. Das alles hatte keine Bedeutung mehr. Ich wollte mit der Kaleak-Crew zurück aufs Eis.

Ich habe ein Talent dafür, den Ruf der Alpenschneehühner nachzuahmen, das sind dicke kleine, fasanenartige Vögel, braun gefleckt im Sommer, weiß im Winter. Man kann ihr klickendes Gurren gut nachmachen, indem man den Mund weit aufreißt und von hinten Luft durch die Kehle presst. Ein äußerst befriedigender Laut. Als Kind habe ich das mit Begeisterung gemacht, sehr zum Missfallen meiner Mutter. Wer hätte gedacht, dass ich damit eines Tages einen Jäger beeindrucken würde?

Billy erzählte, dass er im Kaleak-Lager, im Jagdgebiet der Familie, oft der einzige Mensch weit und breit sei. «Nur ich und die Sterne. Wunderschön.» In den langen, fruchtbaren Sommern zogen die Iñupiat in die Tundra. Dort gab es zu unterschiedlichen Jahreszeiten *tuttut* oder Karibu, *niġliq* oder Gänse, *aqargit* oder Schneehühner zuhauf. Da das Wetter gewechselt hatte und wir aller Voraussicht nach nicht wieder aufs Eis gehen konnten, planten ein paar aus der Crew eine Gänsejagd, wie ich von Julia erfuhr.

«Wer ist dabei?», fragte ich.

«Eli und Billy, vielleicht noch ein paar andere.»

«Kann ich mit?»

Julia zuckte mit den Schultern. «Schauen wir mal.»

Ich war zu schüchtern, um direkt zu fragen, stattdessen drückte ich mich in der Nähe herum und wurde immer panischer bei der Vorstellung, zurückgelassen zu werden. Jedes

Mal, wenn ich im *qanitchaq*, dem Eingangsbereich, Stiefel-schritte hörte, sprang ich auf. Ich versuchte, mir einzureden, dass ich eigentlich nach Nord-Kanada weiterreisen sollte, um mir anzuhören, was die Menschen dort über den Klima-wandel zu sagen hatten. Ich suchte im Internet nach Flügen, schaltete aber schon nach einem kurzen Blick den Computer wieder aus und wanderte hinaus in den Schnee. Die Gänse-jagd wäre eine Gelegenheit, etwas über den Klimawandel im Binnenland zu erfahren, die ich mir nicht entgehen lassen konnte, entschied ich. Ich fertigte im Heritage Center wei-tere Schnitzereien an. Perry gab mir ein dichtes, schweres Walknochenstück, das nur mühsam zu bearbeiten war. Es dauerte seine Zeit, bis der Wal zum Vorschein kam, am Ende war er mehr Andeutung als Abbild, wie ein Wort, das in den Knochen geritzt worden war. Ich gab ihn Julia, die ihn sofort in die Glasvitrine mit ihren Schätzen stellte.

Eines Morgens steckte ich gerade meine Nase in die Kaf-feetasse und genoss den Geruch, als Billy hereinkam.

«Hey, wo bist du gewesen?», fragte er. «Nie bist du da. Wir fahren ins Kaleak-Lager. Eli, Leo und ich. Kommst du mit?»

«Ja, mal sehen, vielleicht.» Ich versuchte, gleichgültig zu klingen.

Er wandte sich zum Gehen. Julia sah mich fragend an.

«Meinst du, jetzt? Ich komme, warte auf mich.» Ich rannte in mein Zimmer und raffte meine Outdoor-Sachen und die Kameraausrüstung zusammen. Julia und Billy lachten.

«Abfahrt in zwei Stunden», rief er.

Wieder saß ich hinter ihm, in seinem Windschatten. Ich hatte vergessen, wie kalt es auf dem Schneemobil war. Dies-mal bestand die Landschaft aus erkennbarerem Weiß, wie ein verschneites Fußballfeld, nur ohne Feld. Es nahm kein Ende. Utqiaġvik wurde zu einem verwischten grauen Fleck am Horizont, danach gab es nur noch Schnee. Er habe das

Campen von seinem Vater gelernt, sagte Billy, während er mir verschiedene weiße Stellen in der Landschaft zeigte, die für ihn Orientierungspunkte waren. Für mich sah alles gleich aus, eine tödliche Umgebung.

Im Kaleak-Lager stand eine Holzhütte, in deren Hauptraum zehn Schlafkojen an den Wänden hingen. Leo, Julias ältester Sohn, war bereits eingetroffen. Jeder suchte sich eine Koje aus. Die Sterne hatten sich im Halbdunkel des arktischen Frühlings aufgelöst. Die Tundra kam langsam in Form von hellgrünen Löchern im Schnee zum Vorschein. Eli und ich spielten Karten. Billy kümmerte sich um das Lager, um den Honigeimer, um die Lagertoilette. Hilfe lehnte er ab. Ich hörte das Dröhnen seines Schneemobils. Am nächsten Morgen verkündete er, dass wir das Lager verlassen müssten. Er hatte nachts die Umgebung erkundet, und es sah nicht gut aus.

«Wenn wir jetzt nicht zurückfahren, bleiben wir auf dieser Seite des Flusses stecken», erklärte er. «Das Wasser kommt ziemlich schnell. Vier Grad plus. Der Schnee schmilzt innerhalb von Stunden, nicht Tagen.» Er sprach ruhig, aber ernst, und wir anderen hörten aufmerksam zu. Er bat Eli, über Funk seine Eltern zu benachrichtigen. Der Plan war, auf der anderen Flussseite auf Gänsejagd zu gehen, wo uns der Rückweg in den Ort nicht abgeschnitten war. Das hieß, wir mussten zelten.

Eli funkte die Rettungsstation an und erklärte die Lage. «Vielleicht kommen wir schon heute Nacht zurück. Wahrscheinlich nach Mitternacht, wenn der Schnee härter wird. Es ist alles ziemlich matschig hier draußen.» Er wiederholte: «Abfahrt nach Uyaġalik um Mitternacht.» Irgendwer in der Rettungsstation gab knisternd eine Antwort. Julia und Jeslie hatten nicht reagiert, aber der Funker versprach, ihnen Bescheid zu geben.

Ein paar Stunden später erklang Jeslies Stimme im Funk-gerät. «Hey, wir sind gerade nach Hause gekommen.»

«Hey, Dad, wir kommen heute Nacht zurück, vielleicht bis Uyaġalik, weiter im Norden», sagte Eli. «Hier draußen schmilzt alles.» Es knackte, Jeslies Antwort war nicht zu hö-ren. Eli sagte: «Wir warten, bis es ein bisschen kälter ist, und fahren dann los. Der Schnee ist hier draußen sehr weich. Wir fahren heute Nacht bis Uyaġalik.»

«Okay, ten-four.»

Kein Geplauder, kein «seid vorsichtig» oder «passt auf euch auf». Niemand verfiel in Hektik. Ich dagegen bekam den Mund gar nicht mehr zu, für mich war das Ganze ein-fach nur aufregend. Für die Kaleaks war es das normale Jagd-leben.

Wir warteten, bis die Nacht hereinbrach. Leo beschloss, direkt nach Utqiaġvik zurückzufahren. Es wurde kälter, und trotz der Helligkeit hatte die Welt sich verdunkelt und wirkte bösartig. Als wir den Fluss erreichten, der als breiter weißer Streifen im Grün der Tundra lag, gaben Billy und Eli auf den Schneemobilen Gas. Der Fluss war noch überquerbar. Unter einer weißen Schneedecke lag eine dünne Eisschicht, ich hätte nicht gewusst, dass darunter Wasser floss. Billy fuhr voraus, ich saß hinter ihm. Ein Aufdröhnen, und wir waren am anderen Ufer. Wir fuhren einen Halbkreis und hielten nach Eli Ausschau. Er hatte es fast geschafft, doch dann blieb der hintere Teil seines Schneemobils im Eismatsch stecken.

«Ich komme», rief Billy. Ich stieg ab, er fuhr zurück, holte ein Seil hervor und befestigte es an beiden Schneemobilen, um Eli herauszuziehen. Erst hinterher dachte ich darüber nach, was hätte passieren können, wenn Billy nicht da gewe-sen wäre, wie sehr Eli und ich auf ihn angewiesen waren, wie sicher ich mich bei ihm fühlte.

In Uyaġalik, wo die Gänse sich versammelten, gab es

keine Hütte. Wir schlugen unser Zelt auf und schliefen in einer Reihe nebeneinander. Wenn es zu windig war und die Vögel nicht flogen, spielten wir wieder Karten, Take Two, Binokel oder Rommé, manchmal gewann ich sogar. Nicht nur im Kartenspielen war ich besser geworden, es gelang mir auch, einfach das Dasein und die Gesellschaft anderer in diesen Momenten zu genießen. Mein Wortschatz wuchs. *Illiviñ*, dein Zug. *Iiqinii*, unheimlich. *Atchu*, ich weiß nicht. *Nalaiñ*, beruhige dich. *Atta*, sei still. *Attai*, hübsch. Ich wollte noch mehr lernen. Ich hatte gelesen, dass Inuktitut, eine kanadische Inuit-Sprache, eine ganz andere Weltsicht beschrieb als meine. Kinder lernten sprechen, ohne Tiere zu kategorisieren. Generische Begriffe wie «Robbe» oder «Bär» gab es nicht. Jedes Tier hatte einen eigenen individuellen Namen. Ein Seesaibling, eine Sattelrobbe, eine jugendliche Ringelrobbe, ein Eisbär. Es gab «Atmer», Meeressäuger und die, «die laufen», Landtiere. Aber zwischen menschlichem und tierischem Leben wurde kein Unterschied gemacht, es gab kein «es».[2] Darin drückte sich die Gleichwertigkeit allen Lebens aus. Ich wollte wissen, ob das in Iñupiaq genauso war.

Billy äußerte seine Sorge, dass die Gänse und Karibus nicht mehr durch diesen Teil der Tundra ziehen würden, wenn es zu warm wurde. Genau für solche Aussagen war ich den ganzen weiten Weg aus London gekommen. Billy entspannte sich und sinnierte über das Leben und die Veränderungen. Allerdings hatte ich kein Aufnahmegerät dabei, das alles hatte ich mehr oder weniger hinter mir gelassen. Ich war nicht mehr aus Recherchegründen hier, sondern weil ich hier sein wollte.

Als der Wind sich legte, verließ Billy das Zeltlager, um nach Gänsen zu suchen. Ich ging mit Eli zu einem Unterstand, den sein Großvater einst gebaut hatte. Während wir warteten, unterhielten wir uns im Flüsterton.

«Man hört sie schnattern», sagte er. «Dann muss man die Augen offen halten. Sie können überall sein. Versuch heraus-zuhören, woher das Schnattern kommt. Wenn sie mit dem Wind fliegen, klingen sie viel näher, als sie tatsächlich sind.»

«Ich kann nichts hören.»

«Du hast deine Mütze auf.» Er lachte.

«Es ist ja auch kalt.»

Eli und Billy warteten tagelang in den Unterständen. Wir spielten Karten, schliefen.

«Ich nehme euer Schnarchen auf», sagte ich scherzend.

«Du schnarchst gar nicht», sagte Billy. «Wir fragen uns manchmal, ob du noch lebst.» Er kicherte oft und hatte eine tiefe Stimme, wie Jeslie.

«Soll ich Ira nachmachen? Ganz wie du willst», sagte ich.

«*Naumi, naumi.*» Billy schüttelte den Kopf.

Wir sahen eine *ukpik*, eine Schneeeule, sie sah aus wie ein in die Luft geworfener fleckiger Batzen schneebedeck-ter Tundra. Und in der Ferne ein einsames junges *tuttu* auf stelzigen Beinen, der kurze Hals mit weißem Flaum be-deckt, das schwarze Gesicht im Schnee wie ein Punkt auf einem weißen Blatt Papier. Aber es war nicht die Jagdzeit für Karibus, sondern für *niḡliq*, Gänse. Also beobachteten wir das Kalb nur, bis es spürte, dass etwas nicht stimmte, auf-schreckte und floh. Die Jagdgesetze waren streng und richte-ten sich nach den Fortpflanzungszyklen der Tiere. Ich hatte gelesen, dass Eugene Browers verstorbener Vater Harry in den 1980er-Jahren die saisonalen Jagdzeiten angepasst hatte, nachdem im Traum ein Wal zu ihm gesprochen hatte.

Harry war damals sehr krank gewesen und hatte in Anchorage im Krankenhaus gelegen. Es war Walfangzeit, die Crews waren auf dem Eis. Harry berichtete seiner Biografin Karen Brewster, dass ihm, während er «tot»[3] war, wie er es beschrieb, ein Babywal erschienen sei und ihn mit unter das

Eis genommen habe, dorthin, wo gerade gejagt wurde. Der kleine Grönlandwal habe erzählt, wie seine Mutter in die Ecke getrieben und harpuniert worden sei, «wie sie verwundet worden waren und gelitten hatten».[4] Dann beschrieb der Wal die Jäger, darunter zwei von Harrys Söhnen, und den Ort, an dem sein Kadaver aufbewahrt wurde. Harry verbrachte zweieinhalb Wochen im Krankenhaus. Als er wieder zu Bewusstsein kam, erzählte er Eugene, was er gesehen und was der Wal ihm berichtet hatte. Eugene fand heraus, dass alles genauso passiert war und dass das tote Kalb im Eiskeller des Mannes lag, den der Traumwal beschrieben hatte. Mütter mit Kälbern waren eigentlich nicht zur Jagd freigegeben. Harry legte fest, dass die Jagd auf Grönlandwale ab sofort am 27. Mai beendet sein musste, weil die meisten Kälber erst Anfang Juni geboren wurden.

In Harrys Welt besaßen Wale Seelen, und ihre Körper trugen die ganze Gemeinschaft eines Volkes in sich. Deswegen hörte er auf den Wal aus seinem Traum.

Billy kümmerte sich ständig um mich. «*Alappaa*?» Ob mir kalt sei? Ob ich Hunger hätte? Ob ich müde sei? Als ich einmal in der Tundra bäuchlings vor einem Gewehr lag und durch den Lauf filmte, tauchte er wie aus dem Nichts auf und schimpfte: «Das Ding kann jederzeit losgehen.» Ich wollte unbedingt selbst jagen, mich nützlich machen, also lieh er mir sein Gewehr. Ich legte an, zielte, drückte ab und landete auf dem Hintern.

Eli warf einen Schneeball in die Luft, den ich verfehlte, immerhin fiel ich diesmal nicht um. Billy nahm mir die Waffe wieder ab.

Eine Gans traf er, tötete sie aber nicht sofort. Sie krachte als Federknäuel zu Boden, lag da und schlug schwach mit den Flügeln, während das Geschnatter ihrer glücklicheren

Artgenossen in der Ferne verschwand. Billy ignorierte das Tier, sein Blick war immer noch gen Himmel gerichtet.

Ich konnte dem langsamen Sterben nicht zusehen, ging zu der Gans und sah ihr in die Augen.

«Es tut mir leid», sagte ich und fügte «Danke» hinzu. Ich dachte an die Wale, die sich den Jägern hingaben. Vielleicht galt das auch für Gänse. Wie konnte ich sie töten? Als Kind hatte ich verletzte Tiere – Mäuse, Kaninchen, Küken – immer meinem Vater gebracht und ihm überlassen. Aber Dad war nicht da. Ich packte die Gans am Hals, doch der war so elastisch, dass ich ihn durch Drehen nicht brechen konnte. Ich knickte ihn scharf um. Die Gans atmete keuchend. Ich hielt den Hals geknickt und kniete mich auf den Körper des Tieres, um die Luft herauszudrücken. Es dauerte lange.

Billy erzählte, dass er als Kind Lemminge in Fallen gefangen und an die Wissenschaft verkauft hatte, als Futter für Schneeeulen. Er erklärte, wie er sie gefangen hatte, mit einer Schnur und Stöcken. Ich verstand nicht alles, aber meine Neugier war geweckt.

«Lemminge sind doch die Tiere, die Selbstmord begehen, indem sie von Klippen springen, oder?»

«Von Klippen springen, *naumi*. Das machen Lemminge nicht.»

Tja, dachte ich, wahrscheinlich ist Billy nie an der richtigen Klippe gewesen. «Doch, ich hab's im Fernsehen gesehen. Sie springen einfach runter.»

Er zuckte mit den Schultern und diskutierte nicht weiter. Natürlich hatte er recht. Ich las später, dass Disney das schreckliche Ereignis in dem Film *Weiße Wildnis* selbst inszeniert und so den Mythos vom immer wiederkehrenden Massenselbstmord der Lemminge erst in die Welt gesetzt hatte.[5] Das Filmteam hatte wohl gedacht, dass Lemminge, die, wenn ihre Population zu stark anwächst, auf Futtersuche manchmal durch Flüsse schwimmen und manchmal dabei ertrinken, für das Kinopublikum von 1958 nicht spannend genug wären. Daher kaufte man den Inuit-Kindern in Manitoba Lemminge ab, verfrachtete die Tiere nach Alberta, filmte sie auf schneebedeckten Drehbühnen laufend und warf sie dann von einer Klippe,[6] was von unten aufgenommen wurde. Während sich die winzigen Nagetiere scheinbar selber ins Meer stürzten, übersetzte der Erzähler selbstgewiss Motive und Gedankengänge der Lemminge in menschliche Begriffe: «Sie sind das Opfer einer fixen Idee – und haben nur den einen Gedanken: Vorwärts! Vorwärts!»[7]

Eli bat mich, noch einmal das Lied zu singen, das ich den Walen vorgesungen hatte, aber vor Publikum schämte ich mich und musste überredet werden. Nachdem ich zu Ende gesungen hatte, ließ Billy mich lange nicht aus den Augen, bis ich mich schließlich ins Zelt verkroch. Im Halbschlaf hörte ich draußen ein lautes Knurren. Ein Bär! Ich sprang schreiend auf und verheddert mich in der Zelttür, aber es war bloß Eli gewesen, der gerülpst hatte. Er brüllte vor Lachen und machte das Gesicht nach, mit dem ich aus dem Zelt gestürmt war. Immer noch kichernd, ging er schließlich jagen, sodass Billy und ich allein im Zelt zurückblieben. Wir spielten Karten. Er lag auf den Ellbogen gestützt auf dem Boden und teilte aus. Als er die letzte Karte mit einem Knall hinschmiss, zuckte ich zusammen.

«Du erschrickst leicht.» Er sah mich an wie ein Beutetier. Ich konnte meine Schreckhaftigkeit nur schwer unterdrücken, ein Kindheitsreflex auf unerwartete Berührungen oder Geräusche, auch zurückzuführen auf die Jahre mit Bramble, in denen ich auf alles gefasst sein musste. Dieser Mann verharrte so reglos, dass er alles mitbekam. Ich starrte die Karten an und spürte, dass er mich beobachtete. Also hob ich den Kopf und erwiderte seinen Blick. Seine dunklen Augen brannten sich durch die Kälte, loderten heiß wie das Erdinnere. «Ich sehe mir nachts manchmal den Wal an, den du für mich gemacht hast», sagte er langsam. «Dann denke ich an dich.» Ich saß da und dachte daran, wie er nachts an mich dachte. Ermutigt durch seine Reglosigkeit beugte ich mich vor und küsste ihn. Er reagierte mit Bedacht, langsam, tat nichts Plötzliches, seine Kraft war spürbar, wurde aber beherrscht. Dann dröhnte in der Ferne ein Schneemobil. Eli war auf dem Rückweg. Billy zog sich zurück und beobachtete mich schweigend. Ich ging Eli auf wackligen Beinen entgegen. Ich war ganz und gar nicht sicher, was ich eigentlich wollte, und froh, dass Eli im Zelt zwischen uns schlief. Aber ich lauschte Billys Atemzügen, die langsam und regelmäßiger wurden, und passte mich ihnen an, bis auch ich einschlief.

«Du bist der erste weiße Mensch, der hier je mit uns gezeltet hat», sagte Billy, als wir uns auf den Rückweg nach Utqiaġvik machten. In den Kisten lagen etwa dreißig tote Vögel. Wie Eli erklärte, würden sie an Julia, Billys Mutter, die Crew, andere Verwandte und jene Ältesten verteilt werden, die niemanden mehr hatten, der für sie jagen konnte. Billy ließ mich ans Steuer des Schneemobils und tat so, als hätte er panische Angst und würde beim Bremsen herunterfallen. Dann saß ich hinter ihm, lehnte meinen Kopf an seinen Rücken und legte die Arme um ihn.

Fünf Stunden später als angekündigt kamen wir schließlich in der North Star Street an. Julia hatte sich Sorgen gemacht und die Rettungsstation gebeten, per Funk alle, die gerade in der Tundra unterwegs waren, nach uns zu fragen. Ich stand als Doreen Kaleak auf der Suchliste. Sie hatten mich einverleibt. Noch nie in meinem Leben war ich so glücklich gewesen.

Billy wohnte in einem kleinen Haus in der Nanook Street, der Eisbärenstraße. Eigentlich handelte es sich eher um eine größere Hütte, die sich zwergenhaft neben das stattliche Haus seiner Mutter duckte. Von der North Street brauchte man zu Fuß eine halbe Stunde dorthin, man ging am Heritage Center vorbei und dann über einen schmalen Streifen Land zwischen einer zugefrorenen Lagune auf der linken und dem unendlich großen Meer auf der rechten Seite. Dort ließ ich mir immer Zeit, genoss das Knirschen meiner Stiefel im Schnee und den Blick in den hellen, weiten Himmel. Kurz vor dem Ziel wurden meine Schritte schneller, ich fühlte mich innerlich ganz leicht, passierte die Bank in der Agvik Street, nahm die erste rechts und lief an der Kirche und an dem gemütlichem China-Imbiss Sam and Lee's vorbei, der mit seiner braunen Fassade und dem weißen Dach aussah wie ein Pfefferkuchenhaus. Billy wohnte unweit des Flughafens, und immer, wenn ein Flieger landete oder abhob, fühlte ich mich ein bisschen unter Druck gesetzt. Es erinnerte mich daran, dass meine Zeit hier begrenzt war. Manchmal, wenn ich gerade vor seiner Tür stand, schwebte der riesige Helium-Wetterballon gen Himmel, den die nahe gelegene Wetterstation alle zwölf Stunden losschickte, bis er nur noch ein kleiner Punkt war und dann ganz verschwand, als würde mir der Himmel höflich mitteilen wollte, dass ein weiterer Tag vergangen war.

Wenn man Billys Hütte betrat, kam man zunächst in einen winzigen *qanitchaq*, gerade groß genug, um den Schnee von den Stiefeln zu klopfen. Die Außentür blieb immer unverschlossen und, wenn Billy zu Hause war und nicht gerade schlief, ebenso die Innentür. Für alle Fälle hatte ich einen Schlüssel. Es war das Haus eines Menschen, der meistens im Freien lebt, und nur mit dem Nötigsten ausgestattet. Rechts vom Eingang standen ein Ofen und ein kleiner Kühlschrank mit Kühltruhe. Hinter einer Tür befand sich eine kleine Toilette. Ein Badezimmer gab es nicht, wenn Billy duschen wollte, ging er zu seiner Mutter. Auf einer großen Kommode standen ein Radio und ein Fernseher, darauf das einzige dekorative Element im Raum, der kleine Wal, den ich geschnitzt hatte. Links neben dem Eingang befand sich unter einem großen Fenster ein Tisch. Staubpartikel wirbelten durch das Sonnenlicht, das zwischen dunkelroten Vorhängen hereinfiel, die immer halb zugezogen waren. Hinter dem Tisch stand das Bett, auf dem Billy, wenn er nicht am Tisch saß oder mich an der Tür begrüßte, oft in Jeans und Sweatshirt auf dem Rücken lag, einen Arm hinter dem Kopf, die Beine an den Knöcheln gekreuzt. Zigarettenrauch kringelte über seiner Hand und tanzte mit dem Staub in den Lichtstreifen. Ich brauchte immer einen kurzen Moment, um zu begreifen, dass er wirklich da war, ganz real, und auf mich wartete.

Nachdem wir so viel Zeit miteinander im Freien verbracht hatten, dick eingepackt in Fellschichten, war es seltsam intim, ihn in normaler Kleidung zu sehen, vor allem in Socken. Die Hütte war klein und zwang zu Nähe. Beim Fernsehen saßen wir auf dem Bett. Wenn wir zu Sam and Lee's gingen, flirrte mein Kopf vor Stolz darüber, mit Billy zusammen unterwegs zu sein. Oft teilten wir uns eine Hungry-Man-Tiefkühlmahlzeit, die er im Ofen aufwärmte. Es war alles so normal, ganz anders als draußen bei der Jagd, aber ich wollte nirgendwo anders sein. Trotzdem machte ich mir Gedanken. Ich würde irgendwann abreisen und wolle ihm nicht wehtun, sagte ich zu ihm.

Er zuckte mit den Schultern. «Mach dir keine Sorgen um mich.»

Am nächsten Morgen wurden wir von Gezwitscher und Geraschel im Kamin geweckt. «Verdammte Winterammern.» Er stand in kurzer Hose auf einem Stuhl und stocherte mit einem Besenstiel im Abzug herum. Die Winterammern verbrachten die Winter in den amerikanischen Südstaaten und zogen im Sommer nach Norden. Sie waren gerade wieder eingetroffen, und es klang danach, als würden sie sich freuen, wieder auf Billys Dach zu sitzen, in seiner Nähe zu sein, fast wie ich. Ich machte mir trotzdem Sorgen um ihn.

«Gästedieb», nannte Julia ihn, nachdem er mich in die North Star Street zurückbegleitet hatte. Ich hatte ein schlechtes Gewissen, wollte es wiedergutmachen. Am Nachmittag rupften Julia, Eli und ich in der Küche den Gänsen die Federn aus. Ich lernte, wie man Federn und Haut abzieht. Julia hatte mir fast verziehen, dass ich vergessen hatte, sie aus der Tundra anzurufen.

«Meine Großstadt-Tochter. Der Muskelmagen. Schau! Da sind Blätter drin, für dich.» Lachend hielt sie etwas hoch, das wie Gras aussah. Seit die Kaleaks mein Vegetarierdasein so kurzerhand beendet hatten, machten sie gerne Witze darüber.

«Spül sie einfach ab», sagte Eli. «Die Beilage gibt's umsonst dazu.»

«Danke, ein schönes Stück Tundra», sagte ich. Er fragte, wie viel ich im *stuaqpak* für den Salat bezahlt hatte. Ich hätte Angst, mir die Preise anzusehen, erwiderte ich, und gäbe dem Kassierer einfach die Summe, die er haben wolle. Tatsächlich hatte ich in letzter Zeit keinen Salat mehr gekauft. Er schmeckte nur noch wässrig.

«*Niġliq*-Suppe für mich.» Julia leckte sich über die Lippen und hielt die tote Gans am Hals hoch.

«*Niġliq*.» Eli gab den hohen Lockruf von sich. «Jetzt du, Doreen.»

«Nugulugululuk.» Ich meinte, den Ruf nach den vielen Stunden, die ich mit Eli im Unterstand verbracht hatte, eigentlich ganz gut draufzuhaben. Einmal schien eine über unseren Köpfen fliegende Gans sogar zu antworten. Aber Julia und Eli lachten laut. Ich wollte wissen, wessen Lockruf besser klang.

«Einer klingt nach London, der andere nach Barrow», sagte Julia diplomatisch. Sie gab mir ihren Iñupiaq-Namen, Singaaßauluk. Außerdem gab sie mir einen Kaleak-Crew-Walfangparka. Auf die Brust war ihr Name gestickt, der jetzt auch meiner war, auf den Rücken ein Walschwanz und die Längenangabe des letzten Fangs, fünfzehn Meter, siebenundsechzig Zentimeter.

Ich trug den Parka voller Stolz, wenn Billy und ich in der Rettungsstation Karten spielten, wo die Jäger sich trafen, Billard spielten und den Funk überwachten. Wenn jemand vermisst wurde, organisierten Freiwillige einen Suchtrupp. Man erzählte mir, dass Billy einmal so lange jemanden im Schnee gesucht hatte, dass er wegen Erfrierungen behandelt werden musste. Ich hätte das Treiben in der Rettungsstation gern gefilmt, traute mich aber nicht zu fragen. Ich war die einzige Frau und hatte Angst, weggeschickt zu werden, wenn ich ihnen auf die Nerven fiel.

Oft gingen Billy und ich im Ort spazieren. Er zeigte mir die Kiesgrube, in der er als junger Mann einen Unfall gehabt hatte. Er hatte Motorradstunts gemacht, «wie Evel Knievel». Seitdem humpelte er, ein Bein war kaputt, der Unterschenkel bestand quasi nur noch aus Knochen. Zuerst hatte mich der Anblick erschreckt, aber ich gewöhnte mich schnell daran. In seiner Gegenwart kam ich zur Ruhe, war ich im Einklang mit mir. So kannte ich mich nicht.

Wir besuchten seine Schwester, die Vans Partnerin war, und schauten gemeinsam Basketball. Es war schön, seine Familie kennenzulernen, aber ich fühlte mich in ihrem großen, schönen Haus nicht ganz wohl. Warum wohnte Billy in einer winzigen Hütte und sie hier? Allerdings schien das keinem etwas auszumachen. Billy erzählte mir, dass er eine Zeit lang auf den Ölfeldern in Prudhoe Bay gearbeitet hatte, aber nicht gut klargekommen war, die Chefs konnten fies sein, die Arbeit war reine Schinderei, und er war nicht gern von zu Hause weg. Auch als Tischler hatte er gearbeitet und Häuser gebaut. Wovon er eigentlich lebte, wusste ich nicht genau, auch wenn mir bekannt war, dass alle hier eine regelmäßige Auszahlung von der regionalen Genossenschaft erhielten. Und er war ja Subsistenzjäger. Er tat nicht nur so.

Billys erste Sprache war Iñupiaq, was immer seltener wurde, aber als ich ihn nach der Aussprache und Übersetzung eines Wortes auf einem Straßenschild fragte, wurde er still. Er murmelte, es sei verwirrend gewesen, manchmal zur Schule zu gehen, aber meistens zur Jagd. Allmählich verstand ich, dass sein Leben nicht einfach war und wohl auch nie gewesen ist. Als er in den 1970er-Jahren eingeschult wurde, bestrafte man die Kinder zwar nicht mehr, wenn sie ihre Muttersprache benutzten. Aber ich dachte an die Langeweile, den Zwang, die Erniedrigungen, die Angst, die ich selber auf der Grundschule erlebt hatte. Ich hatte keine neue Sprache lernen müssen, aber mit Hörproblemen zu kämpfen gehabt und oft nicht verstanden, was um mich herum los war. Verwirrung klang wie pure Untertreibung für ein Kind, das in seiner Familie mit einer Sprache aufwuchs, die die Jagd, das Land, ihr Zuhause beschrieb. Und sich dann eine andere Sprache aneignen musste, um die Gebräuche einer fremden Kultur zu erlernen.

Billys Iñupiaq-Name lautete Uvyuaq. Wie schreibt man das? Was bedeutet er? Auf meine Fragen bekam ich keine Antwort, also beließ ich es dabei. Stattdessen zeigte ich Billy das Foto, das ich von seinem *umiaq* an der Eiskante gemacht hatte. Er linste in den Sucher meiner Kamera, in der das winzige Boot lag.

«Ich lasse es groß ausdrucken und einrahmen», sagte ich. Mit seiner und Julias Hilfe gab ich dem Bild einen Titel: *Uvyuam Umialiaŋŋa*, übersetzt «das Boot, das Uvyuaq gebaut hat».

Irgendwann in den Wochen nach unserer ersten Begegnung hatte Billy mir erzählt, dass er das Bootsbauen von seinem Vater gelernt hatte. Um ein *umiaq* zu bauen, brauchte er nicht lesen zu können. Sein Vater war sein Lehrbuch gewesen. Ich hatte Billy das Eis, Wolken, Strömungen, die Temperatur, Wind, Untergrund, Wale lesen sehen. Ich hatte alle in der Crew beobachtet, und immer war es Billy gewesen, der sich ans Funkgerät gesetzt und auf Veränderungen hingewiesen hatte, sodass die Crews eine Art Superhirn bildeten, um sicher und erfolgreich jagen zu können.

In den Tagen, in denen wir in der Eiswelt Wale und Gänse gejagt hatten, hatten sich meine Gefühle für die Landschaft mit denen für ihn irgendwann vermischt. Er war untrennbar mit dem Eis und den riesigen Weiten der Tundra verwoben. Hier war er zu Hause, das Land war Teil von ihm und er Teil dieser Welt.

Billy brauchte keine Worte lesen zu können. Er konnte die Welt lesen.

Und ich konnte nicht anders, ich musste mich in ihn verlieben.

VON DEPOE BAY NACH
SAN JUAN ISLANDS

Breitengrad: von 44° 48′ 30″ N
nach 48° 32′ 6″ N
Längengrad: von 125° 3′ 47″ W
nach 123° 1′ 51″ W

D as Telefon weckt mich. Regen prasselt gegen das Mo-
telfenster. Ich taste nach dem Hörer.

«Heute fahren keine Boote raus», sagt eine Stimme. Ich
habe noch nicht einmal Hallo gesagt. Wer ruft da an? Niemand weiß, dass ich hier bin. Auf Anordnung der Küsten-
wache, fährt die Stimme fort, der Wellengang sei zu stark,
heute finde keine Walbeobachtungstour statt. Schließlich
gibt sich Stimme als jemand vom Empfang zu erkennen und
informiert mich, dass Morris im Museum zu erreichen sei.

«Morris? Museum?»

Ich sehe mit halb geöffneten Augen, dass Max seine voll-
gekackte Windel auszieht. Die Stimme verstummt. Ich mache mich daran, aufzuwachen, die Windel zu entsorgen und
das Gehörte zu verarbeiten. Ich fühle mich grau. Wir essen
grauen Haferbrei zum Frühstück. Draußen grauer Regen,
grauer Himmel, graue Gebäude. Nur keine verdammten
Grauwale, abgesehen von dem großen Plastikding im Blu-
menbeet vor dem Motel. Mit gesenktem Kopf suche ich

nach einer anscheinend nicht existenten Bushaltestelle und werde von mehreren Menschen in die falsche Richtung geschickt.

«Steht da ‹Bus›, Mummy?» Max sieht unter der Kinderwagenabdeckung aus Plastik aus wie ein Goldfisch in der Schüssel. Er zeigt auf einige große Buchstaben, die vor uns auf den Asphalt gemalt sind. Da steht tatsächlich BUS, was er vielleicht nur erraten hat, aber falls er auf dieser Reise lesen lernen sollte, wäre das noch etwas, was ich meinen Kritikern entgegenhalten könnte. In dem Moment rauscht der Bus nach Depoe Bay an der Bushaltestelle und uns vorbei und spritzt mich mit Pfützenwasser nass. Der nächste kommt in drei Stunden.

Dieser Teil der Reise war am schwierigsten zu planen. Als ich die Logistik per Telefon von Jersey aus endlich hinbekommen hatte, erkannte Kitty vom Depoe Bay Chamber of Commerce meine Stimme schon beim «Hallo». Depoe Bay markiert in etwa das Ende des ersten Drittels der Migrationsroute. An guten Tagen ist es einer der besten Grauwal-Sichtungsorte in ganz Oregon. Da die Tour aber heute ausfällt, muss ich mir etwas überlegen, um Max bei Laune zu halten. Zu allem Überfluss hat sich die Biologin, mit der wir uns treffen wollten, per Mail entschuldigt: Es habe einen Notfall gegeben, sie sei nicht da.

Ich bin müde. Bei unserer Ankunft gestern Abend hatte gerade die Dämmerung eingesetzt, wir waren an den Nye Beach gerannt und hatten in der Brandung gespielt. In einem Café hatte ich zum Abendessen Veggie-Burger und Pommes und für Max einen Marionberry Cobbler bestellt, einen Obst-Kuchen-Auflauf, der typisch ist für Oregon. Das Café war voller lachender Menschen. Ich fühlte mich ohne einen anderen Erwachsenen, mit dem ich mich unterhalten konnte, erkennbar einsam. Während Max seinen Nachtisch untersuchte, betrachtete ich die Menschen um uns herum, als würde ich eine andere Spezies beobachten.

«Kann ich Ihnen noch etwas bringen?» Die Kellnerin war aufgetaucht. Die Wärme in ihrer Stimme verschlug mir kurz die Sprache.

Max schaute auf, nickte ernst und sagte nach einer Pause: «Einen Wal, bitte.»

«Da ist aber jemand hungrig.» Sie sammelte unsere Teller ein.

Ich kicherte, und als Max merkte, dass er einen Witz gemacht hatte, verzog er das Gesicht zu einem breiten, eisverschmierten Grinsen. Diese schönen Momente sind manchmal noch schmerzhafter als die schwierigen, wenn man sie nicht mit vertrauten Menschen teilen kann. Aber die Grauwalmutter und ihr Kalb schaffen es allein, ermahnte ich mich. Also konnten wir das auch.

Wir haben schon so lange keine Wale mehr gesehen, dass sie genauso gut Traumwesen sein könnten. Aber während ich so im strömenden Regen an einer weiteren Bushaltestelle sitze, kann ich klar sagen, dass diese Reise alles andere als traumhaft ist. Wale, das lerne ich auf meiner Verfolgungsjagd, sind keine mystischen Wesen, sondern äußerst pragmatisch. Es gibt unterschiedliche Theorien darüber, wie sie durch gefährliche Strömungen und Stürme entlang der Küste navigieren. Eine lautet, dass sie aufgrund ihres außergewöhnlichen Gehörs dem Geräusch der Brandung an der Küste folgen können oder den Tönen von Lebewesen in den Tangwiesen. Eine andere besagt, sie würden sich an den Sternen orientieren oder an Landmarken, indem sie das Gesicht aus dem Wasser heben und Klippen und Ufer absuchen. Manche Wissenschaftlerinnen tippen darauf, dass Wale sich nach dem Magnetfeld der Erde richten oder dass ihre Gehirne möglicherweise kleine Partikel Magnetit oder

Eisenoxid enthalten, mit denen sie magnetische Umrisse erkennen können. Andere meinen, sie würden durch Bathymetrie geleitet, durch Vermessung der Konturen des Meeresgrunds. Außerdem scheinen Wale auf Wanderung einander zu unterstützen; es wurde beobachtet, dass sie anhielten und auf einzelne Individuen oder Schulen warteten, um dann gemeinsam weiterzuschwimmen.[1] Es gibt die These, dass sie vielleicht eine chemische Spur legen, eine Art Fährte, der andere folgen können. Nichts davon bringt mich weiter. Ich muss mich auf Amtrak und Busfahrpläne verlassen.

Als wir endlich in Depoe Bay ankommen, ist der Ort sogar im Regen hübsch. Auf einem Riesenschild steht WHALE, SEALIFE AND SHARK MUSEUM – Wal-, Meeres- und Haimuseum. Wir flüchten uns hinein und werden von einem Mann begrüßt, der sich als Morris vorstellt. Davon also hat die Stimme am Telefon gesprochen. Ich erzähle Morris, dass wir erfolglos die Westküste nach Grauwalen absuchen.

«Ah, Captain Ahab persönlich», sagt er.

«Aber der hat Wale doch getötet?» Ich erinnere mich vage, *Moby Dick* als Teenagerin angefangen, aber nie bis zum Ende durchgehalten zu haben.

Max steckt den Kopf durch Bullaugen, hinter denen künstliche Unterwasserszenen angelegt sind. Seesternmodelle auf nachgemachten Steinen mit Muscheln in allen Größen und Formen. Als wäre man am Strand, bloß mit Beschriftungen. Wir gehen weiter in einen Raum, in dem Plastikwale von der Decke hängen, Grauwale und Orcas, Seite an Seite, als wären sie Freunde.

Morris berichtet, die Grauwalmütter müssten schlau vorgehen, um ihre Kälber sicher durch diesen Abschnitt der Wanderroute zu bringen. «Jedes Jahr bekommen wir besorgte Anrufe über gestrandete Babywale.» Er erklärt, dass die ausgewachsenen Tiere die Kleinen in die Brandung schieben, um sie vor den Schwertwalen zu verstecken, die sie im Rauschen der Wellen nicht aufspüren können. «Das ist ein akustischer Schutzschild. Die kleinen Wale werden unsichtbar. Die Mütter tricksen die Raubtiere aus.»

Ich wurde schnell entlassen, kaum zwölf Stunden nach der Entbindung. Eigentlich hatte ich mein Baby in Irland zur Welt bringen wollen, dort lebten meine Tante und mein Onkel, die mich wie ihr eigenes Kind behandelten. Pavel wollte, dass ich in London bleibe, damit er das Baby sehen konnte, aber in meinem gemieteten WG-Zimmer konnte ich nicht länger wohnen, und die Hypothek auf meine eigene Wohnung hatte ich schon seit Jahren nicht begleichen können. Wäre ich nach Jersey zurückgekehrt, hätte ich erst mal keine Krankenversicherung in Anspruch nehmen können und die Geburt selber bezahlen müssen. Am Ende waren alle Überlegungen für die Katz, denn das Baby kam zu früh und in London zur Welt. Pavel erschien nach der Geburt kurz im Krankenhaus und kehrte am folgenden Tag mit einem Riesenblumenstrauß zurück, den ich unbeholfen hielt, während er Max in der Kinderschale zum Auto trug. Wir fuhren zu Pavel. Aber für morgen müsste ich mir eine andere Übernachtungsmöglichkeit suchen, stellte er klar, ohne Gründe zu nennen. Am nächsten Tag hatte sich Max' Haut allerdings seltsam verfärbt, und er hatte kaum etwas gegessen. Ich rief den Hebammennotruf an, fragte um Rat und erklärte meine Besorgnis. Pavel stolzierte währenddessen durchs Zimmer, sein dunkelblondes Haar sah aus wie eine Löwenmähne. Ich würde Ausreden erfinden, um länger bleiben zu können, behauptete er.

«Aber das wird nicht funktionieren», grollte er.

«Sie klingen sehr erschöpft», sagte die Frau am Telefon. Morgen würde eine Hebamme vorbeischauen. Ich gab an, wo ich dann sein würde, in der Wohnung einer Freundin, die gerade verreist war. Ich hatte ihr eine SMS geschickt, sie schrieb zurück, dass ich natürlich für eine Nacht bei ihr bleiben könne. Pavel fuhr uns hin. Auf dem Weg merkte ich, dass ich nichts gegessen hatte, und bat darum, mir eine Pizza holen zu können. Er hielt wortlos vor einem Imbiss. Ich wagte nicht, noch irgendetwas zu sagen. Am Abend, als ich in der Wohnung meiner Freundin Max vergeblich die Brust zu geben versuchte, rief mein Bruder an, der in Kanada wohnte, um mir zur Geburt zu gratulieren. Ich sagte ihm, dass ich die Farbe des Babys nicht gut erkennen könne. Ich bin rot-grün-blind und habe mit manchen Farbtönen Schwierigkeiten.

«Aber es sieht irgendwie nicht richtig aus», sagte ich.

«Fahr in die Notaufnahme. Jetzt gleich.»

Wir wurden sofort in die Notaufnahme gebracht und verbrachten eine Woche auf der Intensivstation. Starke Gelbsucht, stündliche Bluttests. Eine freundliche nigerianische Krankenschwester munterte mich auf, während ich mitten in der Nacht unter Schmerzen lernte, Max zu stillen. Pavel kam zu Besuch. Ich sagte, ich fände, wir müssten anders miteinander umgehen, jetzt als Eltern. Er entgegnete, es wäre meine Schuld, ich hätte eingewilligt, in die leere Wohnung meiner Freundin umzuziehen. Dann drehte er sich um und wollte gehen. Ich flehte ihn an zu bleiben, entschuldigte mich, gab ihm recht, es wäre alles meine Schuld. Eine Woche später wurden Max und ich entlassen und kehrten zu Pavel zurück. Ein paar Tage später fuhr er in den Urlaub und ließ uns allein.

Ich stand an die Wand gelehnt und wiegte das Baby in meinen Armen, vor mir hing das gerahmte Bild von Billys *umiaq*. Pavel hatte den Abzug, den ich ihm geschenkt hatte, oben an der Treppe neben die Schlafzimmertür gehängt. Ich betrachtete das Boot in der blauen Nacht, kurz vor unserer

Flucht vor dem heranrückenden Packeis. Hinter mir machte es Klick. Zu meiner Überraschung öffnete sich ein Wandpaneel, dahinter führte eine Treppe hinauf in eine Dachkammer. Pavel hatte mir nie davon erzählt. Ein geheimer Raum. Ich zitterte, als würde ich gleich irgendetwas Schreckliches über ihn herausfinden. Etwas, das alles erklären würde, auch, warum er uns weggeschickt hatte, als Max gerade einen Tag alt war. Seine geheime Blaubart-Kammer. Ich schaute wieder Billys Boot an, das wartend im Schnee lag. Du musst hier weg, schien das Bild mich zu warnen, hau ab, wie damals, als das Eis kam.

Aber ich musste Bescheid wissen.

Mit Max im Arm und vor Anspannung keuchend, erklomm ich vorsichtig die Stufen. Die Dachkammer war kalt und leer, in einer Ecke standen aufgestapelte Kisten. Ich kam mir albern vor. Aus sicherem Abstand untersuchte ich den Inhalt der Kisten. Sorgfältig verpackte Kunstwerke, wahrscheinlich Pavels. Ich atmete auf, verließ den Dachboden und schloss die geheime Tür hinter mir. Ich sollte meine Fantasie zügeln und mir keine komischen Dinge über Pavel mehr ausdenken, sonst würde ich alles kaputt machen, schimpfte ich im Stillen mit mir selber. Das war bloß eine clever eingebaute und platzsparende Tür. Wahrscheinlich hatte die Vaterschaft in Pavel schwierige Gefühle getriggert, die ich noch nicht ausreichend gewürdigt hatte. Ich putzte das Haus, schrubbte die Badezimmer. Das würde ihm gefallen, wenn er zurückkam, würde er zufrieden mit mir sein.

Ich irrte mich. Pavel kam aus dem Urlaub zurück und forderte mich auf, bis Ende der Woche auszuziehen. Ich wandte ein, dass die Ärzte Max noch nicht für gesund erklärt hatten und ich es für unklug hielt, mit ihm zu reisen. Krankenhäuser gebe es auch in Irland, sagte Pavel. Ich rief meinen Vater an und fragte, ob er kommen und mich auf der Fähre begleiten könne. Er buchte sofort einen Flug. Als er an Pavels Tür klopfte, war ich wieder das Kind, das auf seinen Schultern saß.

Mir war nicht klar, dass ich die Flucht antrat. Als wäre das Ganze perfekt geplant worden, von jemand anderem.

«Das», sagt Morris mit unheilvoller Stimme, «ist der wahre Star des Films *Der weiße Hai*.» Er hält den auf einem Brett befestigten Kopf eines Hais mit rasiermesserscharfen Zähnen in die Höhe. Ein Bullenhai, erklärt er, gefährlicher als der weiße, aber nicht so groß und fotogen. Morris hat Max, der Hai spielt und mir ins Bein beißt, mit seiner Begeisterung angesteckt, und überraschenderweise auch mich. Das Museum ist gut ausgestattet. In einem Schaukasten liegen versteinerte Dinosauriereier, 65 Millionen Jahre alt, wie auf einem kleinen Schild steht. Was trieben die Vorfahren der Grauwale gerade, als die Dinosaurier kurz vor dem Ausschlüpfen waren?

Genetiker haben Genome aus alten Grauwalskeletten mit denen heutiger Wale verglichen. Aus der genetischen Diversität in den älteren Knochen lässt sich ableiten, dass einst etwa 96000 Grauwale die Meere bevölkerten.[2][3] Die östliche Population war damals vermutlich dreimal größer als jetzt. Die geringe Diversität bei einigen genetischen Markern deutet auf Inzucht hin, die Population hat sich also aus einem kleinen Pool an Überlebenden wieder erholt. Die Wissenschaft kann anhand der Gene auch erkennen, wann die Grauwale dezimiert wurden. Charles Scammon konnte sich wohl kaum vorstellen, dass er derart deutliche Spuren hinterlassen würde. Aber tatsächlich sind die damaligen Walfänger, neben Nahrungsmangel und einer wachsenden Zahl an Raubtieren, ein weiterer möglicher Grund für den Einbruch der Grauwalpopulation. Der heute sichtbar kleinere Genpool könnte die Anpassungsfähigkeit an neue Lebensumstände verringern.

Ein gezeichneter Stammbaum der Grauwale zeigt genetische Ähnlichkeiten, die auf Migrationen zwischen dem Atlantik und dem Pazifik durch den Arktischen Ozean hindurch hindeuten, in den wärmeren Phasen des späten Pleistozäns und des Holozäns, als das Meereis dünn war. Die seit Jahrhunderten ausgestorbene Geisterpopulation des Atlantiks existiert noch immer in Fossilien, die zwischen einigen Hundert bis zu 50000 Jahre alt sind. Knochen wurden in Schweden und England gefunden. Neue Berechnungen sagen voraus, dass die Ausbreitung der Grauen sich an die Erdpole verlagern wird und sie möglicherweise den Atlantik wieder bevölkern werden.[4] Einzelne Exemplare sind in den letzten Jahren vor den Küsten Israels, Spaniens und Namibias gesichtet worden. 2021 entdeckte man einen jungen Wal vor Marokko, der an Neapel, Rom und Genua vorbei bis an die französische Südküste schwamm, möglicherweise durch alte Geburtsstuben hindurch. Der Atlantik ist heute ein völlig anderer Lebensraum als früher, durchzogen von Schiffsrouten und lärmverseucht, von der Öl- und Fischindustrie ausgebeutet. Durch den ansteigenden Meeresspiegel könnten flache Habitate entstehen, die das Nahrungsangebot für Wale verbessern, allerdings nur, wenn Ozeanversauerung und Erwärmung nicht die Beutetiere dezimieren.

Ich wünsche den Grauwalen all die Widerstandskraft und Anpassungsfähigkeit, von denen ihre Fossilien berichten, und mehr. Und Max, was wird aus seiner Zukunft, vor der sich Veränderungen aufstauen wie eine Lawine? Was kann ich Max wünschen? Ich wünsche ihm Wale, in seinen dunklen Momenten, mögen ihre Lieder die Meere um ihn herum zum Klingen bringen.

Als ich aufstand, war es noch stockdunkel. Max war winzig, gerade vier Monate alt. Er schlief, als ich ihn aus dem Bett hob und in die Kinderschale legte. Pavel hatte mit dem Gericht gedroht und angeordnet, dass ich zu ihm zurückkehre in das Haus, aus dem er mich vertrieben hatte, als das Baby einen Tag alt war. Er verlangte meine sofortige Rückkehr nach London und geteiltes Sorgerecht. Am Telefon beschwerte er sich, dass er keinen Einfluss darauf habe, was Max aß oder anhatte.

«Aber er wird gestillt.» Und er trage Babykleidung, die ich zum großen Teil geschenkt bekommen hätte, sagte ich.

Musste ich zurück? Ich fragte drei verschiedene Anwälte. Einen in Irland, wo ich bei meiner Tante und meinem Onkel wohnte. Eine Anwältin in Nordengland, wo ich Freunde aus Studientagen hatte. Der dritte war der beste Familienrechtsanwalt auf ganz Jersey. Unmittelbar nach Max' Geburt, als Pavel mich gerade aus dem Haus geworfen hatte, hatte ich mit einer Anwältin in London gesprochen.

«Wenn Sie das Baby mit nach Jersey nehmen», hatte sie gesagt, «könnte er versuchen, sie wegen Kindesentführung anzuzeigen.» Ich rief die Anwältin nie wieder an und verdrängte ihre Worte, so gut ich konnte. Doch sie hatten sich festgesetzt wie kleine Kletten.

Die drei neuen Anwälte überlegten. Dann überlappten sich ihre Ratschläge. Fahren Sie nach Hause, wo Sie aufgewachsen sind, sagten sie. Hier sind Sie in einer besseren Lage, sagte der aus Jersey. Und mach dich lieber schnell auf den Weg, sagte die in Durham. Er hat Sie und Max auf die Straße gesetzt, sagte der in Irland, vergessen Sie das nicht. Nach einer weiteren Nachricht von Pavel, in der er meine Rückkehr forderte, siegte die Angst. Ich buchte einen frühmorgendlichen Flug und schrieb ihm am Abend davor eine Mail, in der ich ihn von meinen Plänen informierte. Im Morgengrauen floh ich. Ich ergriff meine Chance, rannte los und schaute nicht zurück. Das ständige Beobachten von Brambles Reaktionen in meiner Kindheit, wann ich ausweichen musste, wann rennen, zahlte sich aus. Sobald ich auf Jersey gelandet war, suchte ich die dortige Anwaltskanzlei auf und beantragte das Aufenthaltsbestimmungsrecht für Max.

Durch die Wolken schimmert ein heller Fleck. Max und ich eilen aus dem Museum ins Freie, um uns das Meer anzusehen. Die Luft ist schwer und feucht. Der nächste Regenguss jagt uns im Laufschritt in ein Café. Dort treffen wir Clyde Ramdwar, der «fast berühmte hausgemachte Fischsuppe» serviert, außerdem Pommes frites und Brownies. Clyde erzählt, dass er Rentner sei, das Café gehöre seiner Tochter. Er ist in Trinidad aufgewachsen und hat in seiner Jugend als Tellerwäscher auf einem Schiff nach Chile angeheuert. Zehn Jahre später war er Schiffsingenieur auf Öltankern zwischen Saudi-Arabien und Brasilien.

«Wollte umsonst die Welt sehen», sagt er. «Und ihr? Was macht ihr hier?»

«Wir folgen Wanderung von Grauwalen», sagt Max. Clyde und ich sind völlig verdattert. «Ich bin ein Wal!» Max bläst die Backen auf und stößt einen langen Seufzer aus.

«Sehr gut», sagt Clyde. «Und was möchte der Wal essen?»

«Wale lieben Fischsuppe», sage ich und ergreife die Chance, Max etwas anderes als Pommes, Porridge oder Erdnussbutter vorzusetzen. «Manchmal, wenn sie ihre Suppe gegessen haben», sage ich bedeutsam zu Clyde, «bekommen sie einen Brownie.»

Max schaut misstrauisch. Clyde bestätigt, ja, die Wale, die in sein Café kommen, essen immer zuerst Fischsuppe und dann einen Brownie.

Ein Ehepaar kommt herein. Die beiden setzen sich und erzählen mir, dass sie ihren sechzigsten Hochzeitstag feiern.

Ich gratuliere, und der Mann fragt, wie lange ich schon verheiratet sei. Als ich mich als alleinerziehende Mutter oute, blinzeln sie, als hätten sie ein Alien entdeckt. «Keine Sorge», sagt der Mann, «der Nächste bleibt.»

Max ist der, der bleibt, vielen Dank, denke ich.

Die Frau sieht uns lange eindringlich an. «Er ist ein Veränderer.»

«Wie bitte?»

«Ihr Junge, er bricht mit alten Mustern.» Wovon redet sie? «Sie werden schon sehen.»

Merkwürdig. Ich habe das schon einmal gehört, weiß aber nicht mehr, wo.

Draußen schimmert der Ozean in vielen Grautönen. Der Himmel stürzt immer noch herab. Wir nehmen den Bus zum Hotel zurück. Als er abfährt, liegt ein Silberstreif auf dem Meer. Max schläft auf meinem Schoß ein. Ich trage ihn ins Bett und packe unsere Sachen, um am nächsten Morgen bereit zum Aufbruch zu sein. Sein Mund bewegt sich, er redet im Schlaf.

In einem Zimmer mit behördengrünen Teppichfliesen saß ich auf einem Plastikstuhl Lola gegenüber, der Familienberaterin des Gerichts von Jersey, des Royal Court of Jersey. Lola hatte schwarz glänzende Haare und sonnengebräunte Haut.

«Welches Geschlecht hatte Ihr Pony?» Lola hatte den Auftrag, mich auszufragen und herauszufinden, ob ich eine gute Mutter bin, denn Pavel behauptete das Gegenteil. Er hatte dem Gericht in einer schriftlichen Stellungnahme dargelegt, warum mir nicht zuzutrauen wäre, ein Kind großzuziehen.

Für die erste Anhörung hatte ich meine Vorfahren um Hilfe angerufen. Ich hatte im Schrank meiner Tante gekramt und mir das schwingende schwarze Cape meiner Jersey-

Großmutter geborgt. Mit Max im Arm lief ich durch das winzige Fischerdorf, in dem mein Urgroßvater einst ein Haus gebaut hatte. Das Cape fest um mich gewickelt, betete ich um Schutz. Die Insel erhörte mein Flehen mit grauem, triefendem Haferbreinebel am Morgen der Anhörung. Flugzeuge konnten nicht landen. Pavel steckte in Gatwick fest.

Bei der zweiten Anhörung sagte er per Videoschaltung aus. Er warf mir Kindesentführung vor, weil ich Max mit nach Jersey genommen hatte, was ein anderes Rechtsgebiet ist als das Vereinigte Königreich, und hatte die Stellungnahme vorgelegt, die Lola jetzt in der Hand hielt. Pavel wurde nicht befragt, nur ich. Ich hatte fünfzehn Seiten über ihn eingereicht, aber weil ich Journalistin bin, hieß es, ich hätte «eine Geschichte» geschrieben. Das hatte Lolas Kollegin gesagt, als ich am Empfang wartete. Jetzt saß ich vor Lola und fühlte mich geschält und auseinandergezogen wie eine Mandarine. Mir fiel ein, dass ich kein Spielzeug dabeihatte. Das ließ mich wohl kaum als gute Mutter dastehen. Ich konnte Max nicht im Blick behalten, weil ich bei Lolas Frage erstarrt war und ihren Mund fixierte, als könnte ich ihr die nächste Frage von den Lippen ablesen und den Schock abfedern, wenn die Schallwellen das Licht einholten. Meine Fußsohlen schmerzten. Angst oder Schock machen sich bei mir immer zuerst in den Füßen bemerkbar. Ich stellte sie fest auf den Boden, beobachtete sie, um sicherzugehen, dass sie sich nicht in Richtung Tür aufmachten. Es kamen keine Worte mehr aus Lola. Welches Geschlecht hatte mein Pony? Ich musste antworten.

«Weiblich.»

Lola rutschte auf dem Stuhl herum. Max krabbelte hinter ihr vorbei und langsam, aber zielgerichtet auf einen leeren Mülleimer zu.

«Weiblich», wiederholte sie. «Können Sie sich vorstellen, warum er das geschrieben hat?»

Ich gab keine Antwort. Max hatte den Mülleimer erreicht, hob ihn hoch und setzte ihn sich auf den Kopf. Lola las weiter Pavels Stellungnahme vor, er warf mir vor, eine bizarre Beziehung zu dem Familienpony gehabt zu haben. Ich hätte mich um das Tier gekümmert, es aber scheinbar auch bestraft und zur sexuellen Befriedigung missbraucht. Die Wehrlosigkeit des Ponys, das mir ausgeliefert war, hätte mich erregt, so Pavel.

Ich stellte mir vor, wie Pavel spätnachts auf seinen Computer einhackte, wütend, vielleicht betrunken. Ich überlegte, wie Lolas Frage lauten würde, wäre Bramble männlich gewesen. Sie sah mich erwartungsvoll an. Ich musste mich erklären. Ich wusste nur nicht, wie.

«Ich hatte ein Pony», sagte ich leise. «Es hieß Bramble. Es war ein wichtiger Teil meiner Kindheit.» Dann noch leiser. «Es ist gestorben.»

Lola hustete. Ich sah Max an, erinnerte mich, was auf dem Spiel stand. «Ein paarmal habe ich beim Reiten einen Orgasmus bekommen, vielleicht ... Wir hatten sie etwa zehn Jahre lang. Ich wusste damals nicht, was da passierte, ich war zu jung. Das habe ich Pavel in einem intimen Moment erzählt.» Da. Jetzt war es raus. Sollte sie mich doch verurteilen, mich als Ganzes, das verstörte Kind, die sogenannte Erwachsene, das ganze Psychowrack.

«Er hat diese Information zu etwas verdreht, das gesellschaftlich nicht akzeptabel ist?»

«Er hat es zu etwas völlig anderem verdreht», sagte ich rasch. Hatte sie nicht verstanden?

«Wissen Sie, warum?» Lola erklärte, die Forschung habe nachgewiesen, dass Menschen, die Tiere misshandelten, mit höherer Wahrscheinlichkeit Kindern das Gleiche antaten. «Er stellt Ihre Tauglichkeit zur Kindererziehung infrage.»

Ich erinnerte mich, dass Pavel mir erzählt hatte, wie er

und seine Freunde eine Katze gequält hatten. «Wir haben so getan, als wäre sie ... wie nennt man dieses Instrument?» Er hatte die Hände auseinandergezogen und wieder zusammengeschoben.

«Ein Akkordeon?»

«Ja.»

Ich hatte ihn mir als Jugendlichen vorgestellt, der die sich windende und kreischende Katze packt und zusammenquetscht.

«Sie ist irgendwann weggerannt», hatte er gesagt.

Ich hatte seine vollen Lippen beobachtet und gedacht, dieser Mann ist beschädigt, aber meine Liebe wird ihn heilen. Ich dachte an den Sex, an die langsame Einführung von Gewalt. Ich hatte mitgemacht, weil er charismatisch war und mich mit der Behauptung zermürbte, ich wäre prüde, unerfahren und frigide. Ich hatte gelernt, mich zu fügen, hatte mich aus den Augen verloren. Mir wurde schlecht, und ich fragte mich, ob ich mir je wieder selber vertrauen könnte. Max nahm den Mülleimer vom Kopf und rollte ihn glucksend über den Boden. Im Kopf errichtete ich um uns beide herum einen Stacheldrahtzaun, der uns vor allen schützen würde.

Lola sagte, sie würde uns vor der dritten Anhörung einen Hausbesuch abstatten. Wir waren bei meinen Eltern untergeschlüpft, und ich bekam nur wenig Schlaf. Wegen Max, wegen meiner Arbeit, die ich irgendwie dazwischenschob, und wegen meiner Mutter, die uns jedes Mal weckte, wenn wir uns gerade hingelegt hatten. Sie vergaß immer, dass sie das nicht tun sollte, und wir brachten ihre Routine durcheinander. Eines Nachmittags, als ich gerade Nudeln kochte, stand sie plötzlich in der Küchentür und starrte mich mit böser Miene an. Manchmal ließ sie sich durch Geplauder beruhigen, manchmal von Max oder mit einer Berührung, einem Arm um die Schultern. Aber in dem Moment war Max hungrig und gereizt und ich mürrisch vor Erschöpfung.

Zu mehr als einem «Hi» reichte es nicht. Ich konnte mich nicht um beide kümmern. Sie sagte nichts, schob aber mit lautem Getöse die Teller beiseite. Ich machte mir im Geist eine Liste von Dingen, die Max ungekocht essen konnte, und gab ihm so schnell wie möglich seine Nudeln.

«Ich muss weg.» Entschlossen marschierte sie aus dem Haus. Dad lief ihr nach und überredete sie zurückzukommen. Seine Hände zitterten.

Ich verließ die Küche. Das war dieselbe Mutter, die ich als Kind gekannt hatte. Nur war es jetzt schlimmer, weil sie ihr Gedächtnis verlor, und da ich ein Baby hatte, konnte ich ihr nicht immer einfach aus dem Weg gehen.

Lolas Besuch bereitete mir Kopfschmerzen. Meine Eltern saßen auf dem Sofa. Lola setzte sich auf einen Stuhl und begann das Gespräch.

«Ich bin Oma», sagte meine Mutter wiederholt. Ihre Augen glänzten, wenn sie Max auf dem Schoß hielt. Die Krankheit ließ ihr gerade noch genug Zeit, um sich in ihren Enkel zu verlieben. «Und du», gurrte sie, «bist der, der alles verändern wird, stimmt's?» Er sah sie ernst an und streckte die Hand nach ihrem Gesicht aus.

Damit Lola mit meinen Eltern ungestört reden konnte, machte ich einen Spaziergang. Die alten Farmgebäude aus Granit leuchteten in der Sonne, die Bäume standen in voller Blüte. Als die Unterredung zu Ende war, hob ich Max auf meine Hüfte und führte Lola in das Spielzimmer, das ich im Wintergarten über der Küche eingerichtet hatte. Durch die Fenster blickte man auf einen riesigen Kastanienbaum, der unser Haus überragt, und auf den Pfad, der durch die Felder führt.

Lola sah sich um. Das Sonnenlicht fiel auf die Wiege und das auf dem Boden verteilte Spielzeug. Eine Freundin hatte es geschickt, eine Plastikflasche mit getrockneten Bohnen, glitzernde Stofffetzen. Lola betrachtete die selbst gemachte Rassel. «Sie haben sensorisches Spielzeug gebastelt.»

Draußen auf dem kiesbedeckten Hof stand ihr Auto. Auf dem Dach war ein Surfbrett befestigt. Ich stellte mir Lola beim Wellenreiten vor. Sie verließ den Wintergarten und lief polternd die Treppe hinunter, ich folgte. «Vielleicht sollten Sie aufhören, eine Vaterfigur für Max zu suchen», sagte sie, «und einfach wieder Ihr Leben leben.» Ihr Tonfall war professionell und forsch, aber die Worte bedeuteten etwas anderes. Ich war verwirrt. Sie verabschiedete sich und stieg in ihren Wagen. Ich hob grüßend die Hand. Was hatte sie gerade gesagt? Meinte sie, ich wäre auch alleine genug? Stand sie auf meiner Seite? Sie fuhr knirschend vom Hof. Ich hatte mich für einigermaßen gefasst gehalten, aber als ich in den Wintergarten zurückkehrte und mich mit Max hinsetzen wollte, gaben meinen Knie nach, bevor ich den Stuhl erreicht hatte.

Am nächsten Morgen klingelt der Wecker um vier. Der Bus zurück nach Albany fährt um halb fünf. Ich schaue mich in unserem Zimmer um, und die Aufregung über den frühen Aufbruch verfliegt. Mir wird die Hoffnungslosigkeit unserer Reise bewusst, und ich bin hundemüde. Aber die Wale sind bereits wach und schwimmen weiter. Ich brauche ihnen nur zu folgen. Solange ich in Bewegung bin, kann uns niemand einfangen.

Der Busfahrer, der uns aus Albany hierhergefahren hat, ist heute Morgen wieder im Dienst und hat angeboten, uns vor dem Hotel abzuholen. Er hält Wort und erspart uns in der Dunkelheit den Fußweg zur Bushaltestelle. Ich bin so dankbar, dass ich ihm ein Trinkgeld gebe. Nur ein einziger weiterer Fahrgast, eine einsame Gestalt im Schatten. Wir haben Glück, dass überhaupt ein Bus fährt.

«Das ist ein schöner Bus, Mummy.» Max macht es sich in seinem Kindersitz bequem. Bei der Ankunft am Bahnhof von Albany ist es immer noch dunkel, und bis zur Abfahrt unseres Zuges nach Seattle müssen wir drei Stunden warten. Wir sehen gelbe Frachtzüge aus dem Schwarz auftauchen, das sich langsam zu einem Metallgrau aufhellt. Ein Mann kommt und schließt die Tür des Warteraums auf. Wir folgen ihm hinein, drinnen ist es genauso kalt wie draußen. Ich setze mich auf die geschwungene Holzbank und nehme Max auf den Schoß. Wenigstens habe ich jemandem zum Kuscheln, hocke hier nicht allein auf der Bank und wirke sonderbar. Oder macht es mich noch sonderbarer, dass ich hier mit einem Kind sitze? Ich weiß nicht, was Lola sagen würde, wenn sie mich jetzt sehen könnte. Vielleicht meldet der Bahnhofsvorsteher in diesem Moment eine Obdachlose mit einem Kind in seinem Bahnhof. Ich richte mich auf und dämpfe Max' Geplapper mit einem «Pscht», um nicht die Aufmerksamkeit meiner eingebildeten Beobachter zu erregen. Meine Haare sind gekämmt, ich habe den Sand von unseren Schuhen gebürstet. Max bekommt nicht mit, dass ich innerlich zusammenbreche, und hat nur Augen für die Züge. Vielleicht bin ich nicht vernünftig genug, nicht stark genug, um mich um ein Kind zu kümmern. Vielleicht ist diese Reise nichts anderes als eine Flucht vor Verantwortung und Problemen. Die meisten Menschen sind mit einem Wohnzimmer, ein bisschen Spielzeug und dem Park um die Ecke zufrieden. Ich wünschte, ich würde weniger wollen, weniger Risiken eingehen, mich weniger verloren fühlen. Während ich innerlich den Halt verliere, schließe ich einen Pakt mit dem stärker werdenden Tageslicht: Ich werde nichts mehr wollen, gar nichts, wenn ich meinem Sohn bloß eine ausreichend gute Mutter sein kann.

Der nördliche Teil des Puget Sound, unserem nächsten Reiseziel, wird von einer Grauwalkuh mit dem Spitznamen Earhart bewohnt. Während ich hier am Bahnhof sitze, ist sie nicht weit weg, wahrscheinlich schiebt sie gerade ihre Nase durch den Schlamm. Earhart ist die Gründerin einer Walgruppe, Sounders genannt, die eine neue Nahrungsquelle aufgetan hat, Glasgarnelen, die nahe der Küste leben. Der Meeresbiologe John Calambokidis entdeckte Earhart 1990 und hat weitere Wale beobachtet, die sich ihr angeschlossen haben. Earhart und ihre Gruppe legen jeden Frühling einen etwa dreimonatigen Zwischenstopp ein, um in der Gezeitenzone Schlammsuppe aufzusaugen und die Garnelen herauszufiltern, bevor sie ihre Reise zum Beringmeer und zur Tschuktschensee fortsetzen. Ein riskantes Manöver, weil die Wale sich manchmal bis zu zwei Kilometer von tieferem Wasser entfernen und bei Ebbe leicht stranden könnten, wenn sie ihren Aufenthaltsort und das Timing falsch einschätzen. Binnengewässer sind belebter, und der Schlamm könnte höhere Toxinwerte enthalten. Aber der Fjord könnte auch eine Art Notfall-Food-Bank sein, die denen hilft, die sie kennen, wenn andere Nahrungsquellen versiegen. Nicht alle Pioniere sehen gleich aus, genau das macht sie zu Pionieren. Manchmal scheinen sie sich vielleicht einfach auf Irrwegen zu befinden. Wenn ich mein Leben ändern will, dann muss ich wahrscheinlich wie Earhart Risiken eingehen.

«Kuscheln», verlangt Max und windet sich auf meinem Schoß. «Meine Mummy.» Er lehnt seine Wange an meine. Die Erde dreht sich ein Stück, in den ersten Sonnenstrahl des Morgens hinein. Max ist unbeeindruckt von dem, was ich als mein Versagen ansehe, und vertraut mir mehr als ich mir selber. Ich wachse mit seinen Erwartungen. Was ist das überhaupt, Versagen? Nur mein eigenes Urteil über mich. Die Wale sind da draußen, schwimmen durch den Sturm. Ihnen zu folgen, ist eine Lehrstunde in zweiten, dritten, vierten, fünften Chancen, so viele, wie man sich zugesteht.

Max hält den Talisman-Pottwal an mein Gesicht und begrüßt fröhlich singend die Morgensonne. Er ist wild entschlossen: «Wale, wir werden euch finden.»

«Da drüben gibt es ein Café, falls ihr frühstücken wollt.» Der Bahnhofsvorsteher zeigt aus dem Fenster. «Die haben guten Kaffee.» Außerdem gibt es Croissants und einen rotierenden Tortenständer, der mich überragt.

«Kann ich Zitronentorte haben, Mummy?» Max hat sein Auge auf eine riesige hellgelbe Kreation geworfen, die gerade langsam und majestätisch ins Blickfeld rollt.

«Iss bitte zuerst dein Croissant auf, Maxim.»

«Fertig, Mummy.» Das wiederholt er drei Mal, bei jedem Mal lauter und den Tränen näher.

Ich habe keine Lust auf eine Auseinandersetzung. «Bist du toll?»

«Ja.»

«Bist du schlau?»

«Ja.»

«Bist du ein Marshmallow?»

«Nein.»

Ich freue mich über sein Lächeln, diesen langen glücklichen Moment. Wenn es für ihn genug ist, dann ist es auch für mich genug. Die engen Wände des Wohnheims und Pavel liegen weit hinter uns, und wir essen Kuchen zum Frühstück.

Geplant ist, dass wir heute Abend den Küstenort Anacortes erreichen. Er ist unser Sprungbrett in den Ozean, das Tor zu den San Juan Islands. Dort will ich die Fähre nach Kanada besteigen und auf der Überfahrt das Meer nach wandernden Grauwalen absuchen. Im Zug nach Seattle merke ich, dass wir spät dran sind und ein Taxi zum Busbahnhof nehmen müssen. Wir erreichen den Bus nach Anacortes Sekunden vor der Abfahrt. Max zappelt vor Müdigkeit. Wir sind beide erleichtert, als er in seinem Kindersitz angeschnallt ist und schlafen kann.

Je weiter wir nach Norden kommen, desto karger wird der Boden und desto abhängiger sind die Menschen vom Meer. An Land gibt es nichts, das mit den riesigen, weit verteilten Wolken aus Sommerplankton vergleichbar wäre, die hier das Leben erhalten. Dies ist die Heimat der indigenen Walfänger, hier haben die Wale die Kultur der Menschen geformt, sie auf ihren Rücken getragen. Ich lese etwas über die hier in der Gegend ansässigen Makah-Walfänger und erfahre, dass sie die Grauwale früher in Vorbereitung auf die Jagd nachgeahmt haben. Sie tauchten so tief wie möglich und blieben so lange wie möglich unter Wasser. Beim Auftauchen spuckten sie Wasser in die Luft und ahmten Walgeräusche nach. Laut einer Beschreibung aus den 1920er-Jahren gingen die entschlossensten Jäger so weit, dass Blut aus ihren Ohren tröpfelte.[5] Das macht mir bewusst, dass ich nie wirklich verstehen werde, wie es ist, ein Wal zu sein, dass ich mich nie denselben Herausforderungen wie Earhart stellen kann. Der menschliche Körper droht schon bei dem Versuch zu zerbrechen, sich einen Tauchgang lang in die Welt der Wale zu begeben. Ihre Tiefen sind für uns unvorstellbar.

«Wach auf, Mummy, Aufwachzeit.» Max' Gesicht ist direkt vor meiner Nase. Das Licht des Hafens hat sich wie eine Katze durch die Vorhänge geschlichen, ist über unsere Wangen gestrichen und hat uns aufgeweckt. Auf dem Weg nach draußen frage ich die Rezeptionistin nach den Grauwalen. Im Moment seien keine da, erklärt sie mir geradeheraus, aber die Sounders wären von Booten aus beobachtet worden, die etwa achtzig Kilometer weiter südlich in Everett ablegten.

Ich kann nicht fassen, dass wir die Wale wieder verpasst haben.

Wir suchen uns ein Pancake-Café zum Frühstück und bahnen uns mit den Ellbogen einen Weg durch das brechend volle Fährterminal. Unser Ziel ist Friday Harbor auf San Juan Island, der größten Insel der Gruppe. Es gibt keinen besonderen Grund, dorthin zu fahren, aber heute ist Freitag, also fahren wir. Max ist ungeduldig, einem Wutanfall nahe, was bei ihm selten vorkommt. Als die Fähre sanft schaukelnd über das Wasser schippert, winken wir dem amerikanischen Festland zu. Die Fahrt durch die Rosario Strait und Lopez Sound ist ein Augenschmaus, üppig bewaldete grüne Inseln auf ruhigem Blau. Max läuft torkelnd an Deck herum. Ich umkreise ihn vorsorglich mit gebeugten Knien und weit ausgebreiteten Armen, als wollte ich mich in ein Rugby-Tackle werfen. Ich freue mich auf eine Ruhepause und habe uns zur Belohnung ein Eco-Guesthouse gebucht. Von Friday Harbor fährt ein Bus dorthin, und als ich ankomme, wird jede Zelle in meinem Körper leichter. Das Haus liegt mitten in einem moosbewachsenen Garten und ist von Hand gebaut. Die Dielen quietschen zur Begrüßung. In unserem Zimmer rahmen orangefarbene Seidengardinen den Blick auf weites Grün zwischen wogendem lilafarbenem Lavendel ein. In der Ferne atmet leise ein dunkler, knorriger Wald. Als Max schläft, sitze ich vor dem Fenster auf dem Boden und verspüre lila-grünen Frieden.

Die Fähre nach Vancouver Island, unserem nächsten Ziel, fährt am Vormittag. Wir kommen früh in die Küche und wollen uns zum Frühstück Brioches aufwärmen. Lautes Vogelgezwitscher. Eine Frau in neonfarbenem Lycra wäscht Geschirr ab. Als Max hereinwatschelt, lächelt sie neugierig, und während sie Becher abspült, erzählt sie, dass sie gleich mit ihrem Freund auf Kajaktour gehen wird.

«Seid ihr beide allein?», fragt sie.

«Ja.»

«Schön. Ich bin auch alleinerziehend, mit vier Kindern.»

Vier?! Wie um alles in der Welt finanziert sie die?

«Was machen Sie beruflich?»

Sie ist Psychiaterin. «Drei sind von mir, das vierte adoptiert.» Die leibliche Mutter des Adoptivkindes sei drogensüchtig und habe sie gebeten, den Jungen zu nehmen.

Ich habe das Gefühl, dass sie versucht, meine Geschichte zu erraten, also erzähle ich sie ihr. «Ich musste mit ihm vors Familiengericht.» Ich nicke Max zu, der auf einem Hocker sitzt, aus dem Fenster schaut und seine Brioche isst.

«Das ist hart.»

Ich wechsle das Thema. «Wir folgen den Grauwalen auf ihrer Wanderung, aber wir können sie nicht finden.» Ich versuche zu lachen, es klingt harsch. «Ist es hier nicht wunderschön? Schon nach einer Nacht würde ich am liebsten einziehen.»

«Warum fangen Sie hier nicht von vorne an?»

«Ach, ich bin zu alt. Vierzig.»

Sie sei mit vierzig auf die Inseln gekommen, sagt sie, nach der Trennung von ihrem Mann. Er sei bipolar. Die gemeinsamen Freunde hätten sich nach der Scheidung auf seine Seite geschlagen.

«Ist er Narzisst?»

«Oh, ja. Und ein Kontrollfreak. Und Ihrer?»

«Auch. Zumindest glaube ich das.» Ich mag nicht mehr über Pavels Probleme nachdenken. Es fühlt sich an wie eine Sickergrube, in der ich fast stecken geblieben wäre.

«Gute Menschen suchen sich gute Menschen. Ich suche mir gute Menschen» – sie hält inne – «und schlafe mit ihnen.»

Vor dem Fenster steht ein gut aussehender Mann neben einem Van und zieht einen Gurt nach, mit dem auf dem Dach zwei Kajaks festgezurrt sind. Als er herüberschaut, winkt sie ihm zu. Er kommt in die Küche und klatscht Max ab. Bevor sie fahren, steckt sie noch einmal den Kopf in die Küche, zwinkert und gibt mir ihre Visitenkarte. «Großes Haus, Gästezimmer. Kommt uns besuchen, wenn ihr auf der Durchreise seid oder von vorn anfangen wollt.»

Ich bemühe mich, die beiden nicht anzustarren, als sie draußen herumalbern. Fröhlich steigen sie in den Van. Gute Menschen, gute Menschen, wiederhole ich immer wieder im Geiste, während ich Max für die Abreise fertig mache. Ich frage mich, ob ich ihr Lycra-Outfit, ihr Lachen je so hinkriegen könnte.

Da so früh kein Bus fährt, nehmen wir ein Taxi zum Hafen. Dort besteigen wir das Schiff nach Vancouver Island, wo wir die kanadische Grenzkontrolle passieren werden. Wale gleiten über Staatsgrenzen hinweg, ohne auch nur von ihnen zu ahnen, ich dagegen stecke nervös die Hand in die Tasche, um nach der Plastikhülle mit meinen Reisedokumenten zu tasten. Keine drei Minuten später taste ich wieder danach, diesmal behalte ich sie gleich in der Hand. Als alleinerziehende Mutter werde ich von Grenzbeamten oft misstrauisch beäugt und muss meistens nachweisen, dass ich mit meinem Kind reisen darf. Wir reihen uns in Sidney in die Schlange vor der Passkontrolle ein. Als wir an der Reihe sind, nimmt mir der Grenzbeamte die Papiere ab und betrachtet sie eingehend. Darauf steht Royal Court of Jersey. Manchmal fürchte ich, die Leute denken, ich hätte mir Jersey ausgedacht, diese kleine Insel zwischen England und Frankreich, von der viele Menschen noch nie gehört haben. Der Mann lässt sich Zeit. Ich spüre Galle in meiner Kehle aufsteigen.

Für die Dauer des Gerichtsverfahrens fand ich in einem Frauenhaus Unterschlupf. Solange Pavel sich eventuell auf der Insel aufhielt, wollte ich nicht bei meinen Eltern wohnen, außerdem wurde Max während der Anhörungen dort betreut. Das große Haus war in gedeckten Farben gehalten, hatte hohe Decken, geräumige Badezimmer mit antiken Armaturen und eine luxuriös ausgestattete Küche. Es hatte sicher einmal reichen Leuten gehört, dann war es einer Wohltätigkeitsorganisation geschenkt worden.

Im Frauenhaus gab es immer jemanden zum Reden, auch mitten in der Nacht noch, und in jener Nacht hatte Jolanta Schicht. Jolanta sprach mit leichtem polnischem Akzent, lächelte nie, war direkt und klang geschäftsmäßig. Sie erinnerte mich an eine Chirurgin. Normalerweise schlief ich ein, sobald Max beim Stillen weggedöst war. Aber in jener Nacht hatte ich Redebedarf, und ich vertraute Jolanta. Ich stand auf, ging im Dunkeln langsam nach unten und klopfte an die Bürotür. Voller Scham begann ich, mit Jolanta über Sex zu reden.

In meiner Familie war nie über Sex gesprochen worden. Als ich siebzehn war, kam meine Mutter aus dem Urlaub zurück und entdeckte mich voll bekleidet in den Armen eines Jungen schlafend. Sie vertrieb ihn, indem sie ihm einen Stapel Samuel-Beckett-Bücher zum Lesen gab. Dann klärte sie mich darüber auf, dass alle Männer böse wären, und fügte angeekelt hinzu, dass sie schon von den Vibrationen eines Busses Erektionen bekommen könnten.

«Dein Vater ist anders als die anderen», stellte sie etwas später klar. Ich glaubte ihr und verstand nicht, welche Last sie in sich trug. Selbst als ich schließlich doch Sex hatte, konnte ich nie darüber reden. Daher sprach ich mit Jolanta zum ersten Mal überhaupt über das Thema. Ich erzählte von dem Sex mit Pavel, dass ich mich ihm nah, beschützt, verbunden hatte fühlen wollen. Er sei im kalten Norden geboren, sagte er immer, und schon das ließ mich weich werden.

«Diese Hände haben Rentierzügel gehalten», hatte er lachend gesagt, als er merkte, was seine Erzählungen über seine Kindheit und das Schlittenfahren bei mir auslösten. Er bezeichnete sich als politischer Dissident. Nach all meinen Interviews mit mutigen Männern und politisch Verfolgten war ich endlich in den Armen eines solchen gelandet. Dieser Mann kannte das Leid, das der Kampf für Freiheit und Wahrheit mit sich bringt. Er hatte das Schlimmste durchgemacht und wusste es immer am besten. Eigene Meinungen brauchte ich nicht mehr, seine waren besser. «So gierig nach Berührung», hatte er geflüstert, «und so ängstlich.» Er hatte meine Verletzlichkeit gerochen. Ich hing fest wie ein Eisenspan an einem Magneten. Sein Bettgeflüster war sanft und hypnotisch. «Du bist mein kleines Mädchen, meine enge Möse, du darfst nicht weglaufen.» Während ich Jolanta all das erzählte, überrollte mich die Scham über meine Hörigkeit wie eine giftige Wolke und schnürte mir die Kehle zu, bis ich kaum noch sprechen konnte. Ich hatte zugelassen, dass er mich zerstörte, hatte alles durchgehen lassen und entschuldigt, hatte mich bereitwillig aufgegeben. Aber er konnte so sanft sein. Ich hatte gedacht, er würde sich ändern.

«Ich komme mir so dumm vor.»

Jolanta nickte, als wäre ihr das alles nicht neu. «Diese Leute ändern sich selten. Aber, Doreen, es ist egal, was andere tun, du kannst dich ändern. Und das hast du schon. Du bist hier die Gewinnerin.»

Ich berichtete von Pavels Anschuldigungen wegen Bramble.

«Tja, Sex mit Pferden ist ein beliebtes Thema in Pornos aus dem Ostblock, wo er und ich herkommen» – sie klang gelangweilt – «das liegt an Katharina der Großen.»

Meine Wangen wurden heiß. Aus Scham, dachte ich erst, aber dann merkte ich, dass ich wütend wurde. *Nimm deine Hände von Bramble*, sagte ich im Geiste zu Pavel. *Halt deinen verdammten Pornokram aus meinem Kopf raus.* Kaum hatte ich das gedacht, fiel eine Last von mir ab.

Etwas an der Ruhe und Nähe machte die Zeit mit Jolanta zu einem Geschenk. Mein Leben war etwas reicher geworden. Es war Zeit, ein paar Dinge neu zu ordnen, Licht in die Dunkelheit zu lassen.

«Ich habe das Gefühl, die Leute haben gerne Max um sich, aber nicht mich», flüsterte ich. «Als wollten sie, dass ich verschwinde.» Das hätte ich bei Tageslicht niemals sagen können, da lächelte ich und machte immer so weiter.

«Du hast ihn neun Monate lang in dir getragen, Doreen. Er ist ein Teil von dir.»

Das Gespräch verlor sich in der Nacht. Scham und verzerrte Wahrnehmung verschwanden in der Dunkelheit. Ich kehrte in mein Zimmer zurück, zu Max. Wir teilten uns ein Einzelbett. Er wollte nicht in der Wiege schlafen, und ich wollte es auch nicht. So war es lauschig, flauschig, sicher. Ich bedeckte sein Gesicht mit Küssen. Bisher hatte ich ihn nicht zu sehr küssen wollen, hatte meine Liebe gezügelt, als wäre irgendetwas falsch daran. Ich wagte den stillen Sprung ins Ungewisse, vertraute mir selbst. Ich forderte Max ein und meinen Platz an seiner Seite.

Bei der dritten Anhörung wurde Lolas Bericht kurz erwähnt. Pavel war nicht gekommen. Er hatte dem Gericht eine weitere Stellungnahme geschickt und eingewilligt, mir das Aufenthaltsbestimmungsrecht für Max zu überlassen. Das hatte mich sechs Monate und meine gesamten Ersparnisse gekostet. Ich hatte keinen Job, kein Geld und kein Zuhause, aber mein Kind würde bei mir aufwachsen.

Der kanadische Grenzbeamte begrüßt Max mit Namen, vermutlich, um seine Reaktion zu testen.

Max spart sich das Hallo. «Wir nehmen ein Boot, um die Grauwale zu finden.»

Der Mann zieht die Augenbrauen hoch. Ich übernehme und beschreibe die Walmigration, schnell, Schlag auf Schlag, um weitere Nachfragen zu verhindern.

Er schaut abwechselnd Max und mich an, als eine Kinderstimme sagt: «Wale essen Fischsuppe und Brownies. Und dann kacken sie.»

Der Beamte wünscht uns einen schönen Aufenthalt und winkt uns durch. Wieder müssen wir rennen, um die nächste Fähre nach Tsawwassen zu erwischen. Auf halbem Weg durch die Strait of Georgia taucht in der Nähe ein Buckelwal auf und winkt mit dem Schwanz. An Bord entsteht wilde Begeisterung, einige Hundert Menschen stürmen an die Fenster. Ich nicke dem Buckelwal lässig zu. Ich warte auf meine Grauen.

Im SkyTrain nach Vancouver besteht Max darauf, vorne zu sitzen. Wir fliegen in die Stadt hinein und geben Taschen und Kindersitz in der Jugendherberge ab. Das Reisen wird leichter, wir haben jegliche Routine aufgegeben und unseren eigenen Rhythmus gefunden, und je weiter wir nach Norden kommen, desto freundlicher scheint die Welt zu werden. Ich bin nicht länger die Frau in der scheppernden Rüstung, die am Anfang der Reise auf alles und jeden mit Misstrauen reagiert hat. Wir spielen am Strand, sammeln Stöcke und basteln Boote daraus. Dann spazieren wir über den Ponton zum Aquabus, der auf dunkler werdenden Wellen heranrauscht. Stehpaddler treiben vorbei. Ich scheine zu strahlen, zu schweben. Als wir in den Aquabus steigen, nimmt Max meine Hand, und all das Elend und die Schwierigkeiten, all meine Angst und Wut tanzen auf dem Wasser davon.

UTQIAĠVIK:
Abtauchen

Breitengrad: 71° 17′ 26″ N
Längengrad: 156° 47′ 19″ W

S edna ist die Mutter des Meeres. Sie beschützt die Tiere im Ozean und ernährt alle Inuit. Ihre Geschichte wird in Variationen von Grönland bis nach Nordamerika erzählt. Im nordwestlichen Alaska ist sie die Frau am Meeresgrund, die die Seelen der Meerestiere in ihrer Lampe aufbewahrt.[1] Erstmals hörte ich durch Aleqa Hammond von ihr, damals Außenministerin von Grönland. Sie erklärte mir, dass Sedna die ursprüngliche Inuit-Göttin ist und auch Sassuma Arnaa genannt wird, Mutter der Tiefe.[2] In manchen Geschichten heißt sie Nerrivik,[3] der Nahrungsfisch, in anderen Uinigumasuittuq,[4] sie will niemals einen Ehemann. Oder Takanaluk arnaluk,[5] die Frau dort unten.

Sedna war eine Schönheit und lehnte alle Männer ab, die um sie warben. In der Geschichte von Piita Irniq,[6] der in Nattiligaarjuk, oder Committee Bay, in Nunavut aufwuchs, heißt sie Nuliajuk. Nuliajuk verliebte sich in einen Hund und brachte viele Kinder zur Welt. Einige wurden Inuit, einige Qablunaat oder Weiße Menschen, einige Qarnuktut oder Schwarze Menschen, einige Itqilik, Chipewyan, Chinesen, Japaner, alle Völker der Erde. In einigen Versionen, darunter eine, die in den 1880er-Jahren auf Baffin Island bekannt war, wurde Sedna von einem Seevogel verführt, der vom Eis herüberflog und die Gestalt eines Mannes annahm.[7] Der Vogelmann, ein Eissturmvogel, versprach ihr ein Leben voller Behaglichkeit.[8] Aber das Dasein auf der Vogelinsel stellte sich als hart heraus, sie ernährten sich von Fischen und hausten in einem Zelt aus Fischhäuten. Sedna sang ihrem Vater ein Lied von ihrem Leid. Er kam und tötete ihren Mann. Vater und Tochter flohen auf einem Boot, die anderen Vögel verfolgten sie und riefen mit ihren Flügeln einen großen Sturm herauf. Um sein eigenes Leben zu retten, warf der Vater Sedna über Bord. Als sie sich am Bootsrand festklammerte, nahm er ein Messer und schnitt ihre Fingerkuppen ab. Sie fielen ins Meer und wurden zu Walen, aus den Nägeln entstanden Barten. Trotzdem hielt Sedna sich noch fest. Daraufhin schnitt der Vater die mittleren Fingerglieder ab, schließlich die Stümpfe, die sich in Robben, Walrösser und all die anderen Meeresgeschöpfe verwandelten. Jetzt lebt Sedna am Grund des Ozeans, und die Seelen der Tiere, die von Jägern getötet werden, kehren zu ihr zurück. Sie kann ihnen neue Körper schenken, aber wenn jemand ein Jagdtabu bricht und ein Tier ohne die erforderlichen Riten und den angemessenen Respekt tötet, wird Sedna sehr zornig und behält die Seelen bei sich, sodass an Land Mangel herrscht. Dann muss ein Schamane sie aufsuchen.[9]

Das Trommeln schlug mir bis ins Herz, der Lärm schien vom Himmel widerzuhallen. Die Tänzer hatten Flossen. Ihre Körper verwandelten sich, die Oberarme verschmolzen mit dem Rumpf, die Unterarme schwangen frei, die Finger waren geschlossen, die Handgelenke locker. Auf leicht gebeugten Knien trieben die Körper hierhin und dorthin, folgten synchron einer unsichtbaren Strömung. Lange Melodielinien wurden von spitzen Tierschreien unterbrochen.

In der Sporthalle des Ipalook Roller Rink traf sich die Nuvukmiut-Tanzgruppe. Nuvukmiut bedeutet Volk von Nuvuk – dem Punkt. Jeffrey, der die Gruppe leitete, hatte mir erlaubt zu filmen. Um nicht zu stören, hielt ich mich im Hintergrund. Der hallende Saal erinnerte mich an den Tanzunterricht in meiner alten Grundschule, an mein Unbehagen und meine Verlegenheit wegen des kratzigen roten Turnanzugs, den ich tragen musste, während ich unbeholfen durch die Gegend hüpfte.

Doch als die Trommeln einsetzten, schien das Dach abzuheben und die Wände auseinanderzufliegen.

Die Tänzer bewegten sich durch die Luft wie durch Wasser, ihre Köpfe waren steif abgewinkelt, die Hälse gebogen. Auch ihre Gliedmaßen schienen zu andersartigen Wesen zu gehören, und sie tauchten und schwammen in die Musik hinein und aus ihr heraus. Bewegungen und Stimmen verschmolzen. Große weiße Trommeln wogten in einer Linie wie Brandung. Ich spürte, dass ich mich veränderte. Während sich vorher etwas in mir fest und erstarrt angefühlt hatte, war ich jetzt formloser, veränderlicher Raum.

JJ, Julias jüngster Sohn, stand auf, um ein Solo zu tanzen. Er wirkte gleichzeitig verlegen und stolz. Sein Sohn, der kleine J3, rannte zu ihm und wollte mitmachen. Während sein Vater mit den Füßen stampfte, sich drehte, die Arme schwang, stand er mit einer Hand im Mund daneben. JJ war ein Jäger in seinem Boot, der nach Walen Ausschau hält und mit der Hand die Augen vor der Sonne schützt. Er paddelte. Seine Arme ahmten die fließenden Bewegungen von Walrücken nach, die an die Oberfläche kamen. Einer war direkt neben dem Boot. Kurz verwandelte JJ sich in den aufsteigenden Wal. Dann war er wieder der Jäger, der seine Harpune wirft.

«*Arigaa*» – gut – jubelten die Frauen am Ende des Liedes. Sie murmelten in Iñupiaq, zeigten auf mich, die ich mit meiner Kamera auf dem Boden hockte, und lachten. Alle Altersgruppen waren vertreten, ein winziges Baby, Älteste. Manche trugen Hoodies, andere ihre Kaleak-Crew-Walfang-jacken.

«Ay yah yah yah yah» – die Männer in der vordersten Reihe schlugen auf ihre Felltrommeln. Ein langsamer, leichter Beat. Der Schlagstock wurde unter die Trommel gehalten und lose nach oben gegen den Rand geschlagen. Wenn die Stöcke die Haut berührten, begannen die Trommeln zu dröhnen. Ein schneller, immer drängender werdender Herzschlag. Eine Jagd. Die Trommeln wurden hochgehalten, die Stöcke trafen sie mit Kraft. Die straffen Häute ließen die Luft vibrieren. Darüber Stimmfetzen. Der Raum war voller Männer, die sich im Kreis drehten und rhythmisch stampften. J3 stand reglos zwischen ihnen und riss die Augen auf.

Waren das die Stimmen seiner Vorfahren? Was würden die, die vor langer Zeit hier lebten, zu den Veränderungen von heute sagen? Ich wünschte mir ihre Weisheit. Die Gegenwart war so chaotisch, die Zukunft schien so unheilvoll. Es war tröstlich, an die Gesichter aus der Vergangenheit zu denken, an jene mysteriöse Zeit, in der Menschen sich angeblich in Tiere verwandeln konnten und wieder in Menschen. Ich wünschte mir jene Zeit zurück, in der die westliche Kultur nicht alles als anders definierte, besetzte, kategorisierte und beherrschte. Ich verstand die Worte nicht, die gesungen wurden, aber ich hörte, dass sie im Einklang waren. Und ich verstand das unbeschwerte Kichern und Geplauder. Das Lied handelte von Gemeinschaft, es war ein Gespräch mit einer nicht-menschlichen Welt, ein Nehmen und Geben.

Die Männer wischten sich den Schweiß von der Stirn. Das Tanzen war gleichzeitig hartes Training mit vielen Kniebeugen. Ich fragte mich, ob sie sich auf diese Weise fit hielten für die Jagd. Im nächsten Lied ertönte lautes *«niġliqiġliqiġliq»*, und plötzlich war der Saal voller Gänse, die auf dem Boden pickten. Am Ende waren die Tänzer erdgebunden und breiteten die Flügel nach hinten aus.

Billy kam in den Saal und sah sich suchend nach mir um. Die anderen forderten ihn auf mitzumachen.

«Billy! Los, Billy, *los*!», rief seine Tante Rhoda. Er ging wieder nach draußen. Ich habe keine Ahnung, warum er nicht wollte. Ich hätte ihn zu gern tanzen gesehen.

Eingelegter *maktaq* war mein Lieblingssnack geworden, Walhaut mit rosa Blubber. Ich konnte nicht genug davon bekommen und griff immer gierig zu. Ich erkannte mich nicht wieder. Ich lernte, Geduld zu haben, wurde runder, schwerer. Die Schwerkraft verankerte mich am Boden, die Erde hielt mich fest.

«Was würdest du machen, wenn ich zurückkäme?», fragte ich Billy.

«Dich wahrscheinlich heiraten.»

Vermutlich war es dumm, auch nur daran zu denken. Aber ich dachte daran, und das oft. Auch wenn mir das «Wahrscheinlich» nicht gefiel.

«Was würdest du sagen, wenn ich hierbliebe und, na ja, jagen lerne und, tja, vielleicht heiraten würde?», fragte ich meine Mutter am Telefon.

«Ich glaube, das wäre sehr interessant für dich», sagte sie ohne zu zögern und nahm die Aussicht, mich nur noch selten zu sehen, wenn überhaupt, wie üblich locker hin. Sie hatte in meinem ganzen Leben noch nie überrascht reagiert. Nicht einmal, als ich mit vierzehn kahl geschoren nach Hause kam. *Ich weiß, wie du tickst*, hatte sie einmal zu mir gesagt. Ich verschwieg, dass der Jäger, mit dem ich übers Heiraten sprach, in einer Einzimmerhütte wohnte. Er besaß wenig, war aber auf seine Weise unermesslich reich.

Billy und ich redeten, als hätten wir eine Zukunft. Er beschrieb, wie es war, über vereiste Pisten zu fahren, und versprach, mich mit in die Tundra zu nehmen, wenn die Karibus auf Wanderschaft gingen. Dann müsse man aufpassen, wo man sein Lager aufschlug, und der Anblick der vielen Tiere in vollem Lauf sei wirklich einmalig. Einmal, erzählte er, war er im Sommer zum Abkühlen in den Eiskeller geklettert, weil ihm zu warm geworden war. Eiskeller waren tiefe, in den Permafrost gegrabene Löcher, in die Leitern hinabführten. Sie waren groß genug, um für den Winter genug Fleisch für die ganze Familie einzulagern. Das Bild blieb mir im Kopf, wie Billy dort hockte und die Erde ihn wieder einpegelte.

Wenn ich irgendetwas zu ernst nahm oder das Gespräch sich auf die Arbeit oder das Klima oder meine Abreise zubewegte, sagte er immer, ich solle nicht so viel denken. «Du bekommst noch ein Aneurysma, wenn du so weitermachst.» Er stellte das Radio an. Stevie Nicks sang über den Raum, der in Flammen stand. Billy nahm meine Hand.

Wir saßen verschlungen da, atmeten einander ein. Er sagte immer wieder meinen Namen, und jedes Mal fühlte ich mich ein wenig mehr ins Leben gerufen. Wir verschränkten unsere Finger, bis ich nicht mehr fühlte, welche Hand zu wem gehörte.

«Hast du mein Baby da drin?», fragte er eines Morgens mit Blick auf meinen Bauch. «Bestimmt wäre es intelligent. Wie die Mutter, so das Baby.» Er zog ein paar Schulfotos seiner Nichten und Neffen aus der Schublade und zeigte sie mir stolz. Es tat weh. Ich fragte mich, wie unsere Kinder aussehen würden. Billy war ein schöner Mann.

Er stellte mich seiner Mutter vor, einer resoluten Frau. Sein Vater, der bei der Armee gedient hatte, war vor einigen

Jahren gestorben. Da Billy in Gegenwart seiner Mutter ehrerbietig und nervös war, war ich es auch. Sie hatten die gleiche elegante Nase, ansonsten bestand wenig Ähnlichkeit. Sie hatte dunkle Locken und ein längliches Gesicht, Billys Haar war völlig glatt und pechschwarz, sein Gesicht runder. Wenn er neben ihr stand, wirkte er wie ein kleiner Junge.

Schließlich schien sie sich ein wenig für mich zu erwärmen und erzählte mir, dass sie früher eine Schneeeule besessen hatte. «Das sind gute Haustiere. Still.» Sie schlug vor, raus in den Schnee zu fahren und wilde Eulen zu beobachten. Billy entdeckte eine, die ernst auf einem Pfosten hockte. Sie starrte uns mit bohrendem Blick an, ein bisschen so wie seine Mutter, wenn sie mich beobachtete.

Jede Crew, die einen Wal fing, hielt, wenn sie das Boot wieder an Land gebracht hatte, ein *apuġauti* ab, ein Fest für die ganze Gemeinschaft. Ich half einer erfolgreichen Familie bei den Vorbereitungen und wusch hinterher das Geschirr von mehreren Hundert Gästen ab. Die Frauen lachten über meine Hände, so dürr und nutzlos im Vergleich zu ihren kräftigen und geschickten: «Die haben noch nicht viel arbeiten müssen.»

«Was läuft da zwischen dir und Billy?» Eine Frau, die ich kaum kannte, die Freundin eines Mannes aus der Crew, war aus der Menge aufgetaucht.

Ich sagte, wir wüssten es nicht genau.

«So macht man das in Barrow nicht. So läuft das bei uns nicht.»

Ich fragte, wie sie das meinte. Sie war gemischter Herkunft, ein Elternteil war weiß, der andere Iñupiaq. Vielleicht hatte ich unwissentlich irgendein Tabu gebrochen, doch sie ließ sich nicht weiter aus. Ich wusch das restliche Geschirr ab und fragte mich, wie man im Ort wohl über uns redete. Die Leute amüsierten sich, gönnten sich ein paar Drinks. Die

Stimmung war locker. Ich wünschte mir, Billy wäre hier und würde mit mir etwas trinken. Die Frau des Walfangkapitäns gab mir eine kleine Dose Bier und ein Stück Walherz. Das Fleisch war zäh und musste gut gekaut werden. Es war eindeutig Teil von einem Ganzen, es verkörperte Einheit. Nachdem ich geschluckt hatte, saß ich still da. Es zog mich hinunter in den Ozean, ich tauchte ab, in die Dunkelheit hinein, wo gutmütige Riesen schwammen.

Billy blieb mehrere Tage verschwunden. Als er wieder bei Julia auftauchte, sagte er, er sei feiern gewesen. Wie oft und viel trank er eigentlich, und mit wem? Was war los mit ihm? Wohnte er deshalb in der winzigen Hütte, am Rand?

«Einmal haben sie mir die Schuhe weggenommen, als ich betrunken war», erzählte er mir. Es klang verletzt. Mir kam es besonders fies vor, einem Betrunkenen bei Temperaturen unter dem Gefrierpunkt die Schuhe wegzunehmen. Bei Julia lebte ich so beschützt, dass ich die Gefahren, denen Billy ausgesetzt war, erst verstand, als ein paar Tage später ein verwahrlost gekleideter Mann in die Hütte getorkelt kam.

«Ich will zu Billy», lallte er. «Okay?» Das war keine Frage. Ich ging. Ich konnte das Thema nicht länger verdrängen.

«Wenn ich bliebe, würdest du dann aufhören zu trinken?», fragte ich Billy. «Das wäre meine Bedingung.»

«Es würde mir schwerfallen.»

Das war nicht die Antwort, die ich hören wollte. Ich brauchte ein klares Ja. Draußen auf der Jagd kannte Billy sich aus. In der Stadt kam er vom Weg ab, und ich hatte Mühe, ihn zu finden.

Die Wale waren weg. Die Jagd war vorbei. Ich war bereits monatelang hier, mein Stipendium war aufgebraucht, aber Julia meinte, ich könne bleiben und müsse keine Miete bezahlen. Ich verschob meinen Rückflug, so lange es ging, und nahm alle mir zustehenden Urlaubstage. Julia organisierte zum Ende der Fangsaison eine Feier. Das Haus war voll. Billy hätte kommen sollen, war aber nach mehreren Stunden immer noch nicht aufgetaucht. Ich fühlte mich gefangen, meine Kehle war eng. Wo war er? Meine Sehnsucht nach ihm machte mir das Atmen und das Herz schwer. Ich verließ unauffällig das Haus, lief in die Nanook Street, schloss mit dem Schlüssel, den er mir gegeben hatte, die Tür auf und schlief in seinem Bett ein.

«Ich könnte deinen Pass verstecken, dann kannst du nicht weg», sagte er eine Woche vor meinem Abflug. «Warum willst du überhaupt zurück nach London?» Er schlug vor, mir hier einen Job zu suchen. «Irgendwas im Büro.» Er kannte mich nicht wirklich, und mir wurde klar, dass auch ich nur wenig über ihn wusste, abgesehen davon, dass ich ihn liebte. Er war gut zu mir gewesen, er hatte mich niemals verschreckt. In dieser grellen, tödlichen Umgebung war mein Leben von anderen Menschen abhängig, das hatte ich seit meiner Kindheit nicht mehr erlebt. Bei Billy fühlte ich mich sicher. Seine Empathie hatte mich berührt und ein paar uralte Wunden geheilt.

In drei Tagen ging mein Flug. Ich stellte mir vor, wie es wäre zu bleiben. Billy könnte als Tischler arbeiten, das *umiaq* hatte er großartig hinbekommen. Wir würden ein Kind bekommen. In den Schulbüchern waren die Geschlechterrollen klar verteilt, ein Junge würde alles über das Wetter und das Meereis lernen, über Boote, Harpunen und die Verwertung von Walen. Ein Mädchen würde lernen, wie man Nahrung zubereitet, Felle verarbeitet und *mukluks*, Kleidung und das Boot zusammennäht. Wenn sie wollte, könnte sie auch Jägerin werden, ihr Dad würde sie mitnehmen ins Kaleak-Lager und ihr alles beibringen. Ich sah Billy vor mir, der perfekte Vater, geduldig und sanft, er würde sie alles lehren, was sie an Land und auf dem Eis wissen musste. Unsere Tochter würde üben, mit einem Gewehr zu schießen, mit dem Schlachtmesser umzugehen, mit der Harpune. Mich selbst hatte ich nicht ganz so klar vor Augen. Aber ich sah Billy trinken. Das Eis schmelzen. Die Gefahren auf der Jagd immer größer werden. Das Land erodieren, weil der Eisschutzwall, der es vor Stürmen schützte, immer weiter abtaute. All das lief vor meinem geistigen Auge ab wie ein Horrorfilm.

Billy half mir beim Packen. Es saß schweigsam auf dem Bett und ordnete die Dinge um, die ich versuchte, in meine Koffer zu stopfen.

«Damit kommst du nicht durch den Zoll.» Er zeigte auf ein Stück Barten, das Julia mir gegeben hatte. «Mal was drauf, dann gilt es als Kunsthandwerk.» Er holte einen Nagel, und ich ritzte einen kruden Walschwanz ein. «Du bist gut. Du könntest so was verkaufen und davon leben.» Eine weiße Frau, die in einer Iñupiaq-Stadt Walkunst verkaufe, sei vielleicht nicht das Wahre, sagte ich trocken.

Wir hielten uns die ganze Nacht lang fest. Als es Morgen wurde, weigerten wir uns, einander loszulassen, ignorierten die auf dem Dach scharrenden Vögel, sperrten mit geschlossenen Vorhängen das Licht aus, ließen den Tag nicht herein.

Auf der Straße ertönte ein Hupen, der Moment war gekommen, in dem die Zeit uns besiegte. Julia hatte angeboten, mich zum Flughafen zu fahren, da Billy wegen Trunkenheit am Steuer seinen Führerschein verloren hatte. Am Abfertigungsschalter des winzigen Flughafens von Utqiaġvik lud ein Mann gewehrförmige Kästen auf das Gepäckband. Julia umarmte mich lange, während ich mir mit dem Ärmel über das Gesicht wischte.

«Ich bin jetzt deine Iñupiak-Mom. Wehe, du meldest dich nicht.»

Billy stand unbeholfen und mit hängenden Armen daneben, unsere Nähe war für einen öffentlichen Abschied nicht gemacht. «Komm zurück, und wenn es fünfzehn Jahre dauert, und wenn es nur zu Besuch ist.»

Ich war nicht sicher, ob er mich anflehte oder so tat, als wäre alles völlig in Ordnung. Danach schwieg er. Als ich durch die Menge zur Sicherheitskontrolle ging, wurde er immer kleiner. Noch auf dem Weg zum Gate spürte ich seine Augen. Ich drehte mich um und sah, dass sein Blick in die Ferne gerichtet war, als würde ich schon fliegen, weit über ihm. Ich schloss kurz die Augen. Als ich sie wieder öffnete, sah ich den Asphalt und das Flugzeug. Billys Geruch hing tröstlich in meiner Kleidung.

Julia erzählte mir später am Telefon, dass sie mir nach meiner Abreise immer noch begegneten. Einmal hätte sie mich an der gefrorenen Lagune gesehen, auf meinem alten Weg in die Nanook Street.

«Das ist Doreen! Was macht die denn noch hier?» Julia hatte angehalten, aber bei genauerem Hinsehen, sagte sie, war es «bloß eine andere *tanik*», nicht ich.

Mir ging es ebenso. Am Flughafen in Kanada, auf der Durchreise. Ein Mann mit Brille kam auf mich zu. Er war größer als Billy, hatte ein schmales, braunes Gesicht, und seine Baseballkappe war nach vorne ausgerichtet und nicht nach hinten. Er war betrunken.

Er torkelte auf mich zu, stellte sich dicht vor mich und starrte mich mit Billys Augen an. «Ich liebe dich.»

Ich schaute den betrunkenen Mann an, der nicht Billy war. Meine Lippen formten die Worte *Ich liebe dich auch*, sprachen sie aber nicht aus. Ich drehte mich um und floh quer durch die Abflughalle. Natürlich war es verrückt, aber ich hatte das Gefühl, ich wäre heimgesucht worden und würde zurückgerufen werden.

Ich machte einen Zwischenstopp bei meinen Verwandten in Edmonton. Tante Kathy ist eine ältere Schwester meiner Mutter. Sie ist groß und schlank und erhaben. Ich bekam das kleine, ruhige Zimmer, in dem früher ihre älteste Tochter gewohnt hatte. Auf den Fotos von jenem Wochenende lächle ich und sitze dick und rund neben meinen Cousins, ihren Kindern und einem Welpen. Tante Kathy erzählte von ihrer Arbeit als Krankenschwester mit First-Nation-Kindern, von denen viele am Fetalen Alkoholsyndrom litten und deswegen lernbehindert waren. Ich sah viele obdachlose First-Nation-Angehörige. Ich brauchte nur auf die Straße zu gehen, schon hatte ich die Ungerechtigkeit vor Augen. Die Worte *Eskimo* oder *indigen* klangen hier anders, weil sie nicht mit Stolz ausgesprochen wurden, anders als bei meinen Leuten in Utqiaġvik. Ich schämte mich dafür, weiß zu sein, auf dieser Seite der kulturellen Trennlinie zu stehen. Diese Realität war mir bisher noch nicht begegnet. Ich hatte mich auf die Suche nach Eis und Walen gemacht und war an einem Ort gelandet, an dem die Welt noch halbwegs in Ordnung war, an dem die Jäger mit ihrem Land noch verbunden waren. Ich hatte bei einer Familie gelebt, die Alkohol und seine schädlichen Nebenwirkungen mied. Nur selten hatte ich überhaupt jemanden Alkohol konsumieren sehen. Wegen der Kälte wurde immer nur drinnen getrunken. Und Billy hatte dafür gesorgt, dass ich nichts mitbekam.

Ich hörte mir einige der Iñupiaq-Sprachkassetten an, die ich mir gekauft hatte, und dachte über die Worte nach, mit denen Dinge, Menschen und Orte bezeichnet wurden. Ich fühlte mich geehrt, dass Julia mir ihren Namen gegeben hatte, und liebte den Klang von Billys Iñupiaq-Namen, Uvyuaq. Aber er hatte ihn nicht benutzen wollen, und er lebte an einem Ort namens Barrow, benannt nach Sir John Barrow von der britischen Admiralität, einem Forschungsreisenden, der nie einen Fuß dorthin gesetzt hatte. Zahllose westliche Fehlannahmen und romantische Vorstellungen und viel Ehrgeiz waren in dieses Land hineinprojiziert worden, die Heimat der Iñupiat. Was war Barrow angetan worden, das in der Vergangenheit Utqiaġvik hieß und bald wieder so heißen würde? Manchmal kam ich mir selber vor wie eine Betrügerin, die kein Iñupiaq sprach und die Welt dort auf Englisch wahrnahm. Ich war ratlos.

Zurück in London, passte ich nicht mehr in meine alten Klamotten und ernährte mich von Erdnussbutter und Käse. Salat und Gemüse mied ich, den Stadtlärm hasste ich. Mein altes Leben passte nicht mehr zu mir. Ich jammerte meinen Freundinnen die Ohren voll. Einige hörten zu, andere lachten. Eine japanische Kollegin, die mit einem Engländer verheiratet war, riet mir, interkulturelle Beziehungen pragmatisch zu sehen und loszulassen. Was, wenn ihr Kinder gehabt hättet, und dann wäre es schiefgegangen und du hättest zurückkommen wollen, fragte eine andere. Viel zu kompliziert, meinte sie.

Billy sagte, es ginge ihm gut. Er rief meistens in seiner Mittagspause an. Er hatte einen Job als Facharbeiter und Aussicht auf eine Stelle als Tischler. Die Männer sorgten füreinander, wie eine Crew.

«Bei der Feier am 4. Juli hast du einiges verpasst.» Am Freitag würde er seinen Lohn bekommen und endlich genug Geld haben, um mit dem Boot rauszufahren. «Wird Zeit, dass ich endlich von meinem Hintern hochkomme.» Sein Geburtstag stand bevor. Ich rief bei der Behörde in Utqiaġvik an und fragte, ob ich seine Geldstrafe bezahlen könnte, damit er seinen Führerschein wiederbekam und mit dem Auto zur Arbeit fahren konnte. Die Antwort war, nein, er müsse selber bezahlen. Also überwies ich ihm Geld für ein Barrel

Bootsbenzin. Er rief an, um mir von seinem Tag auf dem Meer mit der Familie zu erzählen. Seine Nichte schickte mir eine Mail. Billy hatte sie diktiert: «Ich vermisse dich wirklich, Doreen.»

«Vielleicht kaufe ich mir einfach ein Flugticket und komme rüber. Was kann man in London denn jagen?», fragte er am Telefon. Ich dachte kurz an Eichhörnchen und Tauben und sagte dann, eigentlich nichts. Er lachte laut. Doch auch als ich den Witz kapiert hatte, wusste ich nicht, was London ihm bieten könnte, was ich ihm bieten könnte.

«Möchtest du denn in der Stadt leben?»

Er gab zu, nach einem Besuch in Seattle mit Jeslie und Julia froh gewesen zu sein, nach Hause zurückzukehren.

Bei einem Anruf lallte er und war ungeschützt. «Ich liebe dich», sagte er. Es war das erste Mal.

Ich wollte nicht, dass er mich weinen hörte, und beendete das Gespräch sofort. Warum musste er betrunken sein, um mir das sagen zu können? Und so weit weg. Dann informierte Julia mich per Mail, dass er eine Lungenentzündung hatte und nach Anchorage geflogen werden musste. Ich entdeckte die Nachricht nach dem Aufstehen und saß den ganzen Tag auf heißen Kohlen, bis ich endlich im Krankenhaus anrufen konnte.

«Moment», sagte eine Krankenschwester.

Ich wartete ewig.

Dann hörte ich, wie der Hörer wieder aufgenommen wurde. «Doreen?»

«Was ist passiert?» Ich war plötzlich stinkwütend. «Du musst auf dich aufpassen.»

«Jetzt will ich wieder gesund werden. Weil ich deine Stimme höre.»

Ich spürte einen Schmerz im Hinterkopf. Das Zimmer verschwamm. Der Telefonhörer fühlte sich an wie ein Aal, ich packte fest zu, damit er mir nicht entglitt. Zu Billy sagte ich, er solle schnell gesund werden, zu Hause würden ihn alle vermissen.

Ich kam mir vor wie ein Schadstoff, der über Utqiaġvik gekommen war und Verwüstung hinterlassen hatte. Hielt ich Billy hin? Einen Mann, der durch die langsame Zerstörung seiner Kultur ohnehin schon verwundet war. Ich wartete, bis er aus dem Krankenhaus entlassen wurde und wieder zu Hause war, dann rief ich ihn an.

«Das geht so nicht, Billy. Ich kann nicht zurückkommen.»

«Klar. Ich vermisse dich.»

Ich rief ihn nicht mehr an, ging nicht ans Telefon. Ich hörte das Klingeln und verbarg den Kopf in den Händen, wenn es aufhörte. Dann rief auch er nicht mehr an.

Bei der Arbeit durchbrach ich eine bisher undurchdringliche Selbstvertrauensgrenze und bekam einen Job als Moderatorin.

«Sie haben Ihr Licht unter den Scheffel gestellt», sagte ein Redakteur. Ich reiste nach Grönland, um über den Wettlauf um arktische Rohstoffe zu berichten, und interviewte Aleqa Hammond, die mir die Geschichte von Sedna erzählte. Eine Woche lang brachte ich jeden Tag einen Beitrag über den Klimawandel, ganz ohne Skeptiker. Ich hatte einen Lauf.

Zurück in London, arrangierte ich ein Interview mit einer Walfangfamilie, aber als ich am nächsten Tag ins Büro kam, sah ich, dass es nicht gesendet und stattdessen fallen gelassen worden war.

«Das sind Augenzeugen des Klimawandels», protestierte ich. «Wir hören sonst nie etwas von ihnen, das ist wichtig.» War hier irgendetwas im Busch, das ich nicht mitbekommen hatte? Gab es irgendeine neue vorherrschende Meinung?

Ich erinnerte mich an meine Anfangszeit im World Service Newsroom. Damals hatte man mir eingeschärft, die Streitkräfte in Nord-Irland nur als «die Armee» zu bezeichnen, nicht als «die britische Armee». Ich hatte an meinen irischen Großvater gedacht, der lange vor meiner Geburt gestorben war. Er hatte im Irischen Unabhängigkeitskrieg von 1919 an der Seite der IRA gegen das britische Militär gekämpft und war dafür ausgezeichnet worden. Was, fragte ich mich, würde er davon halten, dass seine Enkelin aus der Sicht jener Briten berichtete, die er damals als Unterdrücker, als Kolonisatoren angesehen hatte?

Wenn eine politische Haltung schon an einem einzigen Wort sichtbar wird, in diesem Fall «britisch», oder am Auslassen dieses Wortes, berichte ich dann vielleicht aus Denkmustern heraus, von denen ich gar nichts ahne?

«Du bist nicht eine von diesen Eskimo-Seelenwanderinnen, oder?», fragte mich eines Abends ein Co-Moderator. Wir bereiteten uns auf die Sendung vor, und ich hatte ihm von der Jagd auf dem Eis erzählt.

«Heutzutage sagt man *Iñupiat* oder *Inuit*, nicht *Esk...*»

Er hatte sich schon wieder dem Sendungsplan zugewandt.

Ich hörte auf, über Utqiaġvik zu sprechen. Ich ertrug es nicht, daran zu denken, an das mehrjährige Eis, das verlorenging, an die Kaleaks, die ich so sehr vermisste, und an Billy und dass ich nicht bei ihm sein konnte.

In meinem Zimmer hing ein Schwarz-Weiß-Bild, ein Geschenk von Julia, das ein Verwandter in Point Hope gemalt hatte. Es zeigte einen Grönlandwal im Meer und an der Wasseroberfläche darüber einen Iñupiaq-Mann in einem Boot. Im Bauch des Wals war noch ein Mann abgebildet. Dieser Iñupiaq-Jona war ganz anders als der verzweifelte Jona aus meiner Kindheit. Er schlug eine Trommel und tanzte.

Ich ließ das Foto von Billys *umiaq* an der Eiskante als Poster ausdrucken, rahmte es und hängte es neben das andere Bild. Das *umiaq* schien im bläulichen Licht darauf zu warten, Menschen auf ihre letzte Reise mitzunehmen, über das Wasser zu tragen, weg vom Land der Lebenden. Zusätzlich zu seinem Iñupiaq-Titel, *Uvyuam Umialianŋa*, gab ich dem Foto noch einen englischen Titel: *I Will Carry You* – Ich werde dich tragen.

GLACIER BAY

Breitengrad: 58° 27′ 3″ N
Längengrad: 135° 49′ 21″ W

U nser Schiff kündigt laut tutend die Abfahrt an. Endlich offene See. Nach Wochen, in denen wir zwischen
Zug- und Busfahrten nur kurze Blicke auf das Meer werfen
konnten, begeben wir uns jetzt ins Reich der Grauwale und
begleiten sie auf dem letzten Stück ihrer Wanderung. Max
und ich winken, ein paar Menschen am Kai winken zurück.
Die Skyline von Vancouver öffnet sich dem Blick und verschwindet dann allmählich am Horizont.

Wir sind auf dem Weg nach Alaska. Ich stehe auf dem
Kabinenbalkon unseres Kreuzfahrtschiffs, der Norwegian
Sun, und schäme mich ein bisschen. Das entspricht nicht
meiner Vorstellung vom einfachen Leben auf hoher See. Es
sprengt unser Budget. Auf dem Oberdeck schwappt sogar
ein Schwimmbecken hin und her. Aber die Abfahrtszeiten
der Alaska-Marine-Highway-Fähren waren für uns nicht
machbar, also habe ich ein günstiges Ticket verhandelt und
versprochen, für ein Jerseyer Hochglanzmagazin, das von
Bankern gelesen wird, einen Bericht zu schreiben. In unserer
Kabine schaue ich mir die Fahrtroute an. Sie führt zwischen
versprengten Inseln hindurch, mit Stopps in Ketchikan, Juneau, Skagway und Glacier Bay. An einigen Stellen ist ein

Walschwanz ins Meer gezeichnet, ein gutes Omen. Unser Schiff wird durch ruhige, geschützte Kanäle fahren, nicht an der zerklüfteten, wilden Außenküste entlang. In sieben Tagen legen wir in Whittier an. Ich beginne, die Landfragmente zu zählen, aber es sind zu viele, und Max' Kopf versperrt mir die Sicht. Er ist auf meinen Schoß geklettert und klatscht mit der flachen Hand auf das Foto eines Wasserflugzeugs.

«Flugzeuge, ich liebe Flugzeuge. Was sind das für Füße?» Er zeigt auf die Kufen.

«Damit kann es auf dem Wasser landen.»

Max starrt das bisher unbekannte Fluggerät bewundernd an.

Als wir aufwachen, schimmert vor der Balkontür der dunkle Ozean. Ayu, eine Kellnerin aus Bali, serviert uns im Restaurant ahornsiruptriefende Pancakes am Tisch. Andere Crewmitglieder, mit denen ich spreche, stammen aus Nepal, den Philippinen und Indien. Ayu verlässt für neun Monate im Jahr ihr Kind, um auf dem Schiff zu arbeiten. Sie kann nicht genug bekommen von Max. Die beiden schauen sich über die hohen Gläser mit Orangensaft hinweg, die Ayu bringt, verliebt an. Sie erzählt, dass sie via Skype Kontakt zu ihrer Familie hält. Ihre Stimme ist sanft. Wie ist es, wenn man seine Liebe so weit dehnen muss wie ein Gummiband, über so viel Zeit und Raum hinweg? Ich habe keinen Appetit, schaue aus dem Fenster und sehe kleine dunkle Rückenflossen im Wasser. Sie tauchen so schnell auf und ab, dass ich fast an Einbildung glaube. Ich lege Ayu ein großzügiges Trinkgeld hin und haste mit Max in unsere Kabine. Vom Balkon aus sehen wir weiß gestreifte Körper an der Wasseroberfläche schwimmen.

«Wale, Mummy, Wale!», ruft Max. Ich suche online, bis ich die spielenden Tiere als Weißflankenschweinswale identifiziert habe, die schnellsten aller Schweinswale. Auf Bildschirmen an Deck wird ständig unsere Position angezeigt. Dann ist die Aufregung schon wieder vorbei. Wir wandern durch die mit Teppich ausgelegten Gänge und fahren in gläsernen Aufzügen nach oben und unten. Ich lese mir die Pool-Regeln durch und erfahre, dass Kinder nur ins Becken dürfen, wenn sie trocken sind. Als ich das Max mitteile, zieht er sofort seine Windel aus. Ich schiebe ihn eilig in die nächste Toilette und erkläre, dass er drei Tage lang unfall-frei bleiben muss. Es macht das Gerücht die Runde, dass ein Wal gesichtet wurde. Ich schnappe mir die Entdeckerin und frage sie aus. Er war schwarz, sagt sie, hat seinen weiß gefleckten Schwanz gezeigt und ist mehrmals an die Ober-fläche gekommen. Sie macht mit dem Arm den springenden Wal nach. Ich bin enttäuscht. Ein Buckelwal, kein Grauer.

Am nächsten Tag erreichen wir den ersten Hafen, Ketchikan. Angefangen hat die Stadt als Camp für Fischer, heute ist sie als Welthauptstadt der Lachse bekannt. Da ich kein Geld für Führungen ausgeben will, bei denen es nicht um Wale geht, laufen wir ziellos durch die Straßen. Im Buchladen Parnas-sus Books entdecke ich ein illustriertes Buch, *The Oceanic Society Field Guide to the Gray Whale,* ein Handbuch über Grauwale, und nehme es in die Hand. Sofort habe ich das Gefühl, ihnen näher zu kommen. Wir spazieren weiter und erreichen eine Brücke, von der aus man auf ein schaukeln-des Gewirr aus Jachtmasten hinunterblickt, dann erblicken wir einen Heilsarmee-Laden und gehen stöbern. Max findet einen laut plärrenden Fisher-Price-Laptop, ich versuche, ihn zurück ins Regal zu verhandeln. Der kommt mir nicht in un-sere Kabine. Ich feilsche, biete eine Plastiklokomotive, die nur einmal fröhlich hupt, lege eine Etch-a-Sketch-Zauberta-fel drauf und zu guter Letzt noch ein Holzhüttenbauset. Max ist nicht sicher und lässt den Laptop nicht los. Um ihm den

Deal schmackhaft zu machen, erkläre ich ihm, dass in dieser Gegend Häuser aus Bäumen gebaut werden. Er gibt nach, der axtschwingende Holzfäller und sein treuer Plastikhund geben den Ausschlag. Beide Arme voller neuer Errungenschaften verlässt Max schwankend den Laden. Ich bin von meinen Verhandlungskünsten nicht überzeugt. Eine Frau hält mich an und fragt nach dem Weg. Als sie meinen Akzent hört, sagt sie, sie hätte gedacht, ich käme aus Ketchikan. Jetzt strahlen Max und ich vor Freude um die Wette.

Ich habe die Grauwale den ganzen Tag auf Abstand gehalten, aber abends sitze ich über meinem neuen Buch und suche nach Hinweisen. Der sanft geschwungene Mund. Das weise Auge. Es fühlt sich an, als würde ich nach Einhörnern Ausschau halten. Im Kabinenbuch des Kreuzfahrtschiffs sind Grauwale nicht ein einziges Mal erwähnt. Es schien alles so einfach zu sein: Die Wale schwimmen jedes Jahr an der Westküste entlang, wenn wir also etwa zur gleichen Zeit mit ihnen nach Norden reisen, müssten wir ihnen doch begegnen. Aber inzwischen habe ich das Meer und den Horizont unzählige Male nach herzförmigem Blas und gefleckten Leibern abgesucht und nur das Nichts gesehen. Die Enttäuschung hat sich als schwerer Klumpen in mir verfestigt. Sie müssen weiter draußen sein, halten Abstand zu den Menschen und unseren mächtigen Schiffen. Was sonst? Es war dumm zu denken, dass diese intelligenten Tiere freiwillig in die Nähe jener Wesen kommen würden, die ihnen am meisten schaden.

«Come as You Are» von Nirvana lief, und im Hautlian's, einem verrauchten Club in St. Helier, bebte die Erde. Ich war siebzehn und nach drei Green Monsters völlig zugeknallt. Der Barkeeper hatte Cider und Bier gemischt und das Ganze mit einem Schuss blauen Bols-Likörs schlammgrün gefärbt. Als ich nach Hause radelte, drehte sich die Welt sanft auf den Kopf. Plötzlich lag ich rücklings auf der Straße und strampelte mit den Beinen in der Luft, das Rad lag auf mir. Als ich schließlich Brambles Box im alten Schweinestall erreichte, hob sie kaum den Kopf. Sie war jetzt schmächtiger, aber immer noch wunderschön. Ich rollte mich neben ihr im Sägemehl zusammen, so betrunken, dass ich mich einnässte, spürte die Wärme durch meine Jeans sickern, dann wurde es kalt. Ich schlief unruhig, berührte Bramble die ganze Nacht mit einer Hand. War ihr so nah, dass die Hufe mich trafen, wenn ihre Beine in der Dunkelheit zuckten.

Vor einer Woche war ich auf die Wiese gekommen, und sie hatte mich angewiehert und war nicht in der Lage gewesen aufzustehen. Fast ein Jahrzehnt lang hatte ich mich um Bramble gekümmert. In den Jahren vor dem Abi aber war mir alles egal geworden – Schule, Prüfungen, morgens aufstehen. Ich war oft betrunken. Meistens raffte ich mich gerade noch dazu auf, Eimer mit Wasser auf Brambles Wiese zu schleppen. Ich hatte eine Klassenkameradin angeheuert, die für mich einspringen und Bramble reiten sollte. Bramble warf sie ab, ihr Arm war einen Monat lang in Gips. Ich gab sogar eine Anzeige in der Lokalzeitung auf: «Pony zu verleihen». Niemand meldete sich auf meinen Verrat.

Der Tierarzt schnitt mit einem Messer ein Loch in ihren Huf. «Das sollte helfen.» Aus Vernachlässigung hatte Bramble sich mit frischem Gras vollgefressen. Die Hufrehe, die sie schon früher gehabt hatte, war wieder aufgeflammt. Die Vorderhufe waren heiß. «Das nimmt den Druck», sagte der Tierarzt. Eine dicke, eigelbe Flüssigkeit quoll aus dem Huf. Der Geruch war wie Lärm, ohrenbetäubend. Erst drang er wie angenehmes Säuseln in meine Nase, fast süßlich, schwang dann aber in einer viel tieferen Tonlage nach und trug etwas Verfaultes, Ekliges in die Luft. Brambles von

Hornwand umschlossenes Fußgewebe konnte die überschüssigen Nährstoffe und das Wasser in den Blutgefäßen nicht mehr aufnehmen. Die Struktur hatte sich aufgelöst wie bei einem gequetschten Apfel. Bramble litt Höllenqualen.

Von da an tat ich alles, was der Tierarzt mir auftrug. Ich versuchte, sie zum Gehen zu bewegen, und rief den Hufschmied, damit er Spezialeisen für sie anfertigte. Als das glühend heiße Eisen an ihren Hufen befestigt wurde, schwankte und taumelte Bramble und lehnte sich so weit zurück, dass sie fast saß. Ich mischte immer wieder Schmerzmedikamente in ihr Futter, aber inzwischen fraß sie gar nichts mehr.

Es dauerte lange, bis ich akzeptierte, dass ich es nicht wiedergutmachen konnte und mir nicht einfach einen Job besorgen und Bramble zur Behandlung nach England schicken konnte. Nachts im Bett malte ich mir imaginäre Artikel in der Zeitschrift *Horse and Pony* über Brambles wundersame Heilung aus. Aber es war zu spät. Das war etwas, wovor Bramble nicht weglaufen konnte.

«Das muss ein Ende haben», sagte meine Mutter. Ich wollte, dass sie unrecht hatte, aber ich konnte es nicht mehr mitansehen. Also rief ich den Tierarzt. Meine Eltern fuhren in den Urlaub, mit dem Schiff nach Frankreich. Ich blieb die ganze Nacht bei ihr, bis der Morgen dämmerte, und umarmte ihren Hals.

Der Tierarzt kam schon früh. Er wollte sie festbinden, aus Angst, dass sie durchgehen und aus dem Stall fliehen würde. Ich verbot ihm, sie anzufassen.

«Wie lange hast du sie schon?»

«Weiß nicht, neun Jahre», murmelte ich benebelt.

«O Gott.»

Ich hielt ihren Kopf in meinen Händen. Zwei Spritzen. Eine zur Beruhigung, sagte der Tierarzt, die andere ein tödliches Muskelrelaxans. Er musste kräftig zustoßen, um durch die dicken Halsmuskeln zu dringen. Bramble sprang auf, und ihr Blut spritzte auf das Sägemehl. Zum ersten Mal seit Tagen stand sie zitternd auf den Beinen. Unsere Blicke trafen sich. Dann knickten ihre Beine ein. Sie fiel zu Boden, und ich mit ihr. Ich hielt ihren Kopf fest.

Der Tierarzt stieß mit dem Finger in den blauen Fleck in ihrem Auge, um die Muskelreaktionen zu prüfen. Ich beugte mich über ihren Kopf, versperrte ihm mit dem Rücken die Sicht und versuchte, diese letzte schreckliche Berührung wegzustreicheln. Ich streichelte ihr oberes Augenlid, ihre Augenbraue, ihre glänzende Wange. Ihre Samtlippen und die Nase. Ich streichelte das borstige Haar am Kinn und um die Nüstern. Ich streichelte ihren Körper, die wunden Stellen, ihre Beine, ihre perfekten runden Füße.

Im Hof wartete ein Transporter.

«Geh jetzt lieber ins Haus», sagte der Tierarzt.

Sie müssen Bramble mit Seilen in den Transporter geschleift haben. Als ich wieder aus dem Haus kam und die Spuren im Kies sah, rannte ich los, fünf Meilen weit, bis nach St. Helier, wo ich mich auf der Haupteinkaufsstraße weinend auf eine Bank setzte. Ich musste unter Menschen sein. Bei Einbruch der Dunkelheit kehrte ich nicht nach Hause zurück, sondern schlug die entgegengesetzte Richtung ein, lief an der Küste entlang durch Wind und Gischt bis nach St Catherine's Bay, wo die Wellen sich grau und furchterregend an den schwarzen Felsen brachen, zwischen denen Meeraale lebten. Ich wollte Wasser sein.

War da Musik? Pfiff der Wind um das Geländer? In einer der Anglernischen, in denen Josie und ich manchmal nach verlorenen glitzernden Ködern gesucht hatten, saß eine Gruppe junger Männer mit einer Gitarre am Lagerfeuer. In breitem schottischem Dialekt luden sie mich ein, mich dazuzusetzen, und wollten wissen, was los sei. Ich murmelte, mein Pony sei gestorben. Sie teilten ihre Marlboros mit mir und stellten keine Fragen. Bramble war jetzt frei, von allen Schmerzen befreit. Und durch ihren Tod war auch ich ungebunden und frei.

«Sieh zu, dass du wegkommst», hörte ich Bramble sagen. «Hol dir Hilfe, sonst bist du die Nächste.» In dem Moment wusste ich, dass ich Jersey verlassen würde. Einer der Männer gab mir seine Telefonnummer auf einem Zigarettenschachtelfetzen. Ich saß still da und hielt meine Knie umschlungen. Als der Morgen graute, hatte ich den Tag überlebt, an dem sie gestorben war.

«Sie war auch meine Verantwortung», sagte meine Mutter einige Monate später und räusperte sich. Sie meinte es gut. «Du warst nur ein Kind.» Das linderte weder die Trauer noch mein schlechtes Gewissen, denn ich wusste, dass es meine Schuld gewesen war. Bramble hatte allein mich geliebt, und ich hatte ganz ihr gehört. Tag und Nacht war sie bei mir, sah in mich hinein, erinnerte mich, dass ich nie, niemals wieder die Verantwortung für ein anderes Lebewesen übernehmen sollte. Dass ich Abstand von allem Lebendigem halten sollte.

Sanft schließe ich das Grauwal-Buch, lege es auf den Tisch und schaue Max an, der neben mir schläft. Er gehört untrennbar zu mir. Mit der Liebe geht das große Gefühl einher, nicht zu genügen. Mir wird bewusst, dass ich ihn niemals in mein altes Leben hätte einfügen können. Um die Angst zu bekämpfen, alles falsch zu machen, musste ich mich ihm ganz und gar widmen. Aber jetzt habe ich ein Gleichgewicht erreicht. Plötzlich macht es mir nichts mehr aus, die Wale nicht zu sehen. Die Naturwissenschaftlerin in mir weiß, wie viel Sorgfalt und Arbeit in das Walbuch geflossen sind. Dank dieses Buches kann ich die Grauwale verstehen und sie so schätzen, wie sie sind. Es reicht, dass sie existieren. Ich bin froh, dass wir sie nicht finden, dass sie irgendwo sind, wo sie von Menschen nicht gestört werden, dass sie einfach nur Wale und dass sie frei sind.

Wir erreichen Juneau, die Hauptstadt von Alaska. Ungefähr zwanzig Passagiere steigen in ein kleines Boot. Unsere Führerin Emily stammt von den Tlingit ab. *Tlingit* lässt sich als Volk der Gezeiten übersetzen. Sie leben seit Menschengedenken mit Walen zusammen. Walfleisch zu essen, ist für sie tabu.[1]

«In unserer Schöpfungsgeschichte haben Menschen sich in Tiere und dann wieder in Menschen verwandelt», sagt Emily. Jeder ihrer Sätze strahlt vor innerer Freude. Sie hat lange Haare und die Anmut eines Meeresgeschöpfs.

Max ist ebenfalls angetan. «Spricht sie über den Buckelwal, Mummy?»

Mein kleiner Wissenschaftler bekommt so viel mit. Wir sind in Küstennähe, und das Wasser ist so glatt, dass es fest wirkt. In der Bucht wimmelt es von Buckelwalen und Orcas. In diesem Fall handelt es sich um Residents, sie fressen Fisch und leben friedlich mit anderen Walen zusammen, erzählt Emily, anders als die Transients, die im tiefen Gewässer von Monterey Grauwalkälber angreifen. Buckelwale, so groß wie Busse, tollen ausgelassen vorbei.

«Guck, ein Baby-Orca, Mummy!»

Max' Beobachtung wird von Emily mit einem wohlwollenden Lächeln quittiert. Sie stellt sich neben ihn, er greift nach ihrer Hand.

«Und da ist die Mama», sagt sie.

Orca-Mutter und Kind springen gemeinsam aus dem Wasser, ihre schwarz-weißen Körper glitzern silbrig. Sie sind im selben Rhythmus, ihre Schönheit enthüllt sich einen Atemzug lang über dem Wasser.

Dann kommt ein erwachsener Orca direkt auf unser Boot zu.

Die Rückenflosse zerschneidet das Wasser. Das dunkle Schwarz saugt alle Farben auf. Ein Bote aus dem Nichts, auf der Suche nach Beute. Die Spitze der Flosse ist auf Brusthöhe, und das, obwohl ich an Deck ein gutes Stück über der Oberfläche stehe. Ich halte mich an der Reling fest, beobachte den langen Körper, der auf sein Ziel zuhält, und stelle mir die Hilflosigkeit eines Grauwalkalbs vor. Der Orca bewegt sich so zielsicher, dass mir der Gedanke kommt, er habe es auf mich abgesehen. Ich habe das Gefühl, über dem Boot zu schweben und auf mich und das Raubtier hinabzuschauen, und als sein Kopf nur wenige Bootslängen vor uns aus dem Wasser bricht, erstarre ich in Ur-Angst. Wird er uns rammen?

Die Sekunden dehnen und verzerren sich. Erinnerungen prallen aufeinander. Verdrängte Momente. Ich, als Mädchen, als Frau, vor Angst erstarrt.

Von oben sehe ich drei Gestalten, Emily, Max und mich. Grauwalmütter erstarren nicht, wenn diese Torpedos mit Raubtierzähnen ihre Kälber angreifen. Sie bleiben dicht in ihrer Nähe, sie *bewegen* sich. Ich greife nach Max' Hand und kann mich wieder rühren. Der Orca taucht in letzter Sekunde unter dem Boot hindurch. Ich erinnere mich, dass Captain Nancy von der Intelligenz dieser Tiere geschwärmt hat. War das eben ein Spiel? Vielleicht macht es Orcas Spaß, Touristinnen in Angst und Schrecken zu versetzen. Die fremde Intelligenz gleitet davon und hinterlässt kaum sichtbare Wellen. Ich schwinge die Arme, boxe in die Luft, hüpfe auf und ab, winke dem Orca hinterher. Max lacht und ahmt mich nach.

Etwa ein Jahr, bevor ihr Gedächtnis sie immer mehr im Stich ließ, besuchte meine Mutter mich in London. Sie wolle über uns reden, kündigte sie an. Wir gingen in ein türkisches Restaurant. Sie trug ein pinkfarbenes Seidentaftoberteil, und auch ich hatte mich ihr zuliebe zurechtgemacht und meinen gestreiften Lieblingskaschmirpulli angezogen, der aus einem Orla-Kiely-Musterverkauf stammte. Sie strahlte den Kellner an. Als er fragte, ob wir Schwestern seien, warf sie den Kopf zurück und lachte, aber mit ihrem immer noch tiefschwarzen Haar, der makellosen Haut und der Energie, mit der sie jeden in ein Gespräch verwickelte, wirkte sie tatsächlich zwanzig Jahre jünger. Sie machte sich über ihre Makrele her.

«Köstlich!», rief sie einem vorbeikommenden Kellner zu, dann sah sie mich erwartungsvoll lächelnd an. «Also.»

Ich war nervös und bestellte Rotwein.

«Für mich auch.» Meine Mutter trank fast nie.

Wir seien sehr unterschiedlich, eröffnete ich das Gespräch, wofür niemand etwas könne. Das sei okay. «Ich kann nicht über Bücher und Theater reden wie du. Bei solchen Themen komme ich mir immer dumm vor und habe das Gefühl, dich zu enttäuschen.»

Sie legte die Gabel weg, dachte über meine Worte nach, riss ein Stück Pitabrot auseinander und wischte damit über den Teller. Ich konzentrierte mich darauf, Gabel um Gabel Moussaka in meinen Mund zu schaufeln.

«Als du angefangen hast, dich für Naturwissenschaften zu interessieren, bin ich nicht mehr mitgekommen.» Sie blickte in die Ferne.

Sofort stand ein Kellner neben ihr. «Kann ich Ihnen etwas bringen?»

Sie schüttelte den Kopf und erkundigte sich, woher er stamme. Das folgende Gespräch über die Türkei und Irland erstreckte sich bis zum Ende meiner Moussaka.

Dann sah meine Mutter wieder mich an. «Ich habe oft Angst vor dir gehabt, Doreen.»

Na bitte. Ich kämpfte gegen den Impuls an, die Augen zusammenzukneifen und zu schmollen, meine alte Verteidigungsstrategie. «Aber du siehst doch nicht wirklich mich, du projizierst nur deine Ängste. Scheiße!» Ich hatte meinen Mund verfehlt und Wein auf meinen Pulli geschüttet.

«Fluchen zeugt von sprachlicher Armut, Doreen.»

«So rede ich eben, verdammt noch mal», fauchte ich und tupfte den Fleck mit der Serviette ab. «Du hast *mich* mal als Scheiße bezeichnet, weißt du noch?» Ich hatte meine Rolle als rationale Erwachsene ganze drei Sekunden durchgehalten. Ich floh auf die Toilette, um den Pulli auszuwaschen, spritzte mir Wasser ins Gesicht, hielt mich am Waschbecken fest und atmete ein paarmal tief durch. Als ich wieder am Tisch saß, aßen meine Mutter und ich gesittet und schweigend.

«Tut mir leid.» *Tut mir leid, dass ich ich bin,* wollte ich sagen. Vielleicht konnte ein Nachtisch es wiedergutmachen, die waren lecker hier. Ich hob die Hand und lächelte den Kellnern zu, sie nahmen keine Notiz von mir.

«Jeder tut, was er kann, Doreen», sagte Mum von hoch oben herab und wischte sorgfältig den letzten Rest der Makrelensoße vom Teller ab.

«Wollen wir nach der Rechnung fragen?» Der Nachtisch war keine Predigt wert.

Auf dem Weg zur Bushaltestelle beobachtete meine Mutter fröhlich die trublige Menschenmenge. Ich mochte es sehr, wenn sie glücklich aussah, wusste allerdings nie, ob sie es auch war.

«Weißt du, Doreen, vor der Abfahrt habe ich mich zu Hause umgesehen, und alle schönen Dinge sind von dir.» Ich hatte von jeder Arbeitsreise Geschenke mitgebracht: Regenbogenglasperlen aus Ghana, eine minzfarben gestreifte Plastikteekanne aus Burkina Faso, ein arabisches Scrabble-Spiel aus Jordanien, eine Meerlandschaft unter Glas aus Prag. Ich hatte ihr die Welt schenken wollen. Wir liefen durch die Nacht, ich nahm ihre Hand.

Zurück in meiner Wohnung, machte ich ihr mein Bett zurecht, für mich legte ich Kissen auf den Boden. Mitten in der Nacht weckte mich der herzerweichende Schrei eines panischen Kindes. Das Gesicht meiner Mutter war verzerrt, trotzdem schlief sie. Sie schlafe wie ein Stein, sagte sie immer.

Ich legte mich zu ihr und strich ihr über die Stirn. «Du bist in Sicherheit», flüsterte ich. «Ich bin da.» Ich hielt sie die ganze Nacht umarmt. Die Gespenster der Vergangenheit, die sie heimsuchen wollten, würden an mir nicht vorbeikommen. Meine Mutter schrieb mir später, dass für sie durch unser Gespräch «viele der Monster, die zwischen uns ihr Unwesen trieben, verflogen» waren. Aber ich hatte bereits begriffen, dass die Frau, die in der Nacht geschrien hatte, von anderen, viel älteren Monstern verfolgt wurde.

Bei späteren Besuchen in London fragte sie wiederholt, an welcher U-Bahn-Station wir aussteigen müssten, vergaß, worüber wir am Vortag gesprochen hatten, vergaß, was sie gerade gesagt hatte, dann, was sie sagen wollte. Ihre kostbaren Kopfmöbel, ihre Referenzpunkte, wurden ihr nach und nach gestohlen.

«Ich habe das Gefühl, du verlässt mich», sagte ich zu ihr.

Sie lachte. «Ich will vergessen», sagte sie mehrmals in den Jahren des Verfalls voller Entschlossenheit. Ihr Wunsch wurde erfüllt. Sie war schon immer unerreichbar, jetzt ist sie für immer unerreichbar.

Max und ich verabschieden uns von Emily und gehen von Bord. Ich halte seine Hand, er springt auf den Steg hinunter und zieht mich im Laufschritt über die Planken.

«Ich habe gewinnt!» ruft er, als wir das Land erreichen. Ich habe meinen Sohn. Ich mache ihn glücklich, er macht mich glücklich. Das ist schon so viel mehr, als meine Mutter und ich hatten. Wir haben Glück, Max und ich.

Der nächste Halt auf unserer Kreuzfahrt ist Skagway, was auf Tlingit schöne Frau bedeutet.

«Da, Mummy.» Auf dem Weg in die Stadt zeigt Max auf einen Eckladen mit Zwiebelturm, der eine Auswahl an Matrjoschka-Puppen mit alaskischem Einschlag anbietet. Mein Blick fällt auf eine spezielle Puppe, die wunderbar bemalt ist. Die äußere Hülle stellt eine Inuit-Frau in Fellkleidung dar, die lächelnd in ihrem Kajak paddelt, vor ihr sitzt ihre kleine Tochter mit einem großen rosafarbenen Lachs in den Händen. Robben und Fische schwimmen um sie herum. Beim Anblick der Frau habe ich das stolze Gefühl, mein eigenes Kajak zu steuern, und lächle zurück. In dieser ersten Puppe befindet sich ein Mann, der auf einem Karibu über die Tundra reitet, in ihm ein Junge mit Pfeil und Bogen, umringt von Moschusochsen. Danach kommt ein weiteres kleines Mädchen mit einem großen Fisch, und zum Schluss ein winziger Husky. Die Puppe ist teuer, aber wegen eines kleinen Risses im jadegrünen Parka der Frau lässt die Verkäuferin mit sich handeln. Während sie die Puppe sorgfältig in Papier einschlägt, wünsche ich mir insgeheim, eines Tages auch eine solche Familie zu haben. Ein paar Läden weiter sehen wir eine Siberian-Husky-Wollmütze. Ich lege sie auf den Ladentisch, Max schaut besorgt zu und setzt sie sofort auf, als die Verkäuferin sie ihm reicht.

«Du siehst toll aus, Max, wie ein echter Husky!» Ich halte ihm die Hand hin.

Er beißt hinein. «Ich nicht Max, Mummy, ich Rufus», knurrt er.

Spuren des Goldrauschs tauchen auf. Ein Schild weist auf das historische Pfandhaus Keelar the Money King hin, das auf einem Plakat wirbt: «Haufenweise Geld zu verleihen, großzügige Vorauszahlungen. Steigeisen, Koffer, Goldpfannen und Spitzhacken.» Wir gehen an lang gestreckten

Holzhäusern vorbei. Ein Bild in einer Kirche zeigt eine Reihe winziger Gestalten, die sich durch den Schnee kämpfen. Es erinnert an jene, die bei dem Versuch, die Berge am White Pass zu überqueren, gestorben sind.

Als ich in der Stadtbücherei einen Stapel Flugblätter und Zeitungen durchblättere, fällt mein Blick auf eine Ausgabe der *Skagway News* vom 31. Dezember 1897, in der ein ernst klingender Ratgeber für Frauen abgedruckt ist, die sich auf den gefährlichen Weg nach Norden machen wollen. Der Artikel katapultiert mich in die Vergangenheit zurück.

«Wir Frauen sind entschlossen, uns in die Klondike aufzumachen, und es ist sinnlos, uns davon abbringen zu wollen», schreibt die Autorin, Annie Hall Strong. «Denn was eine Frau will, das will sie, darauf könnt ihr euch verlassen.»

Strong fährt fort: «Zarten Damen wird von der Reise abgeraten, sie würden sie nicht überstehen.» Für zähere Damen listet sie die notwendige Ausstattung auf:

1 gutes Kleid

1 Kostüm aus schwerem Mackinaw, Jacke und Bloomers

1 Sommerkostüm, Jacke und Bloomers

3 kurze Röcke aus schwerem Canvas oder Denim, über den Bloomers zu tragen

3 Garnituren Winterunterwäsche

2 Paar Arktis-Fäustlinge

1 Paar Hausschuhe

1 Paar Wanderschuhe mit dicken Sohlen

1 Paar Filzstiefel

1 Paar deutsche Socken

1 Paar schwere Gummistiefel

1 Paar Schuhkrallen ...

Die Liste ist noch länger. Ich lese erfreut, dass sie auch Schokolade als überlebensnotwendiges Nahrungsmittel nennt. Zwischen 1896 und 1900 zogen mehr als tausend Frauen über den Chilkoot Pass oder den White Pass. Annie Hall Strong selbst war von «akuter Klondikitis» gepackt, wie sie es nannte.

Einen Moment lang verwandele ich mich in meiner Fantasie in eine dieser unerschrockenen, abenteuerlustigen Frauen auf dem Weg in die Klondike. Dann denke ich an meine Gore-Tex-Klamotten und das Kreuzfahrtschiff und vergleiche mich mit den Menschen von damals, die sich durch die Berge kämpften. Ich schwöre, dass ich nie wieder über irgendetwas jammern werde. Nicht mal darüber, seit Baja keinen Grauwal mehr gesehen zu haben.

«Mummy, lass uns gehen.» Rufus krabbelt auf die Tür zu. Ich hätte gern noch etwas über indigene Frauen gelesen. Wie haben sie auf die Pioniere reagiert? Einige Indigene verdingten sich als Führer oder transportierten Vorräte, aber der Goldrausch schädigte ihre Flüsse und Wälder für lange Zeit. Die Han, ein Volk von Jägern und Sammlern, dessen Überleben von der Lachswanderung abhing, erlebten die Zerstörung ihrer Jagd- und Fischgründe durch die Weißen und wurden in ein Reservat umgesiedelt. Es muss sich für sie wie das Ende der Welt angefühlt haben.

Vom Spielplatz aus sieht man die Berggipfel in der Umgebung, außerdem steht dort eine Büste von Mollie Walsh. Mollie überquerte ganz allein den Pass, stellte ein Zelt auf und bot goldfiebrigen Abenteurern hausgemachte Mahlzeiten an. Ihre Geschichte nahm kein Happy End. Sie heiratete, verließ ihren Ehemann wieder, nahm ihren Sohn mit und lebte mit einem anderen Mann zusammen. Ihr Ex stellte ihr nach. Weil er trank und drohte, sie zu töten, ließ sie ihn verhaften, zog die Anklage aber später zurück, was sich als fataler Fehler erwies. Er verfolgte und erschoss sie. Ich wünschte mir, Mollie hätte nicht nach hinten geblickt, wäre ihren Weg gegangen und entkommen. Diese Geschichte ausgerechnet auf einem Spielplatz zu erfahren, ist seltsam, allerdings ist Skagway in einer extremen Zeit gegründet worden. Sie erinnert außerdem daran, wie oft Männer die Geschichten von Frauen geschrieben und über das Schicksal von Frauen entschieden haben. Ich denke an die Frauen im Wohnheim auf Jersey, die vor häuslicher Gewalt geflohen waren. Wie mag es ihnen gehen? Können sie wieder über ihr Leben entscheiden? Ich sehe Max zu, der die Leiter einer Rutsche mit Waldmotiven hochklettert. Ich bin Mutter eines Jungen, der eine andere Art Mann sein wird.

Am nächsten Morgen wachen wir zwischen Gletschern auf. Als wir an Deck kommen, liegen sie vor uns ausgebreitet wie auf einer Panoramapostkarte. Das Wasser ist grün und wirkt ölig, eine Eisschicht treibt darauf. Die Oberfläche ist spiegelglatt, nur unser Schiff lässt das Spiegelbild des Eises und der Berge hinter uns wellenförmig zerfließen. Möwen segeln kreischend an uns vorbei. *Schwapp, schwapp, schwapp*, schwappt das Wasser gegen den Schiffsrumpf. *Klack, klack, klack*, setzt sich die Postkarte unter uns neu zusammen.

Max rennt an Deck umher, lacht und spielt Thomas die kleine Lokomotive. «Du bist Clarabel, Mummy», schreit er. Das ist der Befehl, ihm zu folgen.

Während ich hinter ihm hertrotte, geht mir auf, dass er seit fünf Tagen windel- und unfallfrei ist. Das war leicht. Man verspricht ihm einen Besuch im Pool, schwupps, ist er trocken. Eine echte Wasserratte. Weitere Passagiere kommen an Deck, um sich den Vortrag einer Wildhüterin anzuhören. Sie sieht aus wie die verkörperte Werbung für einen Wanderurlaub, ein gesunder, rotbackiger Naturmensch. Ich stelle mich unauffällig dazu und hoffe, ein paar Informationen zu erhaschen.

«Die Tlingit waren die Ersten, die die Gletscherveränderung beobachtet haben», sagt sie. In den letzten fünfzehn Millionen Jahren habe es zwei oder drei Zyklen des Wachsens und Schwindens gegeben. Das periodische Frieren und Schmelzen der Eiszeiten in den vergangenen paar Millionen Jahren stellt die letzte Phase in der fünfzig Millionen Jahre langen Evolutionsgeschichte der Wale dar und hat Bedingungen geschaffen, die den Reichtum der Meere fördern. Die Sommerschwärme des Zooplanktons bilden die Nahrungsgrundlage für die riesigen Wale von heute. Es ist tröstlich, die Naturgeschichte in geologischen Zeitverhältnissen erzählt zu bekommen. Wir Menschen sind bedeutungslos und schrumpfen auf Stecknadelkopfgröße zusammen. Die Gletscherzungen auf den Bergen sind wie nette alte Tanten, die auf unsere drolligen menschlichen Aktivitäten herabblicken. Wir werden vergehen, und sie werden bleiben, einatmen und ausatmen und die Erde formen. Aber als ich Max anschaue, werde ich nachdenklich. Die Arktis verändert sich bis zur Unkenntlichkeit. Wie lange wird es diese Gletscher noch geben? Überall auf der Welt sind sie auf dem Rückzug, und ihr Abschmelzen lässt den Meeresspiegel ansteigen. Was wird Max in seinem Leben erleben? Ich mag mir nicht vorstellen, dass er älter wird, will die Reise mit ihm zusammen machen, diesen Moment festhalten, in dem er sicher ist.

«Am dramatischsten war die Entwicklung in den letzten fünfhundert Jahren», sagt die Wildhüterin. Die Huna Tlingit konnten die Entwicklungen am Eingang von Glacier Bay beobachten, wo junge Sitka-Fichten wachsen und Flüsse fließen, wo es Lachs und Beeren gibt. Die Wildhüterin beschreibt, dass die Tlingit den Gletscher während der Kleinen Eiszeit mit der Geschwindigkeit eines laufenden Hundes auf sich zukommen sahen und die Bewegung von ihren Kanus aus beobachteten. Ich bekomme ein neues Bild von den Gletschern und ihrer Gewalt. Vom Gewicht des Eises, das uns umgibt. «Die Tlingit sind hier wichtige Partner gewesen. Für sie ist dies ein besonderer Ort, sie sind hier mit ihren Vorfahren verbunden.» Bei diesen Worten bricht am Ende der Bucht ein Gletscherstück ab und ploppt ins Wasser. Die Passagiere rennen mit gezückten Kameras an die Reling.

«Danach folgte der schnellste Rückzug, der uns bekannt ist», fährt die Wildhüterin fort. Ein weiteres Eisstück löst sich. Ich renne mit allen anderen nach vorne und versuche, den Fall zu filmen. Das Eis plumpst donnernd ins Wasser.

Wir erfahren, wie die Kapitäne Cook und Vancouver hierher gesegelt sind. Viele folgten auch John Muir, jenem aus Schottland stammenden Naturforscher, der 1879 in Glacier Bay eintraf und einige aus dem Volk der Tlingit «nötigte», wie die Wildhüterin es ausdrückt, als seine Führer zu arbeiten. Muir glaubte, dass sein geliebtes Yosemite Valley vor langer Zeit von Eis geformt worden war. Sein Besuch bahnte vielen Wissenschaftlerinnen und Touristen den Weg. Die Wildhüterin klingt wie eine Erzählerin in einem Theaterstück, sie führt die handelnden Personen, vornehmlich weiße Männer, ein, als sei die Handlung vorhersehbar, geplant, mit glücklichem Ausgang. Mir wird klar, dass es nicht nur um die Gletscher geht. Hier wird die Geschichte der Menschheit erzählt, es geht um Forscherdrang, wissenschaftliche Entdeckungen, um Besitzansprüche und Kolonisierung. Nicht darum, die Erde als Heimat anzusehen, sie mit Liebe und Respekt zu behandeln, wie es die Tlingit taten. Sondern darum, sie zu kategorisieren, besitzen, missbrauchen, zerstören. Die Gletscher wirken nicht mehr ganz so freundlich auf mich. Es ist, als wären sie sauer und würden mit Eisstücken um sich schmeißen.

Die Rangerin erzählt uns, dass sich, wenn es schneit, der untere Schnee zu Eis verdichtet. Ob der Gletscher sich zurückzieht oder wächst, hängt von der Dicke der oberen Schneeschicht ab. Wenn das Eis sich ins Tal hinunterwälzt, reißt es Gestein mit. Max spielt an Deck leise mit seinem Spielzeugzug und krabbelt um die Beine der Menschen herum. Ich bekomme ein paar missbilligende Blicke ab, aber die meisten ignorieren ihn. Das Reisen mit Kind erfordert ständiges Abwägen: Ist er in Sicherheit, in welcher Stimmung ist er? Ich nehme ihn auf den Arm, als wir alle auf die andere Seite des Schiffs galoppieren, um einen weiteren Gletscher kalben zu sehen. Das rutschende, krachende Gesteinsverformungserlebnis wird zum Zuschauersport, und ich lasse mich mitreißen.

Ich erfahre, dass das ölig aussehende Wasser in der Bucht ein Gemisch aus Frisch- und Salzwasser ist. Die Wildhüterin erwähnt den Klimawandel mit keinem Wort und sagt auch nichts davon, wie bedrohlich die Meereserwärmung für die Arktis und ihre menschlichen und anderen Bewohner ist. Wahrscheinlich will sie uns nicht den Tag versauen. Die in Glacier Bay heimischen Buckelwale sind auf kalte Gewässer angewiesen. Wenn man riesig und auf bestimmte Nahrungsquellen spezialisiert ist, steht viel auf dem Spiel. 2013 tauchte eine riesige Warmwasserblase im Meer auf, Blob genannt, die sich von Alaska bis Mexiko erstreckte. Sie blieb sechs Jahre lang dort liegen und tötete Krill und Wale. Fische, die in kälterem Wasser weniger aktiv sind, waren hellwach und kämpften um geringere Nahrungsmengen. Buckel- und andere Wale fraßen näher an den Küsten, und eine Rekordzahl verfing sich in den Leinen von Krebsreusen und Fischernetzen. Kälber verendeten, ihre Kadaver wurden an den Stränden von Alaska und British Columbia angeschwemmt. Aus einer ganzen Reihe von Gründen, die alle auf warmes

Wasser zurückzuführen sind, hatten sie praktisch nichts mehr zu fressen.[2]

Es ist, als säße ich in einem isolierten Schutzanzug auf diesem Schiff. Wir sind so in unserer kleinen Konsumblase gefangen, dass wir vermutlich auch das Ende der Welt nur mäßig interessiert mit dem Handy filmen würden. Die Menschen reagieren im Zeitlupentempo auf das, was die Wissenschaft uns seit Jahrzehnten klarzumachen versucht. Ich fühle mich schwer, müde. Ich habe meine Tage, zum ersten Mal, seit ich vor über drei Jahren mit Max schwanger wurde. Nicht die Gletscher sind wütend, ich bin es.

Das Schiff ist in Bewegung, nimmt Kurs nach Norden. Ich fühle mich sowieso am besten, wenn ich das Eis direkt vor mir habe. Es geht voran, wir folgen der Migrationsroute und kommen Utqiaġvik immer näher. Dort bin ich dem Eis nahe gewesen, in all seiner Leere und Tödlichkeit, dort hat mich das Weiß auf mich zurückgeworfen. Ich habe es gelebt, geatmet, getrunken. In Utqiaġvik ist mir das Eis in die Knochen gekrochen.

RÜCKKEHR NACH
UTQIAĠVIK

Breitengrad: 71° 17′ 26″ N
Längengrad: 156° 47′ 19″ W

Max wirft sich auf mich, schlägt um sich, fletscht die Zähne.

«Liebling, guck mal, alle im Flugzeug haben den Gurt angelegt. Lass dich anschnallen.»

Ohrenbetäubendes Kreischen, gefolgt von einem Knurren, und er versucht, mich zu beißen. «Nein, Mummy, Mummy. Neeiiheiiin, Mummy. Biiiitteee, ich will nicht fliegen, ich will nicht *fliegen*.»

Wir sind auf dem Weg nach Utqiaġvik, dem vorletzten und nördlichsten Ziel unserer Reise. Das Flugzeug ist ausgebucht. Trotz der kühlen Luft in der Kabine läuft mir der Schweiß über den Rücken. Während ich die Attacken meines kleinen Angreifers abwehre und ihn zu beruhigen versuche, schaue ich kurz auf. Um uns herum nur Männer, alles mehr oder weniger harte Kerle. Schwere Arbeitsstiefel, Jeans, kahl rasierte Köpfe, muskulöse, tätowierte Arme. Keiner rührt sich. Ein Typ in kariertem Hemd murmelt irgendetwas, aber er sitzt mehrere Reihen entfernt, und Max schreit so laut, dass ich nichts verstehen kann.

Das Flugzeug rollt los und hebt ab. Sekunden später ist

Max tief und fest eingeschlafen, und mein Herzschlag normalisiert sich. Der Flug nach Utqiaġvik ist nicht lang. Am Ölfeld von Prudhoe Bay gibt es eine kurze Zwischenlandung. Deswegen also ist das Flugzeug voller Männer. Als sie an mir vorbeigehen, um auszusteigen, entschuldige ich mich für das Gebrüll beim Abflug. Die meisten nicken oder ignorieren mich und gehen weiter. Nur das karierte Hemd bleibt stehen. Ich drücke mich in den Sitz und erwarte, angemault zu werden.

«Genau so hat sich jeder hier im Flieger gefühlt.» Er lächelt. Plötzlich bin ich nicht unter Fremden, sondern von Jungs umgeben, die nach Hause wollen, und Max' Reaktion auf die Anspannung wird erklärbar.

Kaum bin ich in Utqiaġvik durch die Sicherheitskontrollen, sehe ich Jeslie. Er grinst mich breit an, ich strahle ebenfalls. Sieben Jahre sind vergangen. Julia ist bis morgen beruflich unterwegs, deswegen holt nur er uns ab.

«Bloß vier Tage?», hatte sie entrüstet gesagt, als ich von irgendwo an der Westküste aus anrief. «Hättest du das noch schlechter timen können?» Ich versuchte zu erklären, dass es das aufgrund der Walmigration und der auf einen Monat begrenzten Reisedauer Bestmögliche ist.

Jeslie nimmt mich fest in die Arme. «Hallo, du musst Max sein. Kommst du mit mir nach Hause?» Er beugt sich vor und gibt Max die Hand. Streng genommen hätte ich für diesen Teil der Migrationsroute Point Hope ansteuern sollen, das Dorf, aus dem Julia stammt. Dort findet eine Grauwalzählung statt. Aber beide Orte konnte ich mir nicht leisten, und Utqiaġvik auszulassen, war undenkbar. Ich trete aus dem Flughafen heraus ins Freie und versuche, den Ort einzuatmen. Warum bin ich nicht früher zurückgekommen? Ich wollte im Urlaub nicht fliegen, machte mir Gedanken wegen meines CO_2-Fußabdrucks. Machte mir auch Gedan-

313

ken um Billy. Die Traurigkeit über unsere Beziehung ist nie völlig verflogen.

Jeslie fährt uns nach Hause in die North Star Street. Mein Kopf ist leicht, ich bin etwas hysterisch. Ich nehme alles wie beim ersten Mal wahr. Die Straßen sind nicht asphaltiert, weil sich sonst der Permafrostboden aufwärmen, schmelzen und alles darauf verschlucken würde. Ich sehe die Fertigbauhäuser auf Stelzen, die Höfe voller Motorboote, Schneemobile, *umiaqs*, Trucks, Walknochen und Walrossstoßzähne. Keine Zäune, kein Ordnungswahn.

Zu Hause kocht Jeslie Haselnusskaffee, gibt Max einen Sailor-Boy-Cracker und berichtet brühwarm, dass in einem Nachbardorf angeblich ein *sasquatch*, ein Bigfoot, gesichtet wurde. Und er wiederholt eine Geschichte, die er mir schon bei meinem ersten Besuch erzählt hatte, über die Iñuqułligaurat, das kleine Volk, die einen Jäger retteten, der sich im Schnee verirrt hatte. Der Jäger war in einen Whiteout geraten, sah ein Licht, ging darauf zu und stieß auf einige kleine Menschen, die ihn aufforderten, ihren Spuren im Schnee zu folgen, und ihn nach Hause führten. Außerdem gibt es ein neues Baby, fährt Jeslie fort. JJ und seine Frau Lillian, die nebenan wohnen, haben Nachwuchs bekommen, ein kleines Mädchen namens Jessa. Aber es fehlt auch jemand. Eli, mein guter Freund, ist vor zwei Jahren in Arizona bei einem Verkehrsunfall ums Leben gekommen. Jeslie erzählt, dass er hinfahren und seinen Sohn identifizieren musste. Jeslie ist ein großer, starker Mann, und mir wird das Herz schwer, als ich mir vorstelle, wie er den toten Körper betrachtet, den Eli und seine sanfte Stimme belebt haben, der als Eli gelacht und geträumt hat. Max und ich übernachten in seinem alten Zimmer.

Als wir am nächsten Morgen aufstehen, ist Julia schon zu Hause. Diesmal bin ich kein zahlender Gast, sondern die verlorene Tochter aus London. Wir reden viel und schnell. Julia ist in der Küche beschäftigt und dreht sich immer wieder zu mir um, zieht die Augenbrauen hoch, lacht oder erzählt mir irgendetwas. Sie kocht Haferbrei für Max und verspricht ihm eine Fahrt in ihrem Truck. Wir fahren zum Supermarkt, wo Max durch die riesigen Gänge rennt. Dann machen wir uns auf die Suche nach Billy und fahren zur Search and Rescue Base, wo ich früher mit ihm Karten gespielt habe. Ich hatte überlegt, ihn anzurufen und meinen Besuch anzukündigen, habe es aber nicht getan. Ich wollte keine Erwartungen wecken und wusste nicht, was ich nach all den Jahren sagen sollte. Diesmal steht mir die Tür der Rescue Base nicht offen. Frauen haben dort normalerweise nichts zu suchen, und Max könnte ich schon gar nicht mit hineinnehmen. Julia hält vor dem Gebäude und lässt das Fenster herunter.

«Billy Kaleak?», ruft sie einem Mann am Eingang zu. Er geht hinein, kommt wieder heraus und schüttelt den Kopf. Da Julia zur Arbeit muss, suche ich mit Max die Bücherei auf und schaue zu, wie er mit anderen Kindern und einer Herde arktischer Spielzeugtiere spielt. Eulen, Füchse, Bären, Wale. Zu Hause hätten die Kinder domestizierte Nutztiere, hier sind es Wildtiere. Wir gehen mit Lillian und ihren vier Kindern auf den Spielplatz, auf dem ein Walross aus Fiberglas steht. Baby Jessa liegt geborgen in der Kapuze von Lillians Parka. Katelyn ist die Älteste, dazwischen gibt es noch zwei Jungs. Katelyn und ich haben früher im Schnee vor Julias Haus mit Spielzeugautos gespielt. Ich erinnere mich, dass sie Julia bei meiner Abreise fragte, wie Billy und ich uns denn sehen würden, wie lange er brauchen würde, um dahin zu laufen, wo ich lebte. Damals war sie sieben. Inzwischen ist sie zu einem atemberaubenden Teenager und Basketball-Ass herangewachsen.

«Können wir hier jahrelang bleiben, Mummy?», fragt

Max, als er von einem Klettergerüst in Form eines Trucks steigt. Einer der Jungen nimmt ihn auf der Walrossrutsche auf den Schoß. Ich weiß nicht, warum ich geglaubt habe, irgendwo anders glücklich werden zu können. Lillian und ich reden über alles, über das Leben als Mutter und die Arbeit, über meinen letzten Besuch, über Billy. Er ist der beste Freund ihres Ehemanns.

«Ich denke, er hat sich geirrt», sagt sie. «Er hat das mit euch für etwas Ernsteres gehalten, als es war.»

«Er hat sich nicht geirrt.» Ich denke an meine Abreise, als ich sein Herz mitnahm und meines daließ.

Vom Spielplatz aus sieht man, dass sich das Meereis an die Küste drückt, was für uns nichts Gutes bedeutet. Keine Bootsfahrten. Keine Walbeobachtungen. Tief atmen. Wir lassen Steine über das Eis flitzen. Als wir nach Hause kommen, sagt Julia, dass Billy da gewesen sei, um mich zu sehen. Mir wird flau – ob aus Nervosität oder Aufregung kann ich nicht sagen. Ich konzentriere mich auf die Grauwale, meinen vordergründigen Besuchsgrund, und rufe die örtliche Naturschutzbehörde an. Einer der Experten dort, Billy Adams, geht ans Telefon und erklärt sich freundlicherweise bereit, uns am Tag vor meiner Abreise abzuholen und mit mir über Grauwale zu sprechen. Als er erzählt, dass immer mehr von ihnen in die Futtergebiete der Grönlandwale kommen, werde ich gleich viel munterer. Sie sind jetzt da draußen, sagt er, nur können wir sie unter dem Eis nicht sehen. Ich frage, ob man vielleicht ein Flugzeug chartern könnte. Kann man, aber nicht vom Rest meines Bankkredits. Da ich hier keinen Empfang habe, kann ich nicht telefonieren, mich aber immerhin in Julias WLAN einloggen und auf dem Handy meine E-Mails abrufen. Ich habe bei jedem einzelnen Walbeobachtungskapitän auf Kodiak Island angefragt, unserem nächsten Ziel, den ich finden konnte. Die Antworten lauten einhellig, ich hätte die Saison verpasst und müsste selber ein Boot mieten. Ich erkundige mich, was das kosten würde. Außerdem schreibe ich eine Frau an, die ein Walfestival auf Kodiak mitorganisiert, und setze einen Post in ein Internetforum, in dem ich unsere Reise beschreibe. *Kann uns jemand helfen, die Wale zu finden,* frage ich.

Julia und ich reden bis spät in die Nacht über alles, was seit unserer letzten Begegnung in unserem Leben passiert ist.

«Du bist eine starke Frau», sagt sie. Am nächsten Tag muss sie arbeiten und über Nacht in ein anderes Dorf fliegen. Max und ich verbringen den Tag bei Lillian, abends essen wir Pizza bei Anne Jensen und Glenn Sheehan im NARL, der ehemaligen Marineforschungsstation außerhalb der Stadt. Glenn war der Erste, der mir in Utqiaġvik die Tür öffnete, mir für die erste Nacht die Forschungshütte überließ und mich dann vor die Tür setzte, damit ich lernte, auf eigenen Beinen zu stehen.

«Ich dachte, dass du genau das wolltest», sagt Glenn, während Max das Wohnzimmer inspiziert und den voluminösen grauen Flauschball beäugt, der die Hauskatze ist. Anne und Glenn haben sich als junge Archäologen kennengelernt. Anne arbeitet viel in Walakpa Bay, einem Küstenort südlich von Utqiaġvik. Ihre Arbeit ist für die indigene Bevölkerung von großer Bedeutung, denn in der ganzen Region werden immer wieder Knochen von Iñupiat-Vorfahren gefunden, oft in anonymen Gräbern. Anne war gerade auf einer Ausgrabung, als am Strand ein Rettungshubschrauber landete. Eine Familie glaubte, dass auf einem Stück Land, in das Pfähle gerammt werden sollten, möglicherweise das Grab eines Kindes läge, und hatte Anna gebeten, den Boden zu untersuchen. Walakpa ist seit viertausend Jahren ununterbrochen von Menschen bewohnt, die dort jagen und fischen, doch jetzt verschwindet das Land, es taut auf und erodiert. Annes Ausgrabungen sind ein Wettlauf gegen die Zeit und den Arktischen Ozean, der an die Küste brandet.

Angesichts von Annes und Glenns immensem Wissen über lokale und internationale Politik, Geschichte, Evolution und Erdgeschichte erhoffe ich mir von den beiden eine Sicht auf den Klimawandel, die das Ganze nachvollziehbar macht. Vor Kurzem haben sie einen Bericht über die ungeheure Anzahl an Beratungen über Offshore-Entwicklung, Schifffahrt und Klimawandel geschrieben, an denen die Iñupiat beteiligt werden müssen, die aber in typisch westlichem Stil abgehalten werden.[1] Die Teilnahme an diesen wichtigen Debatten verlangt den Bewohnern von North Slope einiges ab und kollidiert oft mit kulturellen und wirtschaftlich wichtigen Aktivitäten, denn sie müssen dafür Zeit opfern, die sie sonst für die Subsistenzjagd aufbringen würden. Und dennoch gingen die Entscheidungsträger am Ende so vor, als hätten die Einheimischen nie etwas gesagt. Glenn berichtet von einer Demonstration gegen den damals noch existierenden Minerals Management Service, jene dem US-Innenministerium zugeordnete Behörde zur Verwaltung von Bodenschätzen, die die Offshore-Aktivitäten verantwortete. «MMS hat keine Ohren» lautete einer der Slogans. Vertreterinnen der Iñupiat wiesen die Auswirkungen der Ölförderungsaktivitäten über einen Zeitraum von mehreren Jahren nach, aber ihre Kommentare wurden immer nur in Anführungszeichen an den Rand gesetzt. «Politik und Konzerne haben öffentliche Versammlungen genutzt, um jeden Handlungsansatz zu unterbinden», sagt Glenn.

Wir kommen auf meine Reise zu sprechen.

«Die Grauwale kommen immer weiter nach Norden und dringen in die Futtergebiete der Grönlandwale ein», sage ich bedeutungsvoll, froh, etwas Interessantes beitragen zu können.

«Oder vielleicht kommen sie zurück», sagt Glenn. «Zurück in ihre früheren Futtergebiete.» Die Jensen-Sheehans halten nichts von Vereinfachung. Zwei seriöse Informationsquellen, meine bei der BBC erlernte journalistische Maxime, sind ihnen nicht genug. Ihr Wissen basiert auf realen Hinterlassenschaften und Daten, auf Belegen aus erster Hand.

Sie erzählen mir Geschichten über die beiden Diomedes-Inseln, die mitten in der Beringstraße liegen. Eine gehört den Amerikanern, die andere den Russen. Vor dem Zerfall der Sowjetunion konnten amerikanische Iñupiat die russischen Yupik auf der Tschuktschen-Halbinsel mit dringend benötigten Vorräten versorgen. Sie paddelten bei Dunkelheit still und heimlich in ihren *umiaqs* über das Meer, wobei sie historischen Handelsrouten folgten. Die Robbenhautboote wurden von den sowjetischen Radaren nicht entdeckt, und die Behörden konnten die Menschen in ihrer traditionellen Kleidung nicht auseinanderhalten. Ich freue mich wie ein Kind über diese nächtlichen Hilfsaktionen. Der Mut, die Genialität und der Widerstand gegen staatliche Autorität beeindrucken mich. Die Verbindungen zwischen den Inuit-Waljägern führen politische und geografische Grenzen kurzerhand ad absurdum.

Nach dem Zusammenbruch der Sowjetunion, fährt Glenn fort, zerfiel auch das ökonomische Sicherheitsnetz der russischen Yupik. Der Bürgermeister von North Slope Borough organisierte einen Generator, der auf dem Luftweg in eine der Yupik-Gemeinden transportiert wurde. Da dort jetzt die Jagd das Überleben sichern muss, flog die Verwaltung von North Slope Borough einen Yupik-Ältesten, der in seiner Jugend noch Grauwale gejagt hatte, von Tschukotka in die USA ein, um seinen grauen Star operieren zu lassen. Nachdem seine Sehkraft wiederhergestellt war, konnte er einer neuen Generation beibringen, wie man Wale jagt.

Craig George hatte mir erzählt, dass Grauwale im Oktober 1988, während des Kalten Kriegs, in Utqiaġvik zu einer ungewöhnlichen internationalen Allianz geführt hatten. Operation Breakthrough sollte drei Grauwale retten, die kurz vor dem Hungertod standen. Ein Jäger, Roy Ahmaogak, hatte sie in einem Eisloch gestrandet gefunden und die Biologen verständigt. Das löste einen weltweiten Medienrummel aus. Craigs Büro erhielt täglich Hunderte von Anrufen. Jeden Abend wurde im Fernsehen von der Situation im Eis berichtet und Bilder der Wale gezeigt. Als das US-Außenministerium um sowjetische Hilfe bat, entsandte Moskau zwei Eisbrecher. Iñupiat-Jäger schnitten bis zu der von den sowjetischen Schiffen aufgebrochenen Rinne einen Pfad aus Atemlöchern in das Eis. Zwei der drei Wale schafften zumindest einen Teil des Weges in die Freiheit. Die Aktion kostete weit über eine Million Dollar und wurde sowohl hoch gelobt als auch heftig kritisiert. Ob die ausgezehrten Tiere am Ende überlebten, ließ sich nicht eindeutig feststellen. Doch die Geschichte zeigt, welche starken Gefühle Wale auf der ganzen Welt hervorrufen und dass diese beliebten Meeressäuger sogar Feinde zusammenbringen können.

Als Glenn Max und mich in den Ort zurückfährt, frage ich ihn, ob ihm vielleicht irgendein Job für mich einfällt, auch wenn ich keine Ahnung habe, womit ich mich hier nützlich machen könnte. Glenn sagt, eher nicht, aber er werde darüber nachdenken. Wir gehen zeitig zu Bett. Morgen früh sind wir mit Billy Adams von der Naturschutzbehörde verabredet.

«Nee-nee, Mummy.» Max ist im Handumdrehen eingeschlafen. Ich rutsche ein Stück weg, um meine E-Mails abzurufen. Cheryl, die Frau vom Kodiak-Wal-Festival, schreibt, sie könne mir ein Fernglas leihen, um von Land aus Ausschau nach Walen zu halten. Außerdem habe ich eine Antwort auf meinen Eintrag im Kodiak-Internetforum. Eine Mutter gibt mir ihre E-Mail-Adresse. *Ich kann nicht versprechen, dass wir Wale sehen, aber wir können mit den Kindern an den Strand fahren und es versuchen.* Ich antworte beiden. *Daumen drücken für Grauwale*, tippe ich, bemüht, eher hoffungsvoll als verzweifelt zu klingen. Dann lege ich das Handy auf den Nachttisch und rolle mich um Max. Während der Tag langsam im Schlaf versinkt, denke ich an Billy, meinen Billy. Seine dunklen Augen, seine Finger um meine.

Billy, ich bin hier. Ich bin den ganzen Weg hierhergereist, um dich zu sehen. Mir bleibt nicht viel Zeit. Wann kommst du? Billy, was sollen wir tun?

Am nächsten Morgen sind Max und ich früh auf den Beinen und warten auf Billy Adams. Ein Truck hält vor JJs und Lillians Haus. Ich gehe raus und schaue nach. Der Motor läuft, vom Fahrer ist nichts zu sehen. Da es kalt ist, kehre ich nach ein paar Minuten ins Haus zurück. Um nicht zu drängeln, warte ich eine Dreiviertelstunde, bevor ich in der Naturschutzbehörde anrufe. Die Sekretärin meldet sich und sagt, Billy Adams habe für den Tag ein Flugzeug nach Point Hope gechartert. Er habe uns mitnehmen wollen, sei gekommen, um uns abzuholen, habe aber niemanden gesehen. Einen Moment lang bin ich fassungslos. Der Truck. Der fehlende Fahrer. Das muss er gewesen sein. Ich habe ihn um Haaresbreite verpasst. Kleinlaut bedanke ich mich bei der Sekretärin.

Ich stelle mir vor, wie wir über das Meereis fliegen, über meine Grauwale hinweg. Wir waren so dicht dran. Ich sacke auf dem Sofa in mich zusammen und versuche, mit dem Ärmel mein Schluchzen zu dämpfen. Was habe ich mir eigentlich dabei gedacht, Walen nachzujagen? Für wen halte ich mich, für Scheiß Doktor Doolittle? Ich wollte Max zeigen, dass wir mit den Walen verbunden sind, aber diese Verbindung existiert nicht, bloß eine schlecht geplante Reise. Ich gebe auf. Ich will nur noch nach Hause. Oder für immer hierbleiben.

«Was los, Mummy?» Max hat sein Delfinpuzzle weggeschoben und legt mir die Hand auf die Schulter. «Keine Sorge, Mummy, bald geht es dir besser, alles wird gut», sagt er bestimmt. Schockiert über seine Beteuerungen und beschämt, dass sich ein Zweijähriger um mich kümmern muss, reiße ich mich halbwegs zusammen.

Julia kommt herein, eben gelandet. Sie sieht mein Gesicht. «Alles okay?»

«Alles gut.» Ich wische mir die Tränen ab. «Wie war deine Reise?»

Sie seufzt entnervt. «Alles gut? Deswegen hast du so rote Augen?»

«Es ist bloß ... die Wale.» Ich zeige auf Max. «Wir sind so weit gereist.» Julias Miene verrät nichts. Ich schaue weg, hole zitternd Luft. «Ich dachte einfach, wir würden ihn sehen», sage ich jämmerlich in Richtung Boden.

«Ihn?»

«Sie, meine ich. Sie – die Wale.»

Wir haben Julia den ganzen Tag für uns. Ich verdränge den Gedanken an die Grauwale. Die Kaleaks veranstalten uns zu Ehren ein Barbecue auf der Terrasse und bereiten den allerbesten Lachs zu. Lillians Kinder zeigen Max ihre Spielzeugschneemobile. Wir bewundern Katelyns lila Sneakers.

«Wir müssen Basketballschuhe holen, Mummy», sagt Max.

«Wie süß», sagt Lillian. «Gefallen dir Katelyns Basketballschuhe?» Und zu mir: «Vielleicht hast du was gefunden, das er mag.» Ich denke, wir haben alles gefunden, was wir beide mögen, an einem einzigen Ort. Julia gibt Max einen Iñupiaq-Namen, wie mir bei meinem ersten Besuch. Ich habe ihren Namen bekommen, Max bekommt Jeslies, Akootchook. Max hat jetzt eine Iñupiaq-Oma, ich habe meine Iñupiaq-Mom wiedergesehen. Das ist wunderbar, das ist genug, es muss reichen.

Langsam räumen wir auf. Billy ist immer noch nicht erschienen. Ich kann Julia nicht bitten, mit mir durch den Ort zu fahren und nach ihm zu suchen, und ich kann nicht wie früher in seiner Hütte auf ihn warten.

Im Wohnzimmer, das mit den Sofas und dem rosa Teppich immer noch wie eine große, weiche Umarmung wirkt, öffnet Julia die Glasvitrine, in der der Wal liegt, den ich damals für sie geschnitzt habe. Ich bin stolz gewesen auf mein Werk, das Knochenstück war schwer zu bearbeiten, aber der Wal schließlich zum Vorschein gekommen. Sie nimmt etwas anderes aus der Vitrine und hält es mir hin: das Trommelfell eines Grönlandwals. «Das ist für dich.»

Ein unglaubliches Geschenk, es liegt schwer in meinen beiden Handflächen, wie eine überdimensionale Porzellanschnecke, der Knochen biegt sich schützend um das Mittelohr, tiefe Rillen furchen den inneren Rand. Der Aufbau ist ein Erbe des Huftiervorfahrs der Wale. Die Verdickungen und Vertiefungen in den verschiedenen Bereichen dienen dazu, Resonanzen unter Wasser zu maximieren. Ich halte das Trommelfell an mein Ohr, lausche auf eine geflüsterte Botschaft. Das tiefe Meer umhüllt mich. Ich weiß nicht, was ich sagen soll, und bedanke mich immer wieder. Ich glaube nicht, dass ich das Trommelfell durch den Zoll bekomme, wahrscheinlich bräuchte ich eine Genehmigung. Widerwillig bitte ich Julia, es für mich aufzuheben.

«Es war gut, dich zu sehen», sagt sie. «Bleib nächstes Mal länger, ja?»

Julia, Max und ich liegen schon im Bett, als das Telefon klingelt. Ich weiß sofort, wer anruft und warum.

Ich höre Jeslie abnehmen. «Langsam, ich kann dich kaum verstehen ... Sie ist schon im Bett.» Katelyn ruft von nebenan an. Billy besucht ihre Eltern, ich weiß es einfach. Sie erinnert sich, dass wir früher zusammen waren, hat uns immer als Paar gesehen. Ich kneife die Augen zusammen. Wieso hat er so lange gewartet? Soll ich rübergehen? Max mitnehmen? Aber vielleicht ist Billy betrunken? Ich kann Max nicht mitnehmen, und ich kann ihn nicht hierlassen. Ich muss Billy sehen. Ich kann nicht rübergehen. In meinem Kopf herrscht lautes rhythmisches Rauschen, wie Wellen auf Kieseln. Jeslies Antworten sind kaum zu verstehen.

«Ja, deine *aaka* ist auch im Bett. Okay, gute Nacht.» Mit *aaka* meint Jeslie Oma, Julia. Das war definitiv Katelyn. Jeslie klopft nicht an die Tür, um mich zu wecken. Im Zimmer ist es plötzlich sehr kalt. Ich zittere. Ich werde aufstehen. Stehe ich auf? Es ist, als wäre ich nicht in meinem Körper. Ich rieche, dass ich schwitze, ohne es zu spüren. Ich kann mich nicht bewegen. Ich höre mein Herz trommeln wie Hufe.

Ich kann mich nicht verabschieden.

Wir verschlafen. Ich muss den Wecker falsch gestellt haben. Uns bleibt eine Stunde, um zum Flughafen zu kommen und den Flieger nach Anchorage zu erreichen. Während Julia Max anzieht, stopfe ich unser Zeug in die Rucksäcke.

«Katelyn hat gestern Abend noch angerufen», sagt Jeslie. «Billy war nebenan zu Besuch. Ich habe gesagt, es sei zu spät für dich.» Irgendwann in der Nacht ist Billy aus dem Haus von Lillian und JJ gekommen und zurück in die Nanook Street gelaufen.

In der Abflughalle trägt Julia Max auf dem Arm. Er lacht und singt seinen Iñupiat-Namen: «Akootchook, Akootchook.» Auf dem Foto, das ich mache, verschmilzt ihr Lächeln fast. Einen Moment lang sehe ich Billy vor sieben Jahren vor mir, wie er mich ernst beobachtete, als ich durch die Sicherheitskontrolle ging.

Zum zweiten Mal verlasse ich Utqiaġvik. Wieder hat mich diese Familie, die Kaleaks, in all meiner Verwirrung und Verzweiflung sanft in die Arme geschlossen. Dieser Ort und das, was ich hier erlebt habe, haben mich neu erschaffen. Ich folge den Menschen hinaus zum Flugzeug, Max an der Hand haltend. Und denke an die Grauwale, die sich Atemzug für Atemzug durch den Ozean bewegen.

Es war Billy und mir diesmal nicht bestimmt, uns zu sehen. Max ist zu klein. Wir können mit ihm noch nicht auf die Jagd gehen. Es sind erst sieben Jahre vergangen. Nach fünfzehn Jahren werde ich wiederkommen, wie Billy gesagt hat. Dann werde ich ihn wiedersehen. Wenn ich nach oben schaue und Weiß sehe, ist er sowieso immer da, es ist dasselbe Weiß, das über unseren gemeinsamen Fahrten hing. Wenn ich die Sonne am blauen Himmel sehe, ist er da, wie an einem der hellen arktischen Tage auf dem Eis. Wenn ich Sterne sehe, ist er da und beobachtet sie aus dem Kaleak-Lager. Wenn ich nach oben blicke, ist er immer da, denn der Himmel kann uns beide sehen. Ich liebe ihn immer noch und bin sicher, dass er es weiß. Billy und sein Boot werden da sein, wenn meine Zeit zu sterben gekommen ist. Am Ende möchte ich ins Meer gleiten, wie die Wale. Vielleicht sind wir dann vereint. Ich habe mir immer vorgestellt, dass wir zusammen sein werden, wenn wir alt sind.

KODIAK ISLAND

Breitengrad: 57° 47′ 24″ N
Längengrad: 152° 24′ 26″ W

Als wir Kodiak Island erreichen, unser letztes Ziel, sind wir den Grauwalen per Bus, Boot, Bahn und Flugzeug gefolgt, von der Westküste Mexikos quer durch die USA und Kanada bis zum nördlichsten Punkt der alaskischen Arktis. In Los Angeles haben wir sie um Tage verpasst. In Monterey sind wir nur Buckelwalen begegnet. Depoe Bay war zu stürmisch, um aufs Meer zu fahren. Im Wasser zwischen Seattle und Vancouver, ein Buckelwal. Auf dem Schiff von Vancouver nach Whittier, Buckelwale und Orcas. Utqiaġvik, zu vereist, um Wale zu sehen, und das von der Naturschutzbehörde gecharterte Flugzeug habe ich knapp verpasst.

Diese entlegene Insel am Golf von Alaska ist unsere letzte Chance, hier verbringen wir die noch verbleibenden beiden Tage unserer Reise. Als unser voll besetztes Flugzeug langsam in den Sinkflug geht, wird Kodiak sichtbar, eine wilde grüne Fläche im harschen blauen Meer. Da unten gibt es unzählige Nischen und Winkel, in denen Grauwale auf Futtersuche sein könnten. Wir sind weder die Ersten noch die Einzigen, die hier nach ihnen Ausschau halten. Jedes Jahr im April versammeln sich Einheimische und Ökotouristen aus der ganzen Welt, um die Rückkehr der Wanderwale zu feiern. Wir sind zwei Monate zu spät dran, aber Cheryl, die Festivalorganisatorin, hat mir per Mail versichert, dass noch Wale zu finden seien. Das heißt, wenn ich ein Boot hätte und nach ihnen suchen könnte. Aber ich habe gerade noch genug Geld für zwei Tage. Ein Boot zu mieten, würde etwa eintausend Dollar kosten. Unmöglich.

Der Flughafen ist klein und mit einer überraschend großen Menschenmenge verstopft. Eine lange Kofferschlange gleitet auf das Gepäckband, vermutlich voller Jagd- und Angelutensilien. Oder voller Teile für geheime und tödliche Waffen. Nachdem ich auf dem Flug einen Reiseführer gelesen habe, geht die Fantasie mit mir durch. Kodiak ist Standort einer wichtigen amerikanischen Militärbasis. Die Insel hat im Laufe der Geschichte sowohl den Amerikanern als auch den Russen als strategischer Außenposten gedient. Sie ist voller Rätsel, aber zuerst einmal muss ich mein eigenes kleines Rätsel lösen. Per Mail habe ich Anweisungen bekommen: *Haltet Ausschau nach zwei kleinen Mädchen, die einander durch die Gegend jagen, und einer Mutter, die ihnen nachrennt, das bin dann ich.* Alex, eine Mathematiklehrerin, hat angeboten, mit uns an die Küste zu fahren, um von Land aus nach Walen zu suchen. Ich erkenne sie sofort. Sie steht gelassen im Tohuwabohu der Ankunftshalle, ihre Kinder spielen auf einer Bank. Wir schaffen es kaum, ein paar erste Worte zu wechseln. Max, die fünfjährige Tatiana und die dreijährige Alicyn, plus Kinderwagen, Autositz und unsere Sammlung von Taschen und Spielzeug müssen durch die Menschenmenge zu Alex' Minivan bugsiert werden. Wir synchronisieren uns sofort, schieben Kinder und Gepäck über den Parkplatz. Ich bin erleichtert. Vielleicht ist das ein Zeichen, dass unsere Reise endlich nach Plan verläuft.

Alex setzt uns in unserem B&B ab, das ein bisschen außerhalb der Innenstadt auf einem Hügel liegt. Aus dem Fenster sieht man gerade noch das in der untergehenden Sonne glitzernde Meer. Aber heute begebe ich mich nicht mehr auf Erkundungstour, dazu ist meine Furcht vor einem gewissen Inselbewohner zu groß: dem Kodiak-Bär. Es handelt sich um eine ungewöhnlich große Unterart des Braunbären, die manchmal Menschen angreift und eine Vorliebe für menschliche Lebensmittel und Müll hat. Max und ich erzählen einander Geschichten über Babywale, die ans Boot kommen, wenn sie ihn singen hören, dann schlafen wir ein.

Am nächsten Morgen bin ich früh auf den Beinen und freue mich auf das Treffen mit Bree Witteween, der örtlichen Biologin, von der ich mir Insider-Informationen über den Aufenthaltsort der Grauwale erhoffe. Wir sind in einem Café am Hafen verabredet, Bree kommt durch die Tür und bringt die Seeluft mit. Sie trägt zerrissene Jeans, ihr Haar ist kurz und zerzaust. Ich will ihr Leben.

«Ich bin Buckelwal-Fan», wirft sie mir sofort entgegen und erklärt, dass Grauwale weniger charismatisch seien, nicht so oft springen würden und sich von Schiffen auf offenem Meer eher fernhalten. Loyal verteidige ich meine Lieblinge, führe ihr sagenhaftes Durchhaltevermögen und die erstaunliche Verspieltheit der Mütter und Kälber ins Feld, die wir in den mexikanischen Lagunen erlebt haben. Es ist wunderbar, endlich wieder über Wale reden zu können. Sie fühlen sich nah an. Am Ende gibt mir Bree einen wertvollen Hinweis. Vielleicht habe ich mir durch unsere Diskussion über die Giganten der Meere ihren Respekt verdient. Eine Fahrt quer durch die Berge, sagt sie, würde mich nach Pasagshak Beach führen. Dort verstecken sich die Grauwale vor räuberischen Orcas, oder «Mistvieh», wie Bree sie nennt. Sie hat einmal direkt hier im Hafen den Angriff eines Schwertwals auf ein Grauwalkalb miterlebt und die unbeschreiblichen Schreie der Mutter gehört.

«Vor Kurzem habe ich vor Pasagshak einen jungen Grauen in der Brandung rollen sehen», sagt sie.

Ein Babywal, der am Strand spielt! Das muss ich Max zeigen und kann es gar nicht erwarten, Alex davon zu berichten, die uns kurz darauf im Minivan abholt. Wir fahren los, beladen mit Kindern, Spielsachen und Klamotten, und halten kurz am Java Flats Café, um Proviant zu besorgen. Max sucht sich riesige Kekse aus, die Electric Banana Monkey Love heißen. Wir sind bereit.

Brees Anweisungen folgend, machen wir uns auf nach Pasagshak, einer breiten, geschützten Bucht, von Klippen umgeben. Als wir aus den Bergen kommen und um die letzte scharfe Kurve biegen, rauscht vor uns das Meer. Ich traue meinen Augen nicht. Nichts als Nebel. Das kann nicht wahr sein. Das von Cheryl geliehene Fernglas kommt mir wie ein Witz vor. Alles hatte so vielversprechend geklungen.

Wir laufen über den Kiesstrand ans Wasser. Selbst dort können wir nicht einmal das Meer erkennen, geschweige denn Grauwale. Die Kinder machen Walgesänge nach, um sie anzulocken. Ich wende mich dem Klang der Brandung zu. Der Nebel vernichtet meine letzte Hoffnung. Atmen tut weh.

«Gehen wir», sagt Alex sanft. Wir stapfen zum Minivan zurück und fahren wieder die kurvige Straße hoch. Als wir aus dem gespenstischen Nebel herauskommen, taucht vor uns ein ominöses Schild auf: WELCOME TO KODIAK LAUNCH COMPLEX. Willkommen am Kodiak-Raketenstartplatz. Unter dem Horizont kauern graue Gebäude, unweit der Straße stehen riesige Satellitenschüsseln. Wir haben die zweifelhafte Ehre, einen der geheimnisvollsten Orte der Insel aus der Nähe zu sehen. Alex berichtet, dass die amerikanische Regierung hier Raketen und Satelliten in den Weltraum schießt. Polaris, Aries, Athena und Minotaur sind alle von Kodiak aus in den arktischen Orbit gefeuert worden. Während wir am Stützpunkt entlangfahren, frage ich mich, was wirklich bekannt ist über die Tests, die hier ablaufen, und ob die Aktivitäten Auswirkungen auf die Wale haben. Später erfahre ich, dass kurz nach unserem Besuch ein Hyperschallraketentest schiefging. Sekunden nach dem Abheben explodierten die Triebwerke, und was immer dabei dort vom Himmel fiel, führte dazu, dass mehrere Strände zeitweise gesperrt werden mussten. Die Einheimischen waren konsterniert. Wenn es zu gefährlich war, um auch nur an den Strand zu gehen, was war dann im Meer gelandet?

Die Kinder schlafen auf der Fahrt ein, und Alex fragt mich sanft: «Warum Grauwale, was hat dich zu der Reise bewegt?»

Zuerst bin ich einsilbig. Ich kann die Kosten und Mühen, die ich in diese Suche investiert habe, nicht rechtfertigen. Dann erzähle ich ihr alles. Warum nicht, dümmer kann ich gar nicht mehr dastehen. Ich beschreibe Max' Geburt und dass ich dabei die Wale herbeigerufen haben, dass ich dachte, sie hätten mir geholfen, dass ich ihnen danken wollte. Dann geraten die Worte durcheinander, als ich mir selbst und Alex gegenüber endlich eingestehe, dass die Wale mich eigentlich zu Billy zurückbringen sollten. Was sie aber nicht konnten, weil ich zu viel Angst hatte, ihn noch einmal zu verlieren.

«Das hier ist unsere letzte Chance, die Wale zu sehen. Damit Max begreift, wie weit wir ihnen gefolgt sind, damit er ihre Kraft spüren kann.»

Alex fährt eine Weile lang schweigend.

«Ich möchte wirklich, dass deine Reise ein Erfolg wird», sagt sie schließlich. Wir sind fast zurück in der Stadt. «Hast du Lust, zur Geburtstagsfeier meines Neffen mitzukommen?»

Ich bin verdattert. Erst habe ich Ansprüche gestellt, dann gejammert. Es wird Abend, und Max tanzt wie ein Verrückter mit Alex' Familie in der Dämmerung. Alex erzählt von unserer Reise, und ich beginne, das Komische an meinen Erwartungen zu sehen. *Ich fahre ans Meer und drücke auf den Knopf. Das Wasser wird glatt sein. Wale werden auftauchen und sich von mir bestaunen lassen.*

«Tanz, Mummy!»

Max' Einladung kann man nicht ablehnen. Wir mampfen einen Berg von Limetten-Cupcakes und tanzen weiter. Alex stellt mich ihrem Mann Chris vor, der früher Fischer war und die weltberühmte Königskrabbe gefangen hat, ein unglaublich mühseliger und gefährlicher Beruf. Vor einem solchen Seebären gebe ich nur sehr ungern zu, dass ich erwartet hatte, die Wale würden sich an meine Pläne halten.

«Du bist den ganzen weiten Weg gereist, um Grauwale zu sehen, und hast keine gefunden? So ein Mist!», ruft Chris aus. Er kennt sich auf dem Meer aus wie kein Zweiter. Alex hat mir erzählt, dass er sich beim Krabbenfischen einmal verletzt und die Wunde eigenhändig genäht hatte. Jetzt wendet er sich ab und telefoniert. Ich beschließe, nicht mehr an Wale zu denken, und sehe mich in dieser Familie um, die mich, eine völlig Fremde, so freundlich aufgenommen hat. Sogar den Hühnern werden wir vorgestellt.

Dann kommt Chris zurück. «Wir haben einen Plan.» Der Plan besteht aus einem etwa acht Meter langen Boot, das seinem Kumpel Chris gehört. Sie haben sich für morgen spontan zu einer Heilbutt-Angeltour verabredet, als Vatertagsausflug. Alex, die Mädchen, Max und ich seien alle mit von der Partie, sagt Chris. «Und auf dem Hinweg machen wir einen kleinen Umweg zum Futtergebiet der Grauwale.» Die Futtergebiete, der Heilige Gral, für den die Wale und ihre Kälber und Max und ich Abertausende von Meilen zurückgelegt haben. Chris scheint einen direkten Draht zu Sedna, der Meeresgöttin, zu haben. Und er ist auf meiner Seite.

Am nächsten Morgen legen wir in aller Frühe und Kälte ab. Ich sitze am Heck der Raven II und suche schon bei der Ausfahrt aus dem Hafen jeden Zentimeter der Wasseroberfläche ab. Max sitzt vorne windgeschützt auf dem Schoß von Chris, der den Motor auf volle Fahrt bringt. Als wir Cape Chiniak an der östlichsten Spitze von Kodiak umrunden, fegt uns eiskalter Wind entgegen. Ich halte mich am Bootsrand fest. Meine Knöchel sind weiß, und ich denke an die Geschichte von Sedna, die sich auf der Flucht vor den Vögeln mit den Fingerspitzen ans Boot klammerte. Ich stelle mir vor, wie sie versinkt, verletzt und ohne Hoffnung, immer tiefer, und Wale aus ihren Fingern strömen. Tausende von Walen, die über den Meeresgrund gleiten, Schlamm aufwirbeln, den Ozean im Gleichgewicht halten. Sedna taucht nach oben, verfängt sich in der Strömung der Wale und wird mitgezogen, als sie durch die Oberfläche brechen und in die Luft springen. Hinter ihnen klatscht das Wasser laut zusammen und hallt von den Umrissen der Erde wider.

Das Boot rammt eine Welle, ich öffne die Augen und sehe dunkles, raues Meer. Natürlich keine Wale. Dann, weit weg, vor ein paar Klippen, die aus dem donnernden Wasser aufragen, erkenne ich zwei riesenhafte schwarze Rücken in den Wellen.

«Da sind deine Wale!», brüllt Chris triumphierend. Ich komme mir unhöflich vor, kann aber meine Enttäuschung nicht verbergen, denn es sind Buckelwale, keine Grauen. Das Boot fährt in südwestlicher Richtung zwischen Kodiak und der winzigen Insel Ugak auf die Mündung der Bucht mit demselben Namen zu. Keuchendes Blasen an Steuerbord. Wieder Buckelwale. Sie tauchen unter, aber dann sehe ich, dass sie nicht allein sind, und die Luft scheint stillzustehen. Nicht weit entfernt rollen sich schiefergraue Rücken sanft aus dem Wasser. Mir steht der Mund offen, ich halte den

Atem an und versuche, diesen Anblick für alle Zeiten in mir zu bewahren. Wieder betrachte ich die Welt, sehe nichts als Wellen. Haben mich meine Augen betrogen? Vielleicht war es bloß Wunschdenken, ein Trugbild. Sekunden vergehen, dann ein weiterer Blas. Ich fummle am Fernglas herum. Kein Zweifel. Meine pockenbesetzten Grauwale sind da. Sie sind es, sie sind es wirklich, eine Mutter und ein Junges, die neben den Buckelwalen herschwimmen und nach Nahrung suchen. Der typisch herzförmige Blas, und plötzlich tauchen überall gefleckte grauweiße Buckel auf. Sie haben es geschafft. Sie sind hier. Sie sind den ganzen Weg aus Mexiko gekommen, genau wie wir.

«Walschwanz», schreit Max.

Stimmengewirr.

«Da!»

«Guck, ein Wal!»

«Da, Mummy, da!» Max zählt bis fünf, dann übernimmt Tatiana und bringt es auf neununddreißig, bevor sie den Überblick verliert. Die Grauen begleiten unser Boot, das langsam Richtung Osten tuckert, auf allen Seiten. Ich lehne mich so weit über Bord, dass ich beinahe ins Wasser falle. Salz brennt mir in den Augen, aber ich versuche, nicht zu blinzeln, ich will keine Sekunde verpassen. Ich kann nicht fassen, dass sie es geschafft haben, dass wir es geschafft haben. Dies ist ein Weltwunder, eine wirklich einzigartige Migration. Ich spüre meinen Körper nicht, bringe kein Wort heraus. Jede Bewegung im Wasser, jedes gleitende Rücken-paar, jeder Atemzug, der die Gischt in der Luft verteilt, er-zählt vom Leben und Überleben auf einer Reise von unfass-barer Länge und mit unvorstellbaren Herausforderungen. So sollte der Ozean überall sein, so war er einst. Bevölkert, Heimat wilder Geschöpfe, Lebensraum einer unglaublichen Artenvielfalt. Ich suche nach einem Zeichen, dass auch die

Mutter und das Kalb hier sind, für die wir damals in Mexiko gesungen haben. Durch das Fernglas sehe ich eine Walkuh, die sich auf die Seite dreht. Ich sehe ihr Auge. Sie beobachtet uns.

Nach etwa einer Stunde fährt Chris langsam weiter. Ich lächle so breit, dass mir die Wangen wehtun. Die Wale haben mir auf dieser Reise so viele neue Freundschaften beschert. Sie haben mir eine Welt gezeigt, in der man Hilfe bekommt, wenn man nur darum bittet. Es hat sich gelohnt, die Hoffnung zu verlieren, denn so konnte ich die Erfahrung machen, sie wiederzufinden.

Am Abend stehen Max und ich inmitten von lila blühenden Weidenröschen mit Chris, Alex und den Mädchen auf einer Klippe und schauen aufs Meer hinaus, atmen den blauen Schimmer ein.

«Tschüs, Wanderung der Grauwale», sagt Max und wiederholt damit das Mantra, das er immer wieder gehört hat, wenn ich den Menschen, denen wir begegnet sind, unsere Reise erklärt habe. «Tschüs, Wale», sagt er leise, «danke fürs Kommen.» Er winkt dem Meer zu. Dann fällt ihm ein, dass ich auch da bin, und er dreht sich um. «Mummy, willst du den Walen Tschüs sagen?»

Um vier Uhr morgens verlassen wir Kodiak. Bei Tagesanbruch machen Max und ich an Deck der Kennicott-Fähre einen Spaziergang in der kalten, salzigen Luft. Übernächtigt schauen wir aufs Meer. In den Wellen am Hafen tauchen Formen auf, die sich direkt auf uns zubewegen. Inzwischen erkenne ich sie auf Anhieb. Es sind zwei Grauwale. Die Mutter und das Kalb, denen wir am Anfang unserer Reise begegnet sind, daran habe ich keinen Zweifel.

«Schau, Max!» Ich zeige auf sie. Wir hüpfen auf dem Deck herum und winken. «Die Wale, denen du vorgesungen hast, sind uns gefolgt, um sich zu verabschieden.»

Wer wollte etwas anderes behaupten?

Als sie sich dem Schiff nähern, blasen sie gleichzeitig glitzernde Gischtherzen in die Luft. Ich japse auf. Dann tauchen sie unter die Fähre ab und sind verschwunden.

ZU HAUSE

Sechs Jahre nach unserer Reise mit den Grauwalen finde ich eines Morgens eine E-Mail von Julia in meinem Postfach. Wir haben uns seit fast einem Jahr nicht mehr gesprochen. *Doreen, ich muss dringend mit dir reden. Bitte ruf an.* In Alaska ist es jetzt zu spät, ich muss bis zum Abend warten. Den ganzen Tag über rede ich mit leicht erhöhter Stimme. Wahrscheinlich ist eine Erkältung im Anflug. Sobald die Kinder schlafen, skype ich Julia an.

«Wir haben Billy letzte Woche beerdigt, Doreen.»

Einen kurzen Augenblick lang bin ich nichts. Keine Bewegung, kein Laut oder Gedanke. Zu schnell bin ich zurück und im Wissen gefangen. Ich bleibe ganz still.

«O Gott», flüstere ich.

«Das war wirklich seltsam. Nur zwei Tage zuvor hatte er Lillian eine SMS mit deinem Foto geschickt. Als hätte er es geahnt, als hätte er gewusst, dass er sterben würde.»

Aus meinem rechten Auge löst sich eine dicke Träne nach der anderen. Das linke bleibt völlig trocken. In der Leitung gibt es eine Verzögerung. Ich muss etwas sagen, aber ich bin nicht hier. Ich bin in Billys Hütte, finde sie leer vor.

«War der Wal da?», frage ich schließlich. «Der kleine *iŋutuq*, den ich ihm aus Walknochen geschnitzt habe, war der noch da?»

«Ich weiß nicht, wer im Haus gewesen ist. Man hatte ihn ein paar Tage nicht gesehen, da hat die Familie die Polizei verständigt, und die hat die Tür aufgebrochen.» Er hatte im Heritage Center als Security Guard gearbeitet. Es war Anfang Januar, die dunkelste Zeit des Jahres. Sie hatten ihn im Bett liegend gefunden, die Hände in der Brust verkrallt, eine Woche nach seinem Tod. Genau in dieser Zeit hatte ich über ihn geschrieben.

Er war mit Schmerzen in der Brust zum Arzt gegangen. Und nach Hause geschickt worden.

«O Gott», wiederhole ich. Ich hätte da sein müssen. Ich hätte es verhindern müssen. Ich denke daran, wie er gelebt und geatmet hat, so lange ohne mich. «Ich dachte, ich würde ihn wiedersehen. Ich dachte, er würde immer da sein.»

«Er hat immer von dir gesprochen, Doreen. Bis zuletzt hat er von dir gesprochen.»

Unter dem Meereis, dort, wo das Licht wie durch Wolken nach unten dringt, versammeln sich *aġviġit*. Eine Gruppe schwimmt auf offenes Wasser zu und bricht durch die Oberfläche. In ihrer Mitte ein Wal, der nicht schwimmt, sondern treibt. Er bewegt sich, als würde er leben, gestützt und gelenkt von den anderen. Ich habe in einer alaskischen Zeitschrift von einer solchen Grönlandwal-Beisetzung gelesen. Jetzt, da Billy nicht mehr da ist, wende ich mich wieder an die Wale, damit sie mir helfen, mich von ihm zu verabschieden.

Die *aġviġit* tragen ihren toten Artgenossen durch die Rinne bis zum offenen Meer. Eine keuchende, wogende Prozession, bei der sich Wasser und Luft vereinen. Die Gruppe bleibt dicht beieinander und stupst das tote Tier in der Mitte immer weiter aufs Meer hinaus. Der Kadaver ist übersät mit den Narben des Kampfes ums Überleben. Erst weit draußen im Ozean wird er losgelassen. Die Wale tanzen und tauchen ab, bis das Licht schwächer wird, bis die Farben im Schwarz verschwinden. Im SOFAR-Kanal gedenken sie ihres Artgenossen. Stimmen schweben aus dem ganzen Ozean heran und singen zum Abschied. Bevor die Grönlandwale zur Oberfläche zurückkehren, folgen sie dem Toten ein letztes Mal. Dann lassen sie ihn zurück im dunklen Wasser, umgeben von Musik. Langsam treibt er davon, gleitet nach unten, wird von der Strömung mitgezogen, als würde er fliegen. Billy ist nicht allein gestorben.

Meine Kinder sitzen lachend und kreischend am Küchentisch und essen Pancakes. Sie haben sich gegen mich verschworen und den Haferbrei abgelehnt, den ich ihnen zum Frühstück geben wollte.

«Nicht schon wieder», sagte das mittlere. Und alle verdrehten seufzend die Augen.

Max sprang ihnen bei. «Ich mache Pancakes.»

«Die hier», sagte mein Onkel Patrick beim letzten Besuch in Irland, als meine Jüngste darauf bestand, auf seinem Schoß zu sitzen, «ist genau wie deine Mutter in dem Alter.»

«Das glaube ich sofort», sagte meine Cousine Sally. «Sie gibt den Ton an.» Ich sehe mit Bewunderung, wie liebevoll und sprachgewandt und wild meine Kinder sind. Sie haben keine Angst vor mir. Vielleicht ist Max wirklich ein Veränderer, wie meine Mutter und die Frau in Depoe Bay es vorhergesagt haben. Vielleicht gilt das für alle Kinder. Vielleicht lag es an den Walen. Wer weiß. Auf dem Regal steht neben dem Pottwal-Talisman die Matrjoschka-Puppenfamilie, sie wurde ungenau verwirklicht. Unter anderem haben wir statt des Huskys in der Mitte zwei Katzen.

Max und ich gehen schwimmen. Er ist zehn, groß und aufgeregt. Ich sehe zu, wie er fließt, treibt, paddelt wie ein Wassertier. Ich habe ihn heute Morgen aus der Schule genommen, damit wir etwas Zeit zu zweit haben, ohne seine Geschwister, die noch zu klein sind, um richtig schwimmen zu können.

«Guck! Guck, wie ich unter Wasser schwimme, guck, wie ich tauche!»

Ich gucke. Ich kann die Augen nicht von ihm lassen. Seine Freude ist mein Glück.

Nachdem ich ihn zur Schule gebracht habe, setze ich mich an den Küchentisch und sichte die Videos meiner ersten Arktis-Reise, suche nach Dialogen und Bildern, die mir helfen, mich zu erinnern. Zuerst dachte ich, die Videobänder wären verloren gegangen. Seit mehr als einem Jahrzehnt liegen sie in einer Kiste. Für diese Aufnahme hatte ich neben der Rinne auf dem Eis gesessen. Das Bild ist weiß und wird senkrecht von einem dunklen Streifen Wasser durchzogen. Wenn man auf die Rinne schaut, wirkt der Wasserhimmel wie die weiße Rauchfahne eines weit entfernten Feuers, die nach oben hin im gleißenden Weiß verweht. Die Jagd beginnt gerade. Noch sind keine Wale da, nicht einmal Belugas. Ich spiele mit verschiedenen Winkeln herum, stelle die Kamera auf den Pfad und filme die Stiefel auf dem Schnee, wenn die Crew zwischen dem Lager und dem Sichtschutz aus Eis hin- und herläuft, der uns für die Wale unsichtbar macht. Der Pfad glänzt und ist leicht mit Schnee bestäubt. Leif wirft einem zerzausten kleinen Spatzen, der dort herumhüpft, Brotkrumen zu.

«Vielleicht ein Walvogel», sagt er. Wie um alles in der Welt kommt der hierher?, frage ich mich. Was für ein Opportunist. Und was für ein Aufwand, für ein paar Brotkrumen fliegt er vom Festland meilenweit über die Eiswüste. Ich denke in letzter Zeit viel über Nahrungssicherheit nach.

«Das Wetter ist wütend», sagte der Älteste vor achtzig Jahren zu Warren Matumeak. Während ich den Vogel und die Krumen beobachte, fällt mir auf, dass ich mir in den Daumen beiße. Der Zahn hinterlässt einen Abdruck. Der Spatz hüpft außer Sichtweite. Ich schaue immer noch aufs Eis und bin in Gedanken bei dem Vogel, als ich Billys Stimme höre.

«Willst du mit?», fragt er. Er steht hinter mir, außerhalb des Bildes, als wäre er hier in meiner Küche und würde mit mir sprechen. Als wäre er zu Besuch gekommen, von dort, wo das Weiß und das Eis und die Wale sind.

«Ich kann nicht, sonst verpasse ich noch einen Wal.»

Er fährt wahrscheinlich in die Stadt zurück, um irgendetwas abzuholen. «Du solltest dich im Zelt ausruhen», sagt er.

Ich bin wie hypnotisiert, von der Landschaft hingerissen, habe nicht an Ausruhen gedacht. Er hat mich beobachtet, hat all das an mir gesehen und verstanden. Ich habe ihn noch nicht richtig bemerkt, doch schon jetzt passt er auf mich auf.

«Mache ich», sage ich. «Ich filme erst noch zu Ende.»

Leise geht er. Dreizehn Jahre später breche ich in Tränen aus. Ich möchte ihm sagen, dass ich komme.

Ich sehne mich danach, Julia und die Familie zu sehen. Sie, Lillian und ich erzählen uns am Telefon die Neuigkeiten. Ich schicke Fotos meiner Kinder. Katelyn hat ein Basketball-Stipendium bekommen. Ich höre Julias sanfte, melodische Stimme, den langsamen Rhythmus ihrer Sprache. Und lasse mich davon beruhigen.

«Wir haben Dezember und immer noch kein Eis», sagt sie. Dazu gibt es nicht viel zu sagen. Wir sind im Jahr 2019, es ist nicht so, als hätten wir es nicht kommen sehen. «Gestern hatten wir fast neun Grad plus.» Im Herbst wurden kaum Grönlandwale gesichtet. Am 16. November wurde ein einziger erlegt, später als je zuvor seit Menschengedenken. Die Wale ändern ihre Migrationsgewohnheiten. Das Eis, wie es die Iñupiat-Ältesten kannten, wie es der Ozean kannte, wie es unsere globalen Wettersysteme kannten, wie es die Wale kannten, ist weg. Billy ist weg. Auch Jeslie ist nicht mehr da. Eli, Van, Warren und Jeffrey sind weg. Während Julia und ich reden, sehe ich Billy vor mir stehen und mich lächelnd anschauen, sehe seine Miene ernst werden, sehe, wie er mit den Schultern zuckt.

«Im Rückblick», meinte mein Vater einmal, «muss ich sagen, wichtig ist nicht, dass Beziehungen zu Ende gegangen sind, sondern dass sie überhaupt bestanden haben.» Schließlich gehört Trauer zum Leben dazu, sie zeigt, dass wir miteinander verbunden sind. Ich kann den Tod nicht aufhalten. Ich kann ihm und dem Leben nur mit der größtmöglichen Offenheit und Großzügigkeit begegnen.

Für manche Menschen kam das Ende der Welt schon vor langer Zeit. Für die Han durch die Zwangsumsiedlung in ein Reservat in der Klondike. Für die Iñupiat mit den Epidemien des neunzehnten Jahrhunderts. Ich denke an die Grauwalmütter, die bis zum letzten Atemzug für ihre Jungen kämpfen. Ich denke an das Grönlandwalkalb, das Harry Brower im Schlaf erschienen ist. Ich denke an Aaŋa, den Jäger, den die Eisscholle in die Tiefe zog, an sein Lächeln, als seine Zeit gekommen war.

Billy und mir war nur wenig Zeit vergönnt. Wir haben nicht einmal eine Nacht gehabt, wie ich sie kenne. Nur einen einzigen langen Tag im Licht. Lediglich ein Jahr lang haben wir aktiv Kontakt gehalten. Aber die Sanftheit und Güte, die er mir schenkte, habe ich bei niemand anderem mehr erlebt.

Ich frage mich, ob da draußen in der Tundra irgendwo eine Erinnerung an uns besteht, oder irgendwo im Meer, wo sich *aġviġluat* und *aġviġit*, Grau- und Grönlandwale, begegnen.[1] Ich frage mich, ob irgendein Wal sich vielleicht an unsere Stimmen auf dem Eis erinnert.

Ich sehe Billys breite, braune, kräftige Hände noch so deutlich vor mir, als würden sie meine halten.

«Die Dinge verändern sich ständig», sagt er zärtlich. «Pass auf Risse auf, bleib immer auf den Füßen. Und denk nicht so viel nach, du bekommst noch ein Aneurysma.» Darüber muss ich auch jetzt noch lächeln. «Du hast dich da draußen gut geschlagen, Doreen.» Ich halte diese Erinnerungen an ihn und an die flüchtigen Monate fest, in denen ich Doreen Kaleak war, als die Welt aufbrach und die Liebe hereinströmte.

Mit der Erkenntnis des Ungleichgewichts begann sich die Berichterstattung über den Klimawandel allmählich zu ändern. 2018 entschied die britische Medienaufsicht Ofcom, dass der Moderator der BBC-Radiosendung *Today* falschen Behauptungen von Lord Nigel Lawson, Klimaskeptiker und früherer britischer Tory-Finanzminister, nicht ausreichend entgegengetreten war. Lord Lawson war nach einem Interview mit Al Gore in der Sendung platziert worden, hatte behauptet, die Temperaturen wären im Laufe des letzten Jahrzehnts gesunken, und Gores Aussagen als «das alte Gewäsch» abgetan. Die BBC entschuldigte sich und veröffentlichte neue Empfehlungen zur Klimaberichterstattung, wobei man zugab, «es zu oft falsch gemacht zu haben».[2]

Im Herbst 2020 bin ich wieder bei der Arbeit. Ein Kollege fragt mich, ob wir der Ausgewogenheit halber für einen Beitrag über klimawandelbedingt immer stärker werdende Wirbelstürme auch einen Skeptiker einladen müssten. Ich versichere ihm, nein, ein für alle Mal nein. Nach unserem Gespräch fühle ich mich schwer. Es sollte so einfach sein, doch selbst nachdem der Sender seine Haltung überdeutlich formuliert hat, bekommen es manchmal sogar die besonders gut meinenden Leute nicht hin.

Ein paar Wochen später esse ich mit einigen Journalisten-kollegen zu Mittag. Wir reden über die Arbeit, irgendjemand erwähnt die Zunahme extremer Wetterereignisse und den Klimawandel. Rob, ein alter Studienfreund, sagt, dass nicht mehr die Existenz des Klimawandels zur Debatte stehe, sondern seine Ursachen. Rob war schon immer ein guter Erzähler, alle am Tisch hören ihm gebannt zu, niemand widerspricht. Ich starre auf die Speisekarte. Tapas. So ziemlich das gleiche Gespräch habe ich neulich bei der Arbeit geführt und keine Lust auf eine Wiederholung. Ich stehe auf, um auf die Toilette zu gehen. Aber dann setze ich mich wieder. Ich denke an die Treffen der Ölmanager in ihren Vorstandsetagen vor drei Jahrzehnten und an den Ozean, an das Leben darin, das keine Stimme hat. Laut sage ich, dass eine Debatte über die Ursachen des Klimawandels überflüssig ist, weil diese seit Jahren wissenschaftlich belegt sind. Zuerst widerspricht Rob. Als ich ihm die Arbeit des Weltklimarats erkläre, lenkt er ein.

«Vielleicht hast du aktuellere Informationen als ich.»

Am Tisch wird genickt.

Veränderung ist wohl immer ein Prozess. Sie erfordert Mühe und vorsichtige Gespräche, und manchmal meint man, auf der Stelle zu treten. Ich denke an die Gletscher, die sich meistens unmerklich langsam bewegen und dann so schnell wie ein laufender Hund.

Augenzeugen des Klimawandels gibt es inzwischen im Überfluss. Immer öfter kommt es zu Waldbränden, Überflutungen, Hitzewellen, katastrophalen Stürmen. Über zweihundert der führenden medizinischen Fachzeitschriften weltweit haben gemeinsam zu Notfallmaßnahmen aufgerufen und bezeichnen das Versagen der Weltpolitik, Emissionen zu senken, den globalen Temperaturanstieg auf unter 1,5 °C zu drücken und die Natur zu schützen, als «größte Ge-

343

fahr für die Gesundheit der Menschen weltweit».[3] Im Fernsehen sind weinende Wissenschaftlerinnen zu sehen.

«Ich bin Vater», sagt einer, und seine Stimme bricht. Im Amazonas wird ein weiterer indigener Waldschützer in der Nähe seines Dorfs erschossen aufgefunden.[4]

Heutzutage steht das Klima in den Medien ganz oben. Manchmal fühle ich mich im Büro deswegen nützlich. Manchmal, wenn ich zu Hause bin, der Tag zur Ruhe kommt und meine Kinder im Bett liegen, bringen die Fakten auch mich zum Weinen.

In dem Jahr, in dem ich dieses Buch beende – 2021 –, wären die Grauwale leicht zu finden gewesen, denn sie wurden tot an den Stränden entlang ihrer Migrationsroute angeschwemmt. Das Sterben setzte 2019 ein. Man fand ausgezehrte Jungtiere und Erwachsene, die Ursache ist vermutlich Nahrungsmangel im Beringmeer, gleichzeitig war die Grauwalpopulation gewachsen.[5] Die Sounders gibt es noch. Earhart, die Glasgarnelen-Pionierin, wurde 2017 vor Whidbey Island von einem Boot gerammt. Sie hat Narben davongetragen, scheint sich aber erholt zu haben.

Die Lockdowns während der Coronavirus-Pandemie haben zu einer sogenannten Anthropause[6] geführt, einem Rückgang menschlicher Aktivitäten,[7] und zu einer teilweisen Dekolonisierung des Ozeans. Die Wissenschaft erhält so die Chance, einer weniger geräuschgestörten Unterwasserwelt zu lauschen und ihre Erholung mitzuerleben. Meeressäuger ändern ihr Verhalten, werden in Teilen des Ozeans gesichtet, in denen sie seit Jahren nicht mehr aufgetaucht sind. Eine ganze Generation von Walen hat das Meer noch nie so ruhig erlebt, sagt die Wissenschaft.

«Sobald wir die Lautstärke drosseln, tritt unter Wasser eine erstaunliche Reaktion ein», so Carlos Duarte, Leiter der

Studie. Meeresgrund-Observatorien verzeichnen eine beträchtliche Reduktion des Lärms im Wasser. Die Forschenden nutzen die wahrscheinlich einmalige Chance und suchen die Signale nach neuen Unterhaltungen ab. Sobald wir lauter werden, werden die Stimmen im Meer leiser. Manche Arten sind bereits verstummt.

Hier hat der Grauwal seit Anbeginn der Zeiten gelebt, teilen uns die Fossilien mit. Und sie stellen uns eine Frage: *Das alles wisst ihr. Was nun?* Menschliches Denken und Zielstrebigkeit sind Teil des globalen Ökosystems und die stärkste treibende Kraft für Veränderung, aber gleichzeitig auch seit Jahrtausenden das größte Hindernis für uns selbst und die Wale. Wir schreiben das nächste Kapitel der Geschichte allen Lebens auf der Erde.

An einem heißen Sommertag bringe ich die Kinder in die Schule und in den Kindergarten. Der Asphalt flimmert, Auspuffgase hängen schwer in der Luft. Meine Handflächen schwitzen an den Griffen meines Fahrradlenkers, und ich muss daran denken, dass der meteorologische Dienst den Klimawandel in Großbritannien offiziell bestätigt hat.[8] In der Zeitung wurde ein Meteorologe zitiert, der wärmere, feuchtere Winter, heftige Sommerregenfälle und häufigere Hitzewellen ankündigte. Die Landwirte erwarten, dass die Weizenernte um ein Drittel geringer ausfällt. Großbritannien könnte zum Getreideimporteur werden, anstatt zu exportieren.

Was wird aus uns allen?

Ich radele durch die Hitze und denke an das Durchhaltevermögen der Wale, an die Resilienz und Anpassungsfähigkeit, zu der sie Menschen inspiriert haben. Ich denke an die Beziehungen, die sie entlang der Beringstraße gestiftet haben, zwischen Iñupiat und Yupik, zwischen Amerikanern und Sowjets im Rahmen von Operation Breakthrough. Die

Farbe der fleckigen Dunkelheit beim Auftauchen an die Oberfläche kommt mir in den Sinn. Ich halte den Blick nach vorne gerichtet, zur Oberfläche, suche das Licht. Wale kümmern sich weder um Hoffnung noch um Hoffnungslosigkeit, und auch nicht um Stress. Sie kümmern sich darum zu leben, jeden Atemzug zu nehmen, wie er kommt. Sie bleiben in Bewegung. Sie schwimmen für sich und ihre Jungen bis ans Ende der Welt. Ich erinnere mich an ihre Augen, an ihr Atmen, und daran, dass Max und ich einmal ihre Wanderung begleitet haben. Ich erinnere mich, dass sie uns gesehen und gehört haben und mir in meiner Verzweiflung halfen, unsere Geschichte neu zu schreiben.

«Erinnerst du dich noch an unsere Walreise?», frage ich Max später zu Hause. «Wie weit wir mir ihnen gereist sind?»

Er hält mir die Bleistiftzeichnung hin, an der er gerade arbeitet. Ein Buckelwal mit Schattierungen und Seepocken, ein Auge blickt mich neugierig an. Max' Grauwalbilder hängen überall, am Kühlschrank, an den Wänden. In seinem Zimmer steht das Foto, auf dem Julia ihn am Flughafen auf dem Arm trägt, und eines, auf dem er in Mexiko das Walkalb tätschelt.

«Ich denke manchmal daran, wie sie neben uns hergeschwommen sind», sagt er. «In meiner Vorstellung schwimme ich mit ihnen.»

Wale haben die Kulturen der Menschen durch die gesamte Geschichte der Iñupiat und der westlichen Industrialisierung hindurch getragen, und in gewissem Sinne haben sie auch mich durch mein Leben getragen. Sie haben mir und meinem Sohn einen Neuanfang gebracht. Ich bin Frau, Mensch, Tier. Ich habe mein Kind im Wasser geboren. Wir haben den Walen vorgesungen. Wir haben ihren Atemzügen gelauscht. Wir haben dem Meer gelauscht. Dieses Buch ist das, was ich gehört habe.

ANMERKUNG DER AUTORIN

Die Beziehungen und Ereignisse sind so ehrlich beschrieben, wie es mir aufgrund meiner Erfahrungen und Erinnerungen möglich war. Einige Personen wurden anonymisiert, Namen, Aussehen und andere erkennbare Details verändert.

Ein Teil des Erlöses für dieses Buch gebe ich an Barrow Volunteer Search and Rescue und an das Iñupiaq Studies Department am Iḷisaġvik College, Utqiaġvik, weiter.

Barrow Volunteer Search & Rescue ist ein Verbund von Freiwilligen, die oft unter Einsatz ihres eigenen Lebens in extremen arktischen Wetterbedingungen in der Tundra und auf dem Eis nach Vermissten suchen. Spendenschecks, ausgestellt auf Barrow Search & Rescue, Inc., können an folgende Adresse geschickt werden: PO Box 565, Barrow, AK 99723-0565.

Iḷisaġvik College ist das erste staatlich anerkannte indigene College und *unapologetically Iñupiat* (was so viel bedeutet wie *selbstverständlich Iñupiat*): https://www.ilisagvik.edu/about-us/unapologetically-inupiaq/. Das Iñupiaq Studies Department entwickelt und lehrt Voll- und Teilzeitstudiengänge, ausgerichtet auf eine Indigenisierung des Lehrplans und unter Einbeziehung der Geschichte, Werte, Traditionen und Kenntnisse der Iñupiat. Weitere Informationen über das College sind auf der Webseite https://www.ilisagvik.edu/we-are-ilisagvik/ zu finden. Dort sind auch Spenden möglich.

QUELLENVERZEICHNIS

Prolog

1 Sue E. Moore, Kate M. Wynne, Jaclyn Clement Kinney and Jacqueline M. Grebmeier, ‹Gray whale occurrence and forage southeast of Kodiak, Island, Alaska›, *Marine Mammal Science*, 23:2 (Februar 2007), 419–28.

Los Angeles

1 Neela Banerjee, Lisa Song, David Hasemyer, ‹Exxon Believed Deep Dive Into Climate Research Would Protect Its Business›, *Inside Climate News*, 17.9.2015.
2 Neela Banerjee, Lisa Song, David Hasemyer, ‹Exxon's own research confirmed fossil fuels' role in global warming decades ago›, *Inside Climate News*, 16.9.2015.
3 M. Glaser, ‹CO_2 «greenhouse» effect›, interne Erläuterungen, Exxon Research and Engineering Company, 12.11.1982, S. 1, 4, 5. Erhältlich via ClimateFiles.com.
4 Joseph M. Carlson, ‹Internal memo on the greenhouse effect›, Exxon-Sprecher, 8.3.1988, S. 2 und 7. Erhältlich via ClimateFiles. com.
5 Geoffrey Supran, Naomi Oreskes, ‹Assessing ExxonMobil's climate change communications (1977–2014)›, *Environmental Research Letters*, 12:8 (2017).
6 ‹Testimony of Sharon Y. Eubanks, former director, US Department of Justice Tobacco Litigation Team, before the Subcommittee on Civil Rights and Civil Liberties›, S. 8. Erhältlich via Congress.gov.
7 Joe Walker, ‹Draft global climate science communications ac-

tion plan›, American Petroleum Institute, 3.4.1988, S. 5 und 4. Erhältlich unter ClimateFiles.com.

8   ‹Understanding the #ExxonKnew controversy›, ExxonMobil. com, 10.2.2021.

9   Martin Hoffert, schriftliche Aussage beim Civil Rights and Civil Liberties Hearing zu ‹Examining the Oil Industry's Efforts to Suppress the Truth about Climate Change›, S. 4. Erhältlich via Docs.house.gov.

Utqiaġvik: Aġviq

1   K. M. Stafford et al., ‹Extreme diversity in the songs of Spitsbergen's bowhead whales›, *Biology Letters*, 14:4 (April 2018).

2   ‹Sea ice decline intensifies›, National Snow & Ice Data Center Pressemitteilung, 28.9.2005.

3   Melanie Phillips, ‹Global warming or global fraud?›, *Daily Mail*, 28.4.2004

4   David McKnight, ‹A change in the climate? The journalism of opinion at News Corporation›, *Journalism*, 11:6 (Dezember 2010), Auszug.

5   Phoebe Keane, ‹How the oil industry made us doubt climate change›, BBC News, 20.9.2020. ‹Episode 9: Deep pockets; useful allies›, *How They Made Us Doubt Everything*, BBC Radio 4, 6.8.2020.

6   Ted Koppel, ‹Is Science for Sale?›, ABC's *Nightline*, 24.2.1994. Erhältlich via Climatefiles.com.

7   ‹Ripe for Change›, *Guardian*, 30.6.2005.

8   Naomi Oreskes, Erik M. Conway, *Merchants of Doubt: How a Handful of Scientists Obscured the Truth on Issues from Tobacco Smoke to Global Warming* (London: Bloomsbury, 2010), S. 6.

9   ‹Climate Basics. Climate Science. IPCC Fifth Assessment Report. Growing Certainty on the Human Role in Climate Change›, Webseite des Center for Climate and Energy Solutions.

10 Ewen MacAskill, Patrick Wintour, Larry Elliott, ‹G8: hope for Africa but gloom over climate›, Guardian, 9.7.2005.

11   Karen Brewster (ed.), The Whales, They Give Themselves: Conversations with Harry Brower, Sr. (Fairbanks: University of Alaska Press), S. 41

12   Ibid.

13   Knut Bergsland (ed.), *Nunamiut Unipkaaŋich. Nunamiut Stories* (Barrow: North Slope Borough Commission on Iñupiat history, Language and Culture, 1987).

14   R. Fortuine, ‹The health of the Eskimos, as portrayed in the earliest written accounts›, *Bulletin of the History of Medicine*, 45:2 (März–April 1971), 113.

15   ‹Native Peoples' Concepts of Health and Illness›, Native Voices: Timeline, Webseite der National Library of Medicine.

16   Robert J. Wolfe, ‹Alaska's Great Sickness, 1900: an epidemic of measles and influenza in a virgin soil population›, *Proceedings of the American Philosophical Society*, 126:2 (April 1982), 98.

17   Richard Gray, ‹The places that escaped the Spanish flu›, BBC Future, 24.10.2018.

18   Anne Keenleyside, ‹Euro-American whaling in the Canadian Arctic: its effects on Eskimo health›, *Arctic Anthropology*, 27:1 (1990), 11.

19   Persönliche Kommunikation mit Barbara Bodenhorn, Juni 2021.

20   Harold Napoleon (ed. Eric Madsen), *Yuuyaraq: The Way of the Human Being* (Fairbanks: Alaska Native Knowledge Network, 1996), S. 11.

21   Ibid.

22   Ibid, S. 2, 11, 14, 15.

23   Samuel Z. Klausner, Edward F. Foulks, *Eskimo Capitalists: Oil, Politics and Alcohol* (Totowa: Allanheld, Osumun, 1982), S. 115.

24   Barbara Bodenhorn, *Documenting Family Relationships in Changing Times*. Volume 1: *Family Portraits: Oral Histories; Sharing Networks* (120 pp). Volume 2: *Sources of Stress; Loss of Autonomy in Relation to Land and Animal Resources, the Court System, Education, Alcohol* (247 pp) (Barrow: North Slope Borough Iñupiat History Language and Culture Commission), S. 329.

25   E. Burch, ‹Property rights among the Eskimos of Northwest

Alaska›, Vortrag auf der Fourth International Conference on Hunter / Gatherers, London School of Economics, 1986.

26 J. Hamer, J. Steinbring (eds), *Alcohol and Native Peoples of the North* (Washington DC: University Press of America, 1980), Einleitung.

27 Bodenhorn, *Documenting Family Relationships in Changing Times*, S. 316.

28 R. Hunt, *Arctic Passage: The Turbulent History of the Land and People of the Bering Sea, 1697–1975* (New York: Charles Scribner's Sons, 1975).

29 Wendell H. Oswalt, *Eskimos and Explorers* (Novato: Chandler and Sharp, 1979), S. 293.

30 Bodenhorn, *Documenting Family Relationships in Changing Times*, S. 330.

31 Ibid., S. 331. H. Brody, ‹Indians on skid row: Alcohol in the life of urban migrants›, in Hamer and Steinbrig (eds), *Alcohol and Native Peoples of the North*, S. 210–66.

32 Persönliche Kommunikation mit Barbara Bodenhorn, März 2021.

33 Bodenhorn, *Documenting Family Relationships in Changing Times*, S. 317.

34 Captain C. L. Hooper, *Report of the Cruise of the US Revenue Steamer* Thomas Corwin, *in the Arctic Ocean, 1881* (Washington DC: Government Printing Office, 1881).

35 Robert Fortuine, *Chills and Fever: Health and Disease in the Early History of Alaska* (Fairbanks: University of Alaska Press, 1989), S. 296–7.

36 Bodenhorn, *Documenting Family Relationships in Changing Times*, S. 318.

37 Ibid.

38 Ibid, S. 319.

39 Ibid, S. 299.

40 Bodenhorn, *Documenting Family Relationships in Changing Times*, S. 303.

41 Ibid, S. 301.

42 Ibid, S. 300.

Laguna Ojo de Liebre

1   Dick Russell, *Eye of the Whale: Epic Passage from Baja to Siberia* (New York: Simon and Schuster, 2001), S. 46

2   Erle Stanley Gardner, *Hunting the Desert Whale: Personal Adventures in Baja California* (New York: William Morrow & Company, 1960).

3   ‹The surprisingly social gray whale›, NPR, 13.7.2009. Transkription erhältlich unter NPR.org.

4   Charles Siebert, ‹Watching whales watching us›, *New York Times Magazine*, 8.7.2009.

5   D. Toren et al., ‹Gray whale transcriptome reveals longevity adaptations associated with DNA repair, autophagy and ubiquitination›, bioRxiv (1.9.2019), Auszug. Veröffentlicht in *Aging Cell*, 19:7 (Juli 2020).

6   Zitiert in Robert Sanders, ‹Gray whales likely survived the Ice Ages by changing their diets›, *Berkeley News*, 6.7.2011.

Utqiaġvik: Wie man wartet

1   Tom Lowenstein, *Ancient Land: Sacred Whale: The Inuit Hunt and Its Rituals* (London: Bloomsbury, 1993), S. 148.

2   Glenn W. Sheehan, *In the Belly of the Whale: Trade and War in Eskimo Society* (Aurora: Alaska Anthropological Monograph Series, 1997), S. 20.

3   Anne M. Jensen, ‹The archaeology of north Alaska: Point Hope in context›, in Charles E. Hilton, Benjamin M. Auerbach and Libby W. Cowgill (eds), *The Foragers of Point Hope: The Biology and Archaeology of Humans on the Edge of the Alaskan Arctic* (Cambridge: Cambridge University Press, 2014), S. 11–34.

4   Charles D. Brower, *Fifty Years Below Zero: A Lifetime of Adventure in the Far North* (London: Robert Hale, 1948), Foto Nr. 14.

5   Hugh Brody, *The Other Side of Eden: Hunter-Gatherers, Farmers and the Shaping of the World* (London: Faber & Faber, 2001), S. 242.

6   Ibid, S. 246, 248.

7   Frank Darnell, Anton Hoem, *Taken to Extremes: Education in the Far North* (Oslo: Scandinavian University Press, 1996).

8   Angayuqaq Oscar Kawagley, *A Yupiaq Worldview: A Pathway to Ecology and Spirit* (Prospect Heights: Waveland Press, 1995).

9   Barbara Bodenhorn, *Documenting Family Relationships in Changing Times.* Volume 2: *Sources of Stress; Loss of Autonomy in Relation to Land and Animal Resources, the Court System, Education, Alcohol* (Barrow: North Slope Borough Iñupiat History Language and Culture Commission), S. 121.

10 Ibid, S. 122.

11 Ibid, S. 129.

12 Eben Hopson, ‹Inupiq Education›, in Ray Barnhardt (ed.), *Cross-Cultural Studies in Alaskan Education* (Fairbanks: University of Alaska Fairbanks, 1977). Erhältlich unter Alaskaskool.org.

13 Brody, *The Other Side of Eden*, S. 189.

14 Diane Hirshberg, Suzanne Sharp, ‹Thirty Years Later: The Long-Term Effect of Boarding Schools on Alaska Natives and Their Communities›, Bericht des Institute of Social and Economic Research University of Alaska Anchorage (September 2005), S. 11, 12, 14.

15 Harold Napoleon interviewed in *History of the Iñupiat: Nipaa I!itqusipta / The Voice of Our Spirit* (by Rachel Naninaaq Edwardson [Iñupiaq], 2008). Erhältlich unter https://vimeo.com/126341194›.

16 Jasmine Clark, Randy Hobson, ‹PC (USA) leaders issue apology to Native Americans, Alaska natives, and native Hawaiians›, Webseite der Presbyterian Church USA, 9.2.2017.

17 Stephen E. Cotton, ‹Alaska's «Molly Hootch Case»: high schools and the village voice›, *Educational Research Quarterly*, 8:4 (1984). Erhältlich unter Alaskaskool.org.

18 Bodenhorn, *Documenting Family Relationships in Changing Times*, Bd. 2, S. 132.

19 Hirshberg and Sharp, ‹Thirty Years Later›, S. 7, 8.

20 ‹Message to students of the North Slope Borough from Mayor Jeslie Kaleak›, ‹Impact of ANCSA in the Arctic Slope: Taking

control: fact or fiction? A curriculum unit plan by Pat Aamodt›
und ‹Unit reading: taking control – the story of self-determina-
tion in the Arctic by Bill Hess, North Slope Borough, 1993›. Erhältlich unter Alaskaskool.org.

21 ‹Health Alaskan Volume II: Strategies for Improved Health›,
Alaska Department of Health and Social Services Division of
Public Health (November 2002), S. 51, 49.

22 Bodenhorn, *Documenting Family Relationships in Changing Times*,
S. 287.

23 Jana McAninch, ‹Baseline Community Health Analysis Report›,
North Slope Borough Department of Health and Social Services
(Juli 2012), S. 24.

24 Charles P. Wohlforth, *The Whale and the Supercomputer: On the
Northern Front of Climate Change* (New York: North Point Press,
2004), S. 9.

25 ‹Who we are. Alaska Operations. Alpine›, ConocoPhillips Alaska
Webseite.

26 ‹Nuiqsuit subsistence users speak out against court decision›,
Trustees for Alaska Pressemitteilung, 26.5.2015.

27 ‹Sustainable Development. Environment. Air Quality›, Conoco-
Phillips Alaska Webseite.

28 Sabrina Shankman, ‹Surrounded by oil fields, an Alaskan village
fears for its health›, Inside Climate News, 2.8.2018.

29 Rosemary Ahtuangaruak, Rede auf Ken Salazars Public Mee-
ting zum Thema Outer Continental Shelf Energieentwick-
lung, 14.4.2009. Erhältlich unter https://www.youtube.com/
watch?v=zRsjTuNMHY8›.

30 Persönliche Kommunikation mit Rosemary Ahtuangaruak,
3.6.2021

31 Vetta Stepanyan, ‹The Danger of Industrialization. Air Pollution
in Alaska's North Slope and its implications for the community of
Nuiqsut›, Alaska Community Action on Toxics (Februar 2019).

32 Wei Yan et al., ‹NO_2 inhalation promotes Alzheimer's disease-
like progression: cyclooxygenase 2-derived prostaglandin E2
modulation and monoacylglycerol lipase inhibition-targeted
medication›, *Scientific Reports*, 6 (1.3.2016).

33 Chen Xu et al., ‹The novel relationship between urban air pollution and epilepsy: a time series study›, *PLoS ONE*, 11:8 (2016).

34 Lesley Fleischman et al., ‹Gasping for breath. An analysis of the
health effects from ozone pollution from the oil and gas industry›, Clean Air Task Force, 14.8.2016.

35 Noah Scovronick (lead author), ‹Reducing Global Health Risks:
Through Mitigation of Short-Lived Climate Pollutants›, Unter-
suchungsbericht der World Health Organization Climate and
Clean Air Coalition, 2015.

36 Persönliche Kommunikation mit Rosemary Ahtuangaruak,
15.5.2021.

37 ‹Investigation into a Report of Increased Respiratory Illness in
Nuiqsut due to Possible Exposure to Gas from the Repsol Gas
Blowout and Smoke from the Alpine Fields Facility›, State of
Alaska Department of Health and Social Services (Juni 2012), S. 7.

38 Ibid, p. 3.

39 Shankman, ‹Surrounded by oil fields, an Alaskan village fears for
its health›.

Scammon's Lagoon

1 Jonathan Amos, ‹Whaling's «uncomfortable» scientific legacy›,
BBC News, 25.6.2017.

2 Lyndall Baker Landauer, *Scammon: Beyond the Lagoon – A Biogra-
phy of Charles Melville Scammon* (Pasadena: Flying Cloud Press,
1986), S. 17.

3 Zitate in diesem Kapitel aus Charles Melville Scammon, *The
Marine Mammals of the North-Western Coast of North America,
Described and Illustrated; Together with an Account of the Ame-
rican Whale-Fishery* (San Francisco: J. H. Carmany, 1874).

4 ‹Commercial Fishers: Whaling›, On the Water, Webseite des
Smithsonian National Museum of American History.

5 Wesley Marx, ‹«The scene of slaughter was exceedingly pic-
turesque»›, *American Heritage*, 20:4 (Juni 1969).

6 Roy Chapman Andrews, *Whale Hunting with Gun and Camera:*

A *Naturalist's Account of the Modern Shore-Whaling Industry, of Whales and their Habits, and of Hunting Experiences in Various Parts of the World* (New York: D. Appleton and Company, 1916), Kapitel XV.

7   S. Elizabeth Alter, Eric Rynes and Stephen R. Palumbi, ‹DNA evidence for historic population size and past ecosystem impacts of gray whales›, *PNAS*, 104:38 (September 2007), Auszug.

8   Andrew J. Pershing et al., ‹The impact of whaling on the ocean carbon cycle: why bigger was better›, *PLoS ONE* (26.8.2010), Auszug.

9   Nick Pyenson, *Spying on Whales: The Past, Present and Future of Earth's Most Awesome Creatures* (New York: Viking, 2018), S. 205, 208.

10 Ralph Chami et al., ‹Nature's solution to climate change›, *Finance & Development*, 56:4 (Dezember 2019).

Utqiaġvik: Walschnee

1   Kim Murphy, ‹US-Japan whale feud playing out in Alaska›, *Los Angeles Times*, 17.6.2002.

2   Mark Sweney, ‹BBC Radio 4 broke accuracy rules in Nigel Lawson climate change interview›, *Guardian*, 9.4.2018.

3   Fiona Harvey, ‹BBC coverage of IPCC climate report criticised for sceptics' airtime›, *Guardian*, 1.10.2013.

4   ‹BBC Trust Review of impartiality and accuracy of the BBC's coverage of science›, BBC Trust (July 2011), S. 55, 66.

5   Dominic Ponsford, ‹«BBC News sticking two fingers up to management» says prof behind Trust's science impartiality report›, *Press Gazette*, 26.3.2014.

6   Océane C. Salles et al., ‹Strong habit and weak genetic effects shape the lifetime reproductive success in a wild clownfish population›, *Ecology Letters*, 23:2 (26.11.2019).

7   D. Laffoley et al., ‹Evolving the narrative for protecting a rapidly changing ocean, post-COVID-19›, *Aquatic Conservation: Marine and Freshwater Ecosystems*, 31:6 (25.11.2020).

8   ‹Acidification: Effect on Plankton›, Earth 103: Earth in the Fu-
     ture, Pennsylvania State University OER Initiative.
9   S. Uthicke, P. Momigliano, K. E. Fabricus, ‹High risk of extinc-
     tion of benthic foraminifera in this century due to ocean acidifi-
     cation›, *Scientific Reports*, 3 (2013), Auszug.
10   Karen Brewster (ed.), *The Whales, They Give Themselves: Conver-
     sations with Harry Brower, Sr.* (Fairbanks: University of Alaska
     Press), S. 41.
11   J. E. Zeh et al., ‹Current population size and dynamics›, in
     J. J. Burns, J. J. Montague and C. J. Cowles (eds), *Special Publica-
     tion 2: The Bowhead Whale* (Lawrence, KA: Society for Marine
     Mammology, 1993).
12   Thomas F. Albert, ‹The Influence of Harry Brower, Sr., an Iñu-
     piaq Eskimo Hunter, on the Bowhead Whale Research Program
     Conducted at the UIC-NARL Facility by the North Slope Bo-
     rough›, in D. W. Norton (ed.), *Fifty More Years Below Zero: Tribu-
     tes and Meditations for the Naval Arctic Research Laboratory's First
     Half Century at Barrow* (Alberta: Arctic Institute of North Ame-
     rica, 2000), S. 268.
13   Bill Streever, ‹Science and emotion, on ice: the role of science on
     Alaska's North Slope›, *Bioscience*, 52:2 (Februar 2002), 183.

Der Golf von Kalifornien: Sea of Cortés

1   Walter de la Mare, «The Listeners»; deutsch von Karen Witt-
     huhn («Is there anybody there?», said the Traveller …)
2   William Butler Yeats, ‹Die Seeinsel von Innifries›; in: *Die Ge-
     dichte*. Herausgegeben von Norbert Hummelt, deutsch von
     Christa Schuenke, Luchterhand Literaturverlag, München 2005,
     S. 212
3   Joe Roman, ‹Of whales and war›, *San Francisco Chronicle*,
     14.2.2008.
4   Shane Gero, Hal Whitehead and Luke Rendell, ‹Individual, unit
     and vocal clan level identity cues in sperm whale codas›, *Royal
     Society Open Science* (1.1.2016), Auszug.

5   Persönliche Kommunikation mit Hal Whitehead, Februar 2021.

6   Debora Mackenzie, ‹Seismic surveys may kill giant squid›, *New Scientist*, 22.9.2004.

7   Bernd Würsig et al., ‹Gray Whales Summering off Sakhalin Island, Far East Russia: July–October 1997. A Joint US–Russian Scientific Investigation›, Abschlussbericht des Sakhalin Marine Mammal Monitoring and Research Program für die Sakhalin Energy Investment Company und Exxon Neftegas (3.2.1999).

8   Jeff Tollefson, ‹Air guns used in offshore oil exploration can kill tiny marine life›, *Nature*, 546 (2017), 586–7.

9   J. Semmens et al., ‹Are seismic surveys putting bivalve and spiny lobster fisheries at risk?›, Oceanoise 2017 Konferenzvortrag, Vilanova i la Geltrú, Barcelona, Spain. R. D. Day et al., ‹Assessing the impact of marine seismic surveys on southeast Australian scallop and lobster fisheries›, FRDC Abschlussbericht (2016).

10 Linda S. Weilgart, ‹A brief review of known effects of noise on marine mammals›, *International Journal of Comparative Psychology*, 20 (2007).

11 Marilyn E. Dahlheim, H. Dean Fisher, James D. Schempp, ‹Sound production by the gray whale and ambient noise levels in Laguna San Ignacio, Baja California Sur, Mexico›, in Mary Lou Jones, Steve L. Swartz and Stephen Leatherwood (eds), *The Gray Whale* Eschrichtius robustus (New York: Academic Press, 1984), 511–41.

12 Anne E. Simonis et al., ‹Co-occurrence of beaked whale strandings and naval sonar in the Mariana Islands, Western Pacific›, *Proceedings of the Royal Society B* (19 February 2020). Weilgart, ‹A brief review of known effects of noise on marine mammals›.

13 NOAA and US Department of the Navy, ‹Joint Interim Report: Bahamas Marine Mammal Stranding Event of 15–16 March 2000› (Washington DC: US Department of Commerce, 2001).

14 ‹Feature Sound: Acoustic Thermometry of Ocean Climate› (ATOC), Discovery of Sound in the Sea website.

Utqiaġvik: Dazugehören

1   J.C. George et al., ‹Age and growth estimates of bowhead whales (*Balaena mysticetus*) via aspartic acid racemization›, *Canadian Journal of Zoology*, 77:4 (January 1999), 576.

2   J.C. George and J.G.M. Thewissen (eds), *The Bowhead Whale:* Balaena mysticetus: *Biology and Human Interactions* (London: Academic Press, 2021), S. 316.

3   J.C. George, S.E. Moorem, J.G.M. Thewissen, ‹Bowhead whales: recent insights into their biology, status, and resilience›, Arctic Report Card: Update for 2020, NOAA Arctic Program.

4   M-V. Guarino et al., ‹Sea-ice-free Arctic during the Last Interglacial supports fast future loss›, *Nature Climate Change*, 10 (2020), 932.

5   *Agviqsiugnikun. Whaling Standards for Barrow and Wainwright: Honoring the Learning of our Young Whalers* (North Slope Borough School District, 2002). Aufbereitet von Jana Pausauraq Harcharek.

6   ‹Species Directory: Bowhead Whale›, NOAA Fisheries Webseite.

7   Kaj Birket-Smith, *The Eskimos* (London: Methuen, 1959), S. 100.

8   Aaron L. Crowell and Estelle Oozevaseuk, ‹The St Lawrence Island famine and epidemic, 1878–80: a Yupik narrative in cultural and historical context›, *Arctic Anthropology*, 43:1 (2006), 1–19.

9   Persönliche Kommunikation mit Craig George, Februar 2021.

10 Barry Lopez, *Arktische Träume*. Deutsch von Ilse Strasmann. S. Fischer Verlage, Frankfurt a. M. 2007, S. 28.

11 Ibid.

Von Palos Verdes nach Monterey Bay

1   Dick Russell, *Eye of the Whale: Epic Passage from Baja to Siberia* (New York: Island Press, 2001), S. 242, 243.

2   Peter S. Ross et al., ‹High PCB concentrations in free-ranging Pacific killer whales, *Orcinus orca*: effects of age, sex and dietary preference›, *Marine Pollution Bulletin*, 40:6 (Juni 2000).

3 ‹Health Effects of PCBs›, Learn about Polychlorinated Biphenyls (PCBs), United States Environmental Protection Agency Webseite.

4 Lauren J.N. Brent et al., ‹Ecological knowledge, leadership, and the evolution of menopause in killer whales›, *Current Biology*, 25:6 (16.3.2015).

5 Robert L. Pitman et al., ‹Humpback whales interfering with mammal-eating killer whales attack other species: mobbing behavior and interspecific altruism?›, *Marine Mammal Science*, 33:1 (20.7.2016).

6 Nan Hauser, interviewed by Al Shapiro, ‹How a whale saved a marine biologist from a shark›, *All Things Considered*, NPR, 12.1.2018. Transkription erhältlich unter NPR.org.

7 Weiterführende Lektüre zum Thema: Frans de Waal. *Mama's Last Hug: Animal Emotions and What They Tell Us about Ourselves*. (London: Granta, 2018).

Utqiaġvik: Doreen Kaleak

1 E.W. Kenworthy, ‹Judge orders Hickel to delay permit for Alaska pipeline, road›, *New York Times*, 2.4.1970.

2 Hugh Brody, *The Other Side of Eden: Hunter-Gatherers, Farmers and the Shaping of the World* (London: Faber & Faber, 2001), S. 12, 14.

3 Karen Brewster (ed.), *The Whales, They Give Themselves: Conversations with Harry Brower, Sr.* (Fairbanks: University of Alaska Press), S. 156–9.

4 Ibid.

5 David Mikkelson, ‹Did Disney fake lemming suicide for the nature documentary «White Wilderness»?›, Snopes.com, 27.2.1996.

6 Jenny Diski, *What I Don't Know about Animals* (London: Virago, 2010), S. 34.

7 Riley Woodford, ‹Lemming suicide myth: Disney film faked bogus behaviour›, Alaska Fish & Wildlife News, Alaska Department of Fish and Game, September 2003.

Von Depoe Bay nach San Juan Islands

1   Dick Russell, *Eye of the Whale: Epic Passage from Baja to Siberia*
    (New York: Simon and Schuster, 2001), S. 339.
2   S. Elizabeth Alter, Eric Rynes, Stephen R. Palumbi, ‹DNA evi-
    dence for historic population size and past ecosystem impacts of
    gray whales›, *PNAS*, 104:38 (September 2007), Auszug.
3   S. Elizabeth Alter, Seth D. Newsome, Stephen R. Palumbi, ‹Pre-
    whaling genetic diversity and population ecology in Eastern
    Pacific gray whales: insights from ancient DNA and stable isoto-
    pes›, *PLoS ONE* (9.5.2012).
4   The City University of New York, ‹Climate change may draw
    gray whale back to Atlantic›, Phys.org, 11.3.2015. S. Elizabeth
    Alter et al., ‹Climate impacts on transocean dispersal and habitat
    in gray whales from the Pleistocene to 2010›, *Molecular Ecology*,
    24:7 (2015), 1510–22.
5   T. T. Waterman, *The Whaling Equipment of the Makah Indians*
    (Seattle: The University, 1920), S. 38.

Utqiaġvik: Abtauchen

1   Tom Lowenstein, *Ancient Land: Sacred Whale: The Inuit Hunt
    and Its Rituals* (London: Bloomsbury, 1993), S. 148.
2   Persönliche Kommunikation mit Aleqa Hammond, September
    2007.
3   Knud Rasmussen and W. Worster, *Eskimo Folk-Tales: Collected by
    Knud Rasmussen* (London: Gyldendal, 1921), S. 113.
4   Piita Irniq, ‹The story of Nuliajuk›, History Hall, Origins, Cana-
    dian Museum of History.
5   John F. Fisher, ‹An analysis of the central Eskimo Sedna myth›,
    Temenos – Nordic Journal of Comparative Religion, 11 (1975).
6   Irniq, ‹The story of Nuliajuk›.
7   Rasmussen and Worster, *Eskimo Folk-Tales*, S. 113.
8   Franz Boas, *The Central Eskimo. Sixth Annual Report of the Bu-
    reau of Ethnology to the Secretary of the Smithsonian Institution,*

1884-1885 (Washington, DC: Government Printing Office, 1888), S. 583-5.

9   Edward Moffat Weyer, *The Eskimos; Their Environment and Folkways* (n.p.: Archon Books, 1932), S. 355-59.

Glacier Bay

1   Ryan Tucker Jones, ‹Running into whales: the history of the North Pacific from below the waves›, *American Historical Review*, 118:2 (April 2013), S. 349.

2   Persönliche Kommunikation mit Craig George, Februar 2021.

Rückkehr nach Utqiaġvik

1   Glenn W. Sheehan and Anne M. Jensen, ‹Emergent Cooperation, or, Checkmate by Overwhelming Collaboration: Linear Feet of Reports, Endless Meetings›, in Rebecca Pincus and Saleem H. Ali (eds), *Diplomacy on Ice: Energy and the Environment in the Arctic and Antarctic* (New Haven: Yale University Press, 2015).

Zu Hause

1   K.M. Stafford et al., ‹Gray whale calls recorded near Barrow, Alaska, throughout the winter of 2003-04›, *Arctic*, 60:2 (Juni 2007), 167-72.

2   Leo Hickman, ‹Exclusive: BBC issues internal guidance on how to report climate change›, Carbon Brief, 7.9.2018.

3   Lukoye Atwoli et al., ‹Call for emergency action to limit global temperature increases, restore biodiversity, and protect health›, *The Lancet*, 398:10304 (11.9.2021), 939-41.

4   ‹Amazon Guardian, indigenous land defender, shot dead in Brazil›, Survival International, 1.4.2020.

5   Fredrik Christiansen et al., ‹Poor body condition associated with

an unusual mortality event in gray whales›, *MEPS*, 658 (2021), 237–52.

6   Christian Rutz et al., ‹COVID-19 lockdown allows researchers to quantify the effects of human activity on wildlife›, *Nature Ecology and Evolution*, 4 (2020), 1156–9.

7   Carlos M. Duarte et al., ‹The soundscape of the Anthropocene ocean›, *Science*, 371:6529 (5.2.2021).

8   Fiona Harvey, ‹UK facing worst wheat harvest since 1980 s, says farmers' union›, *Guardian*, 17.8.2020.

DANKSAGUNG DER AUTORIN

Ich möchte den Frauen danken, die dieses Buch möglich gemacht haben. Jessica Wollard, deren Glauben daran nach dem Lesen der ersten Seiten mir half, auch selber daran zu glauben. Rose Tomaszewska für ihr Engagement und ihr Herz. Valerie Steiker für ihre Wärme und ihr aufmerksames Zuhören, das mir großen Mut gemacht hat. Sally Howe für das genaue Mitdenken bei der letzten Fassung sowie Zoe Gullen und Steve Boldt für ihre Adleraugen bei den Details.

Quyanaqpak den Kaleaks, Familie und Crew, vor allem Billy Uvyuaq Kaleak, Julia Singaaßauluk Kaleak, Jeslie Akootchook Kaleak und Lillian Tuigan Kaleak, für alles.

Mein Dank gilt Damian Le Bas, Ramita Navai und den anderen Jurorinnen und Juroren des Royal Society of Literature's Giles St Aubyn Award 2021, der mir eine unglaubliche moralische und finanzielle Stütze war. Dank an die Society of Authors für das großzügige Stipendium und dem Eccles Centre & Hay Festival Writer's Award für die Ermutigung und finanzielle Unterstützung, die mein Platz auf der Shortlist bedeutet hat. Dank auch an Pierre Vicary für seine unerschütterliche Unterstützung bei vielen Gelegenheiten und an Leyla Yusuf und allen bei NUJ Extra, die in schwierigsten Zeiten meinen Kopf über Wasser gehalten haben.

Ich danke den Expertinnen, Wissenschaftlern und Akademikerinnen, die mir geduldig und großzügig ihre Zeit geschenkt und mit Klarstellungen und Erklärungen geholfen haben. Dr. J. Craig George, weil er immer wieder meinen Text gelesen hat, und für den «schwimmenden Kopf». Dr. Barbara Bodenhorn, Professor Hugh Brody, Dr. Glenn

Sheehan, Dr. Anne Jensen, Debby Dahl Edwardson und George Saġġan Edwardson, Etta Patak Fournier, Professor Jason Hall-Spencer, Dr. Kate Stafford, Alisa Schulman-Janiger, Dr. Sue Moore, Dr. Linda Weilgart, John Calambokidis, Dr. Frank Fish, Professor Hal Whitehead, Professor Patrick Hof, Dick Russell und Dr. Sven Uthicke.

Alle Ungenauigkeiten oder Irrtümer im Buch sind allein meine Verantwortung, und ich nehme Klarstellungen oder Updates auf den neuesten Stand der Wissenschaft dankbar entgegen.

Dank an folgende Autorinnen und Leser für wichtiges Feedback, Ratschläge und Ermutigung: Elena Cosentino, John W, Sarah Austin, Stef Pixner, Carrie Gracie, Judith Keany, Elena Seymenliyska, Penny Wincer, Kate Burls, Anna Vickery, Sarah Davis, Dr. Andrea Mason, Dyan Sheldon, Maria Y, Emma B und Mavis Gulliver. Professor Blake Morrison, Dr. Erica Wagner, Dr. Tom Lee und Ardu Vakil am Goldsmiths College. Außerdem allen Teilnehmenden des Goldsmiths Isolatin' Workshop, vor allem Christine Marshall und Nikkitha Bakshani.

Dank an Maureen Bebb, früher für den BBC Alexander Onassis Bursary Trust verantwortlich, die mich 2006 auf die Reise geschickt hat. Und an Frances Marsh und Eleanor Peers vom Scott Polar Research Institute für ihre Hilfe während des Lockdowns.

Dank allen Mitarbeitenden und Freiwilligen überall, die Frauenhäuser und Food Banks möglich machen.

Ich danke meinem Dad, dass er mir das Meer gegeben hat, immer für mich da war und mir die Freiheit auf dem Papier geschenkt hat, indem er sagte, wichtig sei, dass ich schreibe, was ich will. Ich danke meiner Mutter und meinen Geschwistern und der erweiterten Familie auf Jersey, in Irland und Kanada für all eure Liebe und Unterstützung. Danke, immer wieder, meinen Freundinnen und Nachbarn, deren Güte und Großzügigkeit mich und meine Familie während des Schreibens aufrechterhalten haben, vor allem Carolina S-B, Ann T in Cornwall, Kathy C, Barbara B, Jacqui and Rebekah.

DANKSAGUNG DER ÜBERSETZERIN

Herzlichen Dank all jenen Menschen und Institutionen, die meine zahlreichen Fragen zu wissenschaftlichen Zusammenhängen und Fachbegriffen geduldig beantwortet haben:

Maike Scheffold vom Institut für marine Ökosystem- und Fischereiwissenschaften der Universität Hamburg; Jan Herrmann, der die Website www.cetacea.de betreibt; sowie Jelle Bijma, Elke Burkhardt und Ilse Van Opzeeland am Alfred-Wegener-Institut, Helmholtz-Zentrum für Polar- und Meeresforschung.

Die Rowohlt Verlage haben sich zu einer nachhaltigen Buchproduktion verpflichtet. Gemeinsam mit unseren Partnern und Lieferanten setzen wir uns für eine klimaneutrale Buchproduktion ein, die den Erwerb von Klimazertifikaten zur Kompensation des CO_2-Ausstoßes einschließt.
www.klimaneutralerverlag.de